用友财税一体化
实验实训教程

高凯丽　主编

东 南 大 学 出 版 社
·南京·

内 容 提 要

U8.72 财税一体化信息系统基于在国内财务核算领域最广泛的应用,依托在上海、山东、江西、湖北、四川等省市多年的税务核算的经验以及强大的技术研发能力,开发出基于"业务核算—财务核算—税务核算"的实验实训系统。本书是用友 U8.72 财税一体化信息系统配套的实验指导教程,以一个虚拟企业的业务案例为主线,使读者在了解该软件总体架构的基础上,系统学习业务、财务、税务三位一体的财税协同、一体化处理的信息化核算和管理的全部业务流程。本书主要分为财务会计和税务会计两个部分,财务会计部分包括系统管理、基础设置、总账系统日常业务处理、薪资管理、UFO 报表等,税务会计部分主要包括电子税务系统概论、企业税务信息鉴定、税务报表填制、模拟网上申报和增值税开票等内容,案例丰富实用,既能满足税法、税务会计等课程模块化实践练习的需要,更适合会计、税务等相关专业财税一体化综合实践课程的使用。本教程可供会计、税务相关专业学生和会计实务工作者学习财税一体化软件使用的培训教材和学习资料。

图书在版编目(CIP)数据

用友财税一体化实验实训教程/高凯丽主编. -南京:
东南大学出版社,2014.5
ISBN 978-7-5641-4886-7

Ⅰ.①用… Ⅱ.①高… Ⅲ.①财务软件-教材
Ⅳ.①F232

中国版本图书馆 CIP 数据核字(2014)第 073054 号

用友财税一体化实验实训教程

出版发行:东南大学出版社
社　　址:南京市四牌楼2号　邮编:210096
出 版 人:江建中
网　　址:http://www.seupress.com
经　　销:全国各地新华书店
排　　版:南京星光测绘科技有限公司
印　　刷:南京玉河印刷厂
开　　本:890mm×1240mm　1/16
印　　张:15.25
字　　数:494 千字
版　　次:2014 年5月第1版　2014 年5月第1次印刷
书　　号:ISBN　978-7-5641-4886-7
定　　价:36.00 元(附2张光盘)

本社图书若有印装质量问题,请直接与营销部联系.电话(传真):025-83791830

前　言

当今社会是信息爆炸的时代,党的十八大报告明确把"信息化水平大幅提升"作为全面建成小康社会的目标之一。随着计算机技术的飞速发展,Internet 技术和电子商务的广泛应用,为满足经济社会发展对会计信息的新要求,我国正在全面推进会计信息化建设,管理信息化软件不断更新和升级,财税一体化管理信息系统也在不断提高的财务与税务信息化管理需求下发展并日趋成熟,在当前的市场应用过程中,主要体现为相对独立的财务会计信息化与基于征管的税务信息化大平台两部分。而在管理理念与手段日新月异,管理效率需求不断提高的推动下,基于财务核算与税务管理的一体化平台也应运而生,并且应用将日益广泛。同时,在许多高校财会相关专业的实训中,主要是财务软件或者税务软件实训,始终缺少模拟企业实际财税一体化运作的信息软件,在这种大背景下,用友 U8.72 财税一体化软件应运而生,本书就是基于该软件,提供一套能有效解决学生财税一体化综合实验实训问题的实验指导教程。

本书着重讲解用友 U8.72 财税一体化软件中财务会计、税务会计业务处理的操作流程和操作方法,使读者在了解该软件的总体架构的基础上,系统学习财务、税务、业务三位一体的财税协同、财税一体化处理的信息化核算和管理全部业务流程。

本书共十二章,第一章~第七章是财务会计部分,主要包括系统管理和基础设置的主要内容和操作方法、总账系统初始化和日常业务处理、薪资系统初始化和日常业务处理、自定义报表和使用报表模板生成报表等。第八章~第十二章是税务会计部分,主要包括电子税务系统概论、企业税务鉴定、税务报表填制、模拟网上申报和增值税开票等内容。

本书的特色:

1. 财税一体化综合实训

本书国内首创地将企业财务核算信息化与税务核算信息化按企业财税一体化管理的内在逻辑关系进行有效整合,实现了财税一体化实训,真正实现财税专业学生综合专业应用能力的提升。

2. 案例独特、丰富实用

本书以虚拟企业"南京商贸集团有限公司"的业务贯穿全部实验,所有业务的案例根据多个企业真实的原始资料,经过加工整理编写而成,丰富实用,涉税业务全面,包括增值税、消费税、所得税和营业税等。

3. 满足多种课程需求

本书不仅能满足税法、税务会计等课程税务核算、纳税申报、票据管理等涉税实务处理方面模块化实践练习的需要,更适合会计、税务、财务管理等专业财税一体化综合实践课程使用。

4. 步骤清楚、通俗易懂

本书遵循由浅入深、循序渐进、符合教学要求的原则编写实训步骤,内容重应用轻理论,易学易用,生动流畅,不管是教师还是学生都能轻松掌握和方便使用。

5. 用友软件公司支持

本书的出版得到了用友新道科技有限公司的支持,其授权将用友 U8.72 演示版软件收录于配书光盘中随书出版,这将大大方便读者阅读和演练本书内容。

本书可作为会计、税务、财务管理专业在校学生、从事税务会计工作的实务工作者、各类财务软件的培训机构等的培训教材和业务学习资料。

本书由高凯丽主编，并负责全书总体框架的构建、总纂、修改和定稿。其他编写人员主要是来自于会计实践教学第一线的教师、用友财税研发人员，他们是东南大学成贤学院许凤、梅元清、唐亚琦和王晶晶，南京师范大学张小军，用友新道科技有限公司涂荣学、陈书华、聂冬薇，在此深表感谢。同时，感谢东南大学成贤学院经管系主任戚啸艳教授对本教程编写和出版的指导和大力支持。

由于我国正处于全面深化税制改革阶段，相关法律法规经常处于变动之中，加上出版时间和作者水平的限制，书中难免存在疏漏和不妥之处，在此诚挚地希望读者对本书的不足之处给予批评指正。

编　　者

2013 年 **12** 月

目　录

第一章　系统应用概述

伴随着管理信息化手段的日益发展,财税一体化管理信息系统也在与之关系密切的财务与税务信息化管理需求不断提高的情况下发展并日趋成熟。在当前的市场应用过程中,主要体现为相对独立的财务会计信息化与基于征管的税务信息化大平台两部分。而在管理理念与手段日新月异,管理效率需求不断的提高推动下,基于财务核算与税务管理的一体化平台也应运而生,并且应用日益广泛。在这种大背景下,我们的实验实践教学如何既能夯实单纯的会计核算与税务会计的实践基础,又能满足企业对财税一体化信息管理的需求? 本书就是基于广泛应用的用友 U8.72 财税一体化信息系统,提供一套能有效解决学生财税一体化综合实验实训问题的实验指导教程。

本书主要以用友 U8.72 财税一体化信息系统为基础应用平台。目前用友 U8.72 财务软件在国内财务核算领域有着最广泛的应用,依托在上海、山东、江西、湖北、四川等省市多年的税务核算实践以及强大的技术研发能力,开发出基于"业务核算—财务核算—税务核算"的用友 U8.72 财税一体化实验实训系统。

第一节　用友 U8.72 财税一体化实验实训系统介绍

用友 U8.72 财税一体化实验实训系统面向高校财会与税务相关专业,不仅可以模拟资金、存货、财务报表等日常核算管理工作,同时可以模拟以凭证为原始数据,通过设置会计科目与税务指标的对应关系,实现凭证涉税信息的输入和处理,完成税务指标的数据采集和纳税申报表生成任务。

用友 U8.72 财税一体化实验实训系统是为高等院校财税专业量身定制的一款集财务、税务、业务三位一体的智能实训平台,能够满足学生学习税务核算、税务实务、票据管理等方面的学习需求。实训平台支持财税协同、一体化处理,能够改善会计、财政、企业管理等专业的学生课程学习与企业经营实务相脱节的状况,打造财税管理方面的实务型人才。

用友 U8.72 财税一体化实验实训系统集成了案例系统、考试系统、系统管理等辅助教学模块,能够丰富教师的教学资源及课程展现手段,是老师教学的得力助手。

该系统的开发满足了目前高校财税专业实训教学的需要,实现了财税实训教学一体化,同时实现了从企业内部财务管理到税务申报、税务知识查询的财税管理一体化教学。

一、系统功能

用友 U8.72 财税一体化管理软件以"优化资源,提升管理"为核心理念,以快速实施为特点,为中小型企业提供一套满足中国企业特色的、成熟、高效、低成本的财务管理全面解决方案,并面向院校提供与企业运用完全相同的真实软件,便于师生了解企业真实的财务流程,其功能模块如图 1-1。

财务管理:总账、UFO 报表、现金银行账、应收款管理、应付款管理、工资管理。

税务管理:企业鉴定信息、增值税、营业税、消费税、企业所得税(预缴)、房产税、土地使用税、发票管理、重点税源户、补充资料。

税务法规知识查询平台:政策法规模块、税收优惠政策、行业税收政策、税务部门政策、税收征管政策、最新热点专题、发票使用专题、税收全程筹划、税务稽查检查、涉税答疑模块、服务模块。

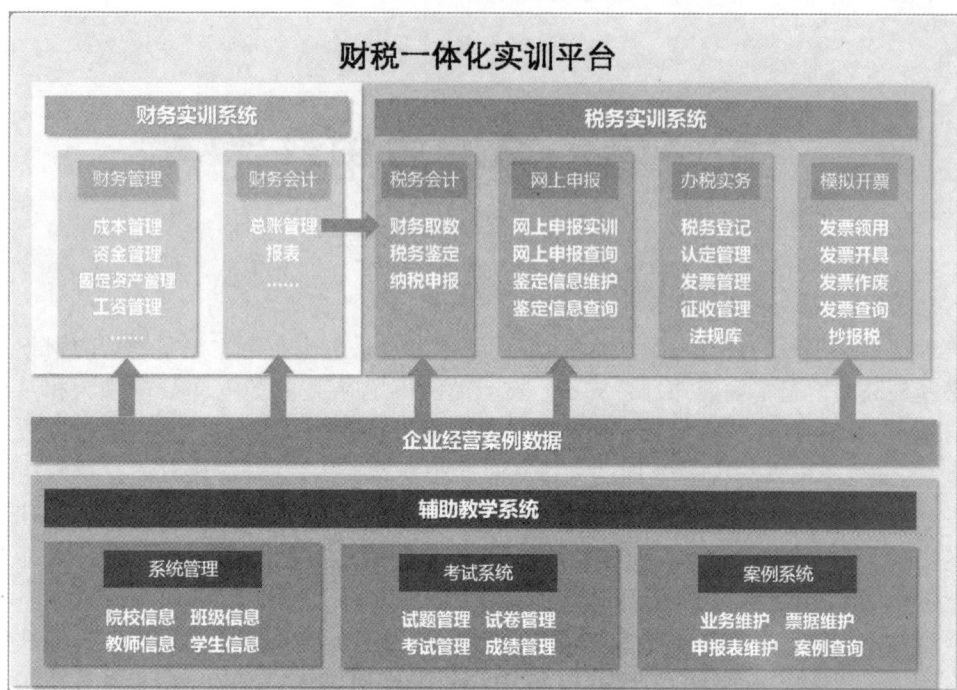

图 1-1

二、系统特点

1. 处理账务管理与纳税核算

账务处理系统以凭证为原始数据,通过设置会计科目与税务指标的对应关系,实现对凭证涉税信息的输入和处理,完成记账、结账、银行对账、账证表的查询与打印、系统服务和系统管理、税务指标的数据采集等任务。

根据涉税科目数据,进行相关税种的处理,包括自动执行各项税收政策,自动处理涉税财务数据,并最终形成税务报表信息,供税务申报使用。

2. 统一登录、流程导航

实现总账、财务报表、核算等系统的整合,同时提供系统操作流程导航,降低了使用者的学习难度和学习成本。

3. 行业适应性强

全面支持多种行业会计制度的应用。

4. 税务处理与税务知识查询相结合

一方面根据涉税科目数据,进行相关税种的处理,包括自动执行各项税收政策,自动处理涉税财务数据,并最终形成税务报表信息,供税务申报使用;另一方面系统提供实时在线升级的税务知识查询。

5. 真正的财税一体化

生动、流畅的知识展现模式,与实务紧密结合的知识体系,提高了学生财税专业知识学习的兴趣。通过大量综合生动的案例,引导学生进行财税一体化处理学习。避免财务会计与税务处理教学脱节。

6. 教学与实务结合

系统有全国最广泛的财务管理企业应用;公司有多年各级税务机关应用系统开发、实施经验:江苏、山东、上海、四川等地税务局征管端项目经验及多年企业财税一体化产品开发、应用经验:江苏、上海、湖南、湖北等地财务软件与网上申报软件集成产品的开发与推广。

第二节 课 程 规 划

一、设计思路

本书主要按照财税一体化的业务处理逻辑将整个内容分为会计核算、税务核算两大部分,共计 12 个章节,除第一章与第八章外,其他章节都包括上机实验部分。每个实验都有完整的体系:实验目的、实验内容、实验要求、实验准备、实验资料、操作指导;实验操作部分都配有详细的向导流程以及图片资料,以方便教师指导教学与学生自行实践操作。为了方便实验教学指导,有效控制实验教学进程,本书还配备了专门的教师指导手册以及实验准备数据光盘。

二、参考大纲

1. 课程目标

将财务、税务理论与企业经营的财务、税务管理信息化实践紧密结合。

使学生成为精通财务会计、税务会计、税务实务、税收分析的复合型人才。

2. 课程对象

财务、税务相关专业的学生,未来的财务经理或从事财税业务工作的人,关注财务、税务业务的人。

3. 学员人数

建议 60 人/班。

4. 课时

26 课时。

5. 课程方法

通过模拟公司年度完整经营业务的案例数据进行实训演练,让学员亲身体验企业财务、税务管理及信息化实践的精髓,达到企业财务经理、税务经理岗位的能力要求。

6. 课时配置

表 1-1 课时配置表

序号	实训项目	内容与要求		计划课时
1	财务会计	系统学习系统管理和基础设置的主要内容和操作方法,总账系统初始化、日常业务处理的主要内容,工资系统初始化、日常业务处理的主要内容,自定义报表和使用报表模板生成报表的方法	第一章 1	12
			第二章 1	
			第三章 3	
			第四章 1	
			第五章 2	
			第六章 3	
			第七章 1	
2	税务会计	系统学习从会计凭证制作到税务核算报表申报的财税一体化全过程。要求在掌握各项涉税业务的财务处理的同时掌握税务核算、税务申报表填制、电子数据生成及报送全过程	第八章 1	7
			第九章 1	
			第十章 5	

序号	实训项目	内容与要求		计划课时
3	网上申报	模拟真实税务网报环境,让学生系统学习网上申报的各项内容和操作,掌握网上申报方法	第十一章	5	5
4	模拟开票	模拟真实的增值税开票过程,含开票准备、增值税发票管理以及后续的抄报税管理。让学生系统学习并掌握增值税开票过程	第十二章	2	2

第三节　系统安装调试

一、系统运行环境

1. 操作系统:推荐 Windows 2000 Server＋Sp4 或 Windows XP＋＋Sp2 及以上。

2. 数据库:推荐 SQL Server 2000＋Sp4。

3. 安装 IIS(Internet 信息服务)。

二、系统安装过程

1. 安装前准备事项

1) 对照用友 ERP-U8.72 环境说明文件所描述的配置准备环境。

2) 操作系统所在的磁盘分区剩余磁盘空间必须大于 600 MB。

3) 安装 SQL 数据库环境。

2. 数据库安装(以 SQL 2000 为例)

1) 运行 SQL Server 2000 安装程序。

2) 选择第 1 项"安装 SQL Server 2000 组件"进行安装。

3) 选择第 1 项"安装数据库服务器"。单击【下一步】按钮,弹出"计算机名"窗口。

4) 输入计算机名,选择本地计算机。单击【下一步】按钮,弹出"安装选择"窗口。

5) 选择【创建新的 SQL Server 实例,或安装"客户端工具"】单选按钮,单击【下一步】按钮,弹出"用户信息"窗口。

6) 在姓名和公司文本框中输入姓名和公司的名称,单击【下一步】按钮。安装程序弹出对话框,询问用户是否同意软件的使用协议。如果用户同意,则系统继续进行后继操作,弹出"安装定义"窗口。

7) 根据安装的目的进行选择。如果安装的是数据库服务器,则必须选择【服务器和客户端工具】;如果只是为了实现客户端应用程序和服务器的连接,则可以选择【仅客户端工具】或【仅连接】。单击【下一步】按钮,弹出"实例名"窗口。

8) 选择安装为"默认实例",也可以选择安装为"命名实例"(必须为实例取名)。单击【下一步】按钮,弹出"安装类型"窗口。

9) 选择"典型安装"。设置 SQL Server 2000 的程序文件和数据文件的安装路径,可任意选择,建议选择安装在 C 盘下。单击【下一步】按钮,继续安装 SQL Server 2000,弹出"服务账户"窗口。

10) 选择【对每个服务使用同一账户,自动启动 SQL Server 服务】,要注意,服务器设置要选择【使用本地系统账户】,不要选择【使用域用户账户】,否则安装数据库时无法通过 Sa 密码验证。单击【下一步】按钮,弹出"身份验证模式"窗口。

11) 选择【混合模式（Windows 身份验证和 SQL Server 身份验证）】单选按钮,如需要设置密码可在"添加 Sa 登录密码"中设置密码,如不需要可在"空密码（不推荐）"选项中打"√"。单击【下一步】按钮,弹出"排序规则设置"窗口。

12) 单击【下一步】按钮,安装程序会弹出一个对话框提示用户安装程序已经获得了足够的安装信息,可以自动进行安装了。单击【下一步】按钮,安装程序便开始自动进行安装。对不同的计算机配置,这一过程会持续 10～30 分钟不等。当安装程序完成文件的复制和系统的配置以后,通常会要求重新启动计算机以完成系统配置。

13) SQL Server 2000 的安装结束。

3. SQL Server 2000 SP4 补丁的安装

4. 安装 IIS（Internet 信息服务）

5. 安装用友 ERP-U8.72 财务部分：向导式安装

1) 双击光盘\用友 ERP－U8.72\872SETUP\setup.exe 文件（标志为 U8 图标）,运行安装程序。根据提示单击【下一步】按钮进行操作（根据需求,一般进行自定义安装,选择需要的模块）。

2) 单击【下一步】按钮,系统进行环境检测,看系统配置是否已经满足所需条件。

3) 若有未满足的条件,则安装不能进行,并在界面给出未满足的项目,此时可单击未满足的项目链接,系统会自动定位到组件所在位置,让用户手动安装（U8 安装盘内都有,不要另外准备）。全部不满足的条件安装完成后,重新启动 U8 安装包进行安装。

4) 安装完成后,单击【完成】按钮,重新启动计算机。

5) 根据提示信息初始化数据库。

6. 安装用友 ERP-U8.72 税务部分

1) 在安装文件的文件夹内找到并运行安装文件 setup.exe。

2) 按照安装向导所提示的信息进行安装,默认的安装模式只需要用户点击【下一步】、【是】和【完成】等按钮即可顺利完成。

第二章 系统管理与企业应用平台

第一节 系 统 管 理

系统管理是用友 ERP-U8(V8.72)软件中一个基础的组成部分。它的主要功能是对用友 U8(V8.72)软件的各个模块进行统一的操作管理和数据维护,具体包括账套管理、年度账管理、操作员及权限的集中管理、系统数据及运行安全的管理等方面。

一、账套管理

账套是用友 ERP-U8(V8.72)软件进行数据管理的基本形式。一般来说,可以为企业中每一个独立核算的单位建立一个账套,也可以为多个企业(或企业内多个独立核算的部门)分别建账。

账套管理功能包括账套的建立、修改、删除、引入和输出等。

二、年度账管理

年度账与账套是两个不同的概念,一个账套中包含了企业所有的数据,而把企业数据按年度划分就称为年度账。用户不仅可以建立多个账套,而且每个账套中还可以存放不同年度的年度账。这样,就可以对不同核算单位、不同时期的数据方便地进行操作。

年度账管理功能包括年度账的建立、清空、引入、输出和结转上年数据等。

三、操作员及其权限管理

为了保证系统及数据的安全与保密,系统提供了操作员及操作权限的集中管理功能。对系统操作分工和权限的管理,一方面可以避免与业务无关的人员进入系统,另一方面可以对系统所含各个模块的操作进行协调,以保证各负其责,流程顺畅。

操作员的管理包括操作员的增加、修改、删除等操作。

操作员权限的管理包括操作员权限的增加、修改、删除等操作。

四、数据安全

对企业来说,系统运行安全、数据存储安全是必需的。系统设立了统一的安全机制,包括设置系统运行过程中的监控机制,设置数据自动备份,清除系统运行过程中的异常任务等。

第二节 企 业 应 用 平 台

为了使用友 ERP-U8(V8.72)软件能够成为公共管理平台,使系统资源能够得到高效、合理的使用,在软件中设立了企业应用平台。通过企业应用平台,系统使用者能够从单一入口访问其所需的个性化信息,定义自己的业务工作,并设计自己的工作流程;可进行基础设置和有关业务处理等工作。

一、基础设置

基础设置是为系统的日常业务运行做好基础准备工作,主要包括基本信息设置、基础档案设置、数据权限设置和单据设置。

二、业务处理

在用友 ERP - U8(V8.72)企业应用平台的业务页签中,集成了登录的操作员拥有操作权限的所有功能模块,企业各种业务管理需求都是通过这样的业务管理模块来实现的。

三、工具

用友 ERP - U8(V8.72)软件提供了常用的系统配置工具。

实验一　企业建账

【实验目的】

1. 熟悉用友 ERP - U8(V8.72)软件中系统管理的相关内容。
2. 理解系统管理在用友 ERP - U8(V8.72)系统中的重要地位。
3. 掌握建立企业账套的过程及方法。
4. 掌握用户及权限的含义及设置方法。
5. 掌握账套引入及输出的方法。

【实验内容】

1. 系统注册。
2. 设置操作员。
3. 建立单位新账套(不进行系统启用设置)。
4. 权限设置。
5. 备份账套数据。

【实验要求】

以"张成"的身份进行操作。

【实验准备】

安装用友 ERP - U8(V8.72)软件,将系统日期修改为"2013/12/01"。

【实验资料】

1. 账套信息

账套号:999;账套名称:南京商贸集团有限公司(简称南京商贸);采用默认账套路径;启用会计期:2013 年 12 月;会计期间设置:默认。

2. 企业相关信息

南京商贸集团有限公司(简称南京商贸)位于南京市中山西路 12 号,法人代表张成,联系电话 025 - 84663100,邮政编码 210002,企业纳税登记号 320100000000334。

该集团属于一般纳税人,非小型微利企业,涉及的主要业务有生产、批发兼有,商品批发零售、产品生产销售兼有,企业所得税实行查账征收。下设多个事务部门,分别负责不同的业务线内容。不考虑季度申报情况。采用 2007 新会计制度科目核算体系,记账本位币为人民币,于 2013 年 12 月 1 日采用计算机系统进行财税核算及企业日常业务处理。

3. 基础信息

该企业供应商、客户以及存货很多,采用分类管理。分类方案如下:

存货分类编码级次:2222

客户分类编码级次：222

供应商分类编码级次：23

收发类别编码级次：11

部门编码级次：22

结算方式编码级次：12

地区分类编码级次：22

会计科目编码级次：4222

4. 数据精度

对数量、单价小数位定为2。

5. 公司管理信息系统岗位划分

企业内部岗位分工情况如表2-1所示。

表2-1　企业内部岗位分工

编号	姓名	角色	职　责
01	张成	账套主管	负责系统日常管理，拥有全部权限
02	王玲	总账会计	负责总账、报表、公共目录设置
03	陈明	税务会计	税务会计处理（建议学生用本人身份替代陈明）

【操作指导】

1. 以系统管理员的身份注册进入系统管理

操作步骤：

1）执行"开始"→"程序"→"用友ERP-U8.72"→"系统服务"→"系统管理"命令，进入"用友ERP-U8［系统管理］"窗口，如图2-1所示。

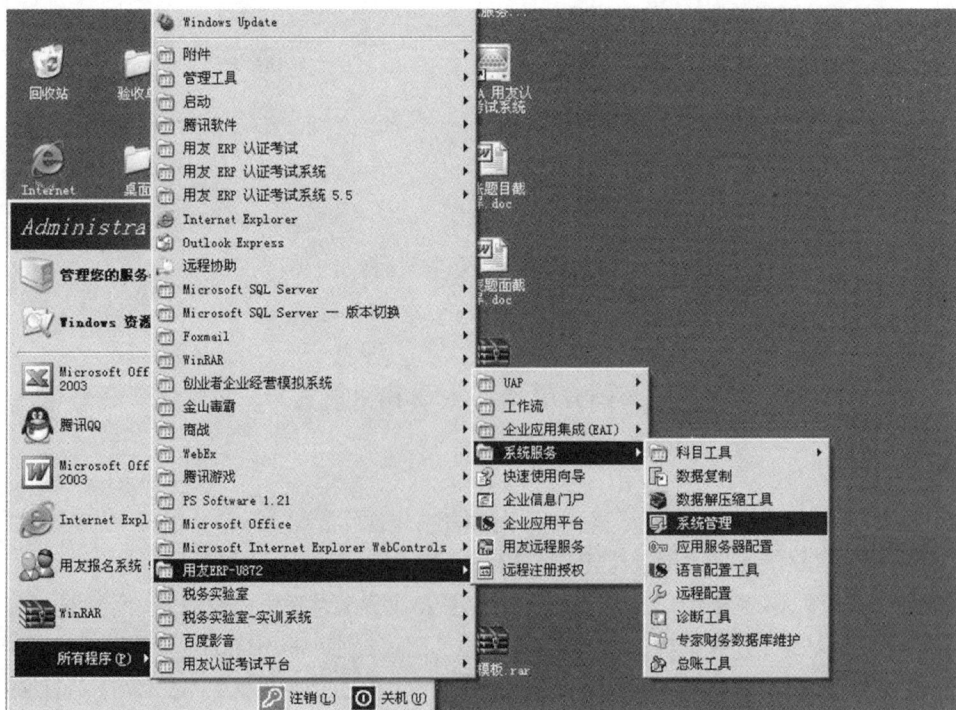

图2-1

2）执行"系统"→"注册"命令，打开"登陆"对话框，如图2-2。

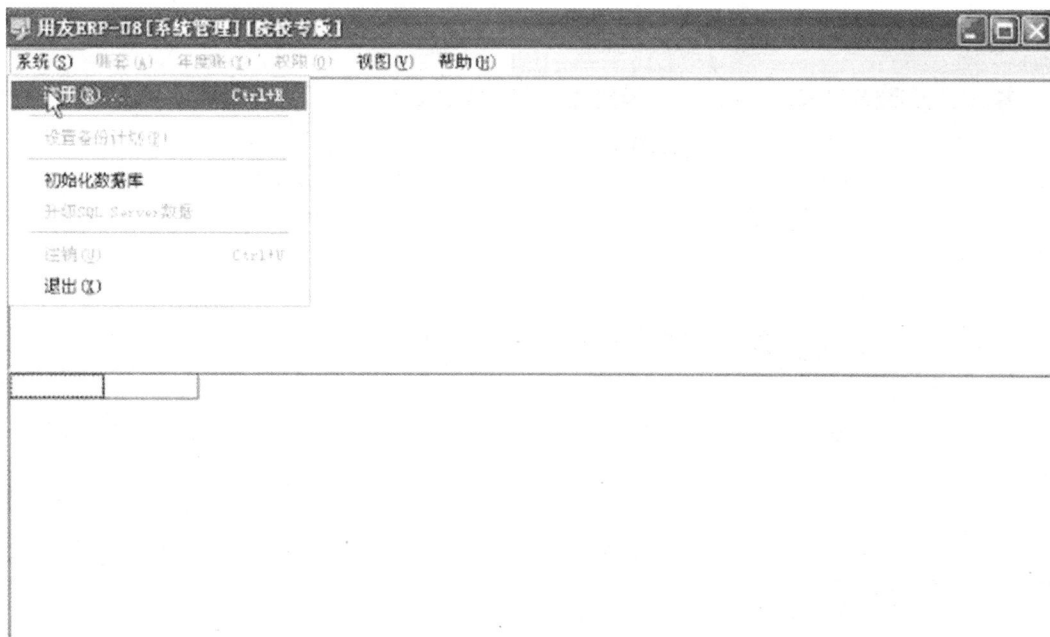

图 2‑2

3）"登录到"文本框中默认为本地计算机名称。

4）在"操作员"文本框中输入用友软件默认的系统管理员"admin"，系统默认的管理员密码为空，如图2‑3所示。

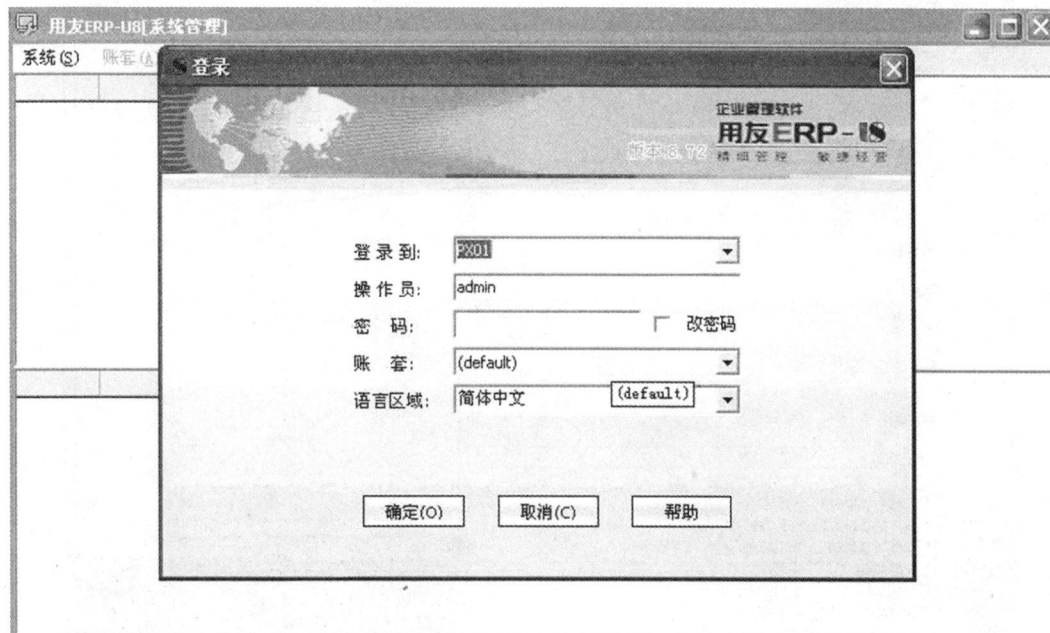

图 2‑3

5）单击【确定】按钮，进入系统管理界面，最下行的状态栏中显示当前操作员（admin）。

2. 增加用户

操作步骤：

1）在系统管理界面下，执行"权限"→"用户"命令，进入"用户管理"窗口，如图 2‑4 所示。

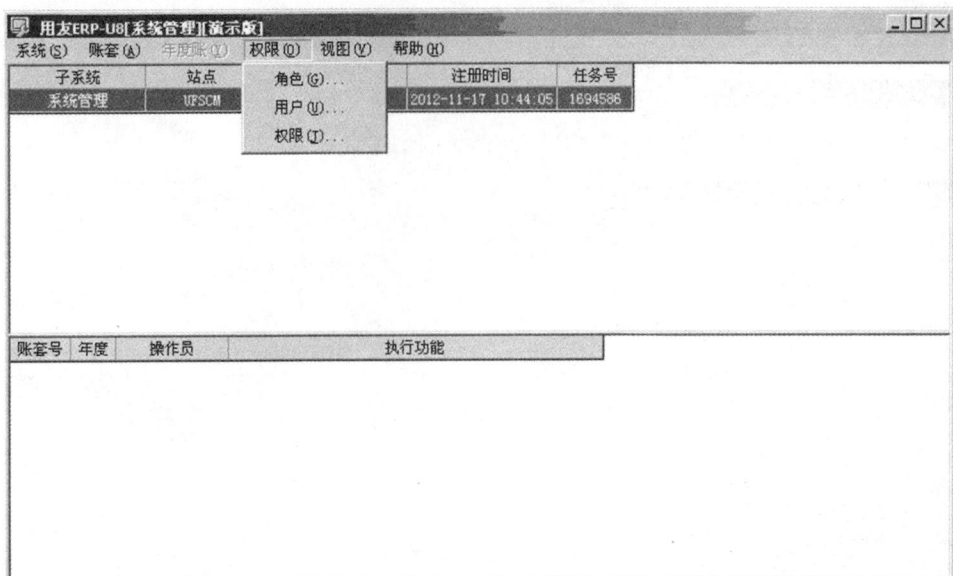

图 2-4

2）单击【增加】按钮，打开"增加用户"对话框。

3）按表 2-1 中所示的资料输入操作员信息，在"所属角色"区域中指定用户所属的角色，界面中文字为蓝色的为必输项，其他为可选择输入项，如图 2-5 所示。每增加一个操作员完成后，单击【增加】按钮增加下一个操作员，全部完成后，单击【退出】按钮返回。

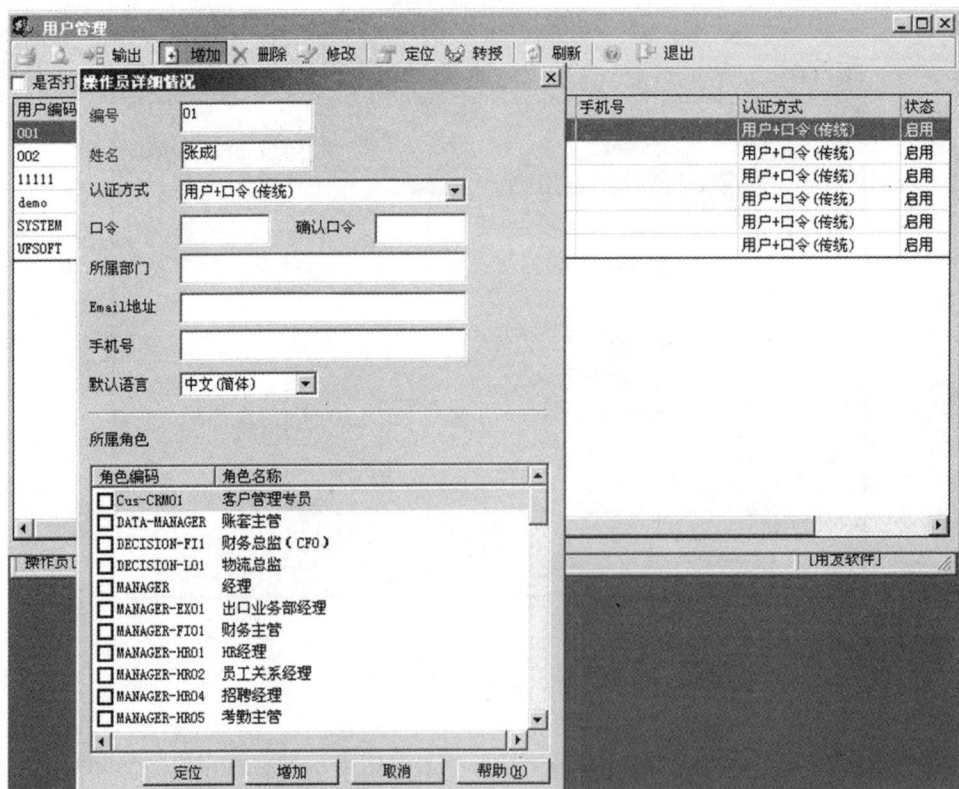

图 2-5

注：① 人员编号允许键入数字、字母，一般在企业的具体应用中遵循方便、便于记忆的原则进行编码。
② 口令可以为空，但一般在企业的具体应用中，为了企业信息的安全，需将口令修改的安全性较高。

3. 建立账套

操作步骤：

1）以系统管理员身份登录系统管理，执行"账套"→"建立"命令，打开"创建账套—账套信息"对话框，如图 2-6 所示界面中所有蓝色字体都为必填选项，黑色字体为选填选项。

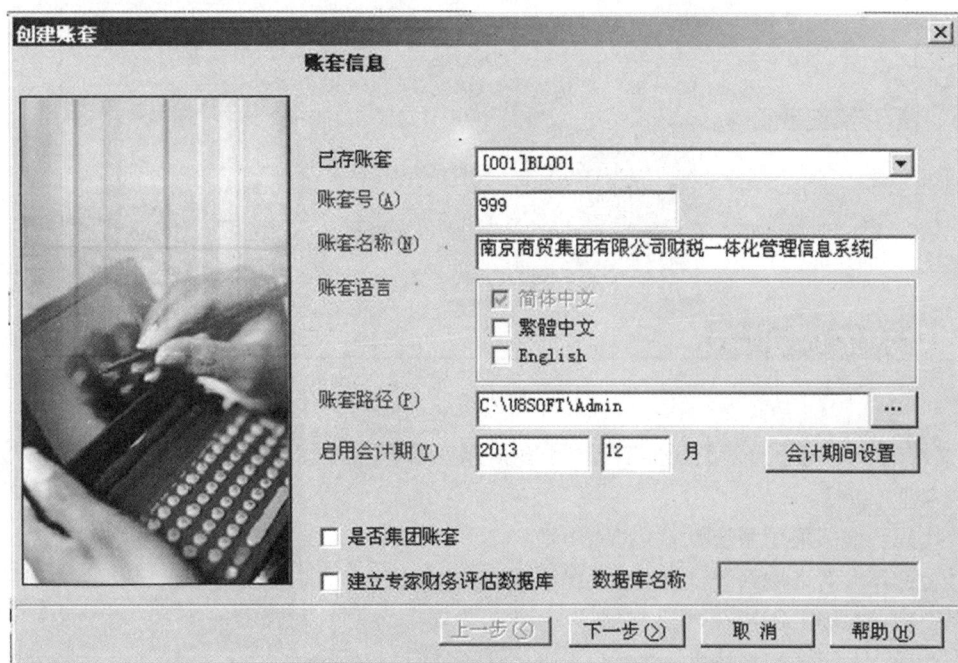

图 2-6

2）填写账套信息。账套信息包括：

（1）已存账套：用户只能查看，不能输入或修改，目的是为了避免重复建账。

（2）账套号：本例输入账套号 999。

（3）账套名称：本例输入"南京商贸财税一体化管理信息系统"。

（4）账套路径：本例建议使用系统默认的路径"C:\U8SOFT\Admin"。账套路径是新建账套将要被放置的位置，用户可以利用" ... "按钮进行参数输入。

（5）启用会计年：系统默认为计算机当前的系统日期，本例更改为"2013 年 12 月 1 日"。

3）单击【下一步】按钮，打开"创建账套—单位信息"对话框，填写单位信息。包括：

（1）单位名称：本例输入"南京商贸集团有限公司"（单位名称即用户单位的全称，必须输入。企业全称在发票打印时使用，其余情况全部使用单位的简称）。

（2）单位简称：本例输入"南京商贸"（单位简称即用户单位的简称，最好输入，一般会在企业的业务管理单据中自动输出，如销售出库单）。

（3）单位地址：本例输入"南京市中山西路 12 号"。

（4）法人代表：本例输入"张成"。

（5）邮政编码：本例输入"210002"。

（6）联系电话：本例输入"025-84663100"。

（7）税号：本例输入"320100000000334"。

（8）其他栏目：属于任选项，参照所给资料输入即可。如图 2-7 所示。

图 2-7

4）输入完成后，单击【下一步】按钮，打开"账套信息—核算类型"对话框。

填写核算类型，包括：

（1）本币代码：本例采用系统默认值"RMB"。

（2）本币名称：本例采用系统默认值"人民币"。

（3）企业类型：本例采用系统默认"工业"。

（4）行业性质：本例采用系统默认"2007年新会计制度科目"。

（5）账套主管：本例选择"01张成"。必须从下拉列表框中选择输入。

（6）按行业性质预置科目：本例选中"按行业性质预置科目"（如果用户希望预置所属行业的标准一级科目，则选中该复选框）。如图 2-8 所示。

图 2-8

5）输入完成后，单击【下一步】按钮，打开"创建账套—基础信息"对话框，如图 2-9 所示。

6）填写基础信息。按照本例要求，选中"存货是否分类"、"客户是否分类"、"供应商是否分类"几个复选框（如果此时不能确定是否进行分类核算，也可以在建账完成后由账套主管在"修改账套"功能中设置分类核算）。

7）单击【完成】按钮，弹出系统提示"可以创建账套了么？"，单击【是】按钮（稍候一段时间，此过程中系统按输入信息的要求在后台数据库系统建立相应的基础数据，此过程需要较长的处理时间，建议在此期间不要进行其他操作以免造成系统数据的损坏，完成后打开"编码方案"对话框）。

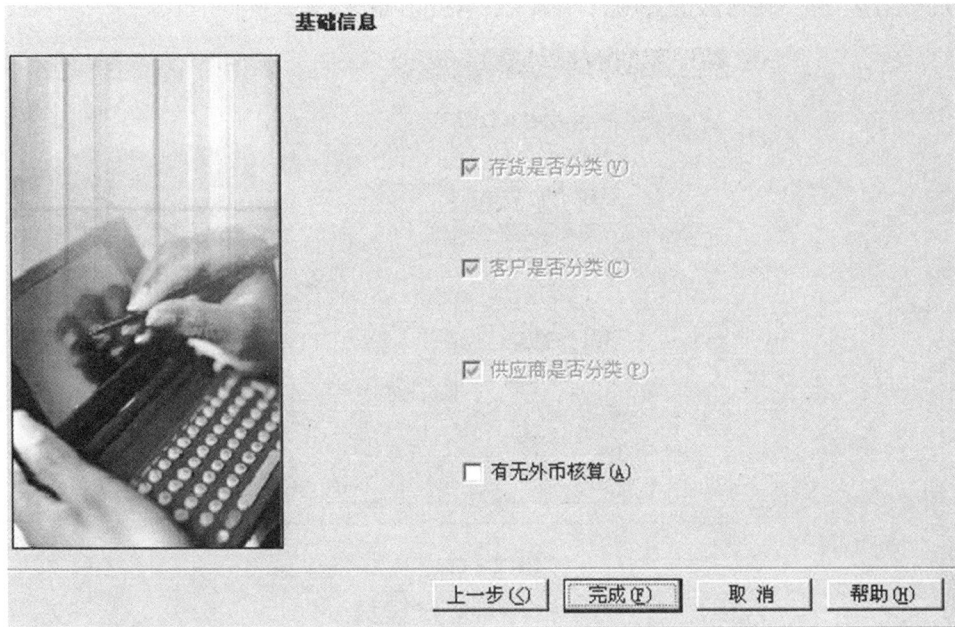

图 2-9

8）确定分类编码方案。本例采用的编码方案如下：科目编码级次4222，供应商分类编码级次为23，客户分类编码级次为222，存货分类编码级次为2222，部门编码级次为22，地区分类编码级次为22，收发类别编码级次为11，其他编码采用系统默认，如图2-10所示。为了便于对经济业务数据进行分级核算、统计和管理，系统要求预先设置某些基础档案的编码规则，即规定各种编码的级次及各级的长度。

项目	最大级数	最大长度	单级最大长度	第1级	第2级	第3级	第4级	第5级	第6级	第7级	第8级	第9级
科目编码级次	9	15	9		2	2	2					
客户分类编码级次	5	12	9	2	2	2						
供应商分类编码级次	5	12	9	1	2							
存货分类编码级次	8	12	9	2	2	2	2					
部门编码级次	5	12	9	2	2							
地区分类编码级次	5	12	9	2	2							
费用项目分类	5	12	9	1	2							
结算方式编码级次	2	3	3	1	2							
货位编码级次	8	20	9	2	3	4						
收发类别编码级次	3	5	5	1	1							
项目设备	8	30	9	2	2							
责任中心分类档案	5	30	9	2	2							
项目要素分类档案	6	30	9	2	2							
客户权限组级次	5	12	9	2	3	4						
意向客户权限组级次	5	12	9	2	3	4						

图 2-10

9) 单击【确定】按钮。单击【取消】按钮，打开"数据精度"对话框，如图 2-11 所示。

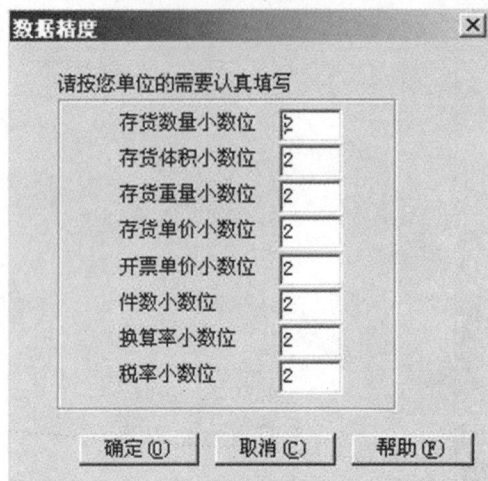

图 2-11

10) 定义数据精度。本例采用系统默认值。

注意：数据精度涉及核算精度问题。在购销存业务环节时，有一些原始单据，如发票、出入库单等，需要填写数量及单价，定义数据精度是确定有关数量及单价的小数位数。

11) 单击【确定】按钮，系统弹出提示："南京商贸财税一体化管理信息系统：[999]建立成功您可以现在进行系统启用的设置，或以后从[企业门户_基础信息]进入[系统启用]功能"，并提示"现在进行系统启用的设置？"，如图 2-12 所示。

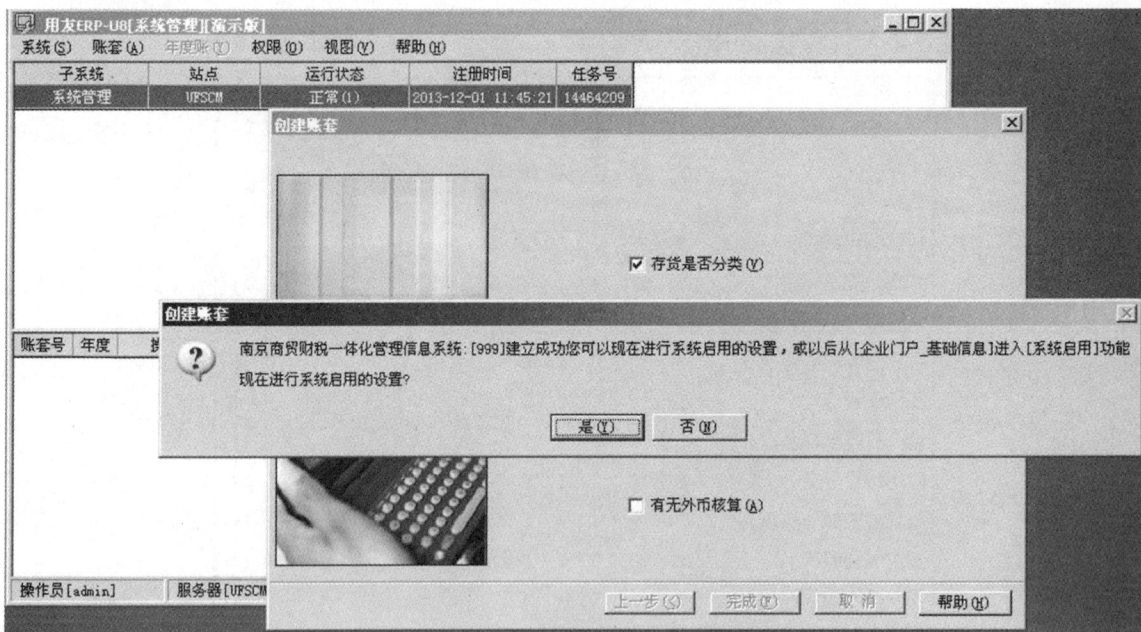

图 2-12

12) 单击【否】按钮，系统弹出提示"请进入系统应用平台进行业务操作！"单击【确定】按钮，返回系统管理。

4. 权限设置

操作步骤：

1) 指定账套主管。可以在两个环节中确定账套的账套主管。一个是在建立账套环节，如图 2-8 所示；一个是在权限设置环节，如图 2-13 所示。只有系统管理员才能够指定账套主管。

图 2-13

指定/取消账套主管的操作步骤如下：

（1）以系统管理员身份注册进入系统管理，执行"权限"→"权限"命令，进入"操作员权限"窗口。

（2）从账套列表下拉框中选择"南京商贸财税一体化管理信息系统"。

（3）在操作员列表中选择"01 张成"，选中"账套主管"复选框，系统弹出提示"设置用户[001]账套主管权限么？"。

（4）单击【是】按钮，再单击【确定】按钮，张成就有了账套主管权限，如图 2-13 所示。

2）给操作员赋权。

系统管理员和账套主管都可以给操作员赋权。在建立用户时，已经给王玲赋予了"总账"、"报表"、"薪资"的权限，现在要修改其权限，操作步骤如下：

（1）在操作员权限窗口中，选择"南京商贸财税一体化管理信息系统"账套，再从操作员列表中选择"02 王玲"，选择"修改"对话框。

（2）依次选择"总账"、"UFO 报表"、"薪资管理"、"公共单据"复选框，如图 2-14 所示，单击【确定】按钮。

（3）权限列表中增加了新添加的权限。

（4）按表 2-1 的要求依次对相应人员进行权限分配。

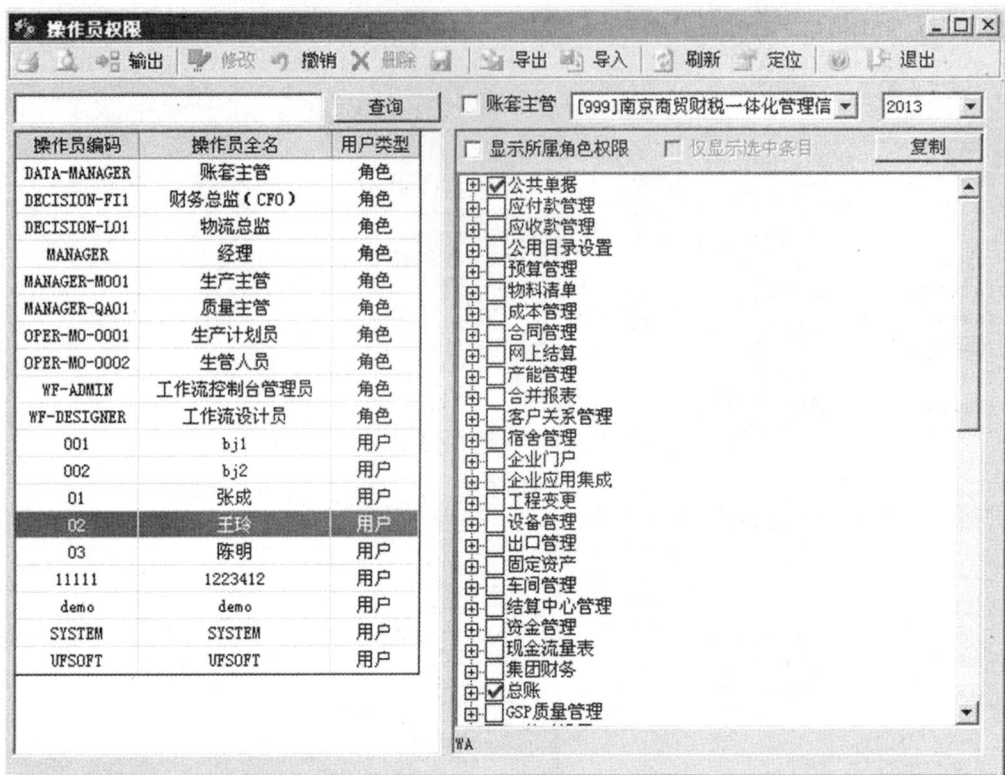

图 2‑14

5. 备份账套数据

本书所有实验存储于"C:\实验账套"文件夹中,因此首先需要在"C:\"中建立"实验账套"目录,再在该目录中分别建立"实验一"、"实验二"……"实验九"文件夹,用于存放本书中各实验的结果。

1)账套输出

操作步骤:

(1)以系统管理员身份注册,进入系统管理,执行"账套"→"输出"命令,打开"账套输出"对话框。

(2)从"账套号"下拉列表中选择要输出的账套,单击【确认】按钮,如图 2‑15 所示。

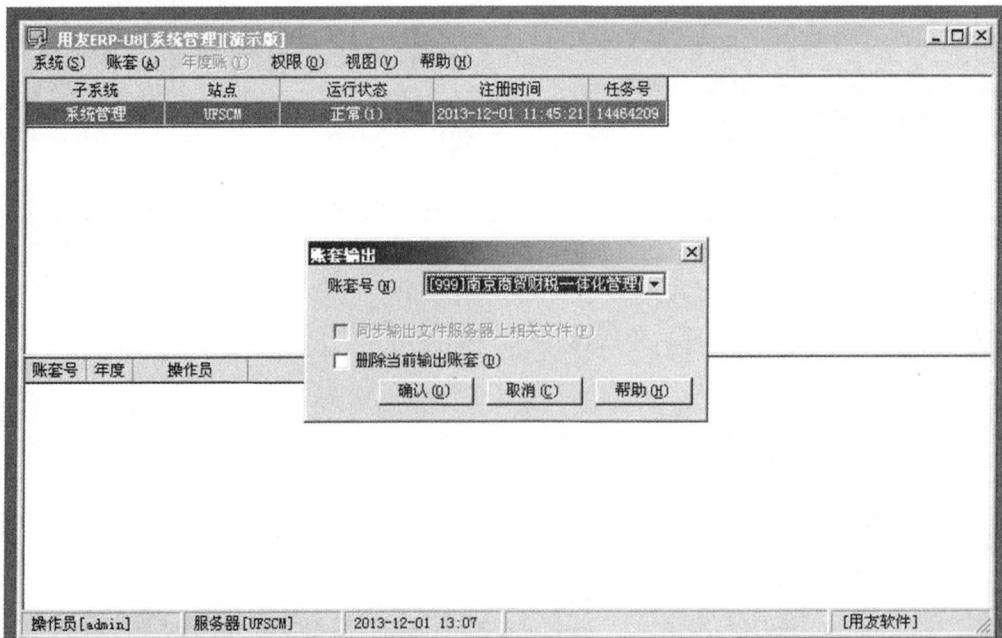

图 2‑15

（3）系统对所要输出的账套数据进行压缩处理,在系统压缩完成,打开"请选择账套备份路径"对话框。

（4）选择存放账套备份数据的文件夹为"C:\实验账套\实验一",如图 2-16 所示。单击【确定】按钮,系统弹出提示"输出成功!",再次单击【确定】按钮。

（5）一般在实际企业应用过程中,会对管理信息系统的数据进行定期的数据备份,并将数据存储在较为安全的存储介质上,一般至少保存 3 年以上,重要的数据要求保存的时间更长。下文会介绍另外一种数据备份方式——"自动备份"。

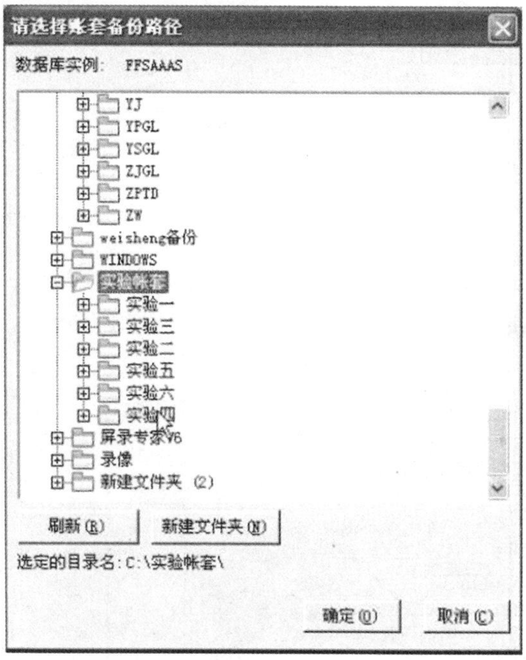

图 2-16 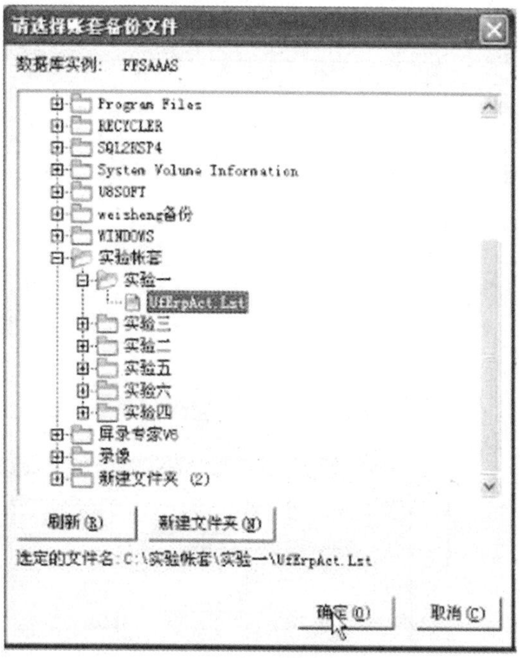   图 2-17

2）引入账套

操作步骤:

（1）以系统管理员身份注册,进入系统管理,执行"账套"→"引入"命令,打开"请选择账套备份文件"对话框。

（2）选择要引入的账套数据备份文件,系统输出的备份文件为 UfErpAct.Lst,单击【确定】按钮,系统弹出提示请求确认账套引入的目录,单击【确定】按钮,系统弹出提示"此项操作会覆盖[999]当前账套的所有信息,继续吗?"单击【是】按钮,系统进行账套数据的引入,完成后提示"账套[999]引入成功!",单击【确定】按钮返回。如图 2-17 所示。

3）账套动备份

操作步骤:

（1）以系统管理员身份或者账套主管身份注册,进入系统管理,执行"系统"→"设置备份计划"命令,如图 2-18 所示。

（2）打开"设置备份计划",单击【增加】按钮,如图 2-19 所示,分别键入计划编号、计划名称,选择备份类型、发生频率、发生天数、开始时间、有效触发、保留天数。

注意:"备份类型"可以选择对整个账套进行备份,也可以选择对账套的某个年度账进行备份;当发生频率为每天时对应的发生天数为 1 天,当发生频率为周时对应的发生天数可以 1~7 之间选择;当保留天数为 0 时,表示账套永久保存。一般在企业应用过程中要综合考虑数据的安全性与计算机存储空间的经济性以确定保留天数。

（3）选择"备份路径",单击【增加】按钮;在"请选择账套和年度账"中选择需要备份的账套,单击【增加】按钮。

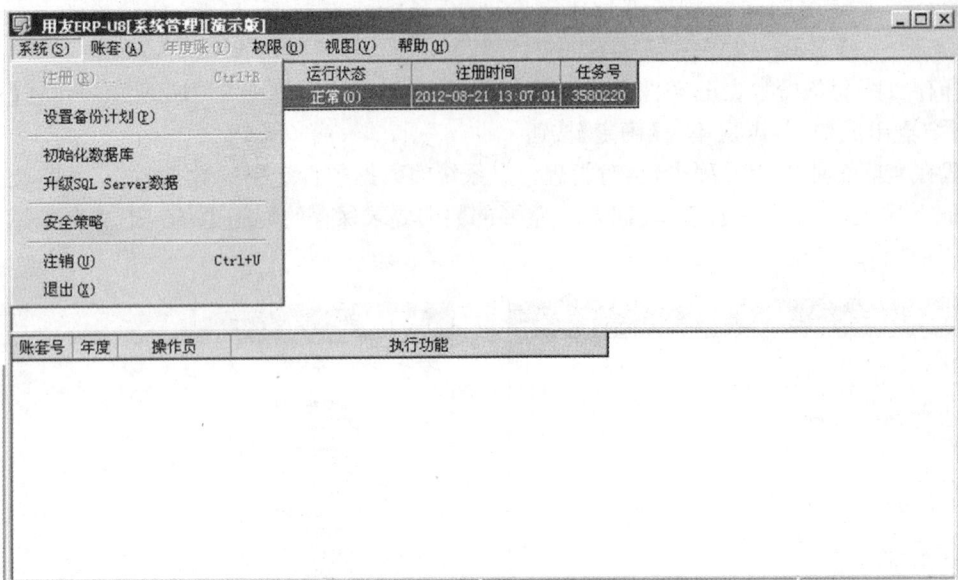

图 2 - 18

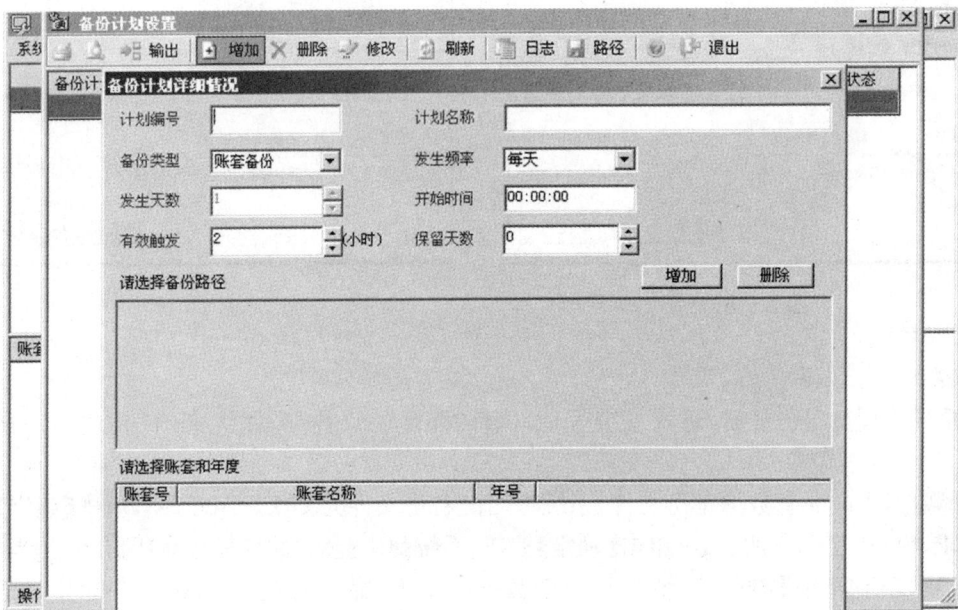

图 2 - 19

第三章 基 础 设 置

第一节 基础设置概述

基础信息是企业中各部门的共享信息,是整个系统的基础。如果一种产品在仓库部门和技术部门中的编码不一致,则系统将会认定这是两种不同的产品,必然无法有效地对企业的业务进行处理。建立信息标准(如编码规则、名称等)时,各部门应集中在一起,共同制定公认的、符合有关标准规范以及企业管理要求的数据规范。

第二节 基础设置内容

基础设置是为系统的日常运行做好基础准备工作,主要包括基本信息设置、基础档案设置、数据权限设置和单据设置。

一、基本信息设置

在基本信息设置中,可以对在建账过程中确定的编码方案和数据精度进行修改,并进行系统启用设置。

用友 ERP-U8(V8.72)系统分为财务会计、供应链、生产制造、人力资源、集团应用、决策支持和企业应用集成等产品组,每个产品组中又包含若干模块,它们中大多数既可以独立运行,又可以集成使用,但两种用法的流程是有差异的。企业既可以根据本身的管理特点选择不同的子系统,也可能采取循序渐进的策略有计划地先启用一些模块,一段时间之后再启用另外一些模块。系统启用为企业提供了选择的便利,可以显示企业在何时启用了哪些子系统。只有设置了系统启用的模块才可以登录。有两种方法可以设置系统启用:一种是在企业建账完成后立即进行;另一种是在建账结束后由账套主管在企业应用平台中进行。

二、基础档案设置

基础档案是系统日常业务处理所必需的基础资料,是系统运行的基石。一个账套总是由若干个子系统构成,这些子系统共享公用的基础档案信息。在启用新账套之前,应根据企业的实际情况,结合系统基础档案设置的要求,事先做好基础数据的准备工作。

三、数据权限设置

用友 ERP-U8(V8.72)软件中,提供了功能权限、数据权限和金额权限设置。

功能权限在系统管理中进行设置,主要规定了每个操作员对各模块及细分功能的操作权限。

数据权限是针对业务对象进行控制,可以设置对特定业务对象的某些项目和某些记录进行查询和录入的权限。

金额权限的设置主要有两个:一是设置操作员在填制凭证时,对特定科目允许输入的金额范围;二是设置操作员在填制采购订单时,允许输入的采购金额范围。

四、单据设置

不同企业各项业务处理时使用的单据可能存在细微的差别,用友 ERP-U8(V8.72)软件中预置了常用单据模板,而且允许用户对各单据类型的多个显示模板和多个打印模板进行设置,用来定义本企业需要的单据格式。

实验二 基础档案设置

【实验目的】

1. 理解系统启用的意义,掌握在企业应用平台中进行系统启用的方法。
2. 理解基础档案的作用,掌握基础档案的录入方法。
3. 理解数据权限的意义,掌握设置数据权限的方法。

【实验内容】

1. 系统启用设置。
2. 基础档案设置。
3. 数据权限设置。

【实验准备】

引入实验一账套数据。

【实验要求】

以"张成"的身份进行操作。

【实验资料】

1. 在企业应用平台中启用总账系统
2. 设置以下基础档案

(1)部门档案如表3-1:

表3-1 部门档案

部门编码	部门名称
01	财务部
02	人力资源部
03	综合采购部
04	家电事业部
05	农产品事业部
06	物流事业部
07	印刷发行业务部
08	金融业务部
09	系统集成业务部
10	商贸事业部

(2)人员档案,如表3-2:

表 3-2　人员档案

人员编号	人员姓名	性别	人员类别	是否是操作员	行政部门	是否是业务员
0101	张成	男	在职人员	是	财务部	是
0102	王玲	女	在职人员	是	财务部	是
0103	陈明	男	在职人员	是	财务部	是
0201	周丽	女	在职人员	否	人力资源部	是
0301	余婧凤	女	在职人员	否	综合采购部	是
0401	阮婕	女	在职人员	否	家电事业部	是
0402	吴菲	女	在职人员	否	家电事业部	是
0501	张晓	男	在职人员	否	农产品事业部	是
0601	王明	男	在职人员	否	物流事业部	是
0701	李忠	男	在职人员	否	印刷发行业务部	是
0801	王艳	女	在职人员	否	金融业务部	是
0802	何宁	女	在职人员	否	金融业务部	是
0901	王刚	男	在职人员	否	系统集成业务部	是
1001	王惠新	男	在职人员	否	工商贸事业部	是

（3）客户分类，如表 3-3：

表 3-3　客户分类

客户分类编码	客户分类名称
01	商贸类客户
02	工程类客户

（4）客户档案，如表 3-4：

表 3-4　客户档案

客户编号	客户名称	分类码	税号	开户银行	银行账号	地址	电话
01	晨光商贸公司	01	23010289650435612	工商行长春城乡办事处	3678403	长春市北京路 125 号	84664321
02	中山商贸公司	01	23010289650435613	工商行城西办事处	456135890	常州市西城路 100 号	85213124
03	南京化工集团	02	2563984256981475	工商行海河办事处	582314765	南京市上海路 1 号	62005690
04	华联大厦	02	302007568942135	工商行辽河办事处	456135890	锦州市辽河路 5 号	58026200
05	万科地产	02	302007568942136	工商行解放路分理处	456135891	上海市解放路 10 号	92710012

（5）供应商分类，如表 3-5：

表 3-5 供应商分类

供应商分类编码	供应商分类名称
01	设备供应商
02	普通供应商
03	联营供应商
04	其他

（6）供应商档案，如表 3-6：

表 3-6 供应商档案

供应商编号	供应商名称	所属分类码	税号	开户银行	账号
001	南京机械设备厂	01	1105006547852485	工商行黄河办事处	5557832167
002	光明加工厂	02	1105006547852486	建行上海路支行	5557832168
003	东风农机厂	02	1105006547852487	建行南京路支行	5557832169
004	南京线材厂	02	1105006547852488	建行下关支行	5557832170
005	南京机修厂	02	1105006547852489	建行白下支行	5557832171
006	联营加工厂部	03	1105006547852490	建行滨州分行	2342356
007	红会公司	04	1105006547852491	招行北京分行	2342357

（7）会计科目，本企业常用会计科目，如表 3-7：

表 3-7 会计科目

科目编号及名称	辅助核算	方向	币别/计量
库存现金（1001）	日记账	借	
银行存款（1002）	银行账、日记账	借	
应收账款（1122）	客户往来	借	
预付账款（1123）		借	
其他应收账款（1221）		借	
坏账准备（1231）		贷	
物资采购（1401）		借	
库存商品（1405）		借	
周转材料（1411）		借	
待摊费用（1801）		借	
固定资产（1601）		借	
累计折旧（1602）		贷	

科目编号及名称	辅助核算	方向	币别/计量
固定资产清理(1606)		借	
短期借款(2001)		借	
应付票据(2201)	供应商往来	贷	
应付账款(2202)	供应商往来	贷	
预收账款(2203)	客户往来	贷	
应付职工薪酬(2211)		贷	
应交税费(2221)		贷	
应交增值税(222101)		贷	
进项税(22210101)		贷	
销项税(22210102)		贷	
进项税转出(22210103)		贷	
应交消费税(222102)		贷	
应交营业税(222103)		贷	
应交所得税(222106)		贷	
应交城乡建设税(222108)		贷	
应交教育费附加(222109)		贷	
预提费用(2191)		贷	
长期借款(2501)		贷	
实收资本(4001)		贷	
盈余公积(4101)		贷	
法定盈余公积(410101)		贷	
任意盈余公积(410102)		贷	
本年利润(4103)		贷	
利润分配(4104)		贷	
未分配利润(410401)		贷	
提取法定盈余公积(410103)		贷	
提取任意盈余公积(410104)		贷	
应付现金股利(410406)		贷	
生产成本(5001)		借	
直接材料(500101)		借	
直接人工(500102)		借	
制造费用(5101)		借	
主营业务收入(6001)		贷	
绝当销售收入(6002)		贷	
主营业务成本(6401)		借	
其他业务成本(6402)		借	

科目编号及名称	辅助核算	方向	币别/计量
管理费用(6602)		借	
工资(660201)		借	
福利费(660202)		借	
办公费(660203)		借	
差旅费(660204)		借	
招待费(660205)		借	
折旧费(660206)		借	
其他(660207)		借	
财务费用(6603)		借	
利息支出(660301)		借	
手续费(660302)		借	
销售费用(6601)		借	
工资(660101)		借	
福利费(660102)		借	
办公费(660103)		借	
差旅费(660104)		借	
招待费(660105)		借	
折旧费(660106)		借	
其他(660107)		借	
广告费(660108)		借	

(8) 结算方式,如表 3-8:

表 3-8

结算方式编码	结算方式名称	票据管理
1	现金结算	否
2	支票结算	否
201	现金支票	是
202	转账支票	是
3	银行汇票	否
4	商业汇票	否
401	商业承兑汇票	否
402	银行承兑汇票	否
5	其他	否

(9) 本单位开户银行,编号 001,名称:南京市招商银行珠江路支行,账号:800245788210。

【操作指导】

1. 系统启用

操作步骤如下:

（1）执行"开始"→"程序"→"用友 ERP—U8"→"企业应用平台"命令，打开"登录"对话框。在"操作员"中输入"01"，在账套下拉列表框中选择"南京商贸财税一体化管理信息系统"，更改操作日期为"2013-12-01"，单击【确定】按钮，进入"UFIDA-ERP［工作中心］"窗口，如图 3-1 所示：

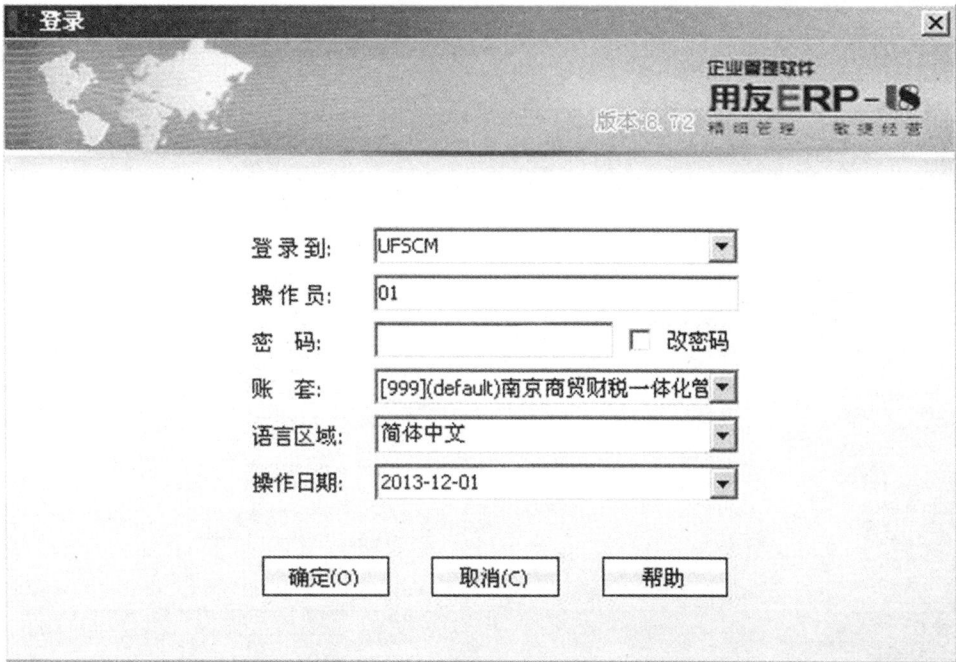

图 3-1

（2）在"设置"页签中，执行"基本信息"→"系统启用"命令，打开"系统启用"对话框。

（3）选中"GL 总账"前的复选框，弹出"日历"对话框，选择"2013-12-01"，如图 3-2 所示，依次选择要启用的系统，单击【确定】按钮，系统弹出"确定要启用当前系统吗？"信息提示框，单击【是】按钮返回。

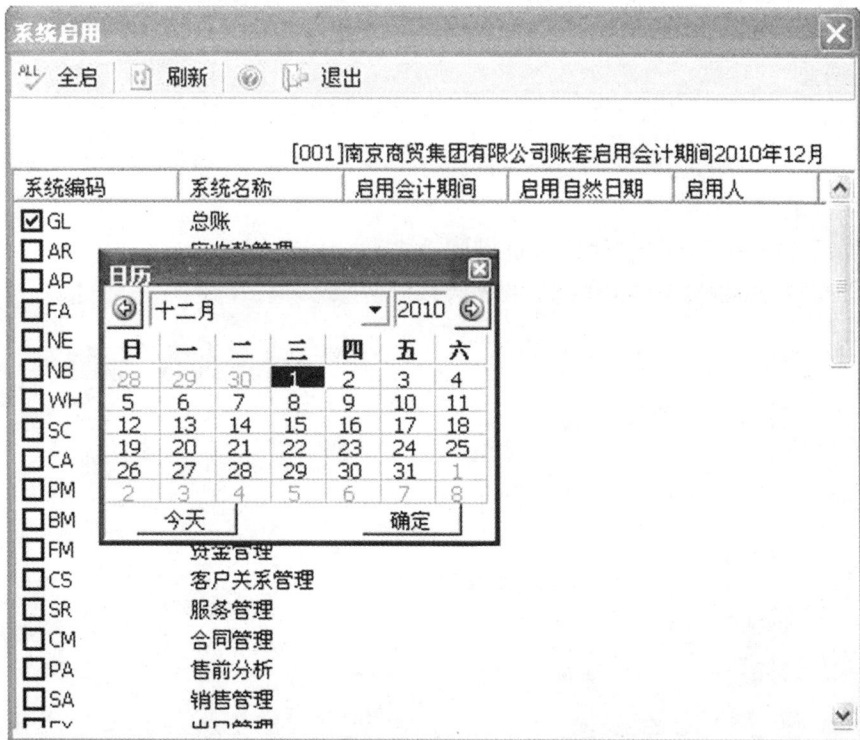

图 3-2

2. 部门档案设置

操作步骤如下：

（1）在企业应用平台"设置"页签中，执行"基础档案"→"机构人员"→"部门档案"命令，进入"部门档案"窗口。

（2）单击【增加】按钮，输入部门编码、部门名称信息，单击【保存】按钮，如图 3-3 所示：

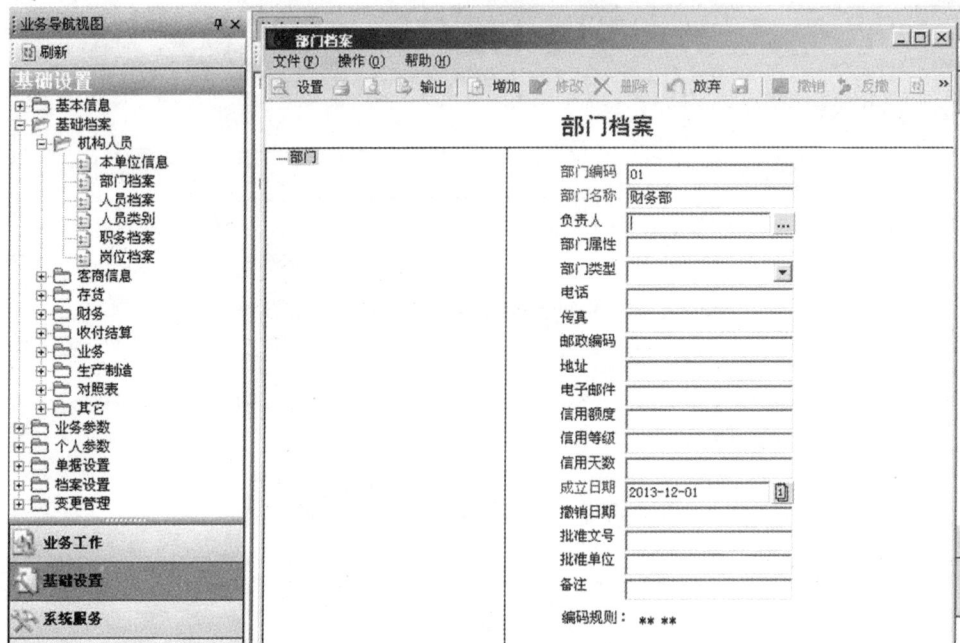

图 3-3

注意：蓝色部门为必须键入部分，编码必须符合该页面下方所显示的编码方案，否则将会报错。正常情况下页面上所有字段都要有实质变量意义，如果不是必输项或必须使用项，建议可以保持默认值。

（3）根据案例，按步骤（2）的要求依次增加相应的部门。

3. 设置人员档案

操作步骤如下：

（1）在"设置"页签中，执行"基础档案"→"机构人员"→"人员档案"命令，进入"人员列表"窗口，单击左窗口"部门分类"下的"财务部"。

（2）单击【增加】按钮，按实验资料输入人员信息，如图 3-4 所示：

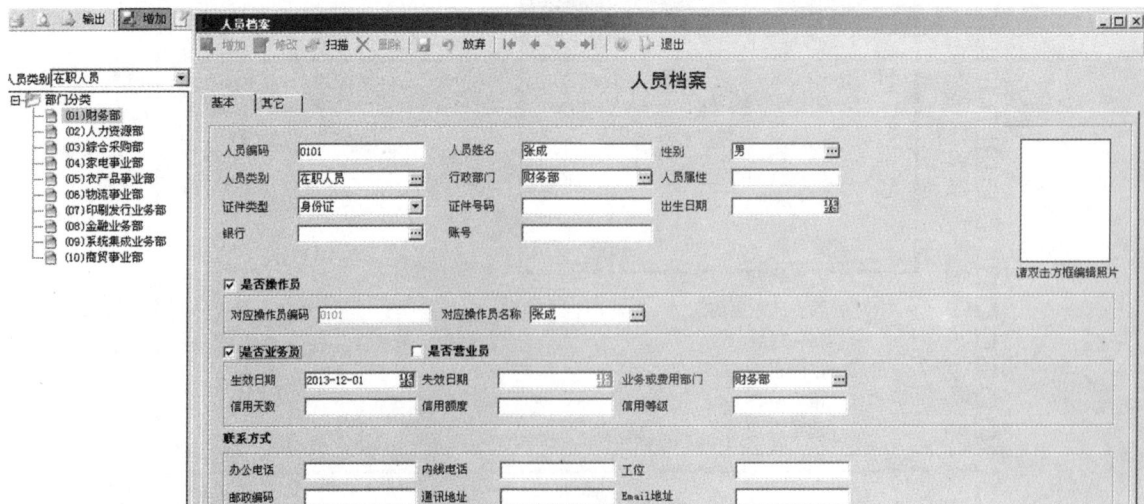

图 3-4

注意:"是否业务员"选项必须都勾选,如果没有勾选此选项,则该人员就不能在U8系统中发生任何业务;如果该人员需要在U8软件中进行软件操作还必须选中"是否操作员"复选框。

4. 客户分类

操作步骤:

1)在"基础设置"页签中,执行"基础档案"→"客商信息"→"客户分类"命令,进入"客户分类"窗口。

2)在左边窗口选择"客户分类",单击【增加】按钮,按实验资料在客户分类区域填写资料,如图3-5所示:

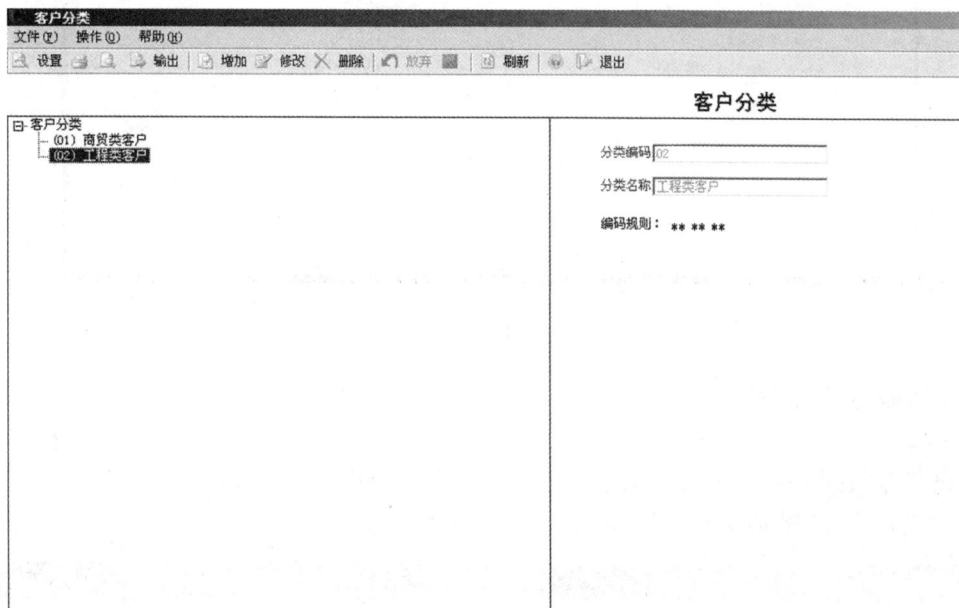

图 3-5

5. 建立客户档案

操作步骤如下:

1)在"基础设置"页签中,执行"基础档案"→"客商信息"→"客户档案"命令,进入"客户档案"窗口。

2)在左边窗口选择"客户档案",单击【增加】按钮,按实验资料在客户档案区域填写资料。

注意:建立客户档案时,客户开户银行及账号需要在增加完客户档案后单击【银行】按钮,打开"客户银行档案"对话框录入。如图3-6、图3-7所示:

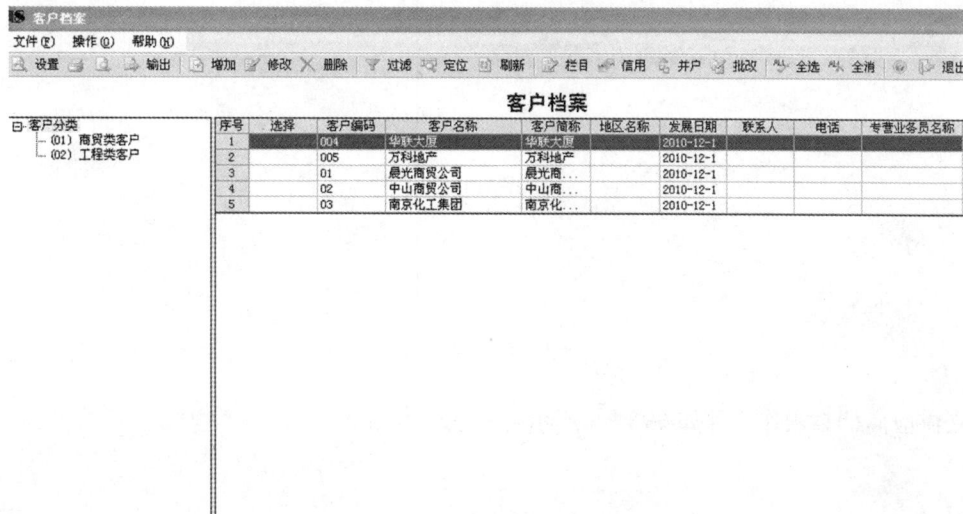

图 3-6

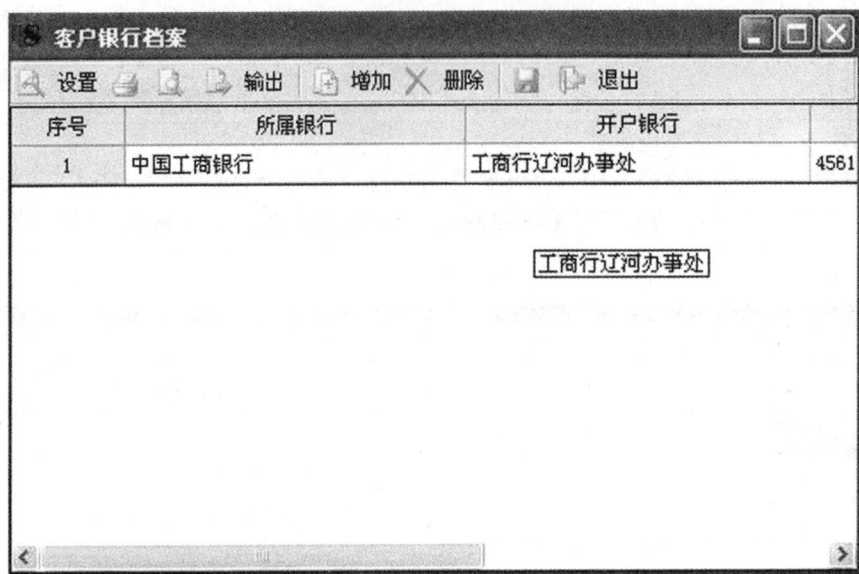

图 3-7

6. 建立供应商分类以及档案

操作步骤如下：

（1）在"设置"页签中，执行"基础档案"→"客商信息"→"供应商分类"命令，进入"供应商分类"窗口，单击左窗口的"增加"，并"保存"，如图 3-8，按表 2-5 录入。

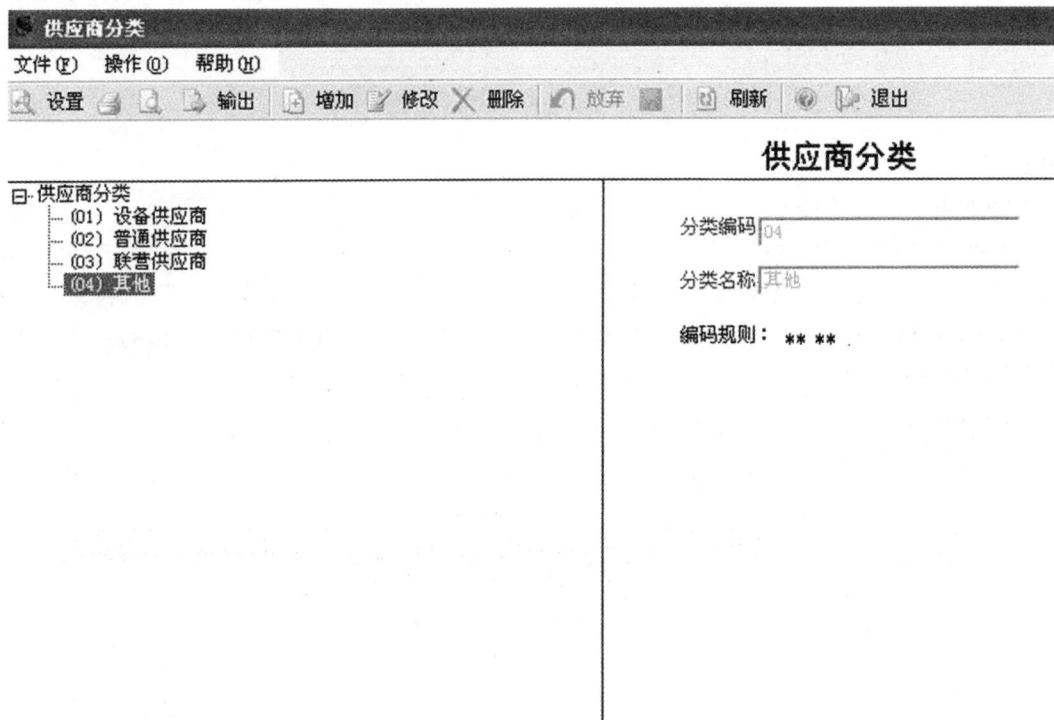

图 3-8

（2）建立供应商档案操作步骤如图 3-9 所示，按表 2-6 录入。

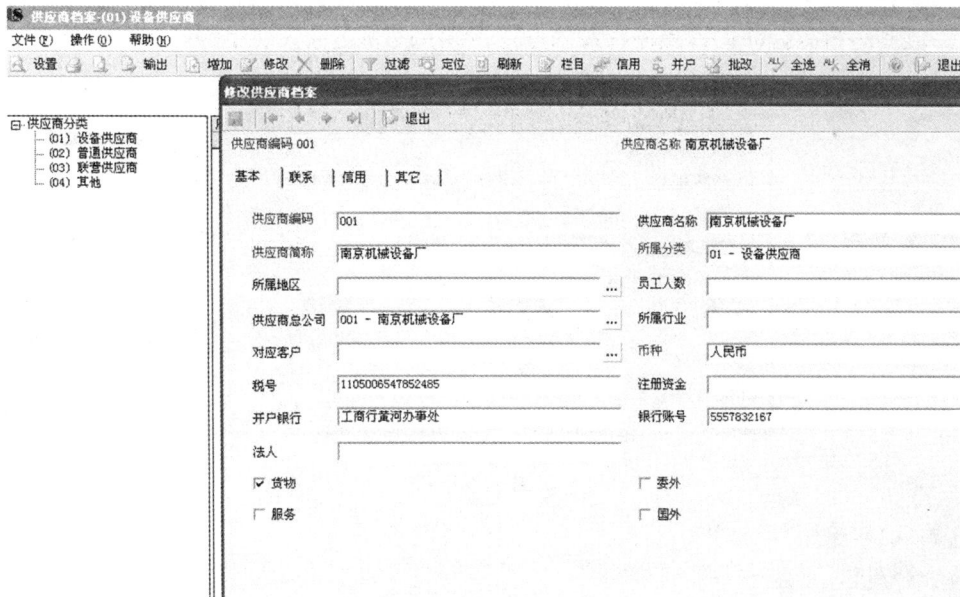

图 3‑9

7. 会计科目

（1）增加会计科目

操作步骤如下：

① 在企业应用平台的"设置"页签中，执行"基础档案"→"财务"→"会计科目"命令，进入"会计科目"窗口。

② 单击【增加】按钮，打开"新增会计科目"对话框，如图 3‑10 所示，按表 2‑7 录入：

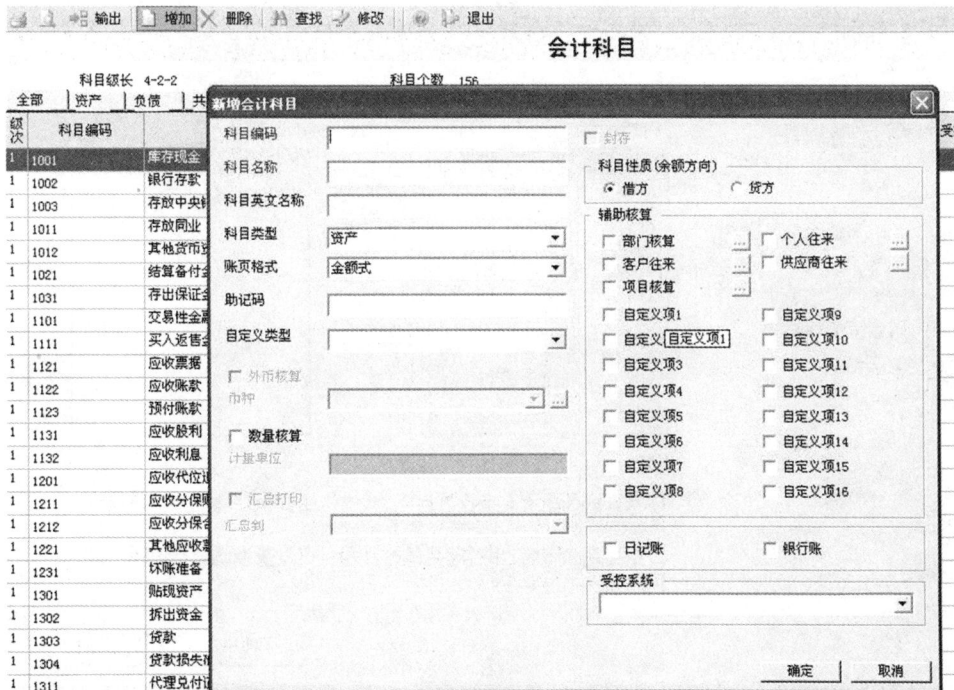

图 3‑10

③ 按实验资料输入各项目，单击【确定】按钮保存。

（2）利用"成批复制"功能增加会计科目

当完成管理费用下明细的录入后，可以利用成批复制功能增加主营业务收入下的明细科目，操作步骤如下：

① 在会计科目窗口中,执行"编辑"→"成批复制"命令,打开"成批复制"对话框。

② 输入源科目编码"6602"和目标科目编码"6601",不选中"辅助核算"选项,如图 3 - 11 所示:

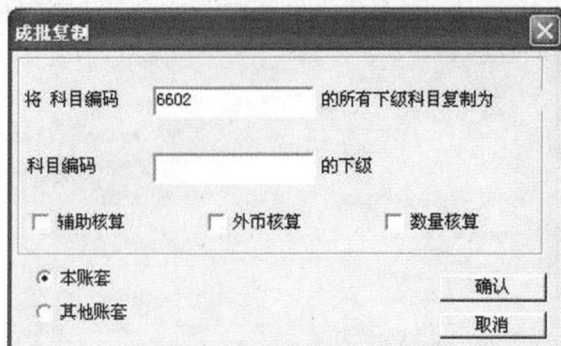

图 3 - 11

③ 单击【确认】按钮保存。

(3) 修改会计科目

如系统预置的科目中没有指定科目的辅助核算内容,如现金科目未设置日记账核算,应收账款未指定客户往来核算,就需要对实验资料中标注了辅助核算的科目进行修改,以增加指定科目的辅助核算内容。

(4) 指定会计科目

① 在会计科目中,执行"编辑"→"指定科目"命令,打开"指定科目"对话框。

② 单击"现金总账科目"按钮,从待选科目列表框中选择"1001 现金"科目,单击">"按钮,将现金科目添加到"已选科目"列表中。

③ 同理,将"银行存款"科目设置到银行总账科目,如图 3 - 12 所示,最后将"现金"、"银行存款"和"其他货币资金"设置到现金流量科目。

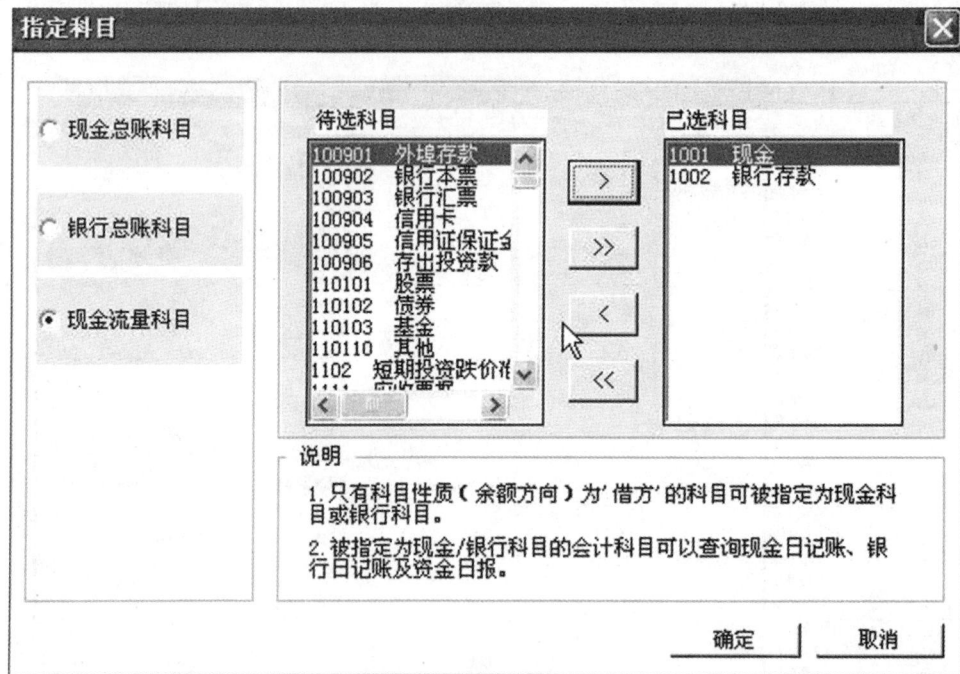

图 3 - 12

④ 单击【确定】按钮保存。

8. 凭证类别

操作步骤如下:

在企业应用平台"设置"页签中,执行"基础档案"→"财务"→"凭证类别"命令,打开"凭证类别预置"对

用友财税一体化实验实训教程

话框,选择"记账凭证",单击【确定】按钮保存。如图 3 - 13 所示:

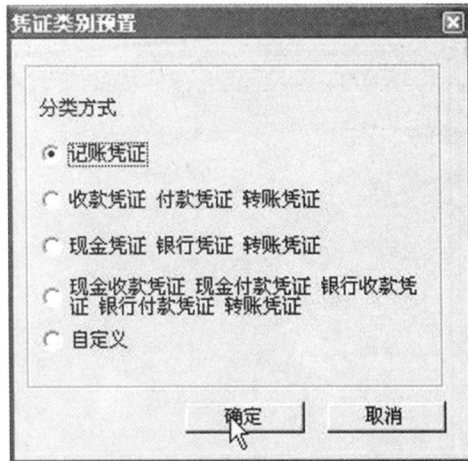

图 3 - 13

9. 结算方式

操作步骤如下:

(1) 在企业应用平台"设置"页签中,执行"基础档案"→"收付结算"→"结算方式"命令,进入"结算方式"窗口。

(2) 按照要求输入企业常用结算方式,如图 3 - 14 所示,按表 2 - 8 录入:

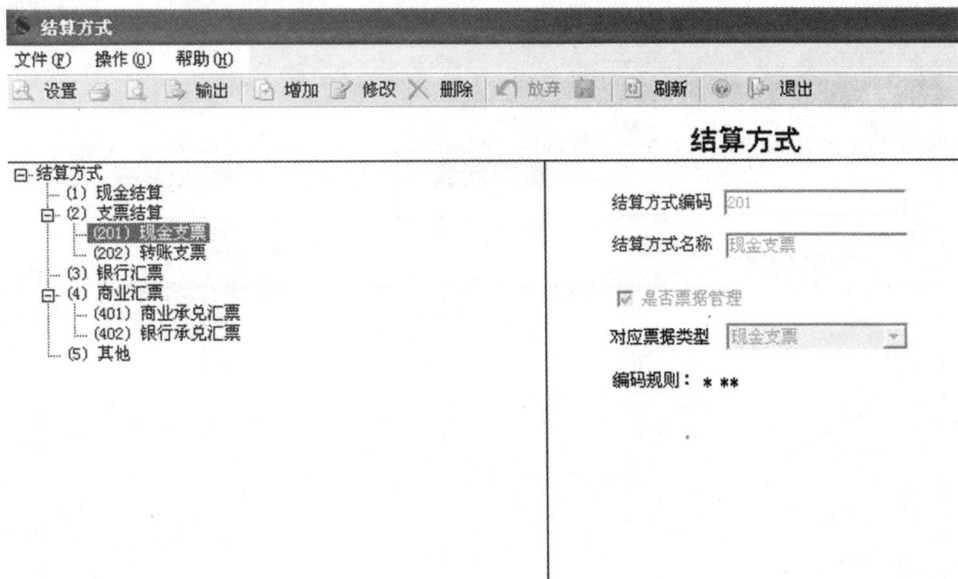

图 3 - 14

10. 开户银行

操作步骤如下:

在企业应用平台"设置"页签中,执行"基础档案"→"收付结算"→"银行档案"命令,单击【增加】按钮,按资料输入银行档案,如图 3 - 15 所示:

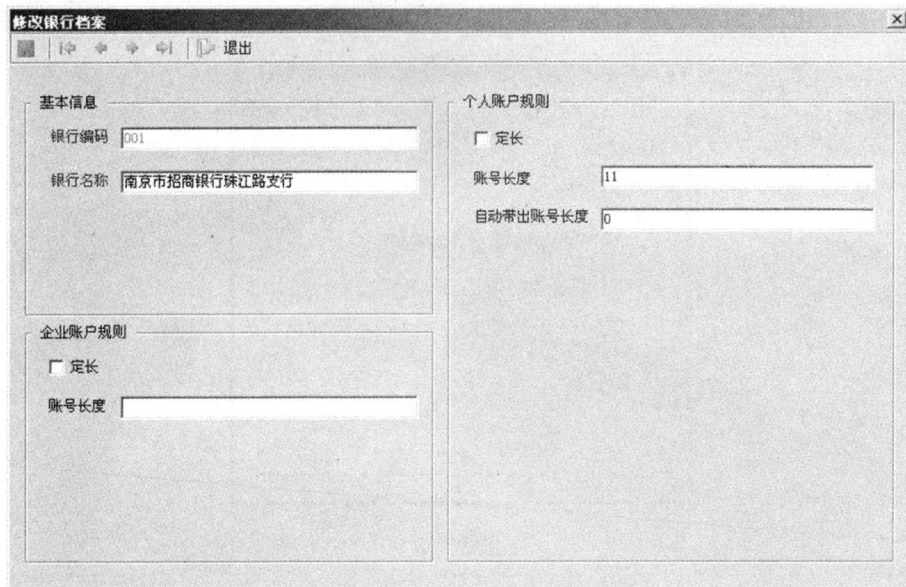

图 3-15

11. 定义常用摘要

操作步骤如下：

（1）在企业应用平台"设置"页签中，执行"基础档案"→"其他"→"常用摘要"命令，进入"常用摘要"窗口。

（2）单击【增加】按钮，输入编码"01"，摘要内容"从银行提现"，如图 3-16 所示。输入完成后，按回车键保存。

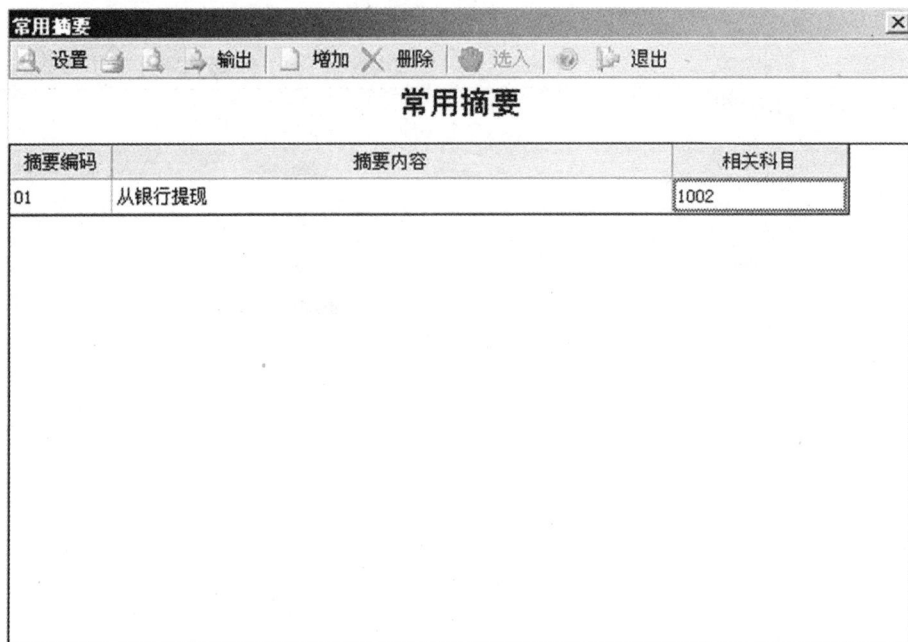

图 3-16

12. 数据权限设置

操作步骤如下：

（1）在企业应用平台"系统服务"页签中，执行"权限"→"数据权限控制设置"命令，打开"数据权限控制设置"对话框。

（2）在"记录级"页签中，选中"部门"复选框，如图 3-17 所示：

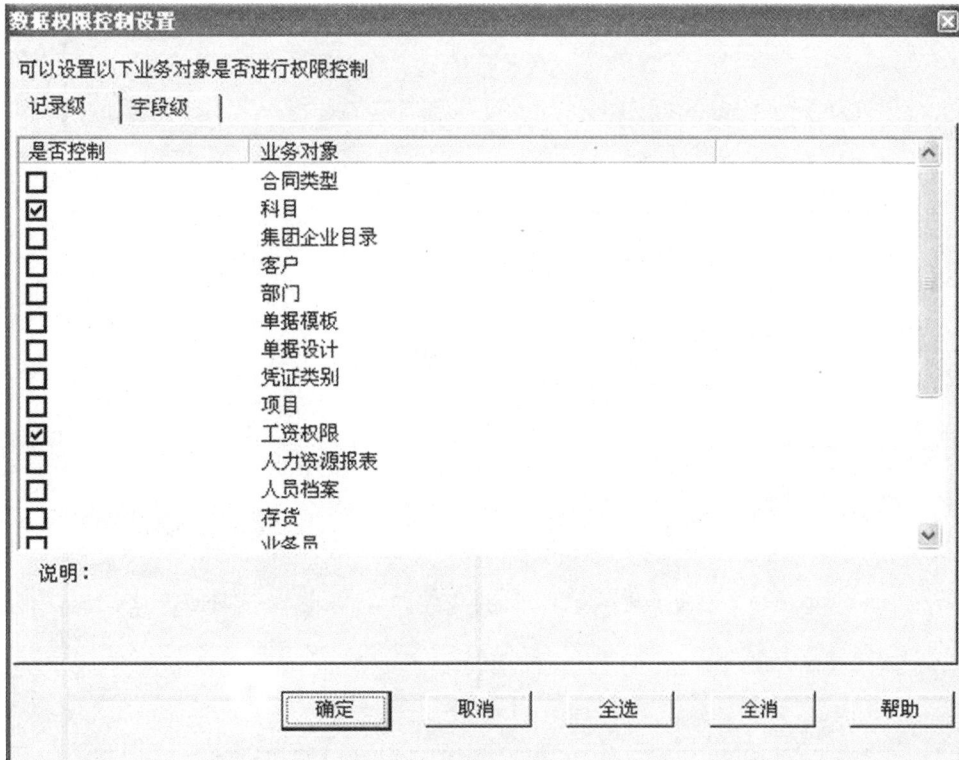

图 3 - 17

（3）单击【确定】按钮返回。

（4）执行"权限"→"数据权限分配"命令，进入"权限浏览"窗口。

（5）从"用户及角色"列表中选择"02 王玲"，单击【授权】按钮，打开"记录权限设置"对话框，选择业务对象"部门"，如图 3 - 18 所示：

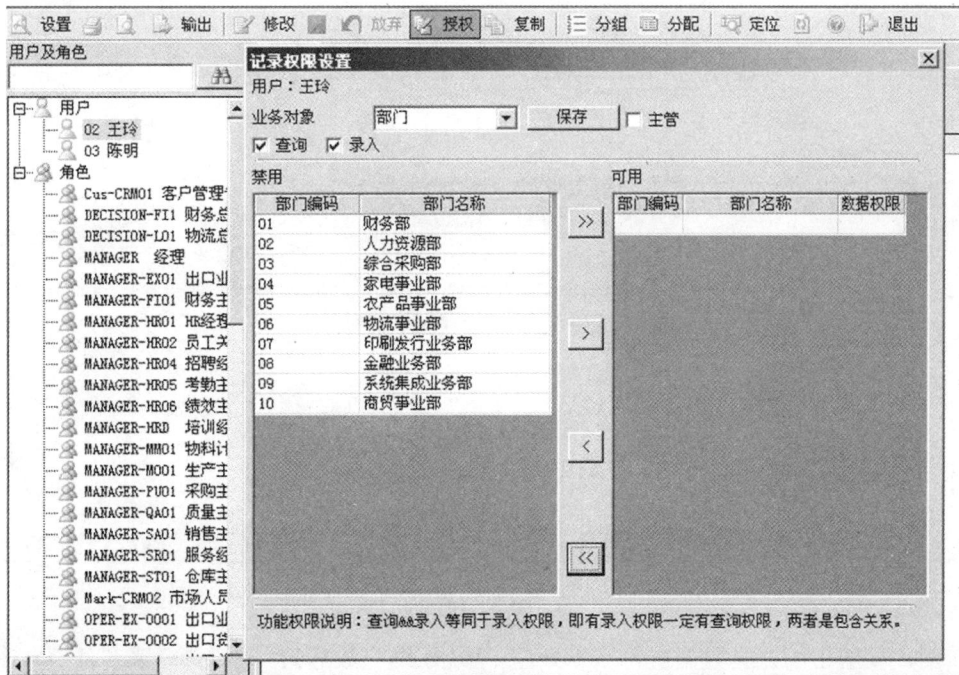

图 3 - 18

（6）将所有业务部门从"禁用"列表中放入"可用"列表中，如图 3 - 19 所示：

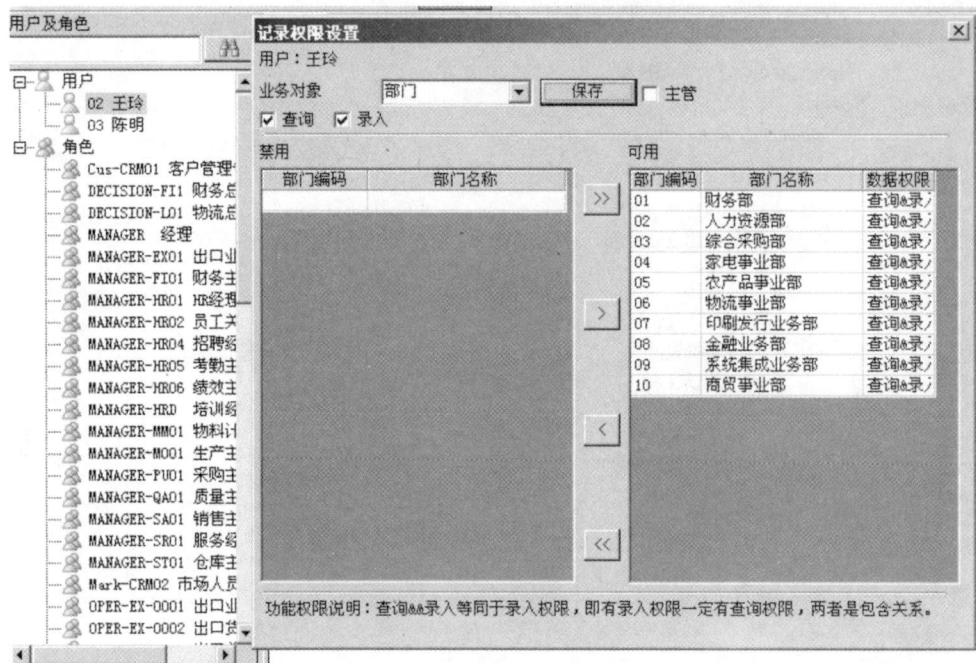

图 3-19

（7）单击【保存】按钮，系统弹出"保存成功"提示框，单击【确定】按钮返回。

13. 备份账套数据

操作步骤如下：

（1）以系统管理员身份注册，进入系统管理，执行"账套"→"输出"命令，打开"账套输出"对话框。

（2）从"账套号"下拉列表中选择要输出的账套，单击【确认】按钮，如图 3-20 所示：

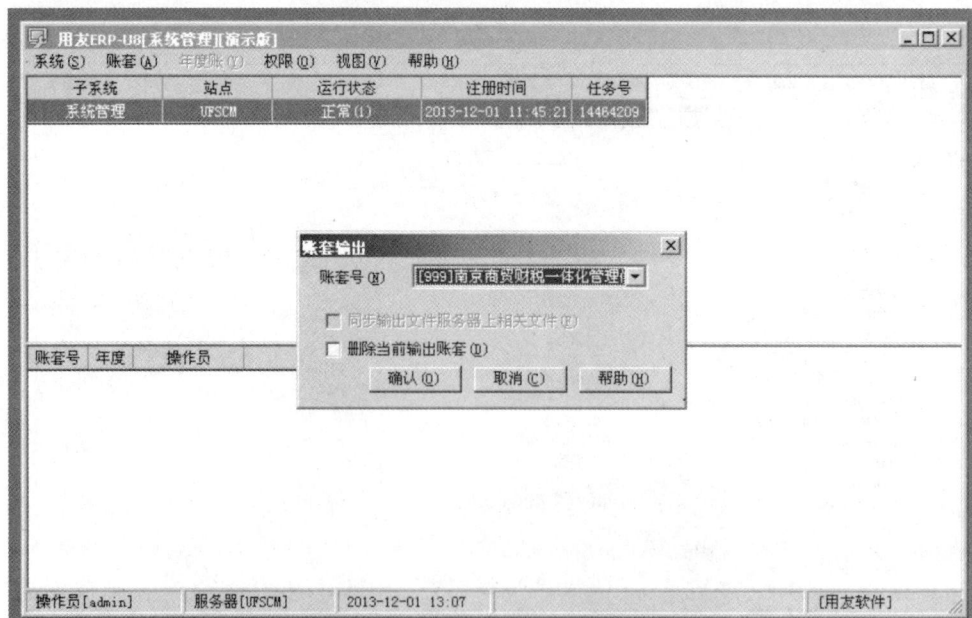

图 3-20

（3）系统对所要输出的账套数据进行压缩处理，系统压缩完成后打开"请选择账套备份路径"对话框。

（4）选择存放账套备份数据的文件夹为"C:\实验账套\实验二"，单击【确定】按钮，系统弹出提示"输出成功！"，单击【确定】按钮。

第四章　模块初始化设置

第一节　模块初始化概述

初始化是为系统日常业务处理工作做准备。第一次使用各业务模块进行日常业务处理前,用户应根据本企业的需要为用友 ERP－U8(V8.72)系统设置适合于实际需要的业务应用环境,将截止到各模块启用时尚未处理完的业务单据和启用日期手工账目的期初数据录入到各功能系统中。各业务模块的初始化设置,能使各模块适应企业业务处理的需要,保持启用日期前后业务处理的连续性。

模块初始化工作主要包括业务参数设置、基础信息设置及期初数据录入等。

一、业务参数设置

用友 ERP－U8(V8.72)软件中各模块的业务参数就像功能开关一样,决定用户使用该系统的业务流程、业务模块和数据流向,关系到该业务系统的使用和业务点控制,因此非常重要。例如,在采购管理系统中可以设置是否允许超请购订货。如果设置允许,则参照请购单生成的采购订单的累计订货量可以大于请购单量,否则不允许。再如在库存管理系统中可以设置是否进行安全库存报警、是否有形态转换业务等。

由于有些参数选项在日常业务开始后不允许随意修改,所以用户在进行业务参数设置之前,需要详细了解选项开关对业务处理流程的影响,并结合企业的实际业务需要,进行全盘考虑,尤其是一些对其他系统有影响的选项设置更要考虑清楚。

二、基础档案信息设置

在使用各模块进行日常业务处理前,应根据企业的实际情况,结合各模块基础档案信息设置的要求,事先做好基础数据的准备工作。在用友 ERP－U8(V8.72)软件各模块集成使用的环境下,一些系统共享的信息可以在系统应用平台基础档案中设置;另一些各模块的专用基础信息则需在各模块中设置。

三、期初数据录入

用友 ERP－U8(V8.72)软件中各模块的期初数据是各业务系统运行的基础。在使用用友 ERP－U8(V8.72)软件各业务模块进行日常业务处理前,应将各模块启用时尚未处理完的业务单据和启用日期手工账目的期初数据录入到各功能系统中,以便后期业务处理引用,从而使启用日期前后业务的处理能保持连续性。如账套从 2012/01/01 开始启用,则需要启用日期各账簿的期初余额数据,以便总账系统能正确计算以后的本期发生额、期末余额等数据。

四、总账系统初始化设置

总账系统初始化设置主要包括启用总账系统、设置控制参数、设置基础数据(定义外币及汇率、建立会计科目、设置辅助核算档案、设置凭证类别、设置结算方式、定义常用凭证及常用摘要、设置明细权限)以及输入期初余额。

本章主要介绍财务管理系统的总账系统初始设置,其他模块的初始化设置将在以后各章介绍。

实验三 总账管理系统初始设置

【实验目的】

1. 掌握用友 ERP - U8 管理软件中总账管理系统初始设置的相关内容。
2. 理解总账管理系统初始设置的意义。
3. 掌握总账管理系统初始设置的具体内容和操作方法。

【实验内容】

1. 总账系统选项设置。
2. 期初余额录入。

【实验准备】

引入实验二账套数据。

【实验要求】

以"张成"的身份进行总账管理系统初始设置。

【实验资料】

1. 总账控制参数

总账控制参数如表 4 - 1 所示：

表 4 - 1 总账控制参数

选项卡	参数设置
凭证	制单序时是否控制 支票控制 赤字控制：资金及往来科目 赤字控制方式：提示 可以使用应收、应付、存货受控科目 取消"现金流量科目必录现金流量项目" 凭证编号方式采用系统编号
账簿	账簿打印位数按软件的标准设定 明细账打印按年排页
凭证打印	打印凭证的制单、出纳、审核、记账等人员姓名
预算控制	专家财务评估、超出预算允许保存
权限	出纳凭证必须经由出纳签字 允许修改、作废他人填制的凭证 可查询他人凭证 明细账查询权限控制到科目
会计日历	会计日历为 12 月 1 日～12 月 31 日 数量小数位和单价小数位设为两位
其他	外币核算采用固定利率 部门、个人、项目按编码方式排序

2. 期初余额

1）总账期初明细，如表 4 - 2：

表 4 - 2　期初明细

科目编号及名称	期初借方余额(元)	期初贷方余额(元)
库存现金(1001)	1 028 430	
银行存款(1002)	1 139 515	
应收账款(1122)	9 600	
预付账款(1123)	1 140	
其他应收款(1221)	7 500	
库存商品(1405)	339 000	
原材料(1403)	260 250	
固定资产(1601)	1 943 100	
累计折旧(1602)	182 160	
短期借款(2001)		1 231 023
应付账款(2202)		16 200
应付职工薪酬(2211)		5 430
应交税费(2221)		882
应交增值税(222101)		
进项税额(22210101)		
销项税(22210102)		
应交所得税(222106)		
应交城乡建设税(222108)		882
其他应付款(2241)		1 185
长期借款(2501)		1 684 000
实收资本(4001)		1 827 240
盈余公积(4101)		2 247
本年利润(4103)		142 488
合计	4 910 695	4 910 695

公司 2013 年 12 月 1 日明细账余额(除下列明细账外,其他明细账从略)。

2)辅助账期初明细,如表 4 - 3、表 4 - 4:

表 4 - 3　应收账款

客户	方向	发生日期	金额(元)
晨光商贸公司	借	2013/10/24	7 680
南京化工集团	借	2013/11/20	1 920

表 4-4 应付账款

供应商	方向	发生日期	金额(元)
南京机械设备厂	贷	2013/10/20	4 000
东风农机厂	贷	2013/11/15	10 000
联营加工厂部	贷	2013/9/24	2 200

【操作指导】

1. 设置总账选项

操作步骤如下:

(1)在企业应用平台"业务"页签中,选择"财务会计"中的"总账",执行"设置"→"选项"命令,打开"选项"对话框,如图4-1:

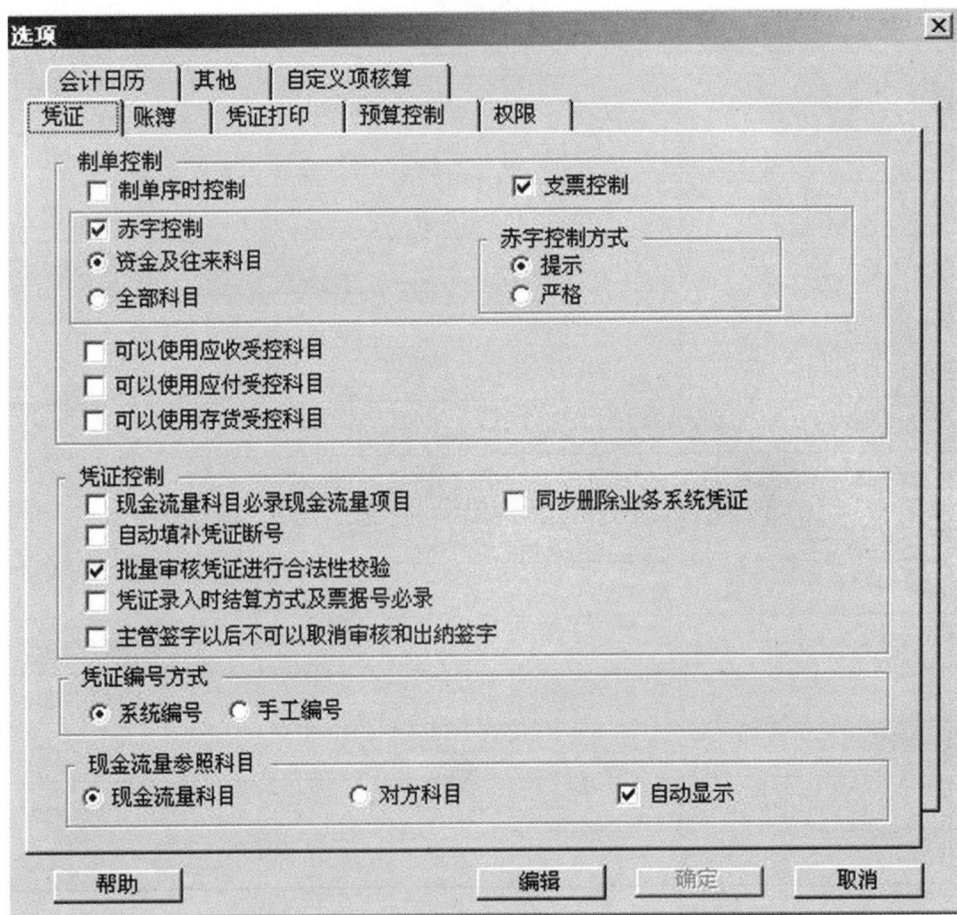

图 4-1

(2)单击【编辑】按钮,进入参数修改状态。

(3)单击"凭证"选项卡,按照实验资料的要求进行相应的设置。然后分别单击"账簿"、"会计日历"、"其他"等选项卡,按照实验资料的要求进行相应的设置。设置完成后,单击【确定】按钮返回,如图4-2~图4-8:

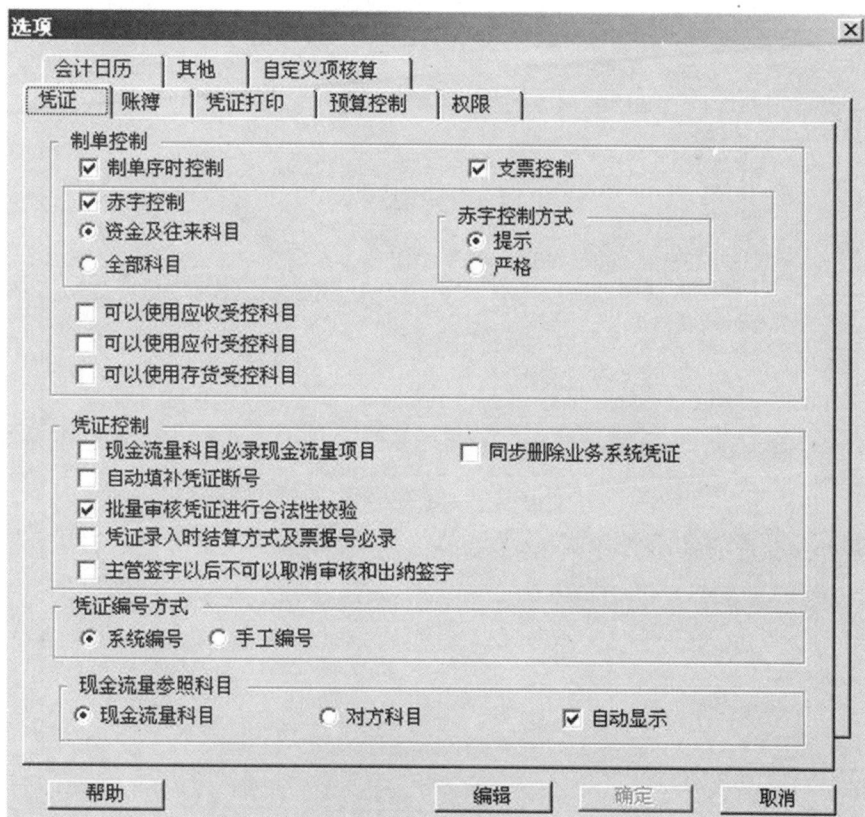

图 4-2

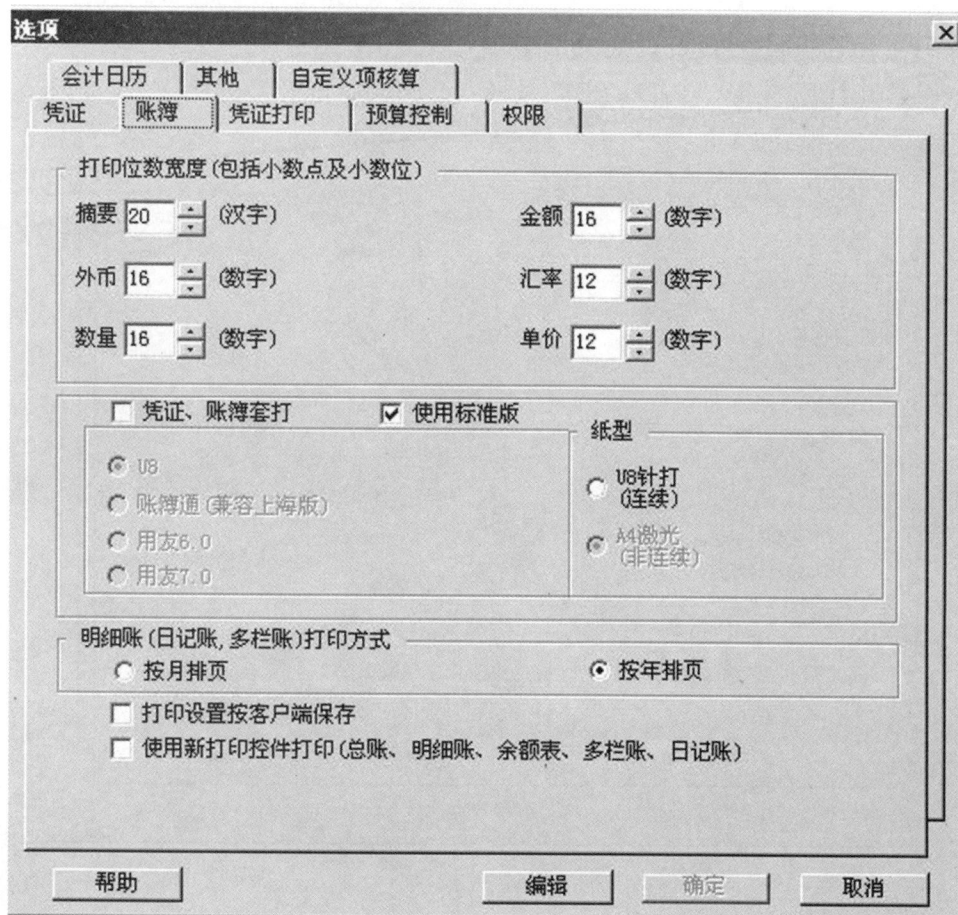

图 4-3

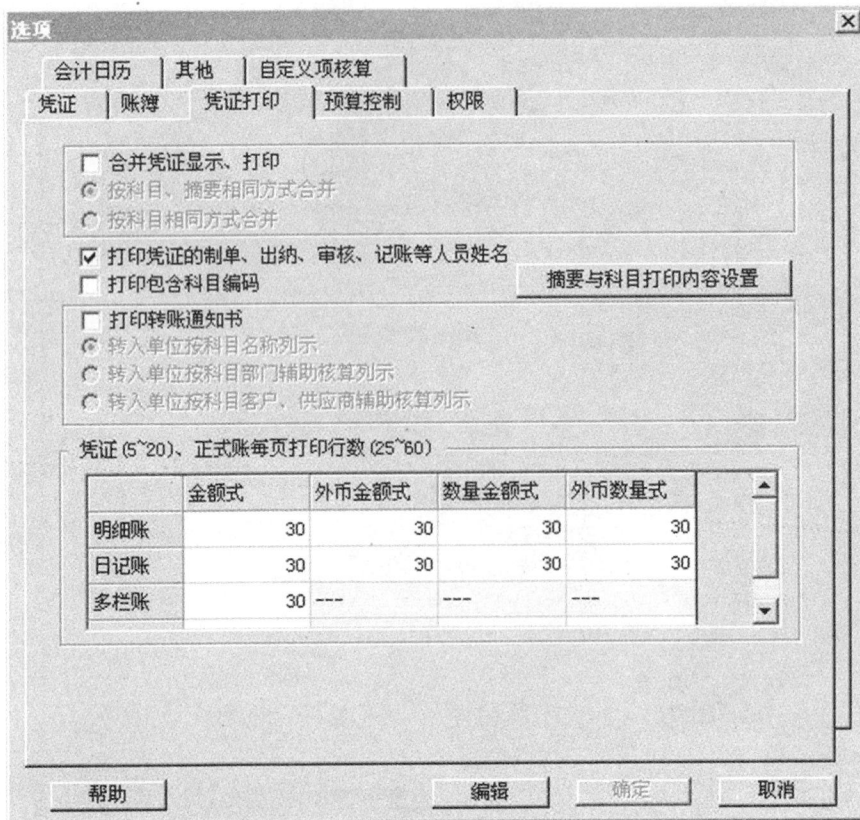

图 4－4

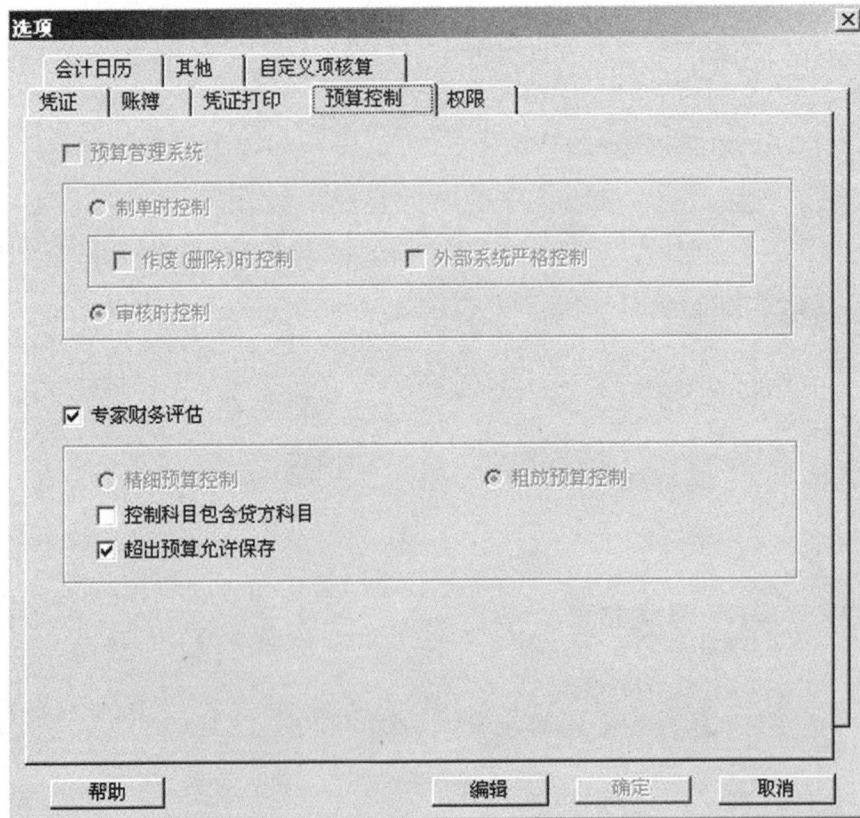

图 4－5

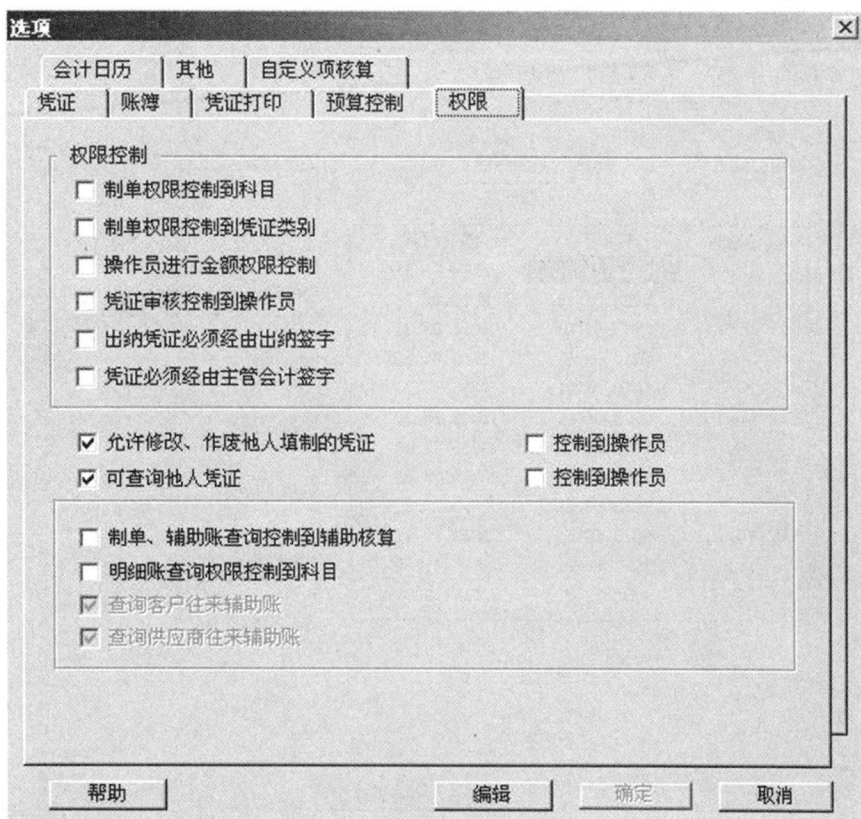

图 4 - 6

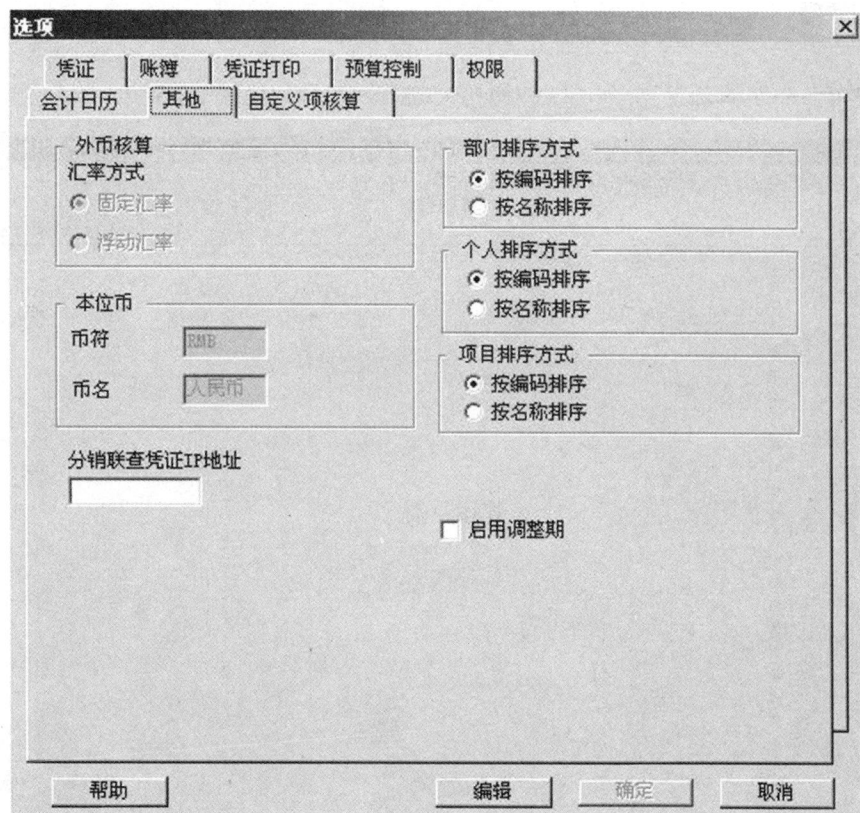

图 4 - 7

图 4 - 8

2. 输入期初余额

操作步骤如下：

（1）执行"设置"→"期初余额"命令，进入"期初余额录入"窗口，如图 4 - 9：

图 4 - 9

（2）直接输入末级科目（底色为白色）期初余额，上级科目的余额将自动汇总计算。

（3）设置了辅助核算的科目底色显示为黄色，其累计发生额可直接输入，但期初余额的录入要在相应的辅助账中进行，方法是：双击设置了辅助核算属性的科目的期初余额栏，进入相应的辅助账窗口，按明细输入每笔业务的金额，完成后单击【退出】按钮，辅助账余额自动放入总账，如图4-10，按表4-3录入：

图4-10

（4）输入完所有科目余额后，单击【试算】按钮，打开"期初试算平衡表"对话框。

（5）若期初余额不平衡，则修改期初余额，如图4-11：

图4-11

若期初余额试算平衡，单击【确定】按钮，如图4-12：

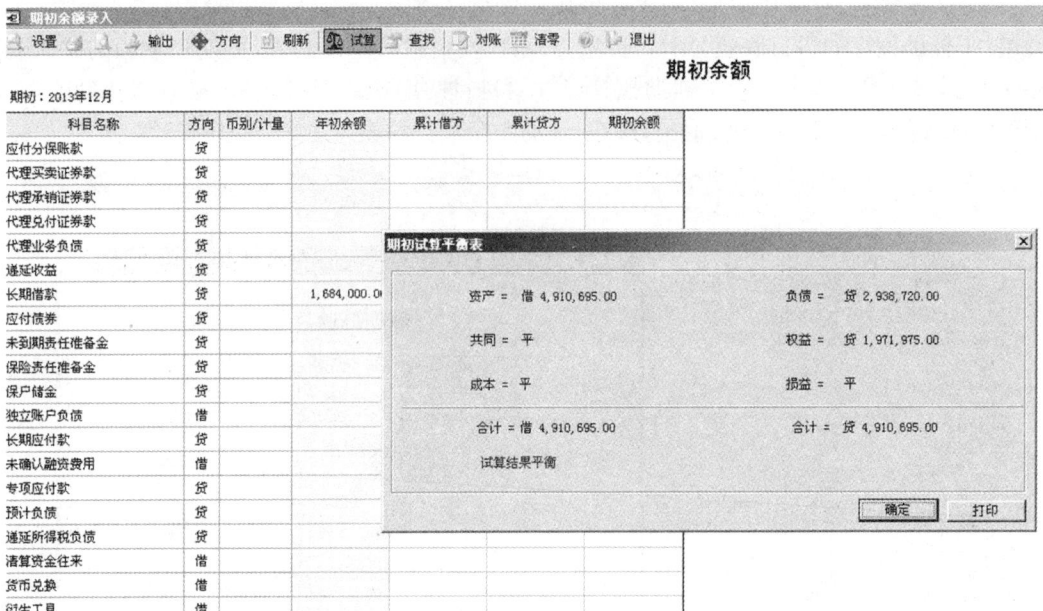

图 4-12

注意：U8.72 财务软件默认累计折旧为贷方余额，所以在统计累计折旧科目期初余额时有两种处理方式：(1) 默认为贷方余额，实际余额前加"一"；(2) 修改累计折旧科目属性为借方余额。

3. 备份账套数据

操作步骤如下：

(1) 以系统管理员身份注册，进入系统管理，执行"账套"→"输出"命令，打开"账套输出"对话框。

(2) 从"账套号"下拉列表中选择要输出的账套，单击【确认】按钮，如图 4-13 所示：

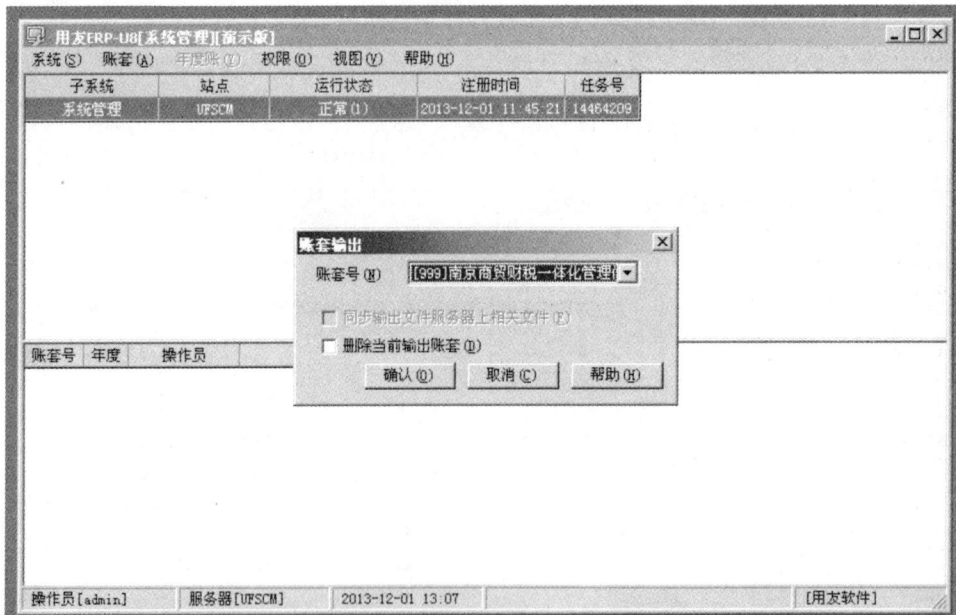

图 4-13

(3) 系统对所要输出的账套数据进行压缩处理，系统压缩完成后，打开"请选择账套备份路径"对话框。

(4) 选择存放账套备份数据的文件夹为"C:\实验账套\实验三"，如图 2-16 所示。单击【确定】按钮，系统弹出提示"输出成功！"，单击【确定】按钮。

第五章 薪 资 管 理

第一节 薪资管理系统概述

一、功能概述

人力资源的核算和管理是企业管理的重要组成部分,其中对于企业员工的业绩考评和薪酬的确定正确与否更是关系到企业每一个职工的切身利益,对于调动每一个职工的工作积极性,正确处理企业与职工之间的经济关系具有重要意义。薪资管理是各企事业单位最经常使用的功能之一。在用友 U8 管理软件中,它作为人力资源管理系统的一个子系统存在。

薪资管理系统的主要功能如下:

1. 用户根据自己的需要建立适合本单位的薪资管理系统应用环境;

2. 为工资系统的管理提供了安全保密机制和必要的维护功能;

3. 可进行多层次的部门管理,实现工资管理多级化;

4. 提供灵活方便的项目设置和公式定义,以及多种形式的数据录入功能;

5. 提供工资表、发放条、工资卡以及各种汇总表、明细表等;

6. 提供按查询条件得到的各种分析、统计表,如按部门工资项目的分析、按月员工工资汇总表、工资增长情况、按项目分类统计表等;

7. 提供个人所得税扣交申请表;

8. 提供工资分钱清单、银行代发功能;

9. 可由系统自动完成工资分摊、计提、转账业务;

10. 提供通用的数据接口,可导入文本文件、Access 文件、dBASE 文件等多种外部数据文件;

11. 提供将不同的工资计算方式、不同的工资项目、不同的地区人员工资汇总的功能,以实现统一核算的功能;

12. 提供月末处理、年末处理的功能。

二、薪资管理系统与其他系统的主要关系

薪资管理系统与其他系统的主要关系如图 5-1 所示。

薪资管理系统与企业应用平台共享数据。薪资管理系统依据人力资源管理系统的工资标准、人员数据,以及生产制造系统的产品、工序数据进行有关人员工资数据的计算。将工资分摊的结果生成转账凭证传递到总账,向成本管理系统、项目管理系统提供相关工资费用数据,向人力资源管理系统提供工资发放数据,为 UFO 报表系统提供工资分析数据。

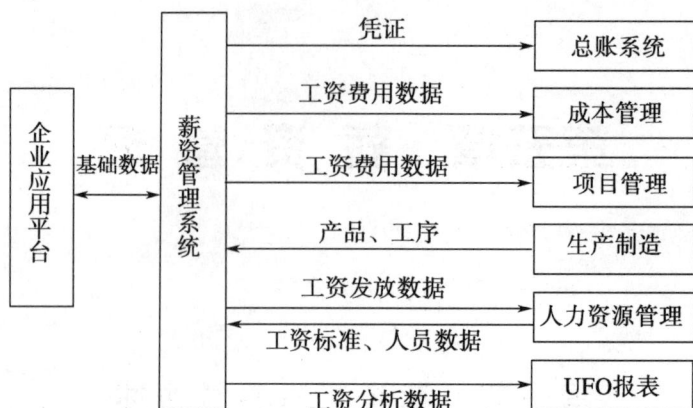

图 5-1

三、薪资管理系统日常业务处理

1. 初始设置

用户第一次使用薪资管理系统,首先要做初始设置。薪资管理系统的初始设置主要包括建立工资账套和基础信息设置两部分。

工资账套与系统管理中的账套是两个不同的概念。工资账套是针对薪资子系统设置的。建立工资账套的前提是在系统管理中建立本单位账套。可使用建账向导依次进行参数设置、扣税设置、扣零设置、人员编码。

基础信息设置是对薪资系统正常运行所需的一些基础信息进行设置,主要包括部门设置、人员类别设置、人员附加信息设置、工资项目设置和银行名称设置等。

2. 日常处理

1）工资类别管理

薪资管理系统是按照工资类别来进行管理的,以满足工资分类管理的需要。对工资类别的维护包括建立工资类别、打开工资类别、删除工资类别、关闭工资类别和汇总工资类别。在每个工资类别下需建立人员档案,设置工资项目和计算公式等。

2）工资数据管理

第一次使用薪资管理系统时需要将所有人员的基本工资数据录入系统中,平时如发生工资数据的变动也在此进行调整。系统提供了对工资数据的筛选和定位、页编辑、替换和过滤器等功能,以快速、准确的管理工资数据。

3）工资分钱清单

工资分钱清单是按单位计算的工资发放分钱票面额清单,会计人员据此清单从银行取款并发给各部门。

4）个人所得税的计算与申报

薪资管理系统提供了个人所得税自动计算功能,用户只需要自定义所得税税率,系统就可自动计算出个人所得税。

5）银行代发

银行代发是指每月末单位向银行提供给定格式的数据,以便职工凭工资卡去银行取款。

6）工资分摊

工资分摊用于对工资费用进行工资总额的计提、分配及各种经费的计提及编制会计凭证。

7）工资数据统计查询

薪资管理系统提供了常用的工资报表,如工资表、工资分析表等。也可以通过"修改表"和"新建表"功能自行设计。

3. 期末处理

期末处理主要包括月末结转、年末结转。

月末结转是将当月工资数据经过处理后结转至下月,每月工资数据处理完毕后一般均要进行月末结转。

年末结转是将当年工资数据经过处理后结转至下年。年末结转后,新年度账将自动建立。

四、薪资管理系统业务处理流程

薪资管理系统的基本业务处理流程如图5-2所示:

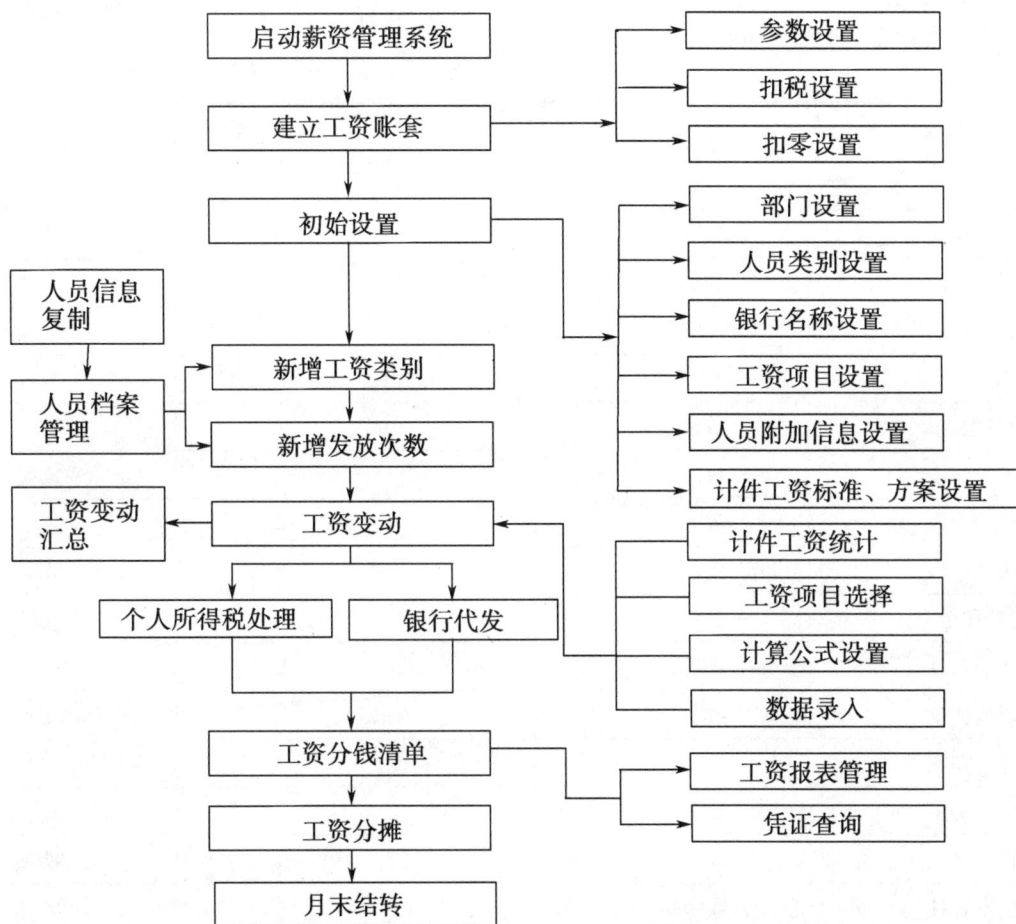

图 5-2

实验四 薪资管理

【实验目的】

1. 掌握用友 ERP-U8 管理系统中有关工资管理的相关内容。

2. 掌握薪资管理系统初始化、日常业务处理、工资分摊及月末处理的操作。

【实验内容】

1. 薪资管理系统初始设置。

2. 薪资管理系统日常业务处理。

3. 工资分摊及月末结转。

4. 薪资管理系统数据查询。

【实验准备】

引入实验账套三数据。

【实验要求】

以"张成"的身份进行操作。

【实验资料】

1. 建立工资账套

工资类别个数：单个；不核算计件工资；核算币种：人民币(RMB)；要求代扣个人所得税；不进行扣零处理；启用日期：2013年12月；本公司薪资为当月计提，次月发放。

2. 基础信息设置

(1) 工资项目设置，如表5-1：

表5-1 工资项目

项目名称	类型	长度	小数位数	增减项
基本工资	数字	8	2	增项
补发工资	数字	8	2	增项
其他补发	数字	8	2	增项
交通及住宿补助	数字	8	2	增项
当月奖金	数字	8	2	增项
季度奖金	数字	8	2	增项
养老个人	数字	8	2	减项
医疗个人	数字	8	2	减项
失业个人	数字	8	2	减项
住房公积金个人	数字	8	2	减项
病假扣款	数字	8	2	减项
事假扣款	数字	8	2	减项
考勤扣款	数字	8	2	减项
代扣房租	数字	8	2	减项
代扣水电	数字	8	2	减项
应发合计	数字	8	2	增项
实发合计	数字	8	2	增项

(2) 人员档案，如表5-2：

表5-2 人员档案

姓名	证件类型代码	证件号码	国家或地区代码	职务代码	职业代码
张成	护照	882011234	中国	一般职员	工程技术人员
王玲	护照	884024013	中国	一般职员	工程技术人员
陈明	护照	829438201	中国	一般职员	工程技术人员
周丽	护照	892011123	中国	一般职员	工程技术人员
余婧凤	居民身份证	320932198211040010	中国	一般职员	工程技术人员
阮婕	居民身份证	320932198211040011	中国	一般职员	工程技术人员
吴菲	居民身份证	320932198211040012	中国	一般职员	工程技术人员

姓名	证件类型代码	证件号码	国家或地区代码	职务代码	职业代码
张晓	居民身份证	320932198211040013	中国	一般职员	工程技术人员
王明	居民身份证	320932198211040014	中国	一般职员	工程技术人员
李忠	居民身份证	320932198211040015	中国	一般职员	工程技术人员
王艳	居民身份证	320932198211040016	中国	一般职员	工程技术人员
何宁	居民身份证	320932198211040017	中国	一般职员	工程技术人员
王刚	居民身份证	320932198211040018	中国	一般职员	工程技术人员
王惠新	居民身份证	320932198211040019	中国	一般职员	工程技术人员

（3）税率资料

个税免征额为3 500元,具体税率表见表5-3：

表5-3　个税税率表

级数	全月应纳税所得额	税率(%)	速算扣除数
1	不超过1 500元	3	0
2	超过1 500~4 500元的部分	10	105
3	超过4 500~9 000元的部分	20	555
4	超过9 000~35 000元的部分	25	1 005
5	超过35 000~55 000元的部分	30	2 755
6	超过55 000~80 000元的部分	35	5 505
7	超过80 000元的部分	45	13 505

3. 工资数据(如表5-4)

表5-4　工资数据

人员编号	人员姓名	基本工资	补发工资	其他补发	交通及住宿补助	当月奖金	季度奖金	养老个人	医疗个人	失业个人	住房公积金个人	病假扣款	事假扣款	考勤扣款	代扣房租	代扣水电
1	张成	2 2000	200	400	300	600		850	200	50	2 200				500	50
2	王玲	12 000	200	400	300	600		850	200	50	1 200					
3	陈明	12 000	200	400	300	600		850	200	50	1 200					
4	周丽	19 000	200	400	300	600		850	200	50	1 900				500	50
5	余婧凤	8 500	300	400	300	600		850	200	50	850	50				
6	阮婕	5 600	300	400	300	600	500	600	200	50	560		60			
7	吴菲	3 900	400	400	300	600	500	600	200	50	390				180	30
8	张晓	5 800	400	400	300	600	500	600	200	50	580	50				
9	王明	5 400	300	400	300	600	500	600	200	50	540					
10	李忠	5 400	300	400	300	600	500	600	200	50	540					
11	王艳	5 400	300	400	300	600	500	600	200	50	540					
12	何宁	5 400	300	400	300	600	500	600	200	50	540		60			
13	王刚	4 200	300	400	300	600	500	600	200	50	420					
14	王惠新	4 300	500	400	300	600	500	600	200	50	430			100	180	30

4. 依据系统各税申报模板生成公司员工个人所得税申报表

5. **工资分摊**

应付工资总额等于工资项目"实发合计",工资费用分配的转账分录如表 5-5:

表 5-5　工资费用分配的转账分录

工资分摊部门	应付职工薪酬(元)	
	借方	贷方
财务部、人力资源部、综合采购部	660 201	2 211
家电事业部、农产品事业部、物流事业部、印刷发行业务部、金融业务部、系统集成业务部、商贸业务部	660 101	2 211

【实验要求】

以账套主管"张成"的身份进行工资业务处理。

【操作指导】

1. **在企业应用平台中启用薪资管理系统**

操作步骤如下:

(1) 执行"开始"→"程序"→"用友 ERP - U8"→"企业应用平台"命令,打开"登录"对话框。

(2) 在"操作员"中输入"01",在"账套"下拉列表框中选择"[001]南京商贸集团有限公司",更改"操作日期"为"2013 - 12 - 01",单击【确定】按钮,进入企业应用平台。

(3) 执行"设置"→"基本信息"→"系统启用"命令,打开"系统启用"对话框,单击选中"WA 薪资管理"复选框,弹出"日历"对话框,选择工资系统启用日期为"2013 - 12 - 01",单击【确定】按钮,系统弹出"确实要启用当前系统吗?"信息提示框,单击【是】返回,如图 5-3 所示:

系统启用

ALL 全启　刷新　退出

[999]南京商贸财税一体化管理信息系统账套启用会计期间2013年12月

系统编码	系统名称	启用会计期间	启用自然日期	启用人
□MO	生产订单			
□CP	产能管理			
□FC	车间管理			
□HY	工序委外			
□EC	工程变更			
□EQ	设备管理			
□HB	HR基础设置			
□HM	人事管理			
☑WA	薪资管理	2013-12	2013-12-01	张成
□PR	计件工资管理			
□WM	保险福利管理			
□TM	考勤管理			
□HT	人事合同管理			
□RT	招聘管理			

图 5-3

(4) 进入企业应用平台的"业务"页签,选择"人力资源"中的"薪资管理",打开"建立工资账套"对话框。

2. **建立工资账套**

操作步骤如下:

(1) 在建账第一步"参数设置"中,选择本账套所需处理的工资类别个数为"单个",默认币别名称为

"人民币",不选中"是否核算计件工资"复选框,如图5-4所示。单击【下一步】按钮。

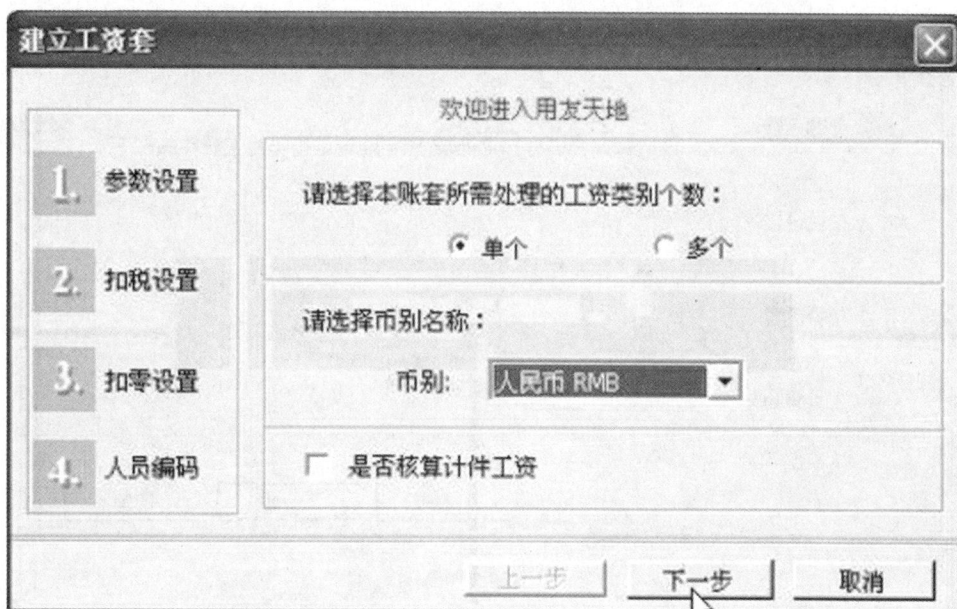

图5-4 建立工资账套—参数设置

（2）在建账第二步"扣税设置"中,选中"是否从工资中代扣个人所得税"复选框,如图5-5所示。单击【下一步】按钮。

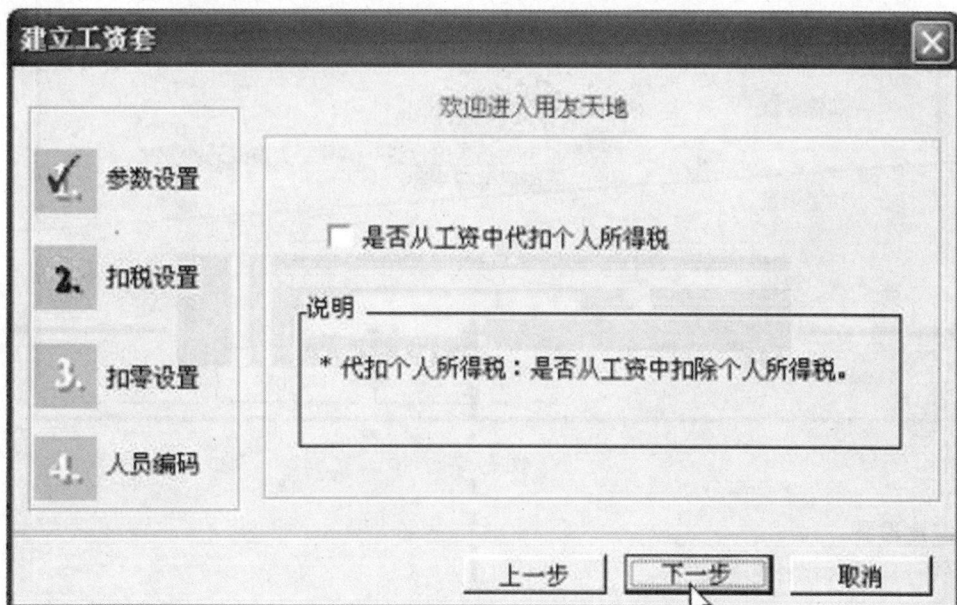

图5-5 建立工资账套—扣税设置

（3）在建账第三步"扣零设置"中,不做选择,如图5-6所示。直接单击【下一步】按钮。

（4）在建账第四步"人员编码"中,系统要求它和公共平台中的人员编码保持一致,如图5-7所示。

（5）单击【完成】按钮。

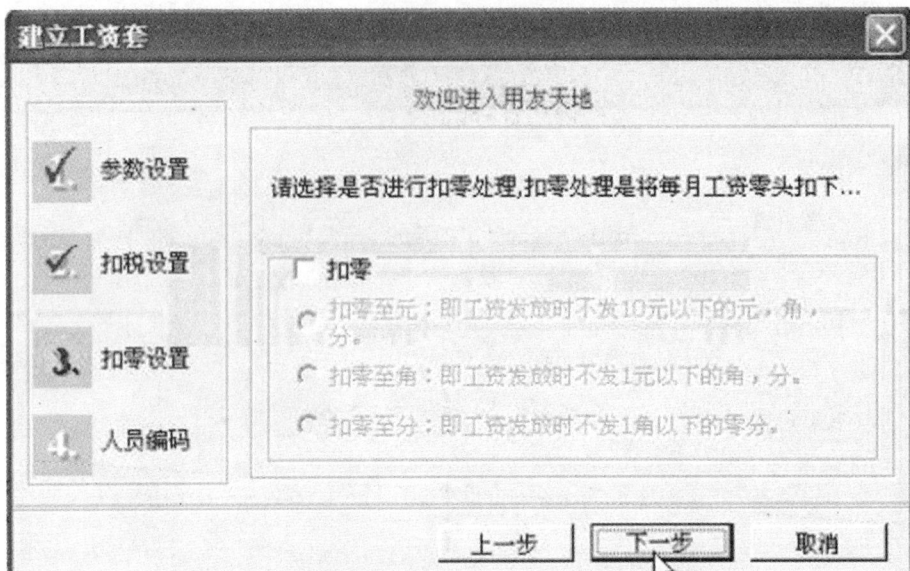

图 5-6

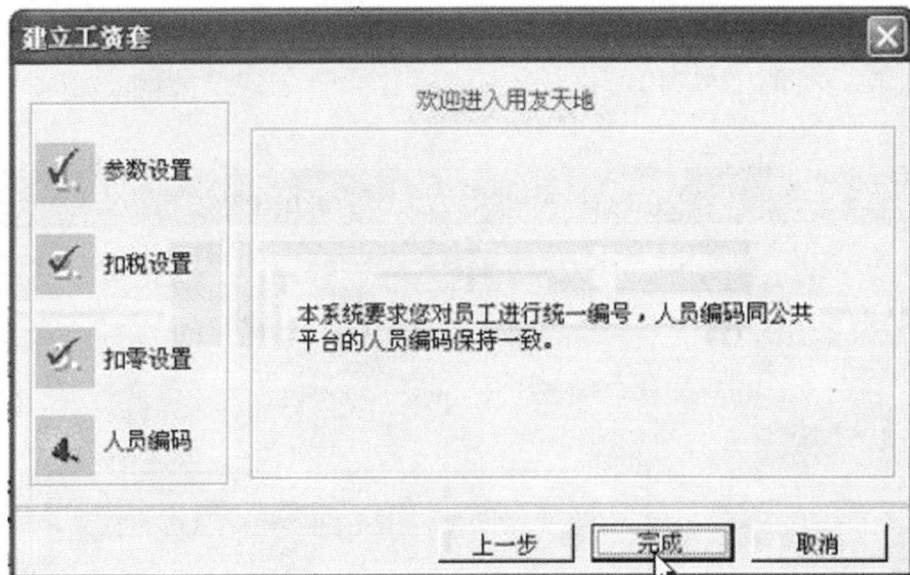

图 5-7

3. 基础信息设置

（1）工资项目设置，操作步骤如下：

① 在薪资管理系统中，执行"设置"→"工资项目设置"命令，打开"工资项目设置"对话框。

② 单击【增加】按钮，工资项目列表中增加一行空行，如图 5-8 所示。

③ 单击"名称参照"下拉列表框，从下拉列表中选择"基本工资"选项，其他项目使用默认值。如果需要修改某栏目的内容，只需要双击该栏目，按需要进行修改即可。

④ 单击【增加】按钮，增加其他工资项目。

⑤ 单击【确定】按钮。

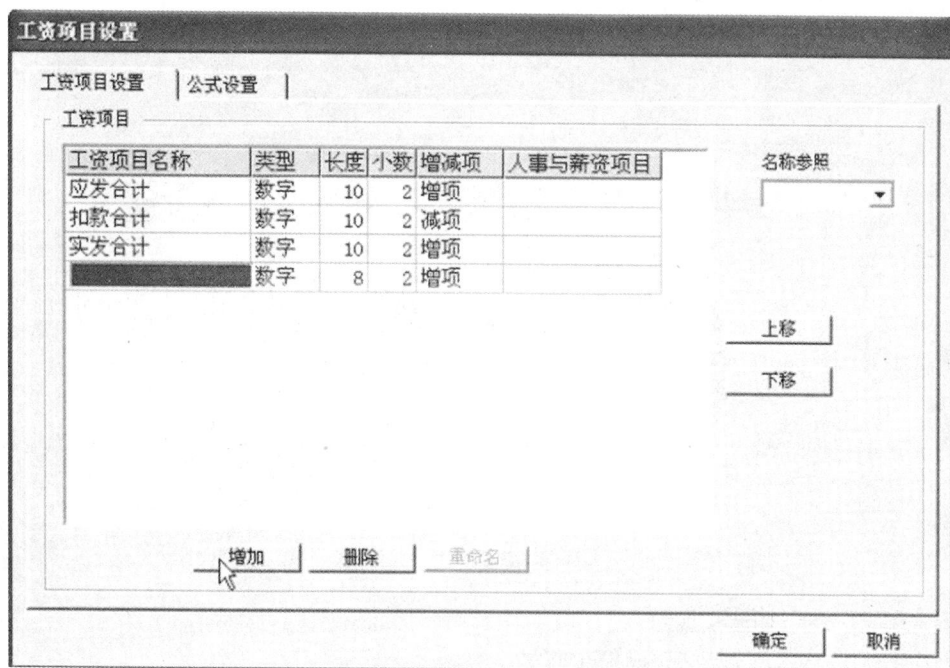

图 5-8

（2）设置人员档案，操作步骤如下：

① 执行"设置"→"人员档案"命令，进入"人员档案"窗口。

② 单击工具栏中的【批增】按钮，打开"人员批量增加"对话框。

③ 在左侧的"人员类别"列表中，单击"在职人员"前面的选择栏，出现"是"，所选人员类别下的人员档案出现在右侧列表中，如图 5-9。单击【确定】按钮返回。

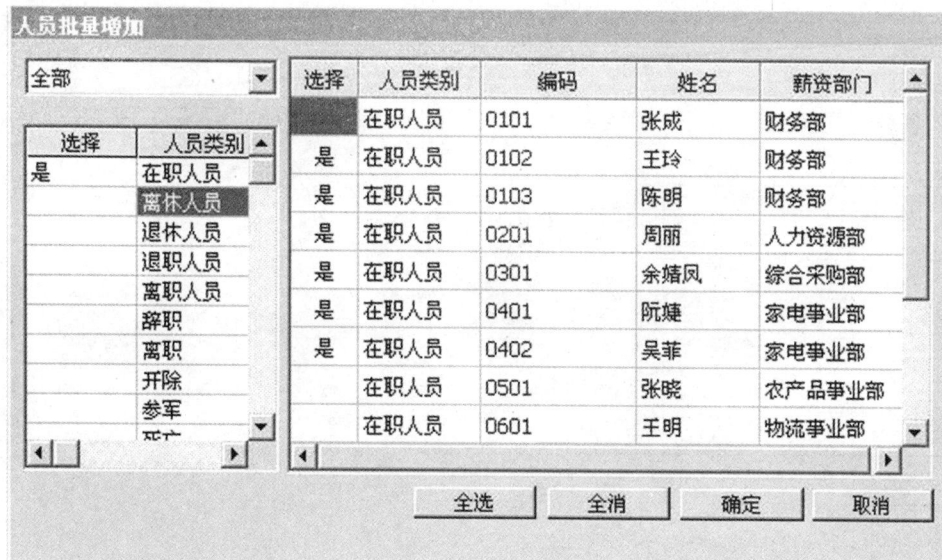

图 5-9

（3）设置税率，操作步骤如下：

① 执行"设置"→"选项"命令，进入"选项"窗口。

② 单击工具栏中的【扣税设置】按钮，点击【编辑】→【税率设置】。

③ 参考实验资料修改"基数"、"附加费用"和"计算公式"，如图 5-10。单击【确定】按钮返回。

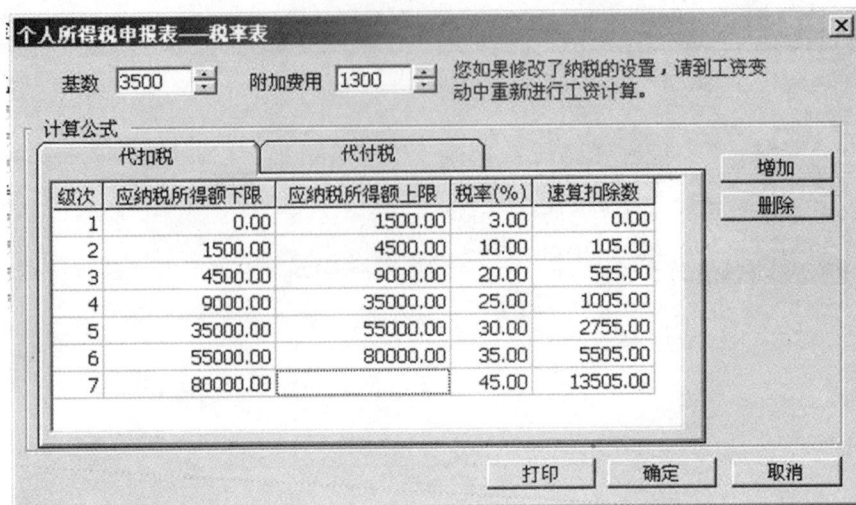

图 5 - 10

4. "在职人员"工资类别日常业务

(1) 录入在职人员基本工资数据,操作步骤如下:

① 单击"业务处理"→"工资变动"命令,进入"工资变动"窗口。

② 单击"过滤器"下拉列表框,选择"过滤设置",打开"项目过滤"对话框。

③ 单击"工资项目"列表中的"基本工资"、"补发工资"、"其他补发"、"交通及住宿补贴"、"当月奖金"、"季度奖金",单击">"按钮,放入"已选项目"列表中。

④ 单击【确定】按钮,返回"工资变动"窗口,此时每个人的工资项目只显示六项。

⑤ 输入"在职人员"工资类别的工资数据,如图 5 - 11 所示:

选择	人员编号	姓名	部门	人员类别	基本工资	补发工资	其他补发	交通及住宿补助	当月奖金	季度奖金
	0101	张成	财务部	在职人员	22,000.00	200.00	400.00	300.00	600.00	
	0102	王玲	财务部	在职人员	12,000.00	200.00	400.00	300.00	600.00	
	0103	陈明	财务部	在职人员	12,000.00	200.00	400.00	300.00	600.00	
	0201	周丽	人力资源部	在职人员	19,000.00	200.00	400.00	300.00	600.00	
	0301	余婧凤	综合采购部	在职人员	8,500.00	300.00	400.00	300.00	600.00	
	0401	阮婕	家电事业部	在职人员	5,600.00	300.00	400.00	300.00	600.00	500.00
	0402	吴菲	家电事业部	在职人员	3,900.00	400.00	400.00	300.00	600.00	500.00
	0501	张晓	农产品事业部	在职人员	5,800.00	300.00	400.00	300.00	600.00	500.00
	0601	王明	物流事业部	在职人员	5,400.00	300.00	400.00	300.00	600.00	500.00
	0701	李忠	印刷发行业务	在职人员	5,400.00	300.00	400.00	300.00	600.00	500.00
	0801	王艳	金融业务部	在职人员	5,400.00	300.00	400.00	300.00	600.00	500.00
	0802	何宁	金融业务部	在职人员	5,400.00	300.00	400.00	300.00	600.00	500.00
	0901	王刚	系统集成业务	在职人员	4,200.00	300.00	400.00	300.00	600.00	500.00
	1001	王惠新	商贸事业部	在职人员	4,300.00	500.00	400.00	300.00	600.00	500.00
合计					118,900.00	4,200.00	5,600.00	4,200.00	8,400.00	4,500.00

图 5 - 11

⑥ 重复步骤③~⑤输入其他工资项目数据。

(2) 数据计算与汇总,操作步骤如下:

① 在"工资变动"窗口单击工具栏中的【计算】按钮,计算工资数据。

② 单击工具栏中的【汇总】按钮,汇总工资数据。

③ 单击工具栏中的【退出】按钮，退出“工资变动”窗口。

5. 个人所得税申报表

操作步骤如下：

① 单击“业务处理”→“扣缴所得税”命令，进入“个人所得税申报模板”窗口。

② 单击“所在地区名”下拉列表框，选择“系统”。

③ 选择“个人所得税年度申报表”，单击“打开”，进入“所得税申报”筛选对话框。

④ 单击【确定】按钮，进入“所得税申报”窗口，得到“系统扣缴个人所得税年度申报表”，如图 5－12：

所得税申报

输出 | 税率 | 栏目 | 内容 | 邮件 | 过滤 | 定位 | 退出

系统扣缴个人所得税年度申报表

2013年12月 -- 2013年12月

姓名	证件号码	所得项目	所属期间…	所属期间…	收入额	减费用额	应纳税所…	税率	速算扣除数	应纳税额	已扣缴税款
张成		工资	20130101	20131231			16150.00	25	1005.00	3032.50	3032.50
王玲		工资	20130101	20131231			7700.00	20	555.00	985.00	985.00
陈明		工资	20130101	20131231			7700.00	20	555.00	985.00	985.00
周丽		工资	20130101	20131231			13450.00	25	1005.00	2357.50	2357.50
余婧凤		工资	20130101	20131231			4600.00	20	555.00	365.00	365.00
阮婕		工资	20130101	20131231			2730.00	10	105.00	168.00	168.00
吴菲		工资	20130101	20131231			1150.00	3	0.00	34.50	34.50
张晓		工资	20130101	20131231			3020.00	10	105.00	197.00	197.00
王明		工资	20130101	20131231			2610.00	10	105.00	156.00	156.00
李忠		工资	20130101	20131231			2610.00	10	105.00	156.00	156.00
王艳		工资	20130101	20131231			2610.00	10	105.00	156.00	156.00
何宁		工资	20130101	20131231			2550.00	10	105.00	150.00	150.00
王刚		工资	20130101	20131231			1530.00	10	105.00	48.00	48.00
王惠新		工资	20130101	20131231			1510.00	10	105.00	46.00	46.00
合计							69920.00		4515.00	8836.50	8836.50

图 5－12

6. 工资分摊

(1) 工资分摊类型设置，操作步骤如下：

① 单击“业务处理”→“工资分摊”命令，打开“工资分摊”对话框。

② 单击【工资分摊设置】按钮，打开“分摊类型设置”对话框。

③ 单击【增加】按钮，打开“分摊计提比例设置”对话框。

④ 输入计提类型名称“应付工资”。单击【下一步】按钮，打开“分摊构成设置”对话框。

⑤ 按实验资料内容进行设置，如图 5－13 所示。单击【完成】按钮。

分摊构成设置

部门名称	人员类别	工资项目	借方科目	借方项目大类	借方项目	贷方科目	贷方
家电事业部,农产品事业部…	在职人员	应发合计	660101			2211	
财务部,人力资源部,综合…	在职人员	应发合计	660201			2211	

上一步 | 完成 | 取消

图 5－13

(2) 进行工资分摊，操作步骤如下：

① 执行“业务处理”→“工资分摊”命令，打开“工资分摊”对话框。

② 选择需要分摊的计提费用类型，确定分摊计提的月份：2013. 12。

③ 选择核算部门：财务部、人力资源部门、综合采购部、家电事业部、农产品事业部、物流事业部、印刷发行业务部、金融业务部、系统集成业务部、商贸事业部。

④ 在"计提分配方式"里选择"分配到部门"。

⑤ 选中"明细到工资项目"复选框，如图5-14所示：

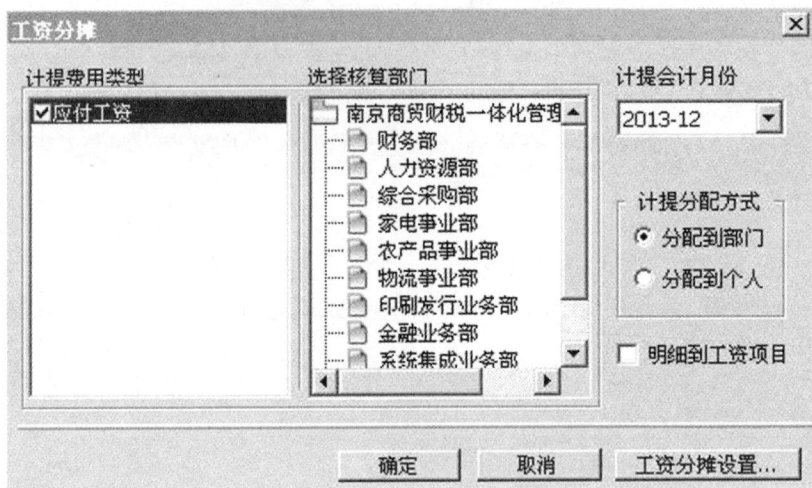

图 5-14

⑥ 单击"确定"按钮，打开"应付工资一览表"对话框，如图5-15所示：

应付工资一览表

类型 应付工资

部门名称	人员类别	应发合计		
		分配金额	借方科目	贷方科目
财务部		50500.00	660201	2211
人力资源部		20500.00	660201	2211
综合采购部		10100.00	660201	2211
家电事业部		13800.00	660101	2211
农产品事业部		8000.00	660101	2211
物流事业部	在职人员	7500.00	660101	2211
印刷发行业务部		7500.00	660101	2211
金融业务部		15000.00	660101	2211
系统集成业务部		6300.00	660101	2211
商贸事业部		6600.00	660101	2211

图 5-15

⑦ 选中"合并科目相同、辅助项相同的分录"复选框，单击【制单】按钮，出现"填制凭证"复选框。

⑧ 单击凭证左上角的"字"处，选择"记账凭证"，单击【保存】按钮，凭证左上角出现"已生成"标志，代表该凭证已传送到总账，如图5-16所示。

⑨ 单击工具栏中的【退出】按钮返回。

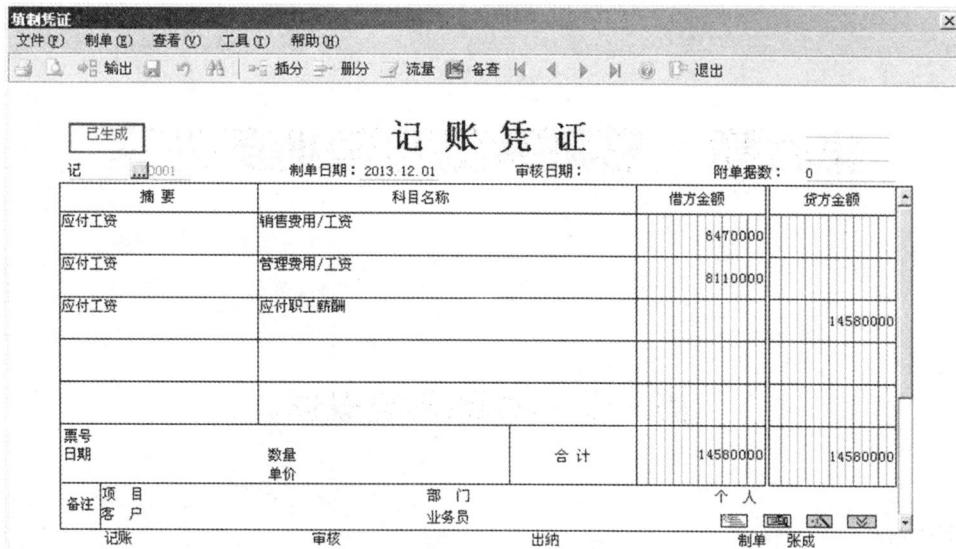

图 5 - 16

7. 备份账套数据

操作步骤如下：

(1) 以系统管理员身份注册，进入系统管理，执行"账套"→"输出"命令，打开"账套输出"对话框。

(2) 从"账套号"下拉列表中选择要输出的账套，单击【确认】按钮，如图 5 - 17 所示：

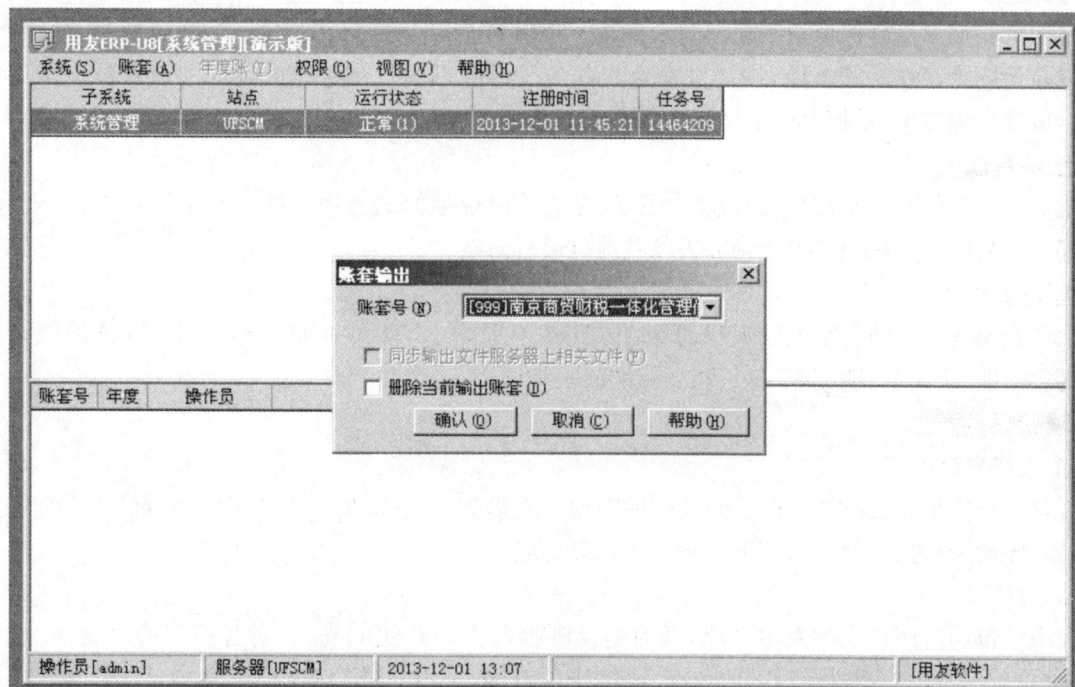

图 5 - 17

　　(3) 系统对所要输出的账套数据进行压缩处理，系统压缩完成后，打开"请选择账套备份路径"对话框。

　　(4) 选择存放账套备份数据的文件夹为"C:\实验账套\实验四"，单击【确定】按钮，系统弹出提示"输出成功!"，再次单击【确定】按钮。

第六章　总账系统日常业务处理

第一节　总账系统概述

一、功能概述

总账管理系统的主要项目包括初始设置、凭证管理、出纳管理、账簿管理、辅助核算管理和期末处理等。

1. 初始设置

由用户根据本企业的需要建立账务应用环境,将用友通用账务处理系统变成本单位的专用系统。主要工作包括选项设置、期初余额的录入等。

2. 凭证管理

通过严密的制单控制保证填制凭证的正确性。提供资金赤字控制、支票控制、预算控制、外币折算误差控制以及最新余额查看等功能,加强对发生业务的及时管理和控制。完成凭证的录入、审核、记账、查询、打印,以及出纳签字、常用凭证定义等。

3. 出纳管理

为出纳人员提供一个集成办公环境,加强对现金及银行存款的管理。可完成银行日记账、现金日记账,可随时出最新资金日报表、余额调节表以及进行银行对账。

4. 账簿管理

强大的查询功能可使整个系统实现总账、明细账、凭证联查,并可查询包含未记账凭证的最新数据。可随时提供总账、余额表、明细账、日记账等标准账表查询。

5. 辅助核算管理

1) 个人往来核算

主要进行个人借款、还款管理工作,及时地控制个人借款,完成清欠工作。提供个人借款明细账、催款单、余额表、账龄分析报告及自动清理核销已清账等功能。

2) 部门核算

主要考核部门费用收支的发生情况,及时地反映控制部门费用的支出,对各部门的收支情况加以比较,便于进行部门考核。提供各级部门总账、明细账的查询,并有对部门收入与费用进行部门收支分析等功能。

3) 项目管理

用于生产成本、在建工程等业务的核算,以项目为中心为使用者提供各项目的成本、费用、收入、往来等汇总与明细情况以及项目计划执行报告等,也可用于核算科研课题、专项工程、产品成本、合同、订单等。提供项目总账、明细账及项目统计表的查询。

4) 往来管理

主要进行客户和供应商往来款项的发生、清欠管理工作,及时掌握往来款项的最新情况。提供往来款的总账、明细账、催款单、往来账清理、账龄分析报告等。

6. 月末处理

提供灵活的自定义转账功能,各种取数公式可满足各类业务的转账工作。自动完成月末分摊、计提、对应转账、销售成本、汇兑损益、期间损益结转等业务。可进行试算平衡、对账、结账、生成月末工作报告。

二、总账系统业务处理流程

总账管理系统的业务处理流程如图6-1所示:

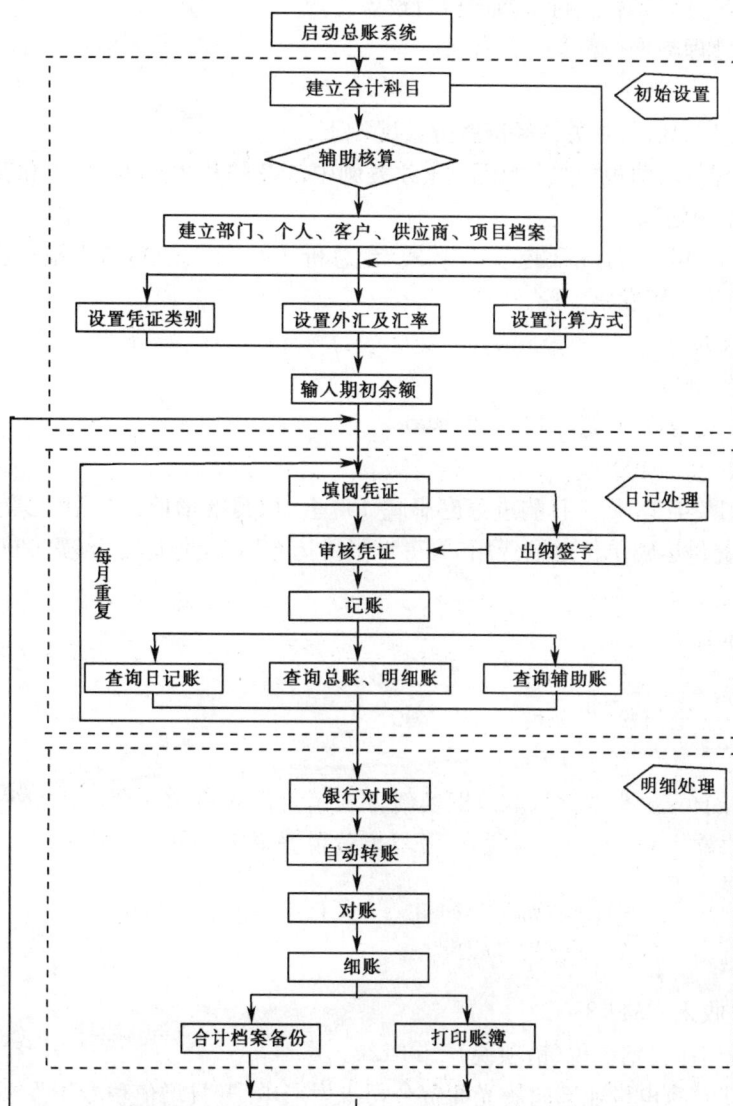

图 6-1

实验五 总账管理系统日常业务处理——增值税业务

【实验目的】

1. 掌握用友 ERP - U8 管理软件中总账系统日常业务处理的相关内容。
2. 熟悉总账系统日常业务处理的各种操作。
3. 掌握凭证管理和账簿管理的具体内容和操作方法。

【实验内容】

凭证管理:填制凭证(增值税)。

引入实验账套四数据。

【实验要求】

1. 以"张成"的身份进行填制凭证,凭证查询操作。

2. 以"王玲"的身份进行出纳签字,现金、银行存款日记账和资金日报表的查询,支票登记。

3. 以"王玲"的身份进行审核、记账、账簿查询操作。

4. 检查会计科目设置里是否进行了指定科目设置。

5. 本章节实验只处理与增值税相关的凭证。

【实验资料】

2013 年 12 月发生与增值税相关的经济业务情况如下:

(注:本案例只处理与增值税相关的凭证,业务案例中涉及的相关成本、费用和其他税种等其他凭证以及分录不在本次实验中处理)

1. 家电事业部 2013 年 12 月 3 日购进彩电 240 台总价 120 000 元,货款由银行存款支付,转账支票,票号 12345。取得增值税专用发票 1 份。

建议财务凭证分录如下:

借:库存商品 120 000

  应交税费－应交增值税(进项税) 20 400

  贷:银行存款 140 400

2. 家电事业部 2013 年 12 月 4 日购进家庭影院 400 套,取得的增值税专用发票上注明价款 2 000 000 元,税款 340 000 元。支付运输单位运输费用,取得 1 张货运专用发票,运费金额 70 000 元,税额 7 700 元,转账支票,票号 1234502。

建议财务凭证分录如下:

借:库存商品   2 070 000

  应交税费－应交增值税(进项税) 347 700

  贷:银行存款   2 417 700

3. 2013 年 12 月 4 日家电事业部采取以旧换新方式销售洗衣机 200 台,旧洗衣机收购价 200 元/台,出售的新洗衣机实际收款 1 800 元/台(含税)。开具增值税普票 100 份。

建议财务凭证分录如下:

借:银行存款   360 000

  库存商品   40 000

  贷:主营业务收入 341 880

    应交税费－应交增值税(销项税) 58 120

4. 2013 年 12 月 5 日家电事业部向晨光商贸公司批发彩电,开具增值税专用发票,应收不含税销售额 300 000 元,由于月末前可将全部货款取回,给所有购货方的销售折扣比例为 5%。

建议财务凭证分录如下:

(1) 借:应收账款   351 000

    贷:主营业务收入 300 000

      应交税费－应交增值税(销项税)   51 000

(2) 借:银行存款 333 450

    财务费用 17 550

    贷:应收账款   351 000

5. 2013 年 12 月 5 日家电事业部零售 10 台 LED 彩电给晨光商贸公司,取得含税收入 40 000 元。开具增值税专用发票 1 份。

建议财务凭证分录如下:

借:银行存款   40 000

贷：主营业务收入 34 188.03

       应交税费－应交增值税（销项税） 5 811.97

6. 2013 年 12 月 6 日农产品事业部当月购进的面粉因管理不善毁损了 20 000 元（13％）。

建议财务凭证分录如下：

借：待处理财产损溢—待处理流动资产损溢 22 600

    贷：原材料 20 000

       应交税费－应交增值税（进项税转出） 2 600

7. 2013 年 12 月 7 日农产品事业部从某粮食加工企业购进面粉 3 000 袋，大米 4 000 袋，货款已全部支付，并取得增值税专用发票，货款（不含税）为 480 000 元（13％）。

建议财务凭证分录如下：

借：原材料 480 000

    应交税费－应交增值税（进项税） 62 400

    贷：银行存款 542 400

8. 2013 年 12 月 7 日家电事业部销售冰箱 50 台，每台不含税售价 3 500 元，并实行"买一赠一"，赠送的小家电价值（美的落地扇）为 100 元/件（不含税），成本为 80 元（17％）。开具增值税专用发票 30 份，赠品未开票。

建议财务凭证分录如下：

（1）借：银行存款 204 750

       贷：主营业务收入 175 000

           应交税费－应交增值税（销项税） 29 750

（2）借：营业外支出（销售费用） 4 850

       贷：库存商品 4 000

           应交税费－应交增值税（销项税） 850（未开票收入 5 000）

9. 2013 年 12 月 8 日综合采购部购进 10 台收款机以提高工作效率，取得的增值税专用发票上注明价款 80 000 元，税款 13 600 元。另支付运费 1 000 元给运输单位，取得 1 张货运专用发票，税额 30 元。

建议财务凭证分录如下：

借：固定资产 81 000

    应交税费－应交增值税（进项税） 13 630

    贷：银行存款 94 630

10. 2013 年 12 月 8 日家电事业部购入联营加工厂部的冰箱一批，取得认证税控发票，价款 100 000 元，税款 17 000 元，款未付，货物已入库。

建议财务凭证分录如下：

借：库存商品 100 000

    应交税费－应交增值税（进项税） 17 000

    贷：应付账款 117 000

11. 2013 年 12 月 20 日人力资源部将公司生产的电暖器向职工发放作为福利，电暖器价值 234 000 元，发放对象为生产部门职工，成本 180 000 元（可抵扣）。

建议财务凭证分录如下：

（1）计提 借：生产成本 234 000

          贷：应付职工薪酬——非货币性福利 234 000

（2）发放 借：应付职工薪酬－非货币性福利 234 000

          贷：主营业务收入 200 000 （未开票收入 200 000）

             应交税费－应交增值税（销项税） 34 000

（3）结转 借：主营业务成本 180 000

          贷：库存商品 180 000

12. 2013 年 12 月 15 日综合采购部购买钢材一批,价值 100 000 元,税金 17 000 元,已验收入库,银行支付款项,取得增值税专用发票 1 份。当月,领用该材料一批用于修缮仓库,价款 20 000 元,税款 3 400元,款未付,税控发票已通过认证。

建议财务凭证分录如下:

(1) 借:原材料　　　　　　　　100 000

　　　　应交税费－应交增值税(进项税)　17 000

　　　贷:银行存款　　　　　　117 000

(2) 借:在建工程　　　　23 400

　　　贷:原材料　　　　20 000

　　　　应交税费－应交增值税(进项税额转出)　3 400

13. 2013 年 12 月 20 日公司建造厂房领用钢材 50 000 元,钢材购入支付的增值税为 8 500 元。

建议财务凭证分录如下:

借:在建工程　　　　58 500

　　贷:原材料　　　　50 000

　　　应交税费－应交增值税(进项税转出)　8 500

14. 2013 年 12 月 16 日农产品事业部从农民手中收购大豆 1 吨,税务机关规定的收购凭证上注明收购款 1 500 元(13%)。取得农产品收购发票 1 份。

建议财务凭证分录如下:

借:原材料　　　　1 500

　　应交税费－应交增值税(进项税)　　　195

　　贷:银行存款　　　1 695

15. 2013 年 12 月 17 日公司运输部承接运输业务,当月国内货运业务收入 365 000 元(含税,税率11%),开具货运专用发票 10 份。

建议财务凭证分录如下:

借:银行存款　365 000

　　贷:主营业务收入　328 829

　　　应交税费－应交增值税(销项税)　36 171

16. 2013 年 12 月 17 日商贸事业部所属汽修部对外发生修理业务,取得 5 万元销售收入(不含税),同时开具的普通发票 10 份,现金入账。

建议财务凭证分录如下:

借:库存现金　58 500

　　贷:主营业务收入　50 000

　　　应交税费－应交增值税(销项税)　8 500

17. 2013 年 12 月 18 日商贸事业部该汽修部从厂家(为一般纳税人)购进汽车修理配件一批,以银行存款支付厂家 25 000 元(含税),取得专用发票两份。

建议财务凭证分录如下:

借:库存商品　21 367.52

　　应交税费－应交增值税(进项税)　3 632.48

　　贷:银行存款　25 000

18. 2013 年 12 月 19 日农产品事业部销售面粉 3 000 公斤,取得含税收入 12 000 元(13%),全部开具普通发票 1 份,款项已交银行收讫。

建议财务凭证分录如下:

借:银行存款　12 000

　　贷:主营业务收入　　　10 619.47

　　　应交税费－应交增值税(销项税)　1 380.53

用友财税一体化实验实训教程

19. 2013 年 12 月 19 日农产品事业部销售 10 升装橄榄油 300 桶给中山商贸公司,专用发票注明销售金额 21 000 元,税额 2 730 元,款项尚未支付,货物已发完(13％)。

建议财务凭证分录如下:

借:应收账款—中山商贸公司　23 730

　　贷:主营业务收入　　21 000

　　　　应交税费—应交增值税(销项税)　2 730

20. 金融业务部经批准从事典当业务,2013 年 12 月 21 日,客户张老板为了筹集周转资金,把自己的一辆汽车当给了公司典当部,当期三个月,取得当款 10 万元。一周后,张老板无法赎回贷款,汽车即为绝当物品。经双方协商将汽车予以拍卖销售,最后成交价为 140 000 元,拍卖费用 2 000 元,经计算扣除各项费用后应退还当户张老板的金额为 5 000 元。不考虑成本等,只计算税金。申请代开二手车销售统一发票 1 份。

建议财务凭证分录如下:

借:银行存款　138 000

　　贷:绝当销售收入　127 400

　　　　应付绝当溢价　5 000

　　　　应交税费—应交增值税(销项税)　5 600

21. 金融业务部从事融资租赁业务,但未经中国银行批准经营,2008 年 12 月 21 日以融资租赁的方式出租 1 台 W-1 机床给南京化工集团,合同约定租期为五年。2013 年 12 月 21 日到期后,承租人按残值购入设备,支付购买设备款项价款 120 000(不含税),公司财务收到款项,即开具增值税专用发票。

建议财务凭证分录如下:

借:银行存款　140 400

　　贷:主营业务收入　120 000

　　　　应交税费—应交增值税(销项税)　20 400

22. 印刷发行业务部经批准定期发行行业动态杂志,2013 年 12 月 22 日取得对外发行收入 67 800 元,其中专用发票 1 份,销售金额 20 000 元,开具普通发票 10 份,总计金额 45 200 元(13％)。

建议财务凭证分录如下:

借:银行存款　　　　67 800

　　贷:主营业务收入　　60 000

　　　　应交税费—应交增值税(销项税)　7 800

23. 2013 年 12 月 22 日,印刷发行业务部经批准定期发行行业动态杂志,在发行杂志的同时,当月也接受本地地铁公司的委托,自行购买材料,为其印刷 1 万份宣传海报。根据协议,地铁公司应支付 30 000,款项已支付。公司财务收到款项即开具增值税专用发票 1 份。

建议财务凭证分录如下:

借:银行存款　30 000

　　贷:主营业务收入　25 641

　　　　应交税费—应交增值税(销项税)　4 359

24. 2013 年 12 月 22 日,系统集成业务部将自己研发的一套银行业务系统销售给工商银行,根据协议,在交付系统的同时,提供软件安装、培训服务,银行业务系统总价 500 000 元,安装和培训费按总价的5％收取,一起收付。当月已收到银行汇的款项,并开具普通发票 1 份(混合销售)。

建议财务凭证分录如下:

借:银行存款　　525 000

　　贷:主营业务收入　　448 718

　　　　应交税费—应交增值税(销项税)　76 282

25. 2013 年 12 月 22 日,系统集成业务部接受某企业的委托,为其开发一套生产管理系统软件。根据协议,该管理系统的著作权由本集团公司所有,开发完成之后,企业应支付总款项 230 000 元。当月,软件开发已完成,集团财务已收到款项,并开具增值税专用发票1份。

建议财务凭证分录如下:

借:银行存款　　　　　　　230 000

　　贷:主营业务收入　　　　　196 581

　　　　应交税费－应交增值税(销项税)　　33 419

26. 2013年12月23日,系统集成业务部代理西门子电梯的销售业务,当月销售给某商场4台电梯,同时负责安装、保养。合同规定,该电梯结算价格每台6万元(含税),安装、保养费按结算价格的3%收取。28日,系统集成业务部已收到商场的转账支票,交公司财务入账,并开具专用发票1份(混合销售)。

建议财务凭证分录如下:

借:银行存款　　　　　　　247 200

　　贷:主营业务收入　　　　　211 282

　　　　应交税费－应交增值税(销项税)　　35 918

27. 2013年12月24日,系统集成业务部当月从西门子厂家进货5台电梯,已验收入库。取得增值税专用发票1份,价款175 000元,进项税29 750元,款项已由银行转账支付。

建议财务凭证分录如下:

借:库存商品　　　　　　　175 000

　　应交税费－应交增值税(进项税)　　29 750

　　贷:银行存款　　　　　　　204 750

【操作指导】

以"01张成"的身份注册进入企业应用平台。

1. 凭证管理

(1) 填制凭证

业务1:操作步骤如下:

① 在企业应用平台"业务"页签中,执行"财务会计"→"总账"→"凭证"→"填制凭证"命令,进入"填制凭证"窗口。

② 单击【增加】按钮,系统自动增加一张空白的收款凭证。

③ 在凭证左上角单击【参照】按钮,选择凭证类型为"记账凭证";输入制单日期"2013.12.03"。

④ 输入摘要"购进彩电",选择科目名称,如图6-2所示:

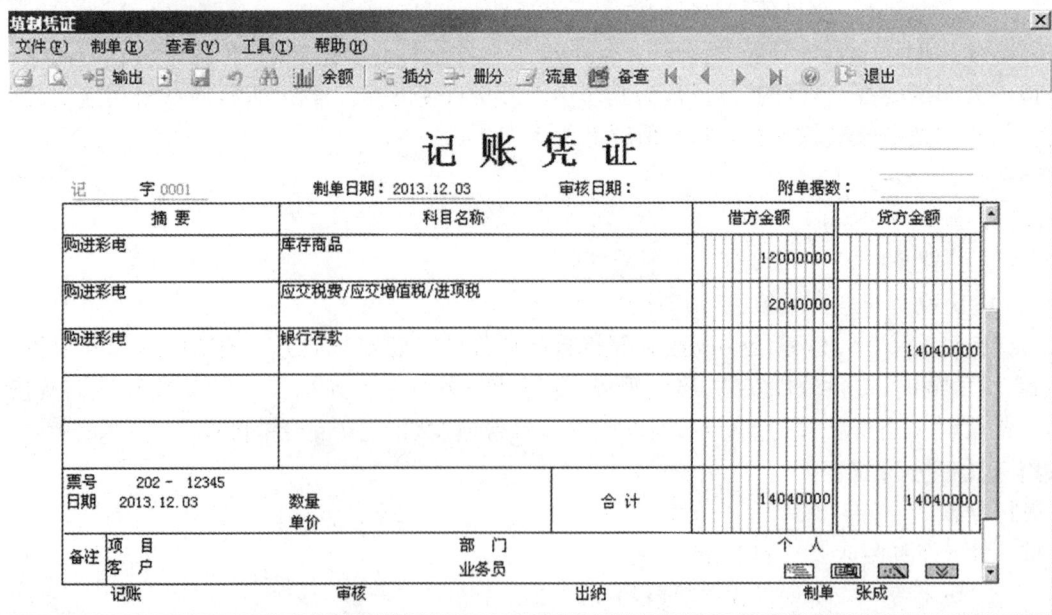

图6-2

⑤ 录入银行存款科目时填写结算方式、票号以及发生日期，并点击【确定】，如图 6-3 所示：

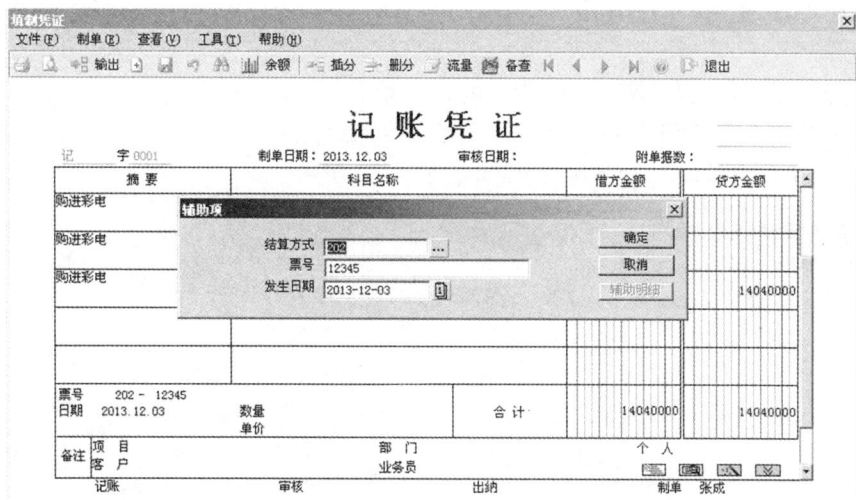

图 6-3

⑥ 单击【保存】按钮，系统弹出"凭证已成功保存！"信息提示框。单击【确定】按钮，进行支票登记。单击【是】，补充支票领用部门"家电事业部"，单击【确定】。

⑦ 点击"查询凭证"，如图 6-4，确定查询条件，点击【确定】。查询结果如图 6-5。双击要查看的凭证就能打开凭证界面。

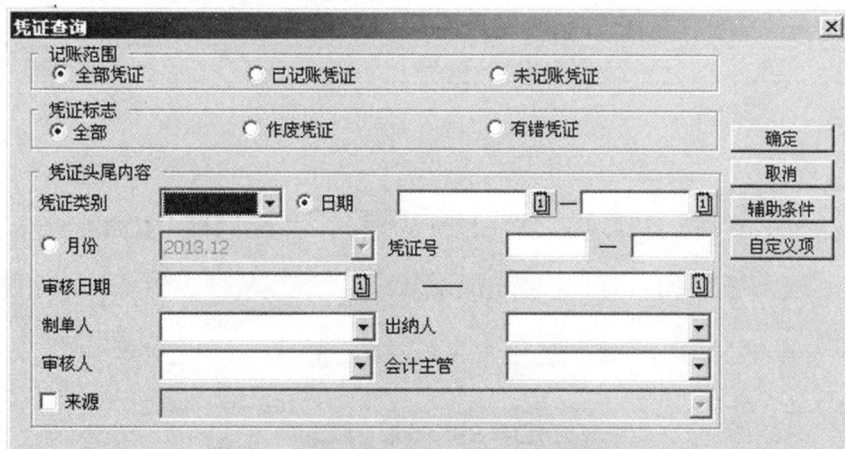

图 6-4

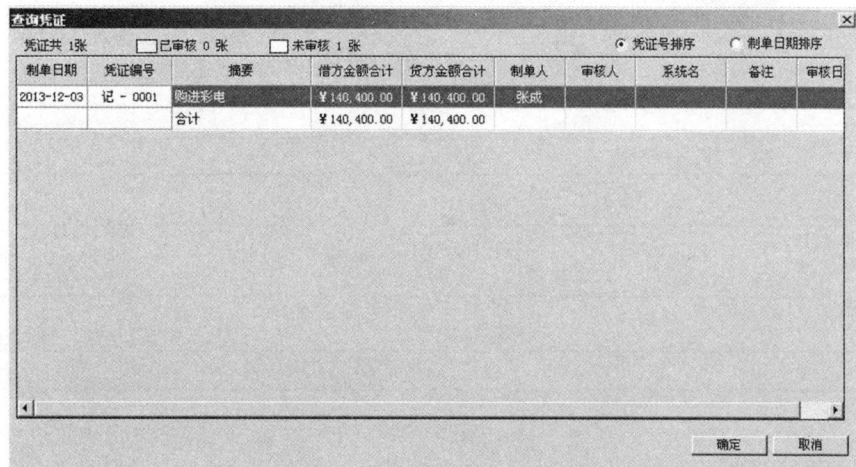

图 6-5

业务2：操作步骤如下：

① 在企业应用平台"业务"页签中，执行"财务会计"→"总账"→"凭证"→"填制凭证"命令，进入"填制凭证"窗口。

② 单击【增加】按钮，系统自动增加一张空白的收款凭证。

③ 在凭证左上角单击【参照】按钮，选择凭证类型为"记账凭证"；输入制单日期"2013.12.04"。

④ 输入摘要"购进家庭影院"，选择科目名称，如图6-6所示：

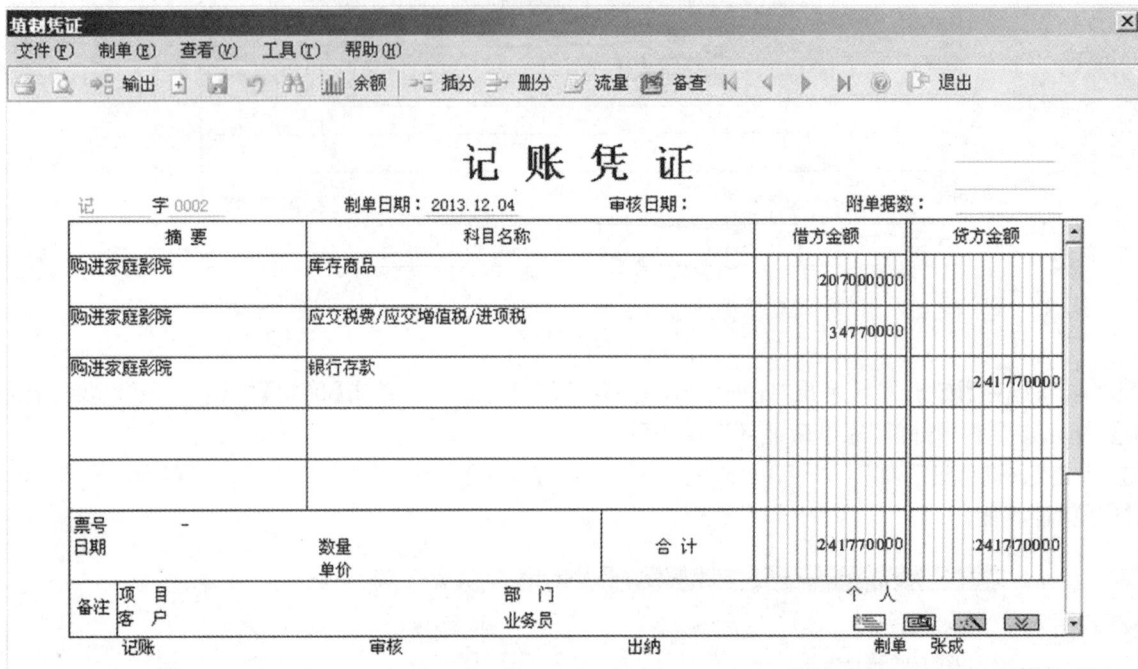

图 6-6

⑤ 录入银行存款科目时填写结算方式、票号以及发生日期，并点击【确定】，如图6-7所示：

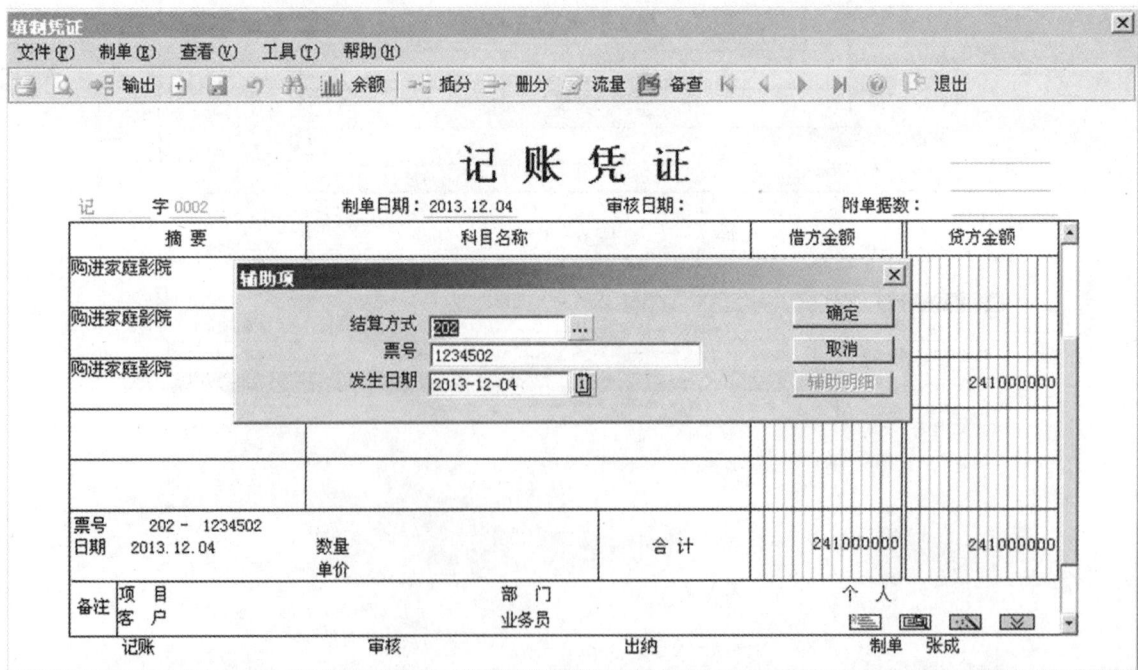

图 6-7

⑥ 单击【保存】按钮，系统弹出"凭证已成功保存！"信息提示框。单击【确定】按钮，进行支票登记，如

图如 6-8 所示。单击【是】,补充支票领用部门"家电事业部",如图 6-9 所示,单击【确定】。

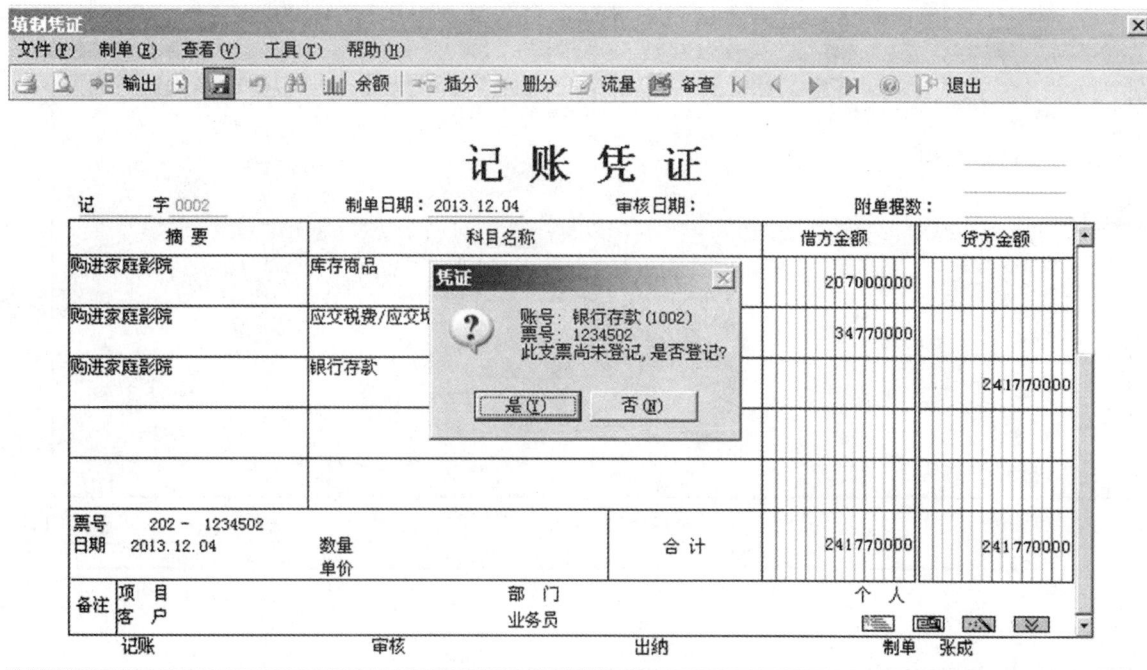

图 6-8

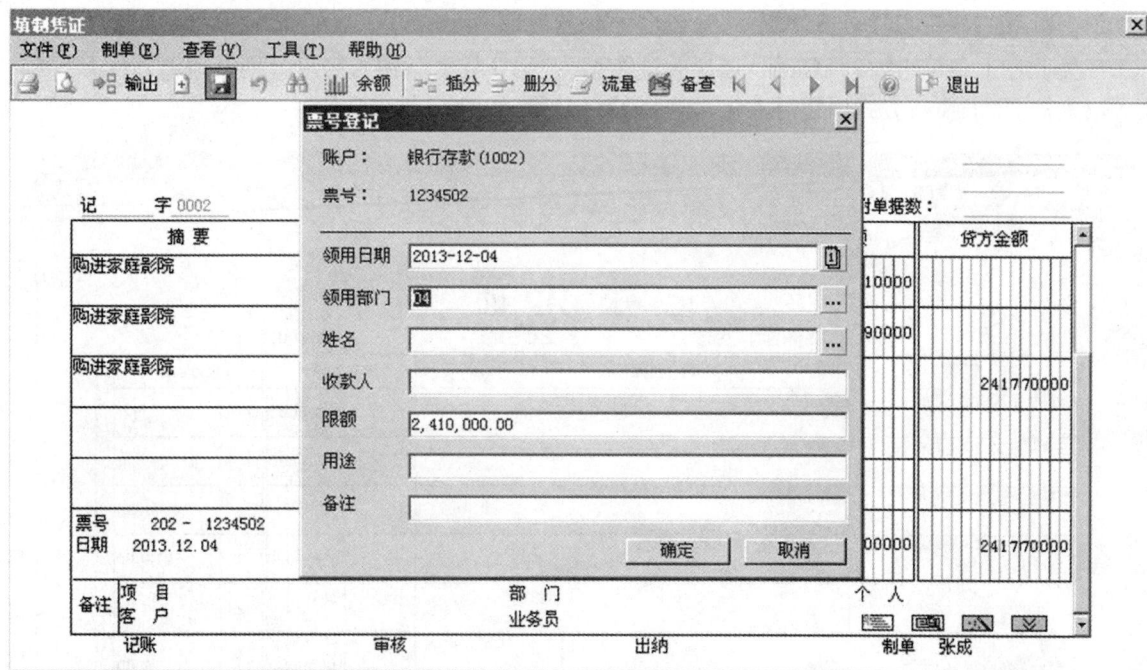

图 6-9

⑦ 点击"查询凭证",确定查询条件,点击【确定】,查询结果如图 6-10 所示。双击要查看的凭证就能打开凭证界面。

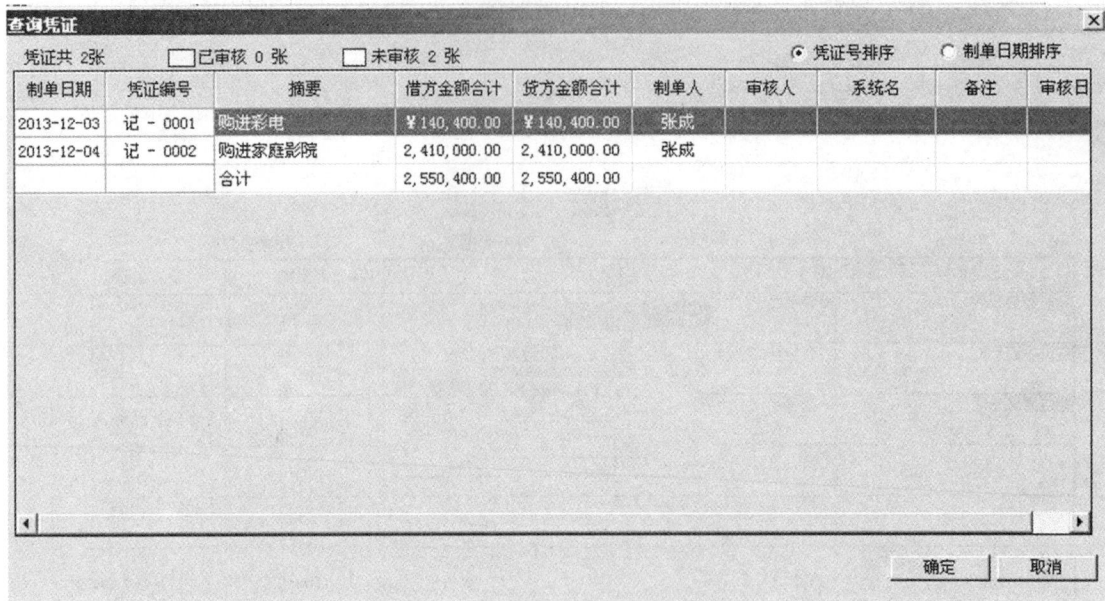

制单日期	凭证编号	摘要	借方金额合计	贷方金额合计	制单人	审核人	系统名	备注	审核日
2013-12-03	记 - 0001	购进彩电	¥140,400.00	¥140,400.00	张成				
2013-12-04	记 - 0002	购进家庭影院	2,410,000.00	2,410,000.00	张成				
		合计	2,550,400.00	2,550,400.00					

图 6 - 10

业务 3：操作步骤如下：

① 在企业应用平台"业务"页签中，执行"财务会计"→"总账"→"凭证"→"填制凭证"命令，进入"填制凭证"窗口。

② 单击【增加】按钮，系统自动增加一张空白的收款凭证。

③ 在凭证左上角单击【参照】按钮，选择凭证类型为"记账凭证"；输入制单日期"2013.12.04"。

④ 输入摘要"旧换新方式销售洗衣机"，选择科目名称，如图 6 - 11 所示：

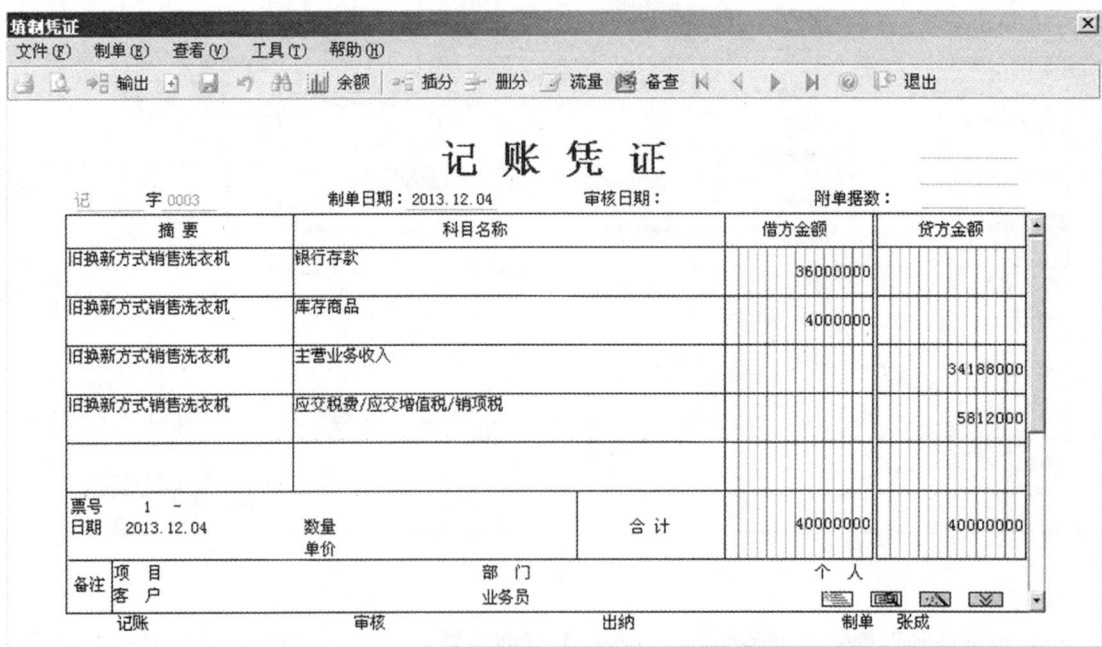

记 账 凭 证

记　字 0003　　制单日期：2013.12.04　　审核日期：　　附单据数：

摘　要	科目名称	借方金额	贷方金额
旧换新方式销售洗衣机	银行存款	36000000	
旧换新方式销售洗衣机	库存商品	4000000	
旧换新方式销售洗衣机	主营业务收入		34188000
旧换新方式销售洗衣机	应交税费/应交增值税/销项税		5812000

票号　1　-
日期　2013.12.04
数量
单价
合　计　40000000　40000000
备注　项　目　　　　部　门　　　　个　人
　　　客　户　　　　业务员
记账　　　　审核　　　　出纳　　　　制单　张成

图 6 - 11

⑤ 录入银行存款科目时填写结算方式、票号以及发生日期，并点击【确定】。

⑥ 单击【保存】按钮，系统弹出"凭证已成功保存！"信息提示框，单击【确定】按钮。

⑦ 点击"查询凭证"，确定查询条件，点击【确定】，进入查询结果界面。双击要查看的凭证就能打开凭证界面。

业务4：操作步骤如下：

① 在企业应用平台"业务"页签中，执行"财务会计"→"总账"→"凭证"→"填制凭证"命令，进入"填制凭证"窗口。

② 单击【增加】按钮，系统自动增加一张空白的收款凭证。

③ 在凭证左上角单击【参照】按钮，选择凭证类型为"记账凭证"；输入制单日期"2013.12.05"。

④ 输入摘要"批发彩电"，选择科目名称(注意，应收账款科目要添加客户核算辅助项)，如图6-12所示：

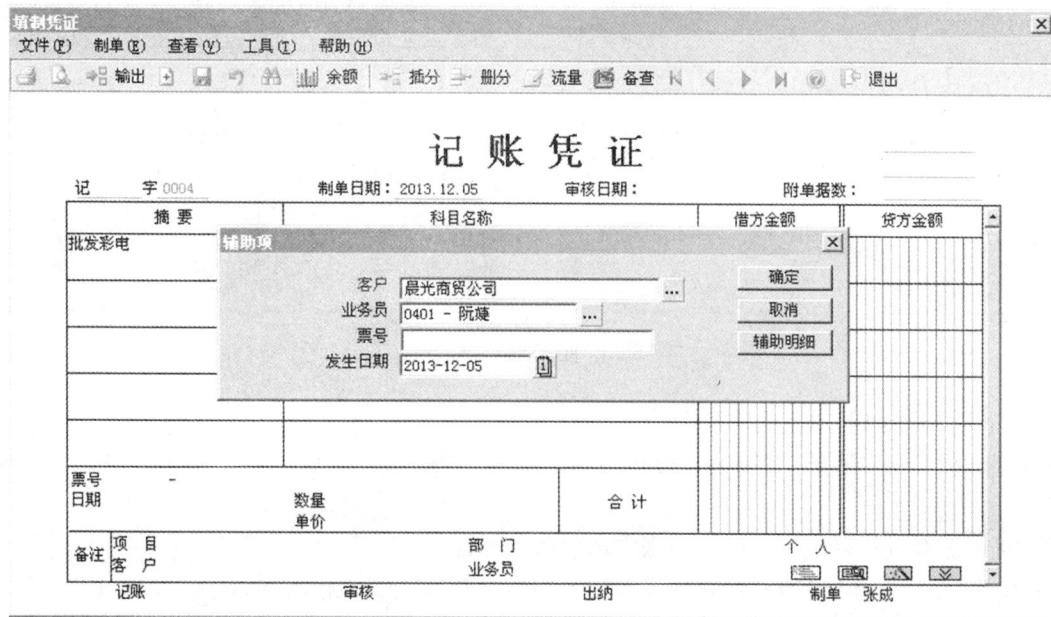

图 6-12

⑤ 录入银行存款科目时填写结算方式、票号以及发生日期，并点击【确定】。

⑥ 单击【保存】按钮，系统弹出"凭证已成功保存！"信息提示框，单击【确定】按钮。

⑦ 点击"查询凭证"，确定查询条件，点击【确定】，进入查询结果界面。双击要查看的凭证就能打开凭证界面。

注意，本案例要生成2张凭证，如图6-13、图6-14所示：

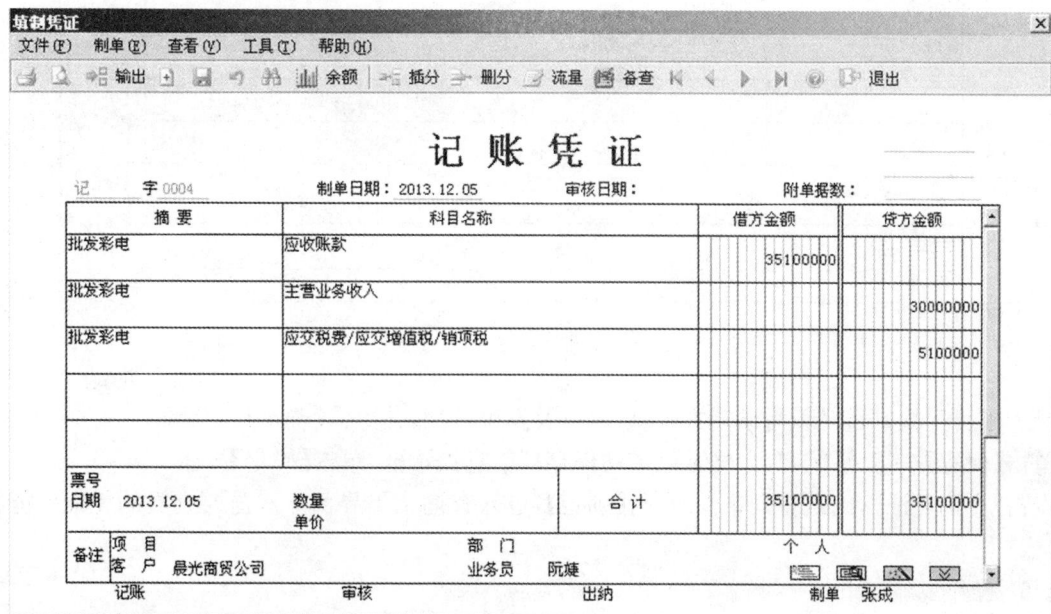

图 6-13

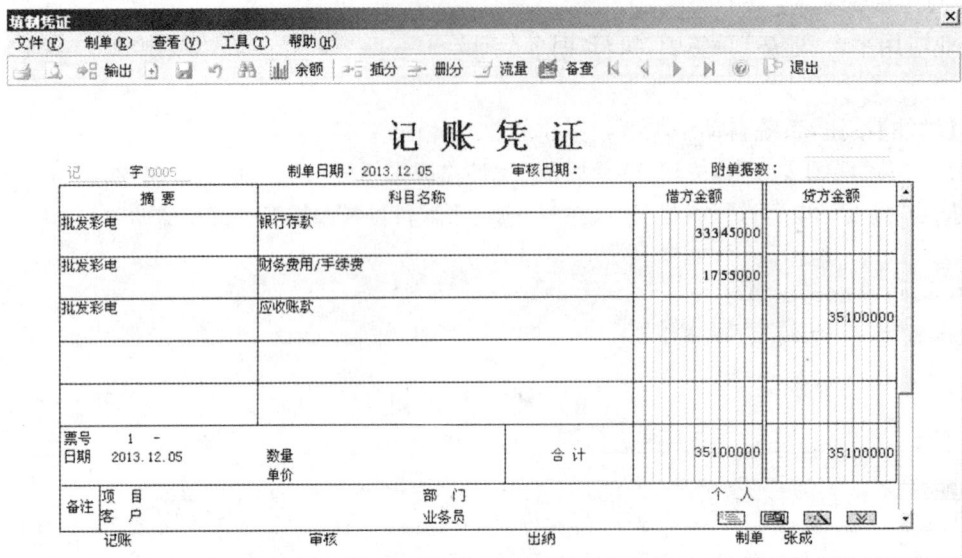

图 6-14

业务 5：操作步骤如下：

① 在企业应用平台"业务"页签中，执行"财务会计"→"总账"→"凭证"→"填制凭证"命令，进入"填制凭证"窗口。

② 单击【增加】按钮，系统自动增加一张空白的收款凭证。

③ 在凭证左上角单击【参照】按钮，选择凭证类型为"记账凭证"；输入制单日期"2013.12.05"。

④ 输入摘要"零售彩电"，选择科目名称，如图 6-15 所示：

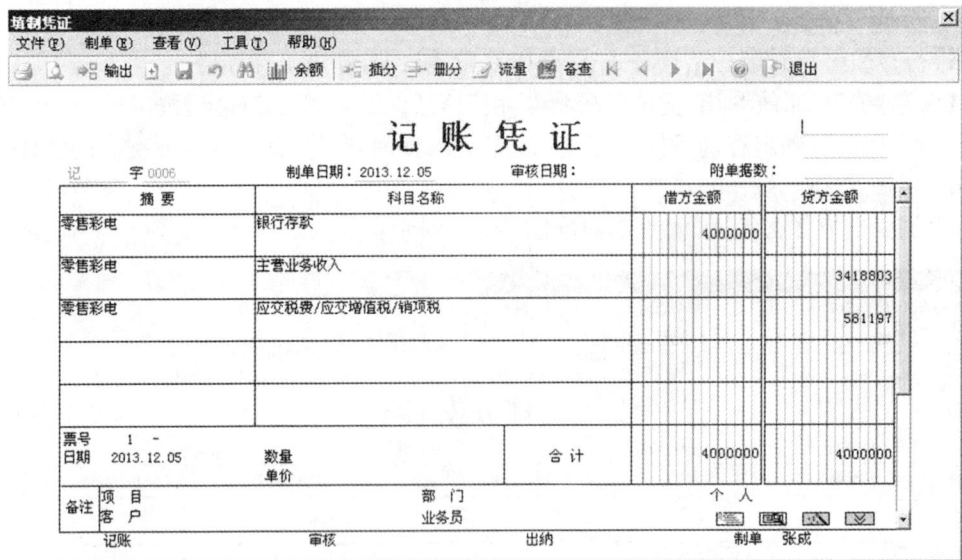

图 6-15

⑤ 录入银行存款科目时填写结算方式、票号以及发生日期，并点击【确定】。

⑥ 单击【保存】按钮，系统弹出"凭证已成功保存！"信息提示框，单击【确定】按钮。

⑦ 点击"查询凭证"，确定查询条件，点击【确定】，进入查询结果界面。双击要查看的凭证就能打开凭证界面。

业务 6：操作步骤如下：

① 在企业应用平台"业务"页签中，执行"财务会计"→"总账"→"凭证"→"填制凭证"命令，进入"填制凭证"窗口。

② 单击【增加】按钮,系统自动增加一张空白的收款凭证。

③ 在凭证左上角单击【参照】按钮,选择凭证类型为"记账凭证";输入制单日期"2013.12.06"。

④ 输入摘要"资产损毁",选择科目名称,如图 6-16 所示:

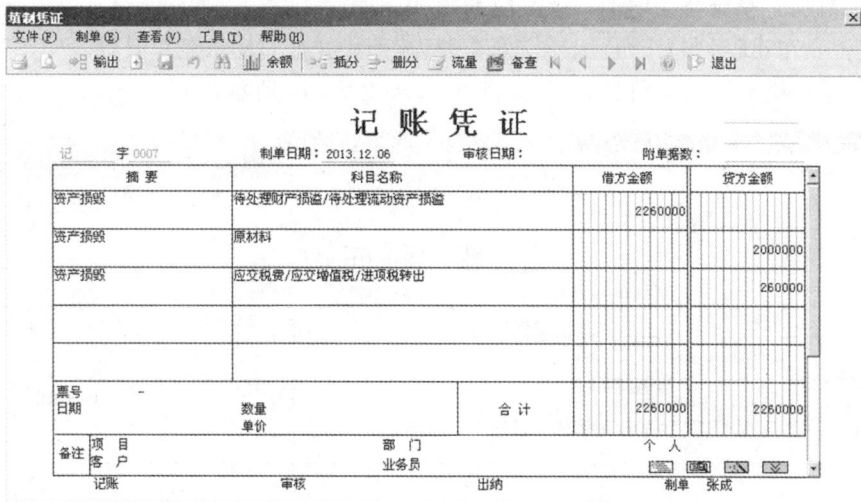

图 6-16

⑤ 单击【保存】按钮,系统弹出"凭证已成功保存!"信息提示框,单击【确定】按钮。

⑥ 点击"查询凭证",确定查询条件,点击【确定】,进入查询结果界面。双击要查看的凭证就能打开凭证界面。

业务 7:操作步骤如下:

① 在企业应用平台"业务"页签中,执行"财务会计"→"总账"→"凭证"→"填制凭证"命令,进入"填制凭证"窗口。

② 单击【增加】按钮,系统自动增加一张空白的收款凭证。

③ 在凭证左上角单击【参照】按钮,选择凭证类型为"记账凭证";输入制单日期"2013.12.07"。

④ 输入摘要"购买原材料面粉、大米",选择科目名称,如图 6-17 所示:

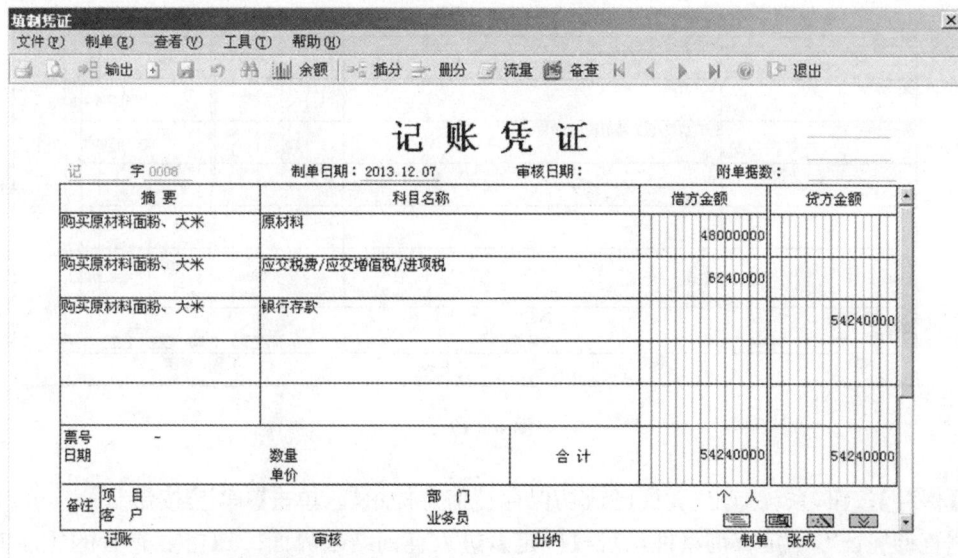

图 6-17

⑤ 单击【保存】按钮,系统弹出"凭证已成功保存!"信息提示框,单击【确定】按钮。

⑥ 点击"查询凭证",确定查询条件,点击【确定】,进入查询结果界面。双击要查看的凭证就能打开凭证界面。

业务 8：操作步骤如下：

① 在企业应用平台"业务"页签中，执行"财务会计"→"总账"→"凭证"→"填制凭证"命令，进入"填制凭证"窗口。

② 单击【增加】按钮，系统自动增加一张空白的收款凭证。

③ 在凭证左上角单击【参照】按钮，选择凭证类型为"记账凭证"；输入制单日期"2013.12.07"。

④ 输入摘要"买一赠一"，选择科目名称，如图 6-18、图 6-19 所示：

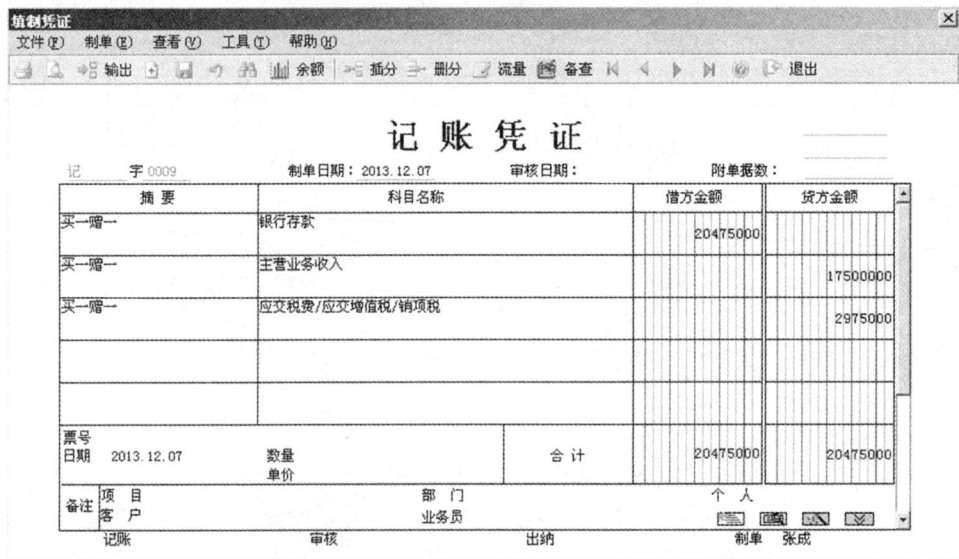

图 6-18

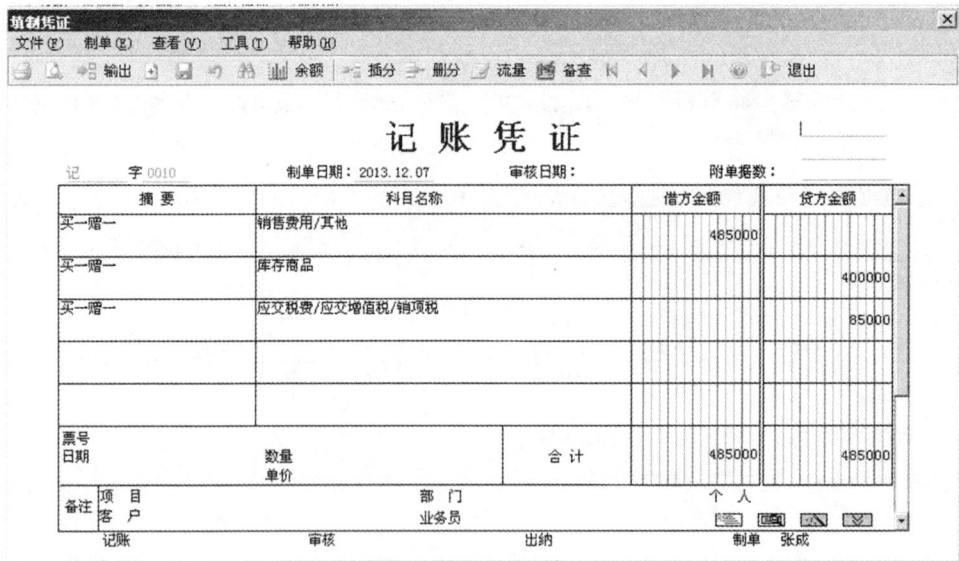

图 6-19

⑤ 单击【保存】按钮，系统弹出"凭证已成功保存！"信息提示框，单击【确定】按钮。

⑥ 点击"查询凭证"，确定查询条件，点击【确定】，进入查询结果界面。双击要查看的凭证就能打开凭证界面。

注意，本案例要生成 2 张凭证。

业务 9：操作步骤如下：

① 在企业应用平台"业务"页签中，执行"财务会计"→"总账"→"凭证"→"填制凭证"命令，进入"填制凭证"窗口。

② 单击【增加】按钮，系统自动增加一张空白的收款凭证。

③ 在凭证左上角单击【参照】按钮，选择凭证类型为"记账凭证"；输入制单日期"2013.12.08"。

④ 输入摘要"购买固定资产"，选择科目名称，如图6-20所示：

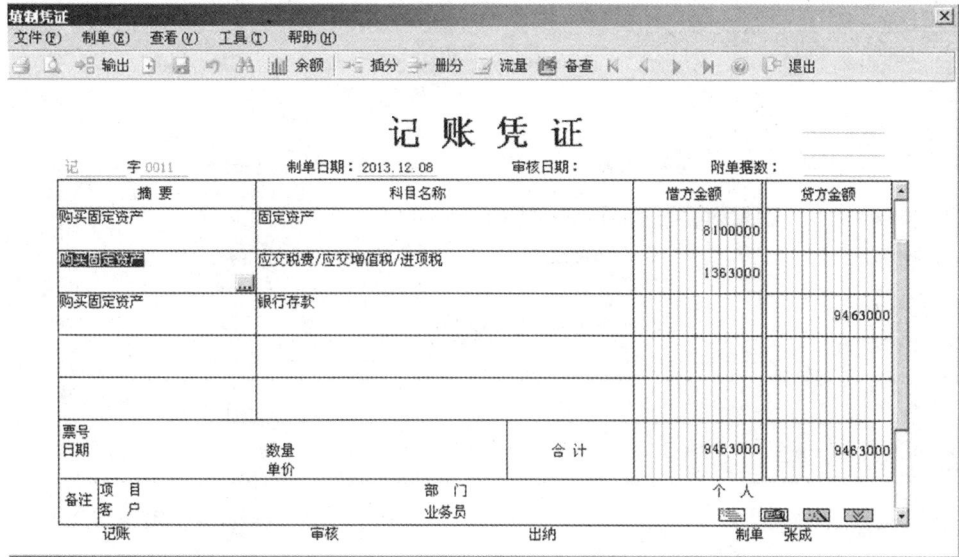

图6-20

⑤ 单击【保存】按钮，系统弹出"凭证已成功保存！"信息提示框，单击【确定】按钮。

⑥ 点击"查询凭证"，确定查询条件，点击【确定】，进入查询结果界面。双击要查看的凭证就能打开凭证界面。

业务10：操作步骤如下：

① 在企业应用平台"业务"页签中，执行"财务会计"→"总账"→"凭证"→"填制凭证"命令，进入"填制凭证"窗口。

② 单击【增加】按钮，系统自动增加一张空白的收款凭证。

③ 在凭证左上角单击【参照】按钮，选择凭证类型为"记账凭证"；输入制单日期"2013.12.08"。

④ 输入摘要"购入冰箱"，选择科目名称，如图6-21所示：

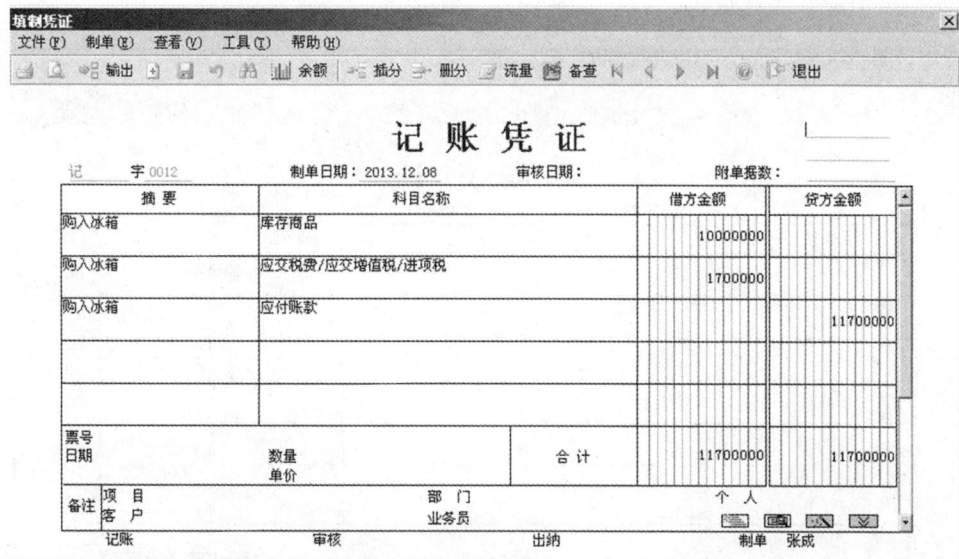

图6-21

⑤ 单击【保存】按钮，系统弹出"凭证已成功保存！"信息提示框，单击【确定】按钮。

⑥ 点击"查询凭证",确定查询条件,点击【确定】,进入查询结果界面。双击要查看的凭证就能打开凭证界面。

注意,录入应付账款科目时需要添加供应商往来辅助项,如图6－22所示:

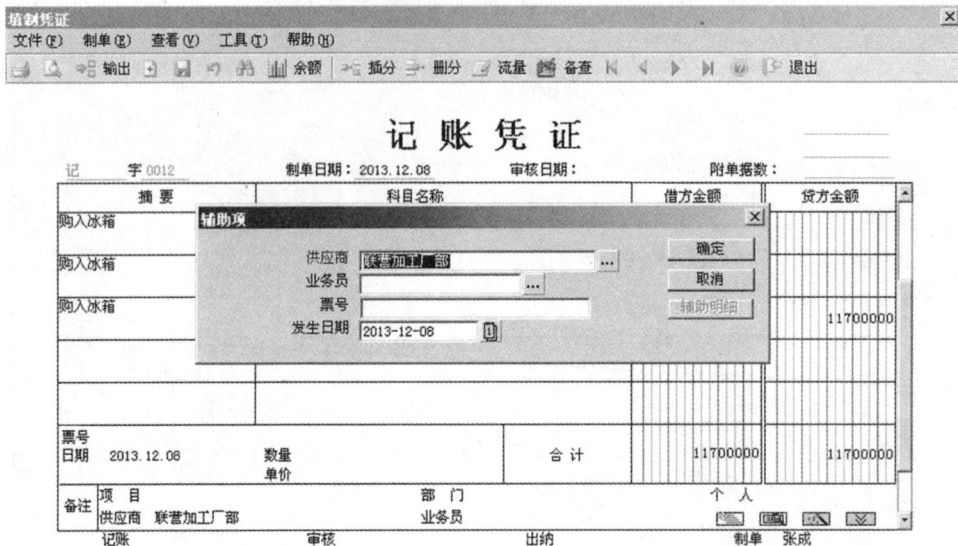

图 6－22

业务11:操作步骤如下:

① 在企业应用平台"业务"页签中,执行"财务会计"→"总账"→"凭证"→"填制凭证"命令,进入"填制凭证"窗口。

② 单击【增加】按钮,系统自动增加一张空白的收款凭证。

③ 在凭证左上角单击【参照】按钮,选择凭证类型为"记账凭证";输入制单日期"2013.12.20"。

④ 输入摘要"计提职工福利、发放职工福利、结转职工福利",选择科目名称。

⑤ 单击【保存】按钮,系统弹出"凭证已成功保存!"信息提示框,单击【确定】按钮。

⑥ 点击"查询凭证",确定查询条件,点击【确定】,进入查询结果界面,双击要查看的凭证就能打开凭证界面。

注意,本案例要生成3张凭证,如图6－23～图6－25所示:

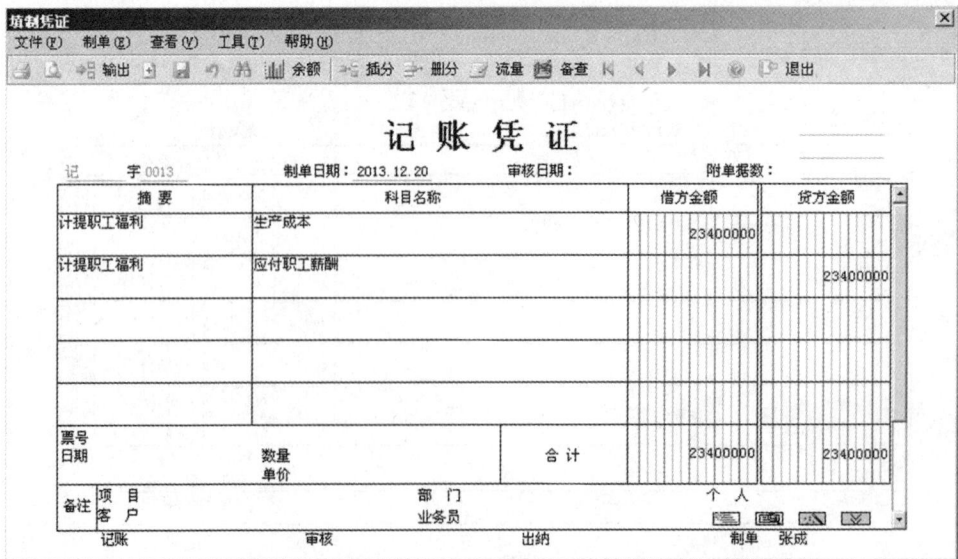

图 6－23

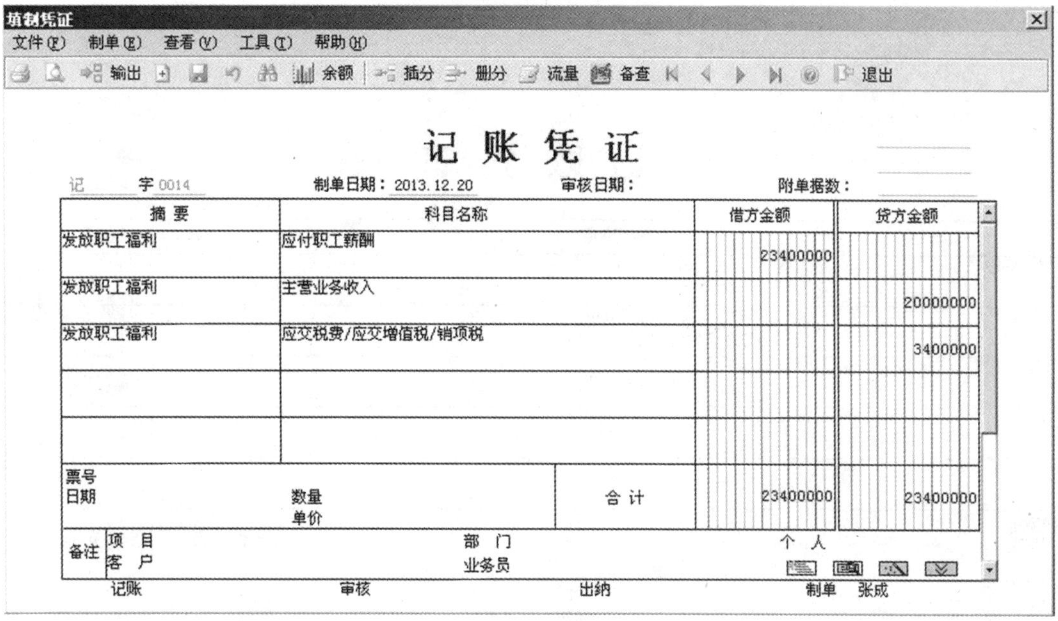

图 6 - 24

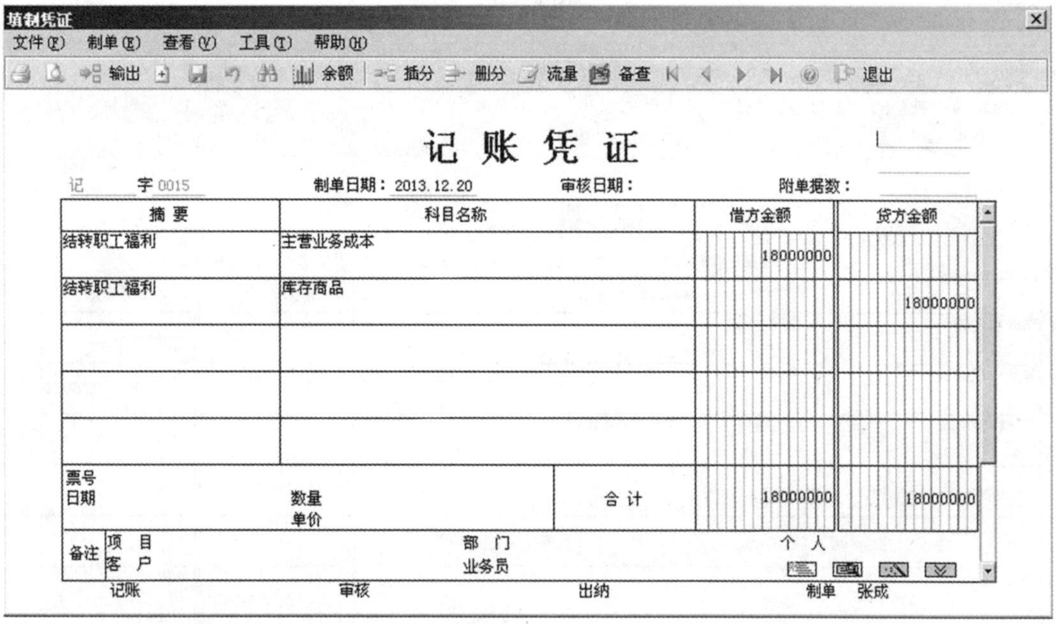

图 6 - 25

业务 12：操作步骤如下：

① 在企业应用平台"业务"页签中，执行"财务会计"→"总账"→"凭证"→"填制凭证"命令，进入"填制凭证"窗口。

② 单击【增加】按钮，系统自动增加一张空白的收款凭证。

③ 在凭证左上角单击【参照】按钮，选择凭证类型为"记账凭证"；输入制单日期"2013.12.15"。

④ 输入摘要"购买钢材、非涉税性领料"，选择科目名称。

⑤ 单击【保存】按钮，系统弹出"凭证已成功保存！"信息提示框，单击【确定】按钮。

⑥ 点击"查询凭证"，确定查询条件，点击【确定】，进入查询结果界面。双击要查看的凭证就能打开凭证界面。

注意，本案例要生成 2 张凭证，如图 6 - 26、图 6 - 27 所示：

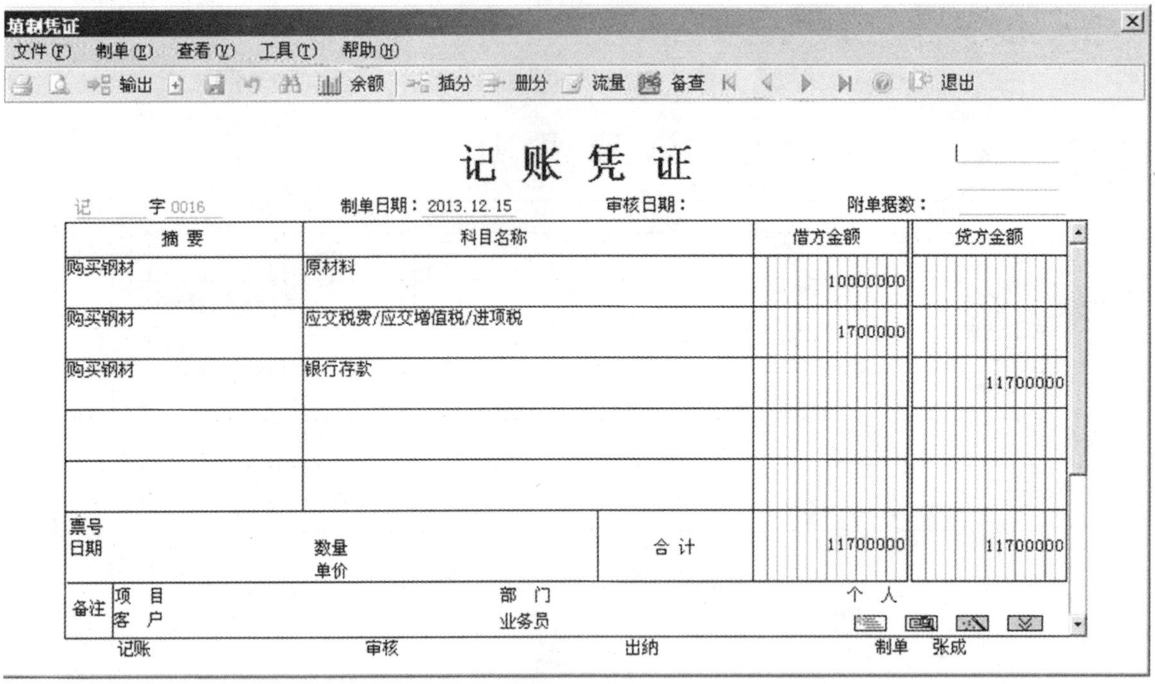

图 6 - 26

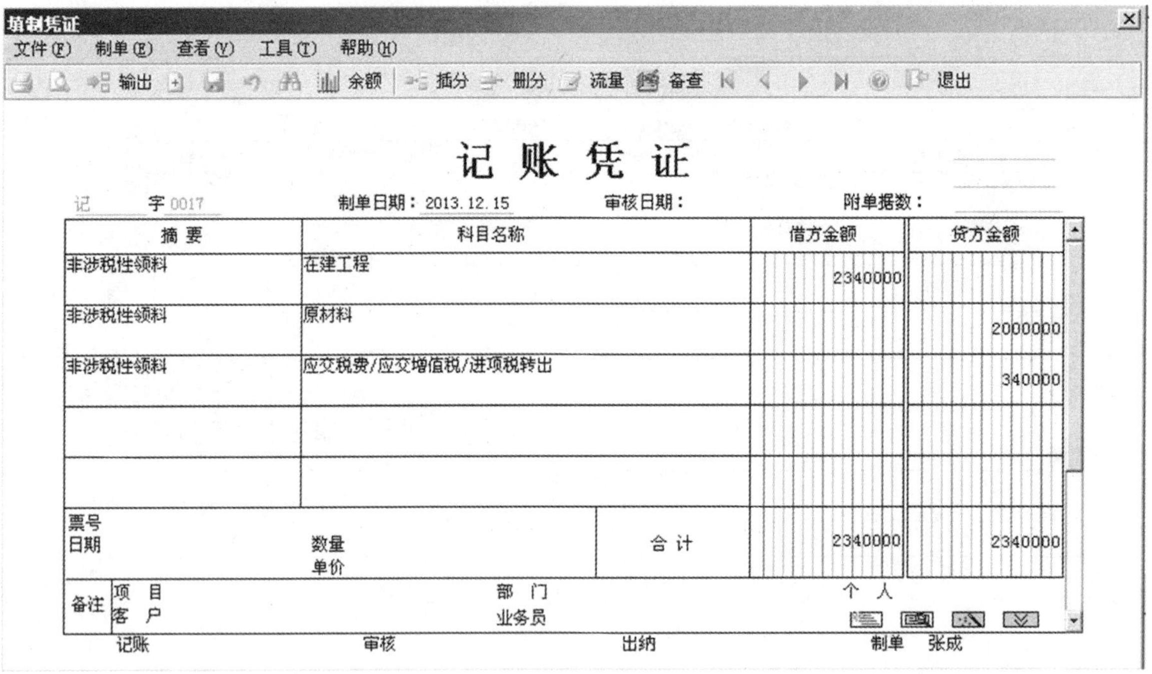

图 6 - 27

业务 13：操作步骤如下：

① 在企业应用平台"业务"页签中，执行"财务会计"→"总账"→"凭证"→"填制凭证"命令，进入"填制凭证"窗口。

② 单击【增加】按钮，系统自动增加一张空白的收款凭证。

③ 在凭证左上角单击【参照】按钮，选择凭证类型为"记账凭证"；输入制单日期"2013.12.20"。

④ 输入摘要"建造厂房领用生产钢材"，选择科目名称，如图 6 - 28 所示：

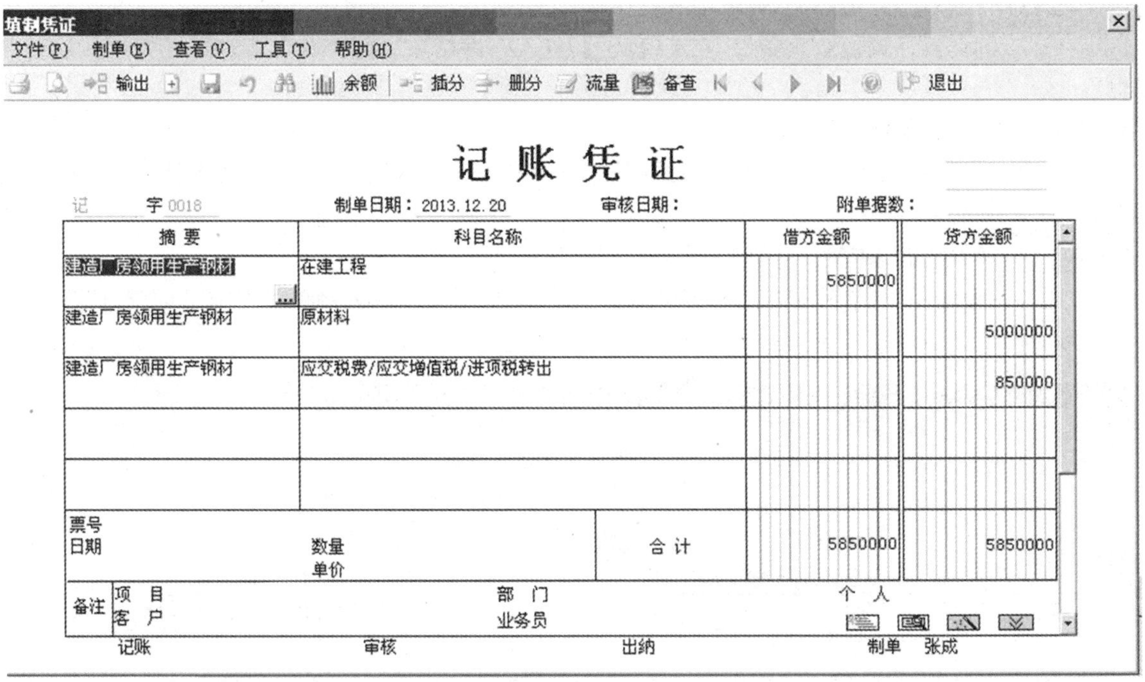

图 6-28

⑤ 单击【保存】按钮,系统弹出"凭证已成功保存!"信息提示框,单击【确定】按钮。

⑥ 点击"查询凭证",确定查询条件,点击【确定】,进入查询结果界面。双击要查看的凭证就能打开凭证界面。

业务 14:操作步骤如下:

① 在企业应用平台"业务"页签中,执行"财务会计"→"总账"→"凭证"→"填制凭证"命令,进入"填制凭证"窗口。

② 单击【增加】按钮,系统自动增加一张空白的收款凭证。

③ 在凭证左上角单击【参照】按钮,选择凭证类型为"记账凭证";输入制单日期"2013.12.16"。

④ 输入摘要"从农民手中收购大豆",选择科目名称,如图 6-29 所示:

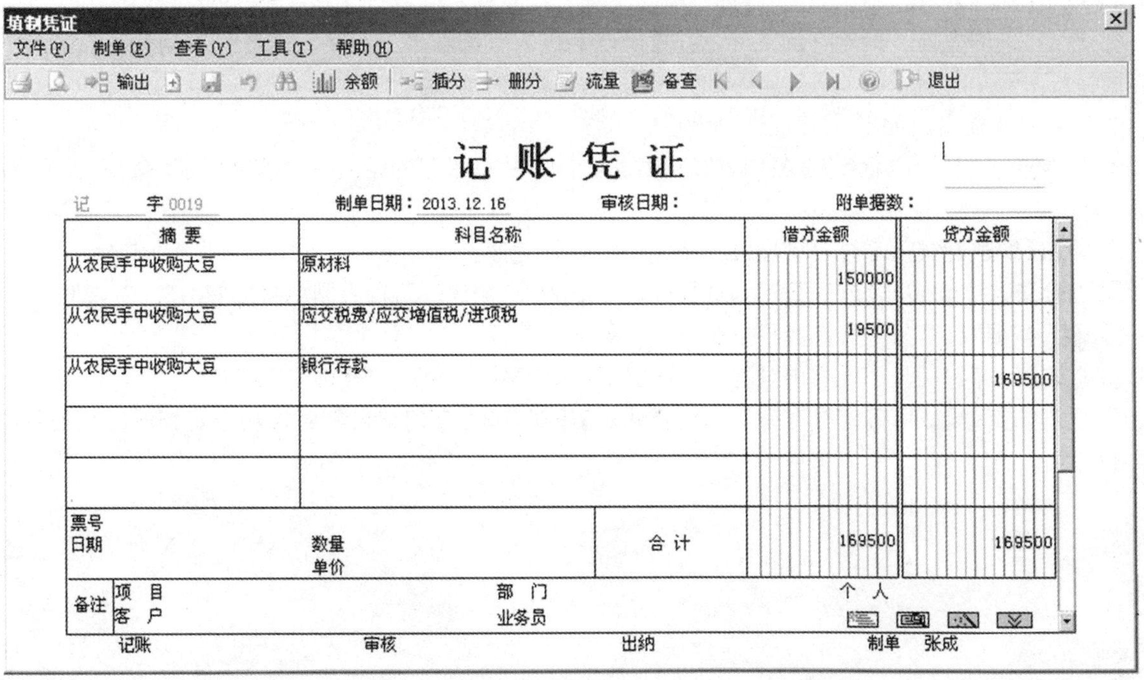

图 6-29

⑤ 单击【保存】按钮,系统弹出"凭证已成功保存!"信息提示框,单击【确定】按钮。

⑥ 点击"查询凭证",确定查询条件,点击【确定】,进入查询结果界面。双击要查看的凭证就能打开凭证界面。

业务 15:操作步骤如下:

① 在企业应用平台"业务"页签中,执行"财务会计"→"总账"→"凭证"→"填制凭证"命令,进入"填制凭证"窗口。

② 单击【增加】按钮,系统自动增加一张空白的收款凭证。

③ 在凭证左上角单击【参照】按钮,选择凭证类型为"记账凭证";输入制单日期"2013.12.17"。

④ 输入摘要"交通运输",选择科目名称,如图 6-30 所示:

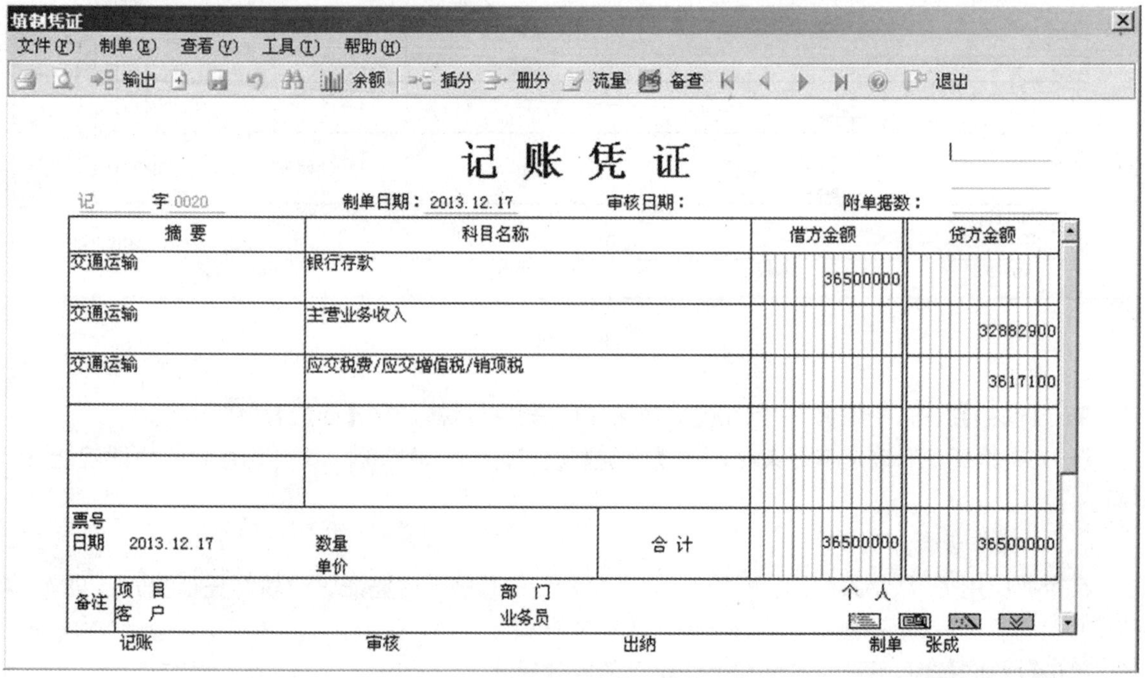

图 6-30

⑤ 单击【保存】按钮,系统弹出"凭证已成功保存!"信息提示框,单击【确定】按钮。

⑥ 点击"查询凭证",确定查询条件,点击【确定】,进入查询结果界面。双击要查看的凭证就能打开凭证界面。

业务 16:操作步骤如下:

① 在企业应用平台"业务"页签中,执行"财务会计"→"总账"→"凭证"→"填制凭证"命令,进入"填制凭证"窗口。

② 单击【增加】按钮,系统自动增加一张空白的收款凭证。

③ 在凭证左上角单击【参照】按钮,选择凭证类型为"记账凭证";输入制单日期"2013.12.17"。

④ 输入摘要"汽修服务",选择科目名称,如图 6-31 所示。

⑤ 单击【保存】按钮,系统弹出"凭证已成功保存!"信息提示框,单击【确定】按钮。

⑥ 点击"查询凭证",确定查询条件,点击【确定】按钮,进入查询结果界面。双击要查看的凭证就能打开凭证界面。

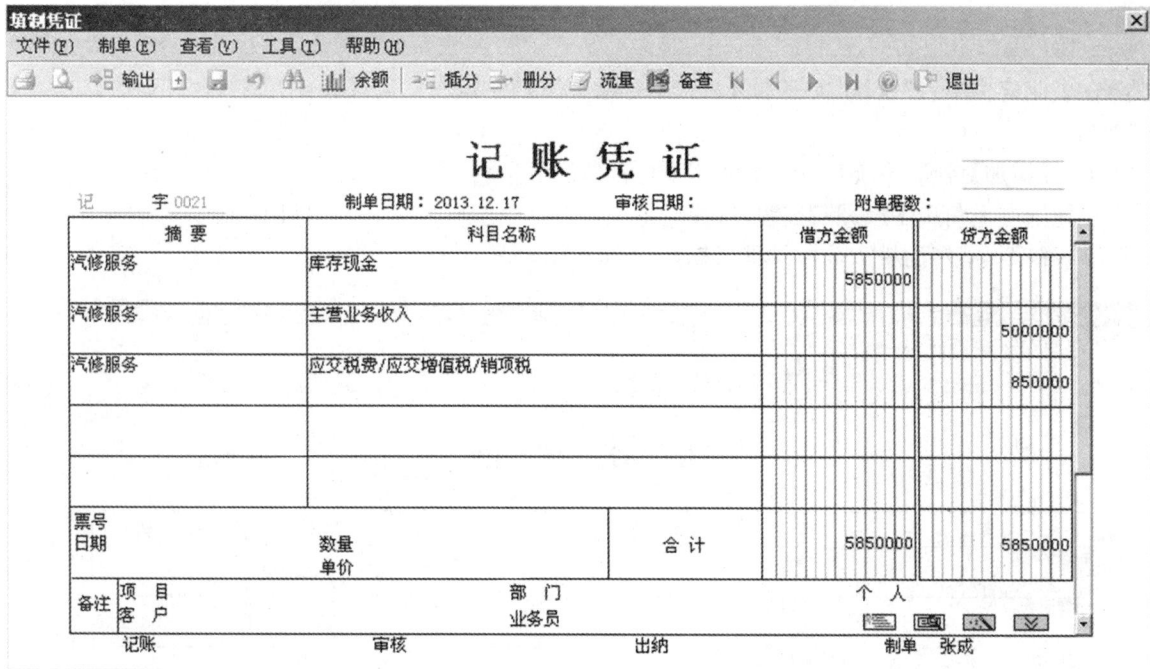

图 6-31

业务 17：操作步骤如下：

① 在企业应用平台"业务"页签中，执行"财务会计"→"总账"→"凭证"→"填制凭证"命令，进入"填制凭证"窗口。

② 单击【增加】按钮，系统自动增加一张空白的收款凭证。

③ 在凭证左上角单击【参照】按钮，选择凭证类型为"记账凭证"；输入制单日期"2013.12.18"。

④ 输入摘要"购进汽车修理配件"，选择科目名称，如图 6-32 所示：

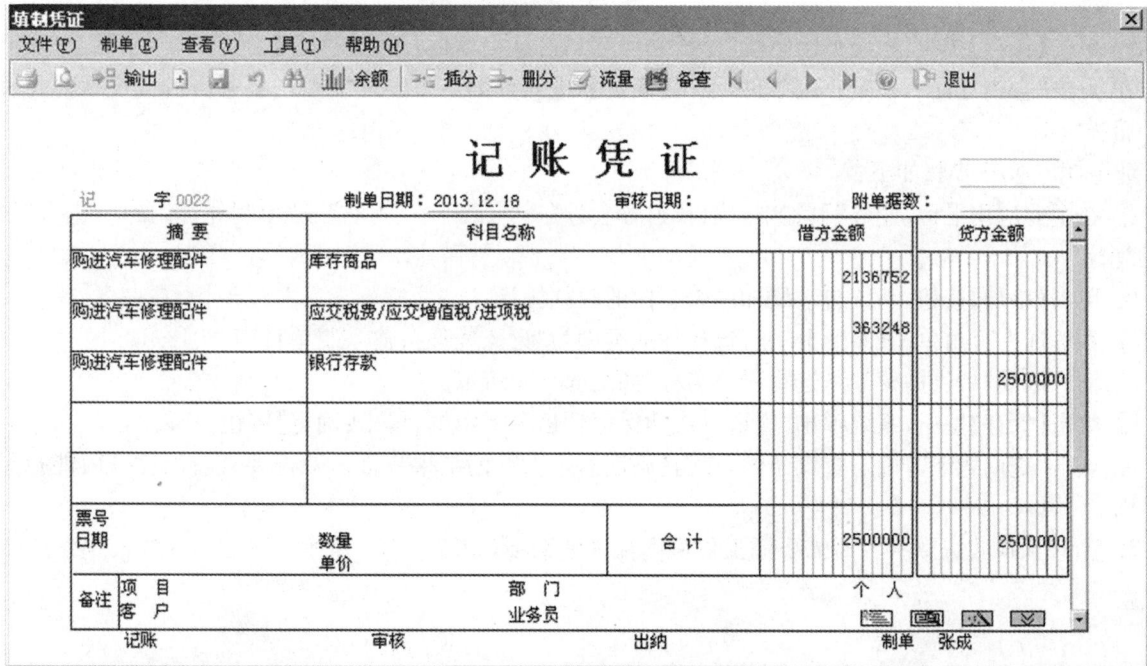

图 6-32

⑤ 单击【保存】按钮，系统弹出"凭证已成功保存！"信息提示框，单击【确定】按钮。

⑥ 点击"查询凭证"，确定查询条件，点击【确定】，进入查询结果界面。双击要查看的凭证就能打开凭

证界面。

业务18：操作步骤如下：

① 在企业应用平台"业务"页签中，执行"财务会计"→"总账"→"凭证"→"填制凭证"命令，进入"填制凭证"窗口。

② 单击【增加】按钮，系统自动增加一张空白的收款凭证。

③ 在凭证左上角单击【参照】按钮，选择凭证类型"记账凭证"；输入制单日期"2013.12.19"。

④ 输入摘要"销售面粉"，选择科目名称，如图6-33所示：

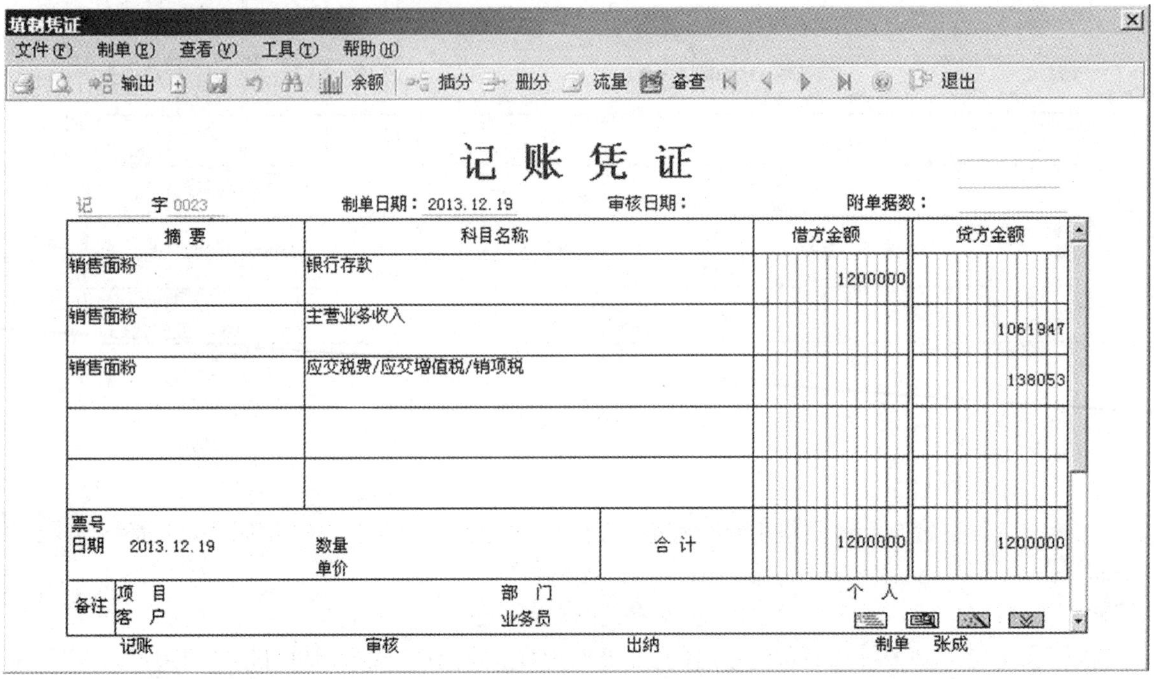

图 6-33

⑤ 单击【保存】按钮，系统弹出"凭证已成功保存！"信息提示框，单击【确定】按钮。

⑥ 点击"查询凭证"，确定查询条件，点击【确定】，进入查询结果界面。双击要查看的凭证就能打开凭证界面。

业务19：操作步骤如下：

① 在企业应用平台"业务"页签中，执行"财务会计"→"总账"→"凭证"→"填制凭证"命令，进入"填制凭证"窗口。

② 单击【增加】按钮，系统自动增加一张空白的收款凭证。

③ 在凭证左上角单击【参照】按钮，选择凭证类型为"记账凭证"；输入制单日期"2013.12.19"。

④ 输入摘要"销售橄榄油"，选择科目名称，如图6-34所示。

⑤ 单击【保存】按钮，系统弹出"凭证已成功保存！"信息提示框，单击【确定】按钮。

⑥ 点击"查询凭证"，确定查询条件，点击【确定】，进入查询结果界面。双击要查看的凭证就能打开凭证界面。

注意，录入应收账款科目时需要添加供应商往来辅助项，如图6-35所示：

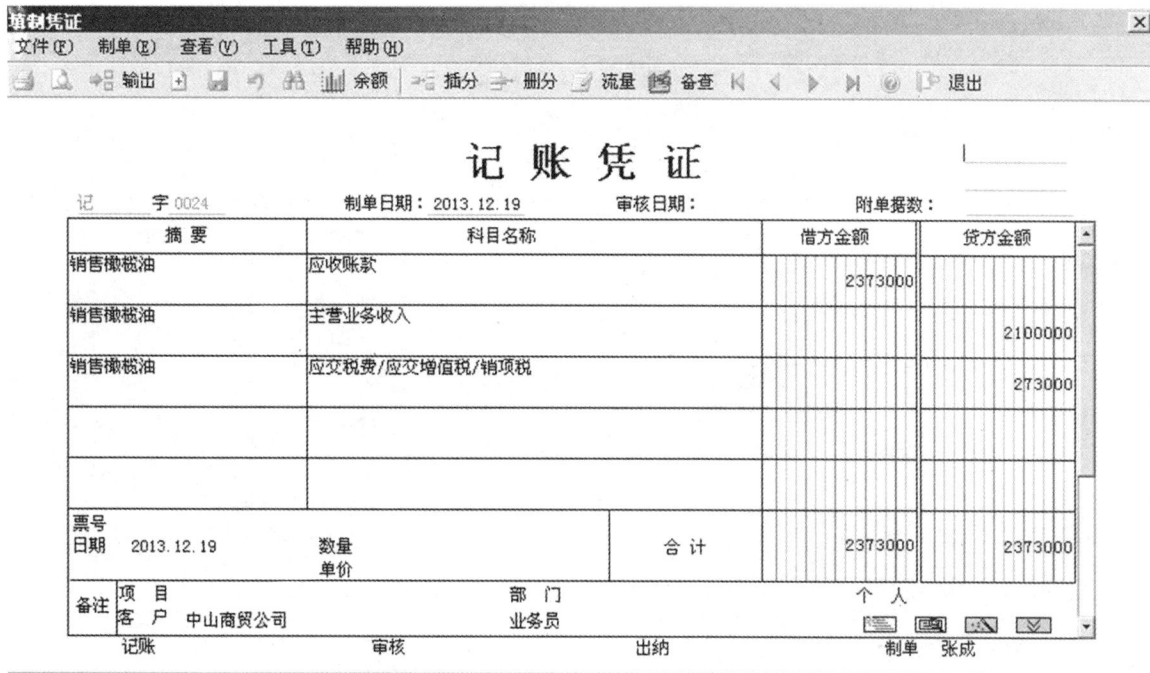

图 6 - 34

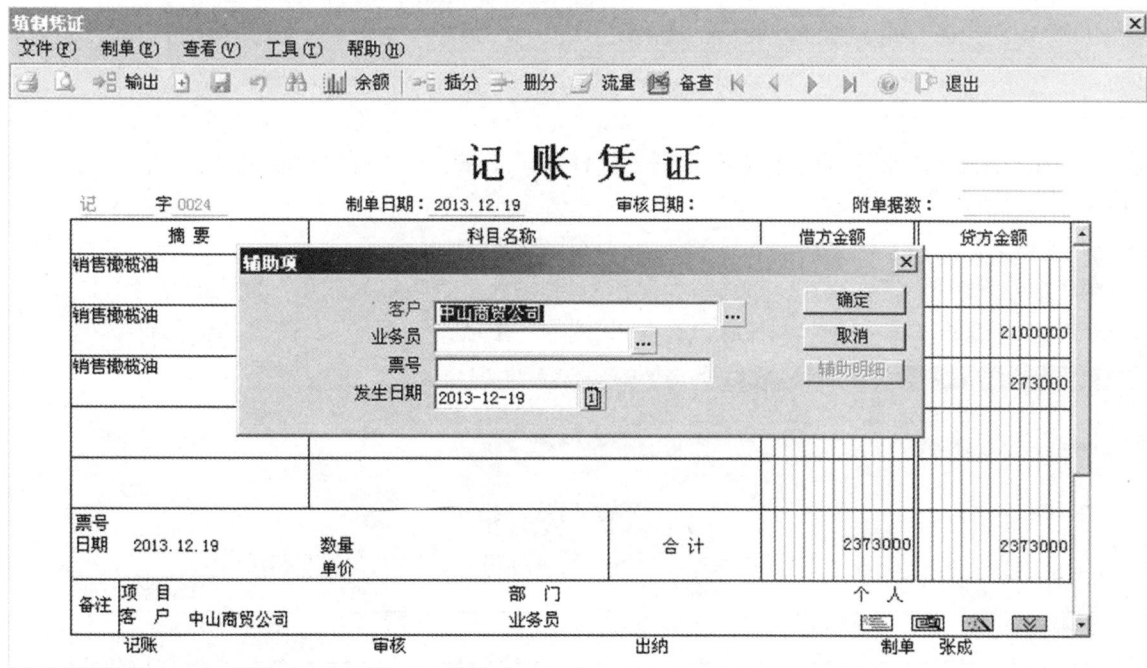

图 6 - 35

业务 20：操作步骤如下：

① 在企业应用平台"业务"页签中，执行"财务会计"→"总账"→"凭证"→"填制凭证"命令，进入"填制凭证"窗口。

② 单击【增加】按钮，系统自动增加一张空白的收款凭证。

③ 在凭证左上角单击【参照】按钮，选择凭证类型为"记账凭证"；输入制单日期"2013.12.21"。

④ 输入摘要"典当业务"，选择科目名称，如图 6 - 36 所示：

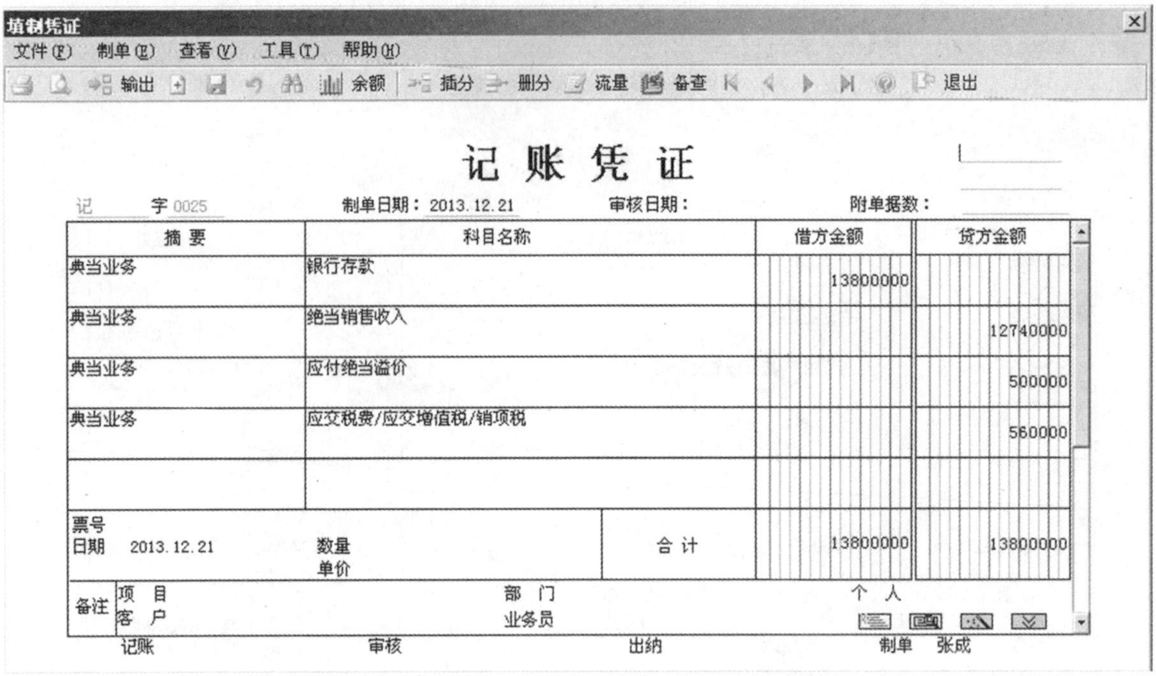

图 6 - 36

⑤ 单击【保存】按钮,系统弹出"凭证已成功保存!"信息提示框,单击【确定】按钮。

⑥ 点击"查询凭证",确定查询条件,点击【确定】,进入查询结果界面。双击要查看的凭证就能打开凭证界面。

业务 21:操作步骤如下:

① 在企业应用平台"业务"页签中,执行"财务会计"→"总账"→"凭证"→"填制凭证"命令,进入"填制凭证"窗口。

② 单击【增加】按钮,系统自动增加一张空白的收款凭证。

③ 在凭证左上角单击【参照】按钮,选择凭证类型为"记账凭证";输入制单日期"2013.12.21"。

④ 输入摘要"融资租赁业务",选择科目名称,如图 6 - 37 所示:

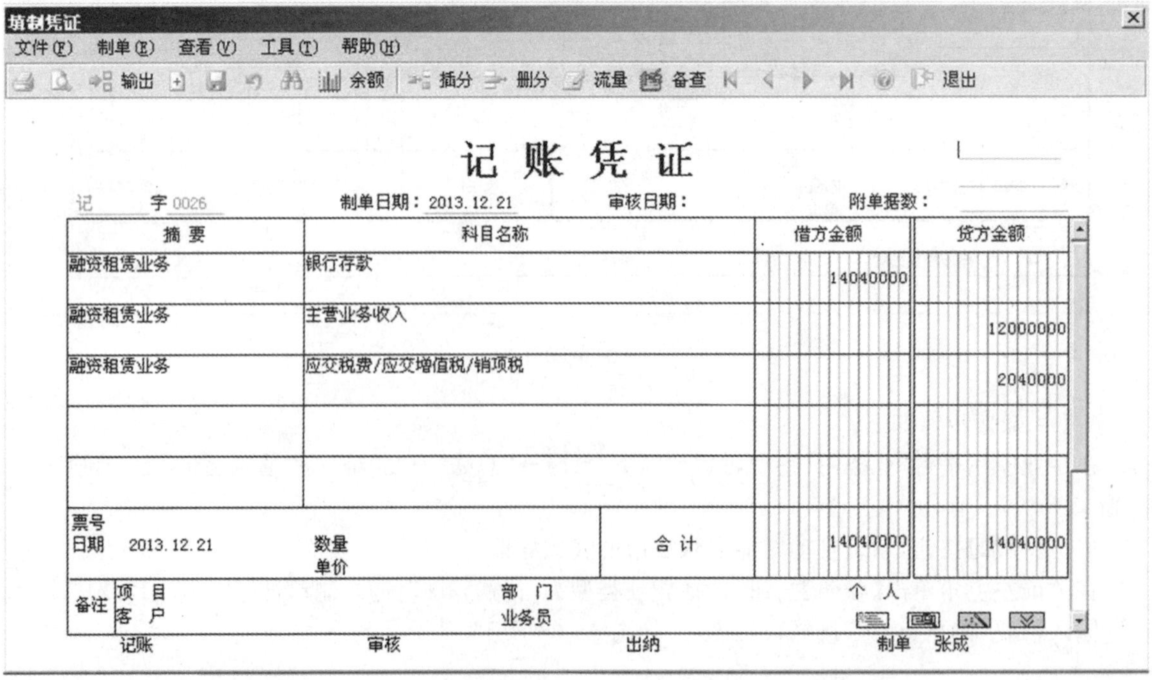

图 6 - 37

用友财税一体化实验实训教程

⑤ 单击【保存】按钮,系统弹出"凭证已成功保存!"信息提示框,单击【确定】按钮。

⑥ 点击"查询凭证",确定查询条件,点击【确定】,进入查询结果界面。双击要查看的凭证就能打开凭证界面。

业务 22:操作步骤如下:

① 在企业应用平台"业务"页签中,执行"财务会计"→"总账"→"凭证"→"填制凭证"命令,进入"填制凭证"窗口。

② 单击【增加】按钮,系统自动增加一张空白的收款凭证。

③ 在凭证左上角单击【参照】按钮,选择凭证类型为"记账凭证";输入制单日期"2013.12.22"。

④ 输入摘要"印刷发行业务",选择科目名称,如图 6 - 38 所示:

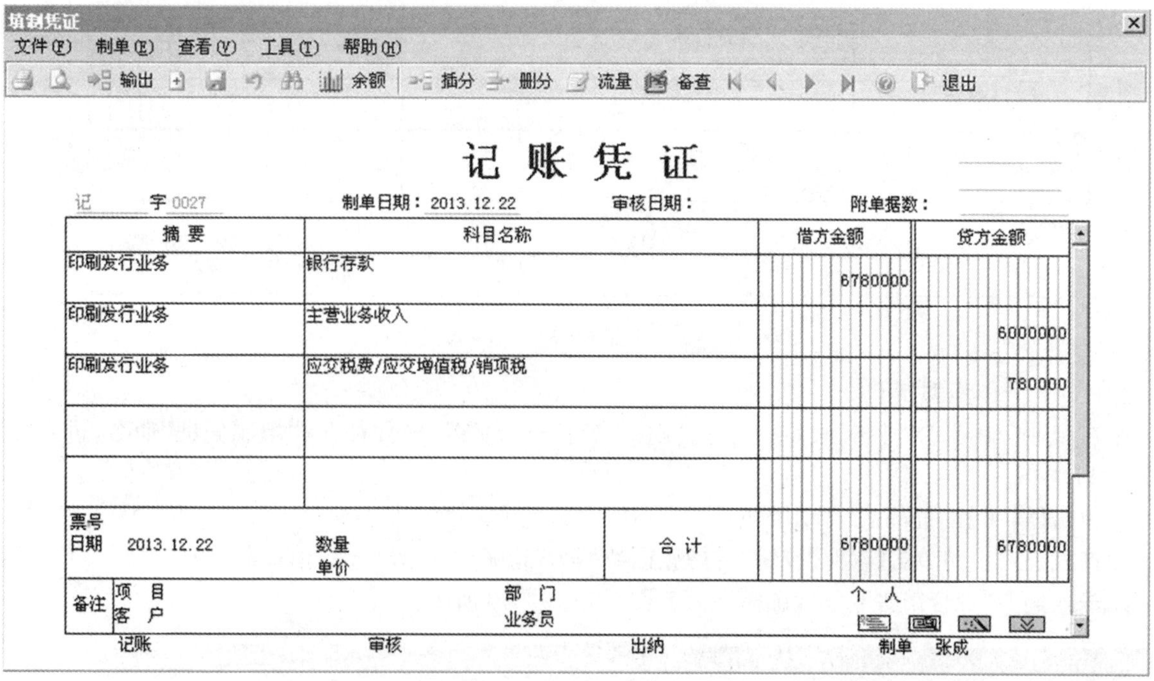

图 6 - 38

⑤ 单击【保存】按钮,系统弹出"凭证已成功保存!"信息提示框,单击【确定】按钮。

⑥ 点击"查询凭证",确定查询条件,点击【确定】,进入查询结果界面。双击要查看的凭证就能打开凭证界面。

业务 23:操作步骤如下:

① 在企业应用平台"业务"页签中,执行"财务会计"→"总账"→"凭证"→"填制凭证"命令,进入"填制凭证"窗口。

② 单击【增加】按钮,系统自动增加一张空白的收款凭证。

③ 在凭证左上角单击【参照】按钮,选择凭证类型为"记账凭证";输入制单日期"2013.12.22"。

④ 输入摘要"发行行业动态杂志",选择科目名称,如图 6 - 39 所示。

⑤ 单击【保存】按钮,系统弹出"凭证已成功保存!"信息提示框,单击【确定】按钮。

⑥ 点击"查询凭证",确定查询条件,点击【确定】,进入查询结果界面。双击要查看的凭证就能打开凭证界面。

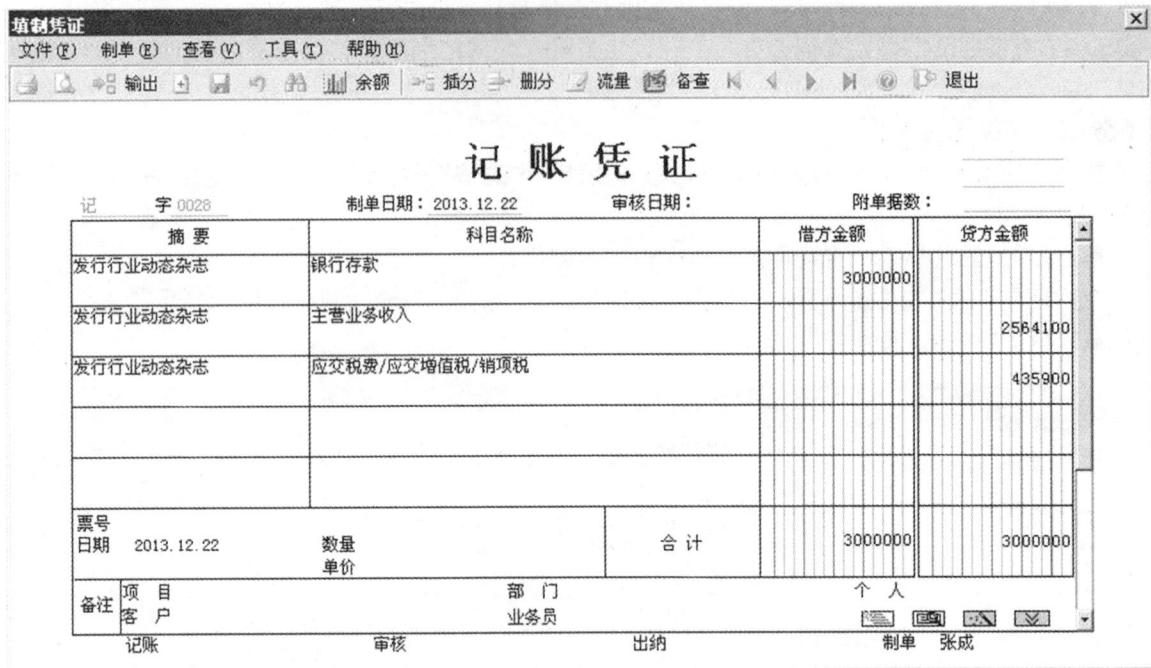

图 6-39

业务 24：操作步骤如下：

① 在企业应用平台"业务"页签中，执行"财务会计"→"总账"→"凭证"→"填制凭证"命令，进入"填制凭证"窗口。

② 单击【增加】按钮，系统自动增加一张空白的收款凭证。

③ 在凭证左上角单击【参照】按钮，选择凭证类型为"记账凭证"；输入制单日期"2013.12.22"。

④ 输入摘要"混合销售业务"，选择科目名称，如图 6-40 所示：

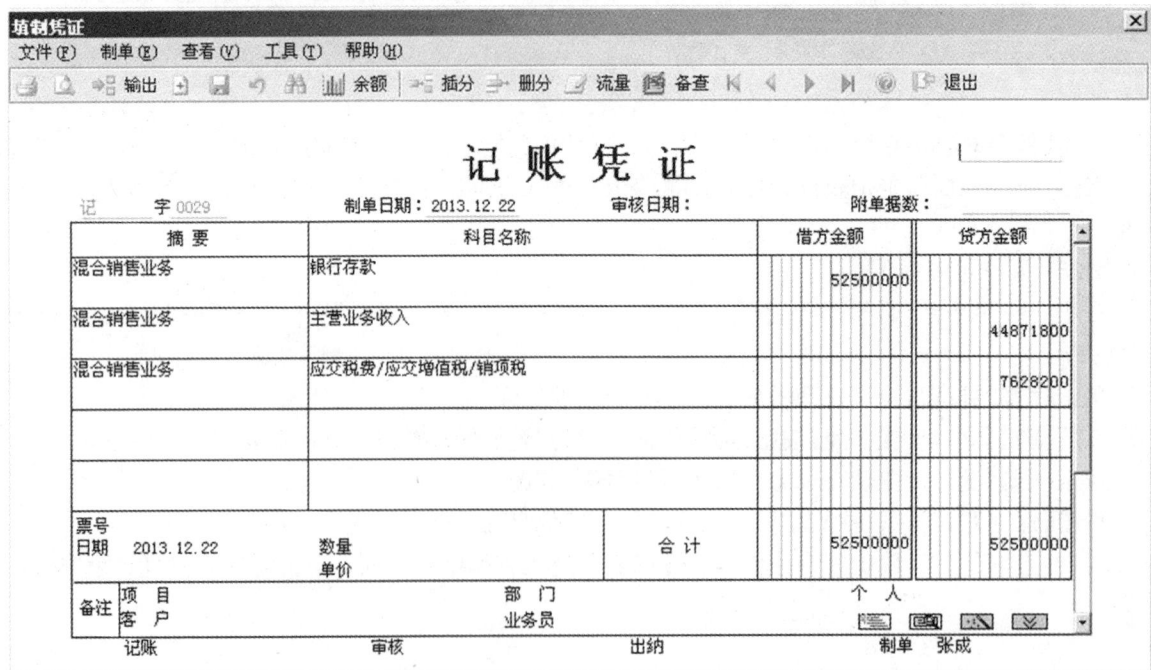

图 6-40

⑤ 单击【保存】按钮，系统弹出"凭证已成功保存！"信息提示框，单击【确定】按钮。

⑥ 点击"查询凭证"，确定查询条件，点击【确定】，进入查询结果界面。双击要查看的凭证就能打开凭

用友财税一体化实验实训教程

证界面。

业务 25：操作步骤如下：

① 在企业应用平台"业务"页签中，执行"财务会计"→"总账"→"凭证"→"填制凭证"命令，进入"填制凭证"窗口。

② 单击【增加】按钮，系统自动增加一张空白的收款凭证。

③ 在凭证左上角单击【参照】按钮，选择凭证类型为"记账凭证"；输入制单日期"2013.12.22"。

④ 输入摘要"软件开发"，选择科目名称，如图 6-41 所示：

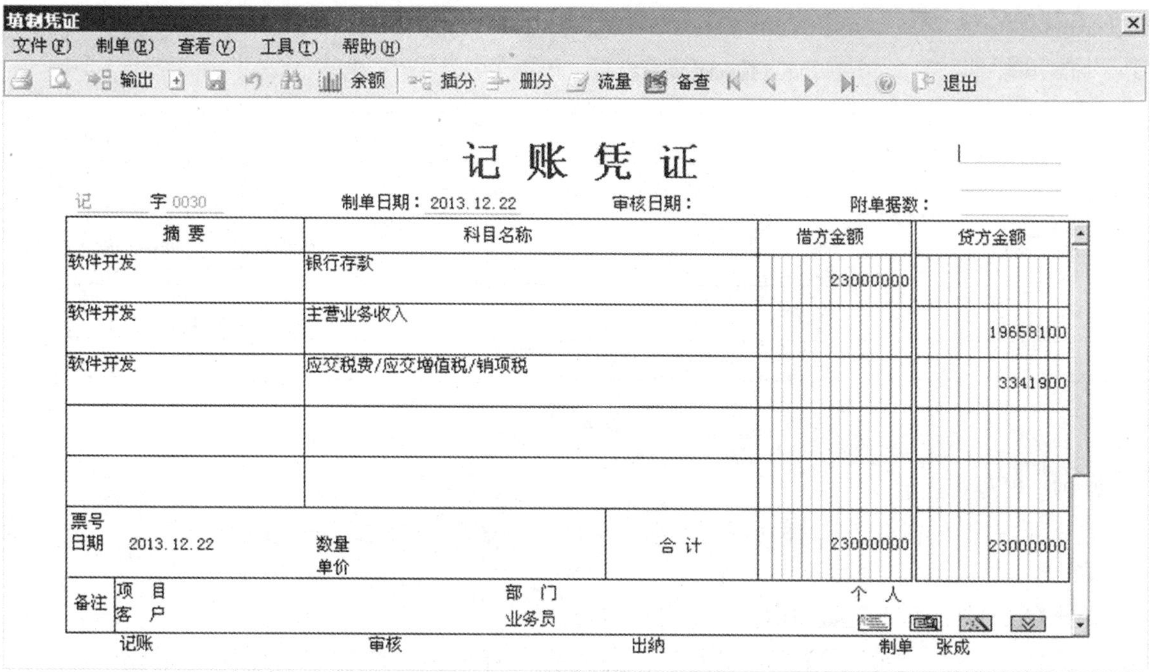

图 6-41

⑤ 单击【保存】按钮，系统弹出"凭证已成功保存！"信息提示框，单击【确定】按钮。

⑥ 点击"查询凭证"，确定查询条件，点击【确定】按钮，进入查询结果界面。双击要查看的凭证就能打开凭证界面。

业务 26：操作步骤如下：

① 在企业应用平台"业务"页签中，执行"财务会计"→"总账"→"凭证"→"填制凭证"命令，进入"填制凭证"窗口。

② 单击【增加】按钮，系统自动增加一张空白的收款凭证。

③ 在凭证左上角单击【参照】按钮，选择凭证类型为"记账凭证"；输入制单日期"2013.12.23"。

④ 输入摘要"电梯的销售、服务业务"，选择科目名称，如图 6-42 所示。

⑤ 单击【保存】按钮，系统弹出"凭证已成功保存！"信息提示框，单击【确定】按钮。

⑥ 点击"查询凭证"，确定查询条件，点击【确定】按钮，进入查询结果界面。双击要查看的凭证就能打开凭证界面。

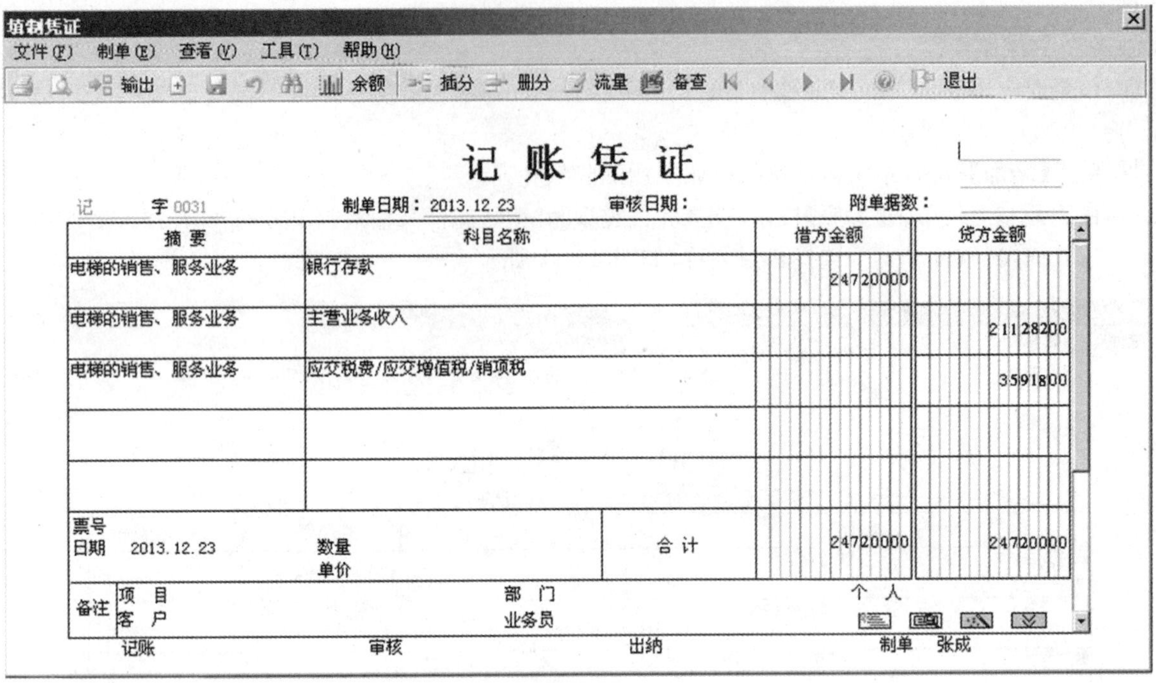

图 6 - 42

业务 27：操作步骤如下：

① 在企业应用平台"业务"页签中，执行"财务会计"→"总账"→"凭证"→"填制凭证"命令，进入"填制凭证"窗口。

② 单击【增加】按钮，系统自动增加一张空白的收款凭证。

③ 在凭证左上角单击【参照】按钮，选择凭证类型为"记账凭证"；输入制单日期"2013.12.24"。

④ 输入摘要"购买电梯"，选择科目名称，如图 6 - 43 所示：

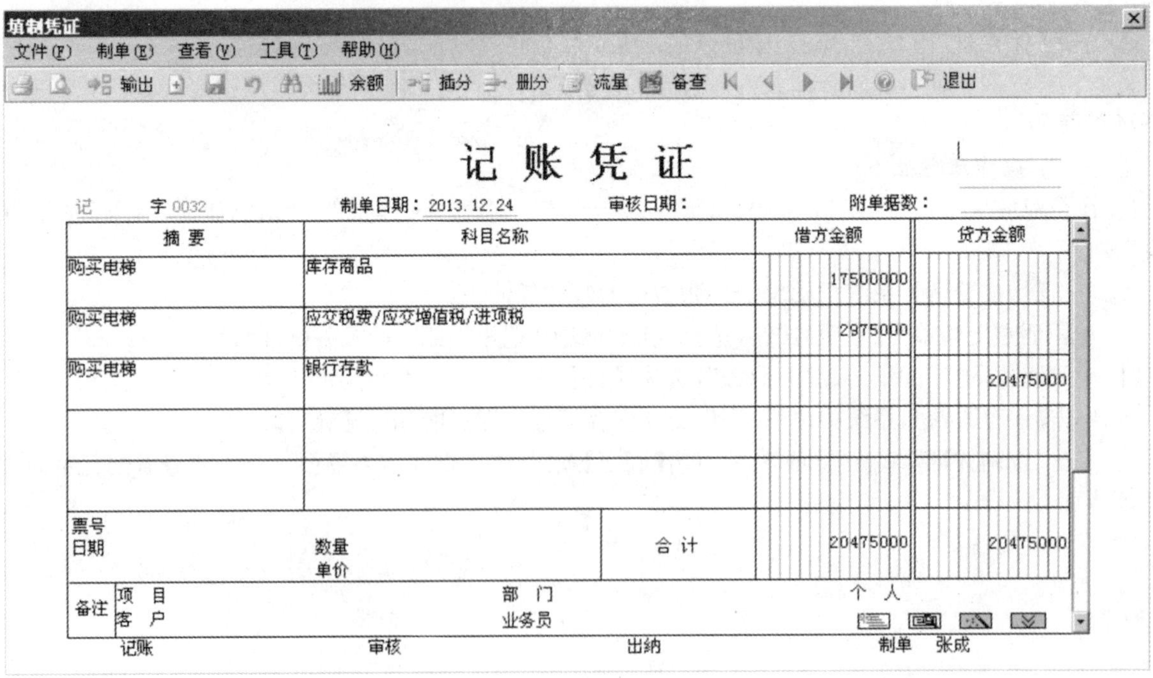

图 6 - 43

⑤ 单击【保存】按钮，系统弹出"凭证已成功保存！"信息提示框，单击【确定】按钮。

⑥ 点击"查询凭证"，确定查询条件，点击【确定】按钮，进入查询结果界面。双击要查看的凭证就能打

开凭证界面。

2. 备份账套数据

操作步骤如下:

(1) 以系统管理员身份注册,进入系统管理,执行"账套"→"输出"命令,打开"账套输出"对话框。

(2) 从"账套号"下拉列表中选择要输出的账套,单击【确认】按钮,如图 6-44 所示:

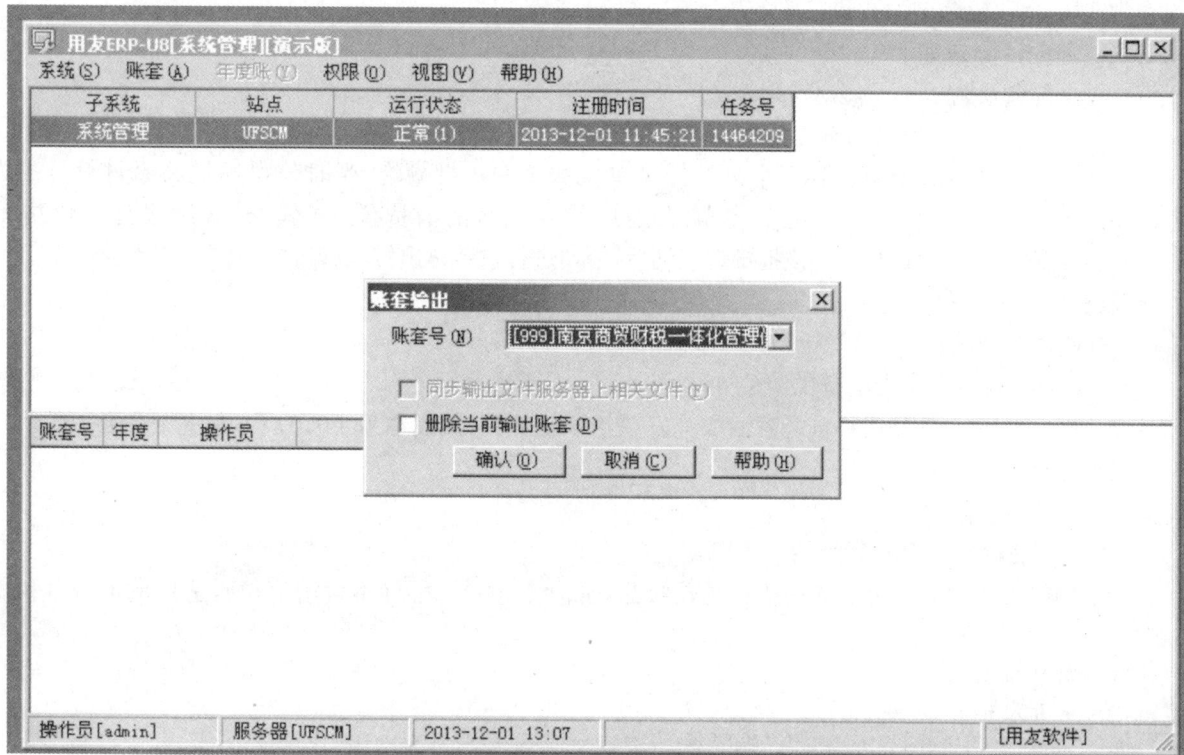

图 6-44

(3) 系统对所要输出的账套数据进行压缩处理,系统压缩完成后,打开"请选择账套备份路径"对话框。

(4) 选择存放账套备份数据的文件夹为"C:\实验账套\实验五",单击【确定】按钮,系统弹出提示"输出成功!",再次单击【确定】按钮。

实验六　总账管理系统日常业务处理——消费税业务

【实验目的】

1. 掌握用友 ERP-U8 管理软件中总账系统日常业务处理的相关内容。

2. 熟悉总账系统日常业务处理的各种操作。

3. 掌握凭证管理和账簿管理的具体内容和操作方法。

【实验内容】

凭证管理:填制凭证、出纳签字、审核凭证、凭证记账的操作方法(消费税)。

【实验准备】

引入实验账套五数据。

【实验要求】

1. 以"张成"的身份进行填制凭证,凭证查询操作。

2. 本章节实验只处理与消费税相关的凭证。

【实验资料】

2013 年 12 月发生的与消费税相关的经济业务情况如下：

注：本案例只处理与消费税相关的凭证,业务案例中涉及的相关成本、费用和其他税种等其他凭证以及分录不在本次实验中处理。

1. 2013 年 12 月 6 日商贸事业部公司销售小轿车 300 辆,每辆含税销售价格 175 500 元,适用的消费税税率为 9%,企业应缴纳消费税。

建议财务凭证分录如下：

借：营业税金及附加 4 050 000

　　贷：应交税费－应交消费税 4 050 000

2. 2013 年 12 月 6 日公司收到上个月委托某单位加工的一批鞭炮,当时公司提供的原材料金额为 300 000 元,支付的加工费为 40 000 元,鞭炮企业应代收代缴的消费税,税率 15%,组成计税价格＝(30＋4)/(1－15%)＝400 000 元。该批鞭炮收到后,公司进行包装再出售,取得收入 800 000 元(不含税)。

建议财务凭证分录如下：

借：营业税金及附加 60 000

　　贷：应交税费－应交消费税 60 000

3. 2013 年 12 月 6 日公司将自产黄酒 2 吨发放给职工福利,其成本为 4 000 元/吨,每吨税额 240 元。

建议财务凭证分录如下：

借：营业税金及附加 480

　　贷：应交税费－应交消费税 480

4. 2013 年 12 月 6 日企业销售所生产的化妆品,价值 2 000 000 元(不含增值税),适用的消费税税率为 30%；

建议财务凭证分录如下：

借：营业税金及附加 600 000

　　贷：应交税费－应交消费税 600 000

5. 2013 年 12 月 6 日公司将一辆自产摩托车当做奖励发给优秀职工,其成本 5 000 元/辆,成本利润率 6%,适用的消费税税率为 10%(组成计税价格＝5 000×(1＋6%)/(1－10%)＝5 888.89 元,应纳消费税＝5 888.89×10%＝588.89)。

建议财务凭证分录如下：

借：营业税金及附加 588.89

　　贷：应交税费－应交消费税 588.89

6. 2013 年 12 月 6 日公司从事卷烟批发业务,对外批发卷烟 150 箱,开具增值税普通发票,金额为 29 250 元。已知卷烟的消费税税率为 36%,单位税额为每箱 150 元,批发环节消费税税率为 5%(应纳消费税＝29 250/(1＋17%)×5%＝1 250 元)。

建议财务凭证分录如下：

借：营业税金及附加 1 250

　　贷：应交税费－应交消费税 1 250

【操作指导】

以"01 张成"的身份注册进入企业应用平台。

1. 凭证管理

业务 1：操作步骤如下：

① 在企业应用平台"业务"页签中,执行"财务会计"→"总账"→"凭证"→"填制凭证"命令,进入"填制凭证"窗口。

② 单击【增加】按钮,系统自动增加一张空白的收款凭证。

③ 在凭证左上角单击【参照】按钮,选择凭证类型为"记账凭证"；输入制单日期"2013.12.06"。

④ 输入摘要"销售小轿车",选择科目名称,如图 6-45 所示：

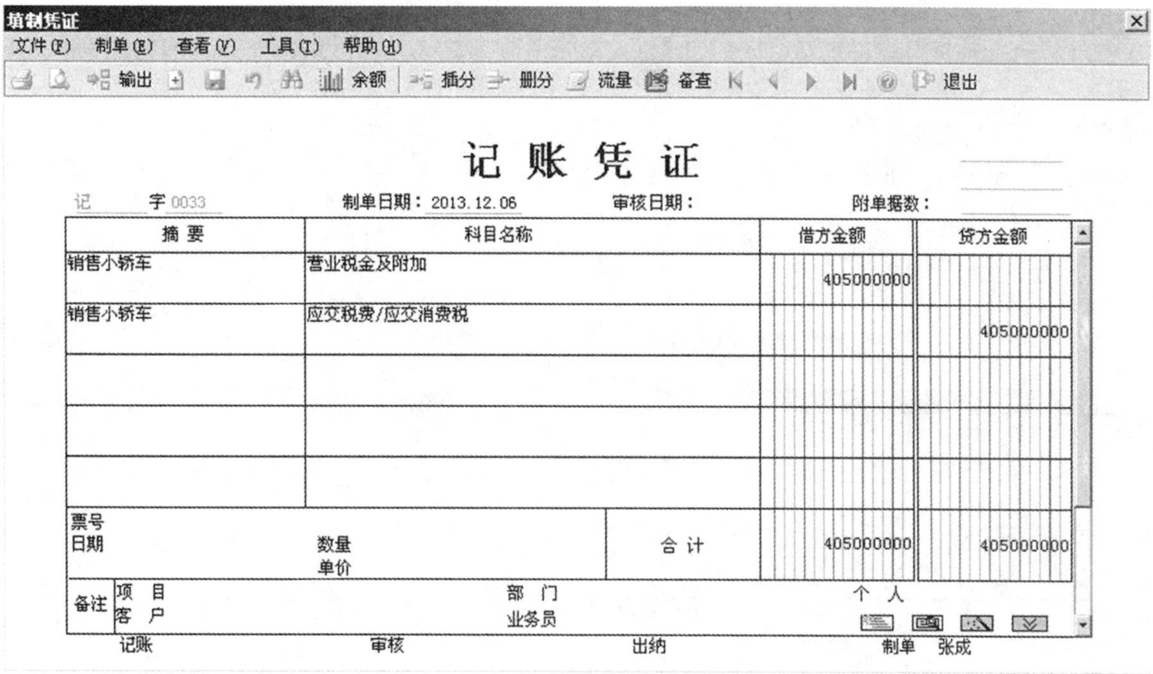

图 6-45

⑤ 单击【保存】按钮，系统弹出"凭证已成功保存！"信息提示框，单击【确定】按钮。

⑥ 点击"查询凭证"，确定查询条件，点击【确定】，进入查询结果界面。双击要查看的凭证就能打开凭证界面。

业务 2：操作步骤如下：

① 在企业应用平台"业务"页签中，执行"财务会计"→"总账"→"凭证"→"填制凭证"命令，进入"填制凭证"窗口。

② 单击【增加】按钮，系统自动增加一张空白的收款凭证。

③ 在凭证左上角单击【参照】按钮，选择凭证类型为"记账凭证"；输入制单日期"2013.12.06"。

④ 输入摘要"加工鞭炮"，选择科目名称，如图 6-46 所示：

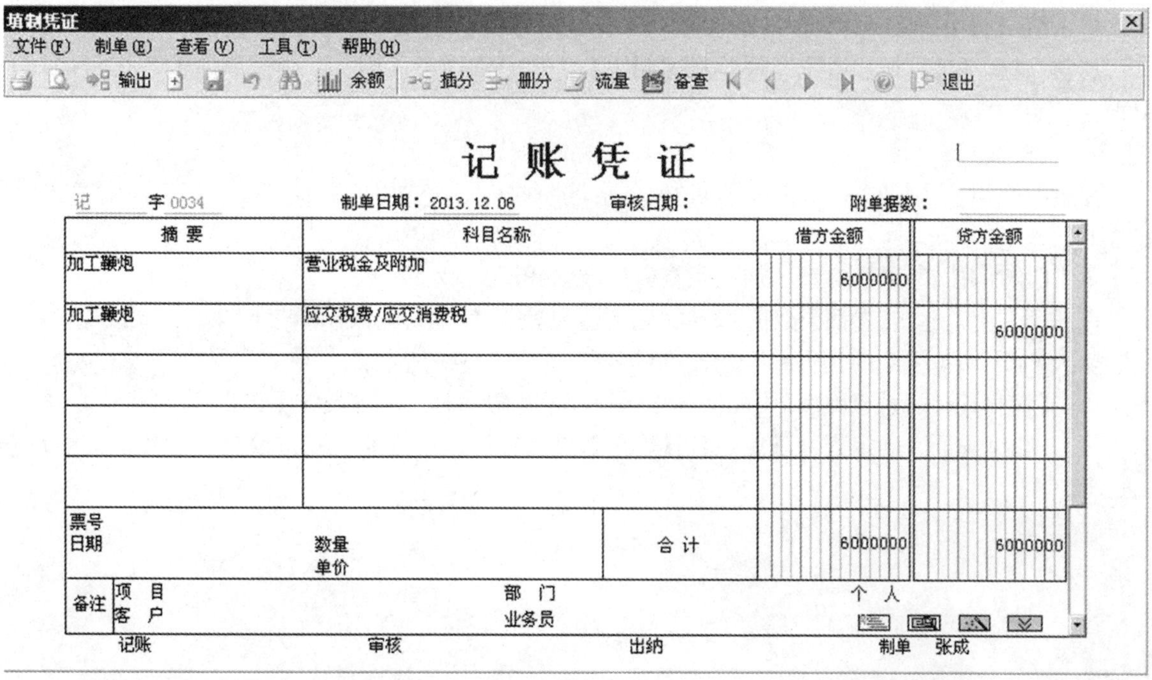

图 6-46

⑤ 单击【保存】按钮,系统弹出"凭证已成功保存!"信息提示框,单击【确定】按钮。

⑥ 点击"查询凭证",确定查询条件,点击【确定】,进入查询结果界面。双击要查看的凭证就能打开凭证界面。

业务 3:操作步骤如下:

① 在企业应用平台"业务"页签中,执行"财务会计"→"总账"→"凭证"→"填制凭证"命令,进入"填制凭证"窗口。

② 单击【增加】按钮,系统自动增加一张空白的收款凭证。

③ 在凭证左上角单击【参照】按钮,选择凭证类型为"记账凭证";输入制单日期"2013.12.06"。

④ 输入摘要"发放职工福利",选择科目名称,如图 6-47 所示:

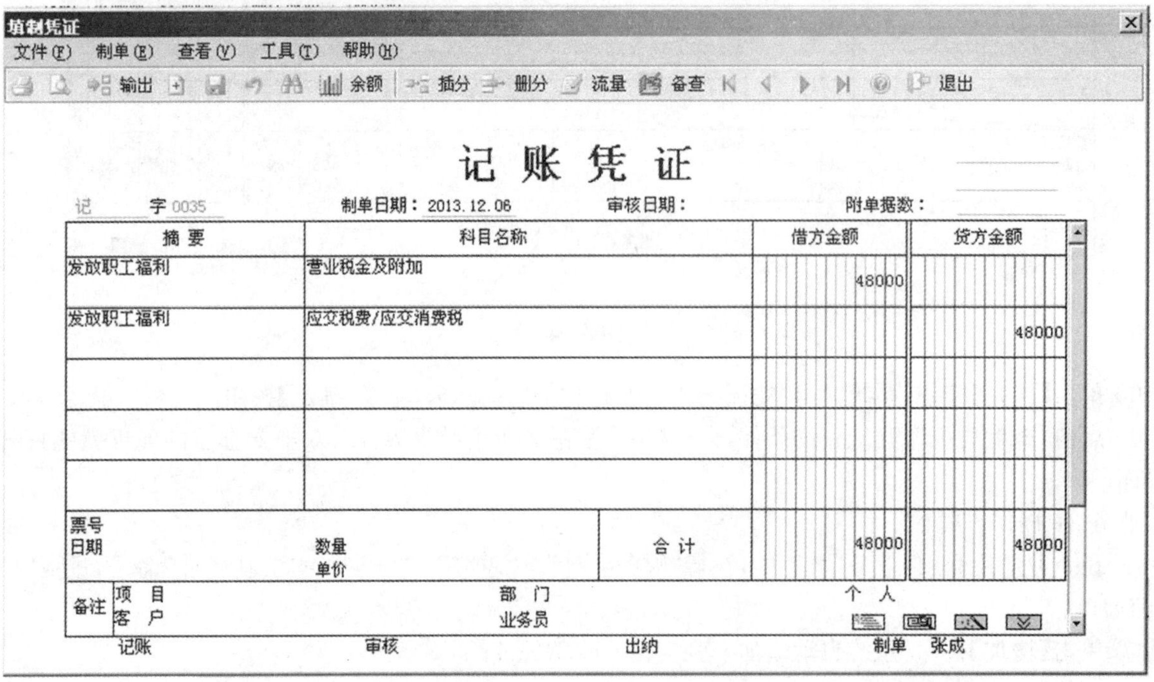

图 6-47

⑤ 单击【保存】按钮,系统弹出"凭证已成功保存!"信息提示框,单击【确定】按钮。

⑥ 点击"查询凭证",确定查询条件,点击【确定】,进入查询结果界面。双击要查看的凭证就能打开凭证界面。

业务 4:操作步骤如下:

① 在企业应用平台"业务"页签中,执行"财务会计"→"总账"→"凭证"→"填制凭证"命令,进入"填制凭证"窗口。

② 单击【增加】按钮,系统自动增加一张空白的收款凭证。

③ 在凭证左上角单击【参照】按钮,选择凭证类型为"记账凭证";输入制单日期"2013.12.6"。

④ 输入摘要"销售生产的化妆品",选择科目名称,如图 6-48 所示:

⑤ 单击【保存】按钮,系统弹出"凭证已成功保存!"信息提示框,单击【确定】按钮。

⑥ 点击"查询凭证",确定查询条件,点击【确定】,进入查询结果界面。双击要查看的凭证就能打开凭证界面。

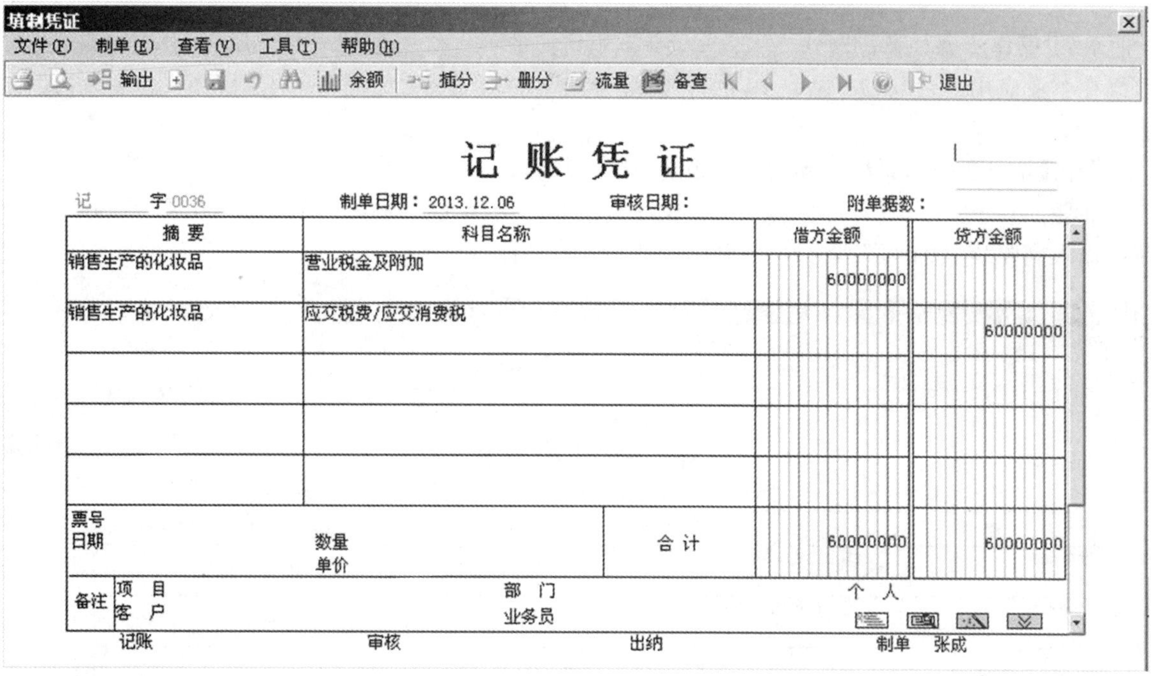

图 6-48

业务 5：操作步骤如下：

① 在企业应用平台"业务"页签中，执行"财务会计"→"总账"→"凭证"→"填制凭证"命令，进入"填制凭证"窗口。

② 单击【增加】按钮，系统自动增加一张空白的收款凭证。

③ 在凭证左上角单击【参照】按钮，选择凭证类型为"记账凭证"；输入制单日期"2013.12.06"。

④ 输入摘要"自产摩托车奖励给职工"，选择科目名称，如图 6-49 所示：

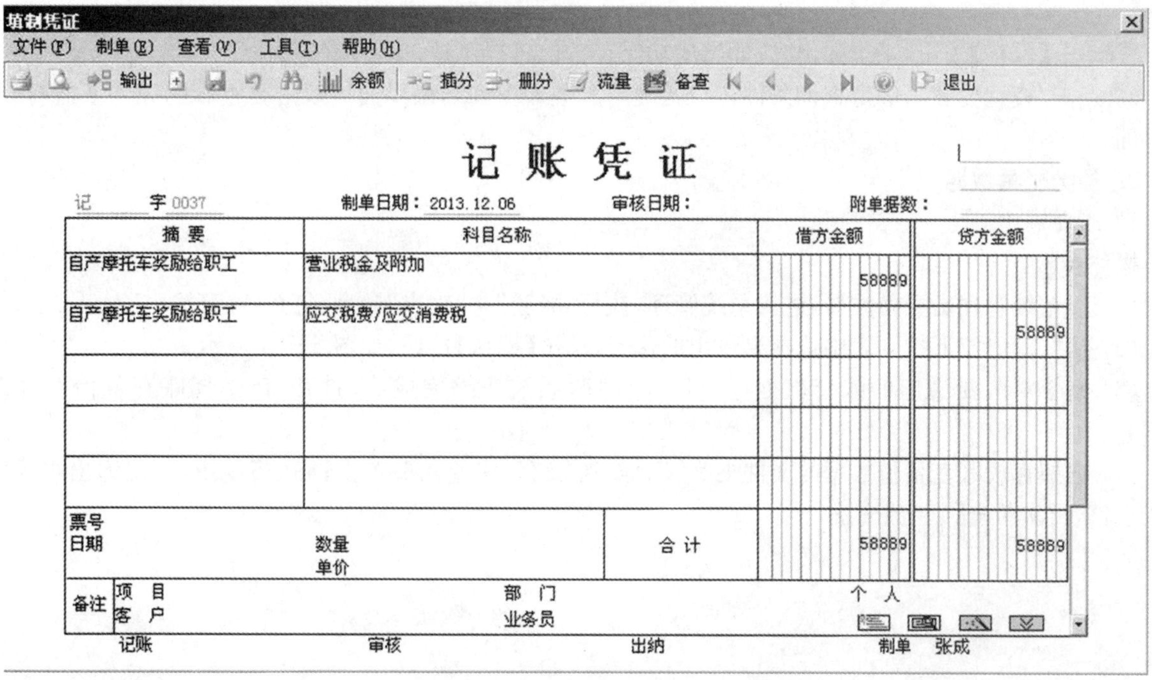

图 6-49

⑤ 单击【保存】按钮，系统弹出"凭证已成功保存！"信息提示框，单击【确定】按钮。

⑥ 点击"查询凭证"，确定查询条件，点击【确定】，进入查询结果界面。双击要查看的凭证就能打开凭

证界面。

业务 6：操作步骤如下：

① 在企业应用平台"业务"页签中，执行"财务会计"→"总账"→"凭证"→"填制凭证"命令，进入"填制凭证"窗口。

② 单击【增加】按钮，系统自动增加一张空白的收款凭证。

③ 在凭证左上角单击【参照】按钮，选择凭证类型为"记账凭证"；输入制单日期"2013.12.06"。

④ 输入摘要"卷烟批发"，选择科目名称，如图 6-50 所示：

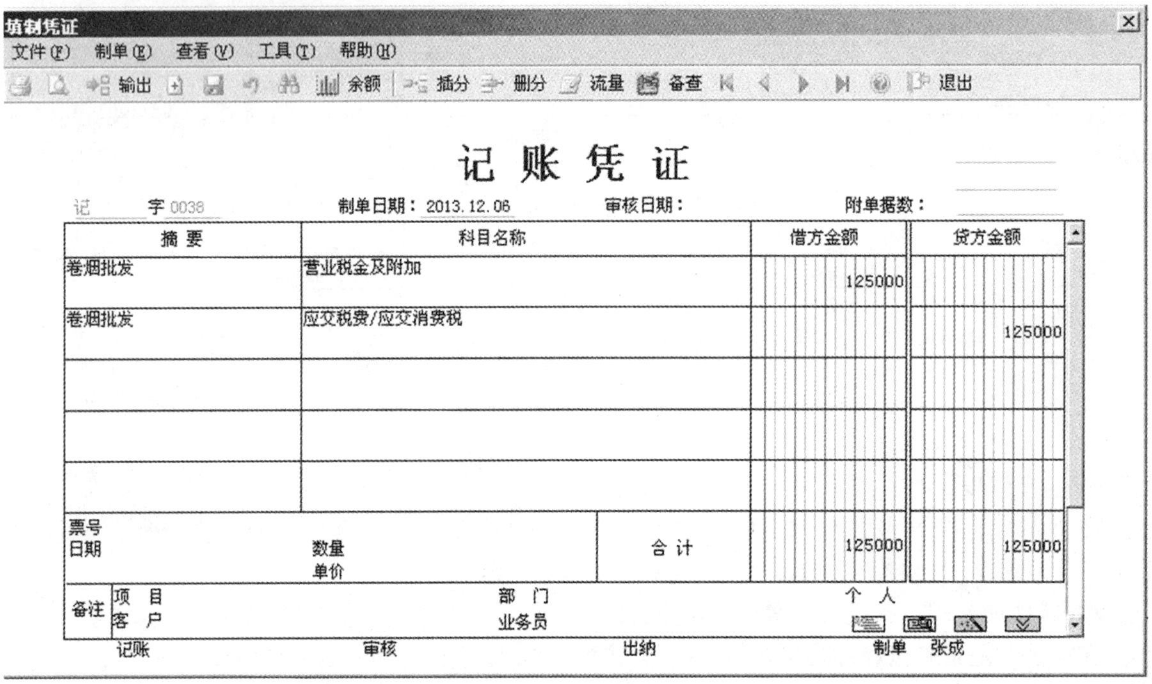

图 6-50

⑤ 单击【保存】按钮，系统弹出"凭证已成功保存！"信息提示框，单击【确定】按钮。

⑥ 点击"查询凭证"，确定查询条件，点击【确定】，进入查询结果界面。双击要查看的凭证就能打开凭证界面。

2. 备份账套数据

1）账套输出

操作步骤：

（1）以系统管理员身份注册，进入系统管理，执行"账套"→"输出"命令，打开"账套输出"对话框。

（2）从"账套号"下拉列表中选择要输出的账套，单击【确认】按钮，如图 6-51 所示。

（3）系统对所要输出的账套数据进行压缩处理，系统压缩完成后，打开"请选择账套备份路径"对话框。

（4）选择存放账套备份数据的文件夹为"C:\实验账套\实验六"，单击【确定】按钮，系统弹出提示"输出成功！"，再次单击【确定】按钮。

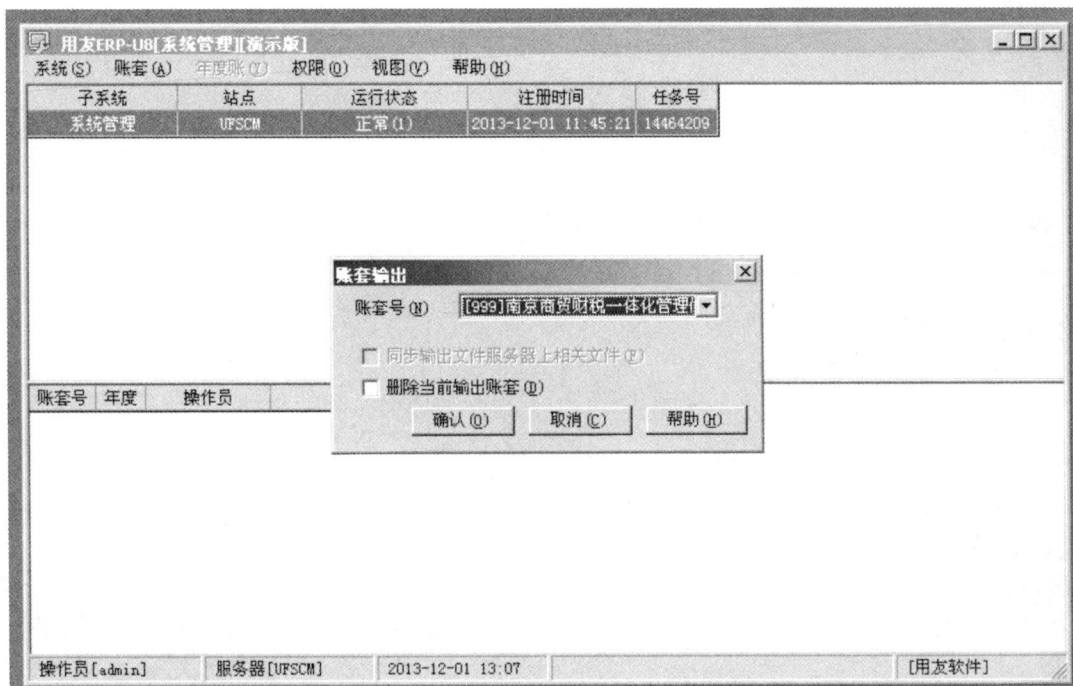

图 6-51

实验七 总账管理系统日常业务处理——营业税业务

【实验目的】

1. 掌握用友 ERP-U8 管理软件中总账系统日常业务处理的相关内容。

2. 熟悉总账系统日常业务处理的各种操作。

3. 掌握凭证管理和账簿管理的具体内容和操作方法。

【实验内容】

凭证管理：填制凭证、出纳签字、审核凭证、凭证记账的操作方法（营业税）。

【实验准备】

引入实验账套六数据。

【实验要求】

1. 以"张成"的身份进行凭证填制、凭证查询操作。

2. 本章节实验只处理与营业税相关的凭证。

【实验资料】

2013 年 12 月发生的与营业税相关的经济业务情况如下：

（注：本案例只处理与营业税相关的凭证，业务案例中涉及的相关成本、费用和其他税种等其他凭证以及分录不在本次实验中处理）

1. 12 月 6 日，公司总部承接了南京化工集团的给排水系统和供热系统安装工程，合同价款 120 000 元（3%）。

建议财务凭证分录如下：

借：营业税金及附加   3 600

　　贷：应交税费—应交营业税   3 600

2. 12 月 9 日，公司下属酒店订房业务，当月收入 5 800 元（5%）。

建议财务凭证分录如下：

借：营业税金及附加　　　　290

　　贷：应交税费—应交营业税　　290

3. 12月10日，公司后勤食堂对外部营业，当月对外餐饮收入50万元(5%)。

建议财务凭证分录如下：

借：营业税金及附加　　　　25 000

　　贷：应交税费—应交营业税　　25 000

4. 12月26日，当月写字楼出租收入60 000元(5%)。

建议财务凭证分录如下：

借：营业税金及附加　　　　3 000

　　贷：应交税费—应交营业税　　3 000

【操作指导】

以"01张成"的身份注册，进入企业应用平台。

1. 凭证管理

业务1：操作步骤如下：

① 在企业应用平台"业务"页签中，执行"财务会计"→"总账"→"凭证"→"填制凭证"命令，进入"填制凭证"窗口。

② 单击【增加】按钮，系统自动增加一张空白的收款凭证。

③ 在凭证左上角单击【参照】按钮，选择凭证类型为"记账凭证"；输入制单日期"2013.12.06"。

④ 输入摘要"排水系统和供热系统安装工程"，选择科目名称，如图6-52所示：

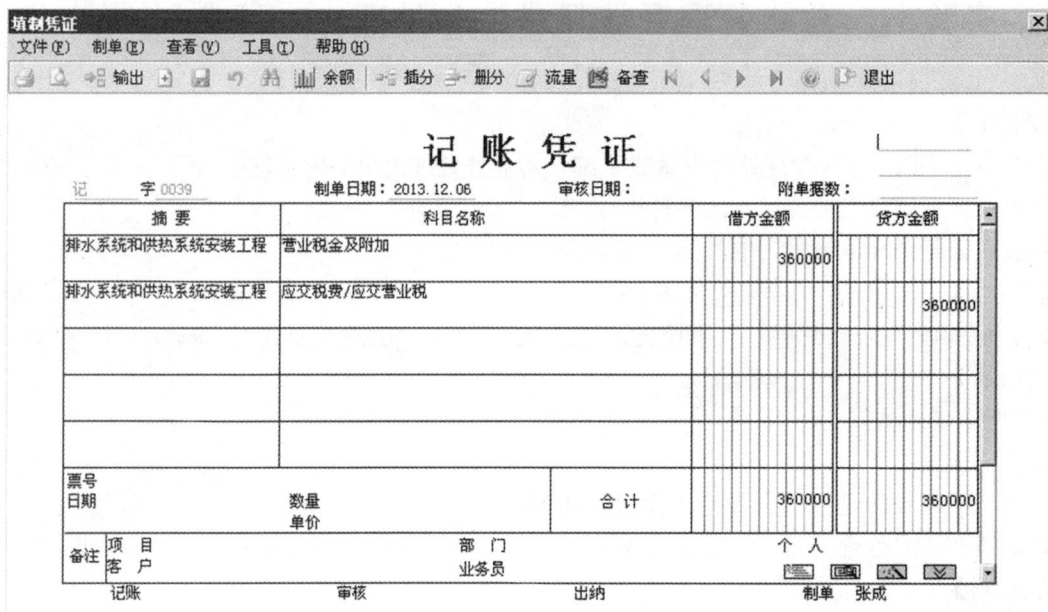

图6-52

⑤ 单击【保存】按钮，系统弹出"凭证已成功保存！"信息提示框，单击【确定】按钮。

⑥ 点击"查询凭证"，确定查询条件，点击【确定】，进入查询结果界面。双击要查看的凭证就能打开凭证界面。

业务2：操作步骤如下：

① 在企业应用平台"业务"页签中，执行"财务会计"→"总账"→"凭证"→"填制凭证"命令，进入"填制凭证"窗口。

② 单击【增加】按钮，系统自动增加一张空白的收款凭证。

③ 在凭证左上角单击【参照】按钮，选择凭证类型为"记账凭证"；输入制单日期"2013.12.09"。

④ 输入摘要"酒店订房业务",选择科目名称,如图6-53所示:

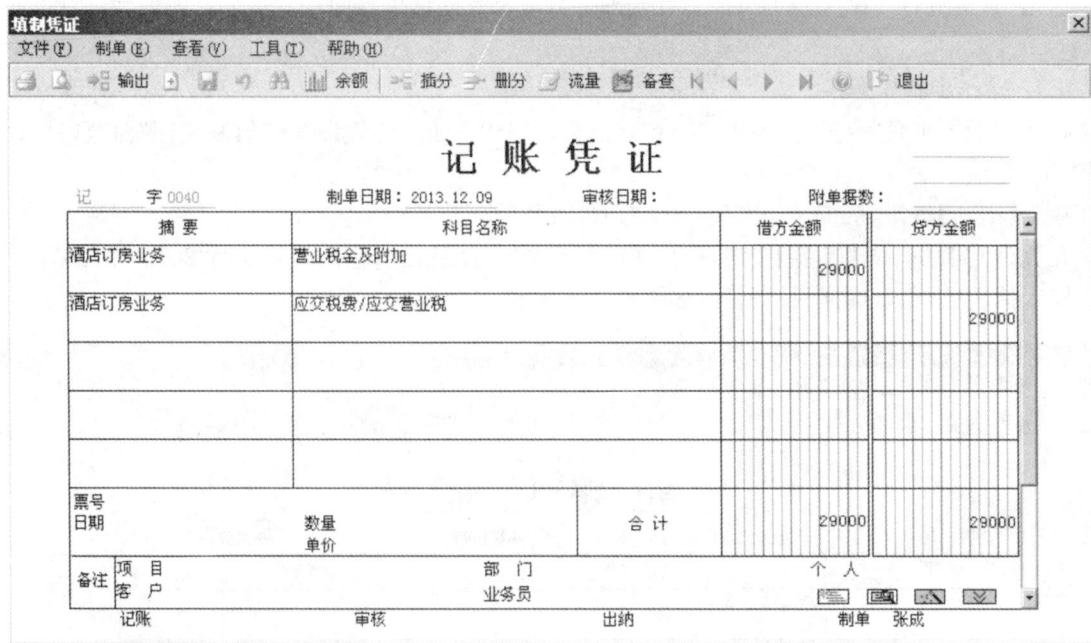

记 字 0040　　制单日期：2013.12.09　　审核日期：　　　　　　附单据数：

摘　要	科目名称	借方金额	贷方金额
酒店订房业务	营业税金及附加	29000	
酒店订房业务	应交税费/应交营业税		29000
票号 日期	数量 单价　　　　　　合　计	29000	29000
备注	项　目　　　　　　部　门 客　户　　　　　　业务员	个　人	
记账	审核	出纳	制单　张成

图 6-53

⑤ 单击【保存】按钮,系统弹出"凭证已成功保存!"信息提示框,单击【确定】按钮。

⑥ 点击"查询凭证",确定查询条件,点击【确定】,进入查询结果界面,双击要查看的凭证就能打开凭证界面。

业务3：操作步骤如下：

① 在企业应用平台"业务"页签中,执行"财务会计"→"总账"→"凭证"→"填制凭证"命令,进入"填制凭证"窗口。

② 单击【增加】按钮,系统自动增加一张空白的收款凭证。

③ 在凭证左上角单击【参照】按钮,选择凭证类型为"记账凭证"；输入制单日期"2013.12.10"。

④ 输入摘要"餐饮",选择科目名称,如图6-54所示：

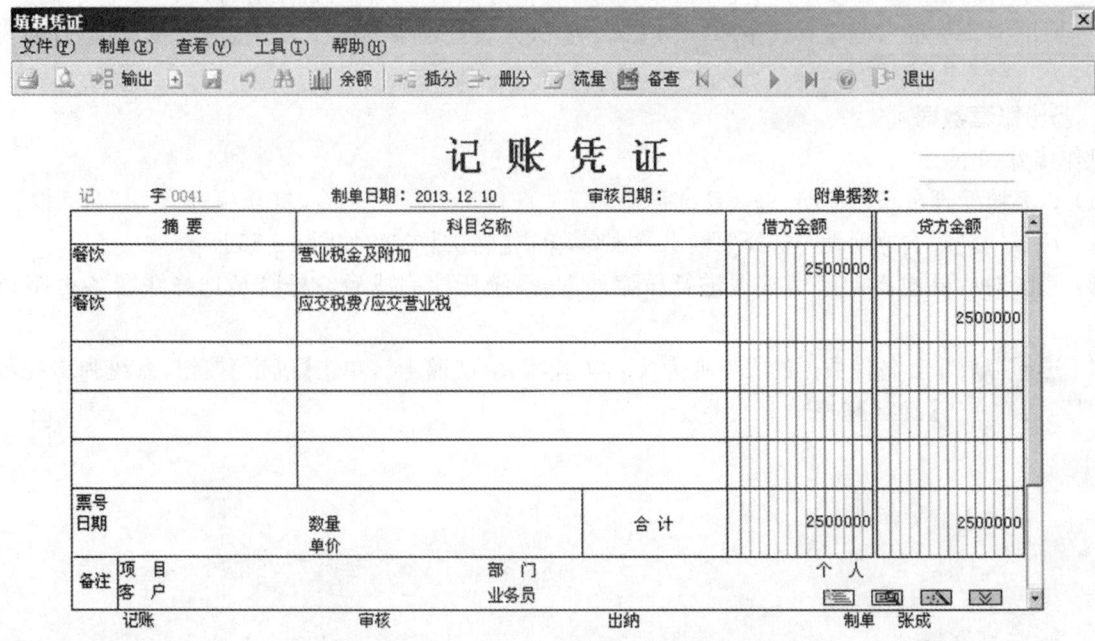

记 字 0041　　制单日期：2013.12.10　　审核日期：　　　　　　附单据数：

摘　要	科目名称	借方金额	贷方金额
餐饮	营业税金及附加	2500000	
餐饮	应交税费/应交营业税		2500000
票号 日期	数量 单价　　　　　　合　计	2500000	2500000
备注	项　目　　　　　　部　门 客　户　　　　　　业务员	个　人	
记账	审核	出纳	制单　张成

图 6-54

⑤ 单击【保存】按钮,系统弹出"凭证已成功保存!"信息提示框,单击【确定】按钮。

⑥ 点击"查询凭证",确定查询条件,点击【确定】,进入查询结果界面。双击要查看的凭证就能打开凭证界面。

业务 4:操作步骤如下:

① 在企业应用平台"业务"页签中,执行"财务会计"→"总账"→"凭证"→"填制凭证"命令,进入"填制凭证"窗口。

② 单击【增加】按钮,系统自动增加一张空白的收款凭证。

③ 在凭证左上角单击【参照】按钮,选择凭证类型为"记账凭证";输入制单日期"2013.12.26"。

④ 输入摘要"出租",选择科目名称,如图 6 - 55 所示:

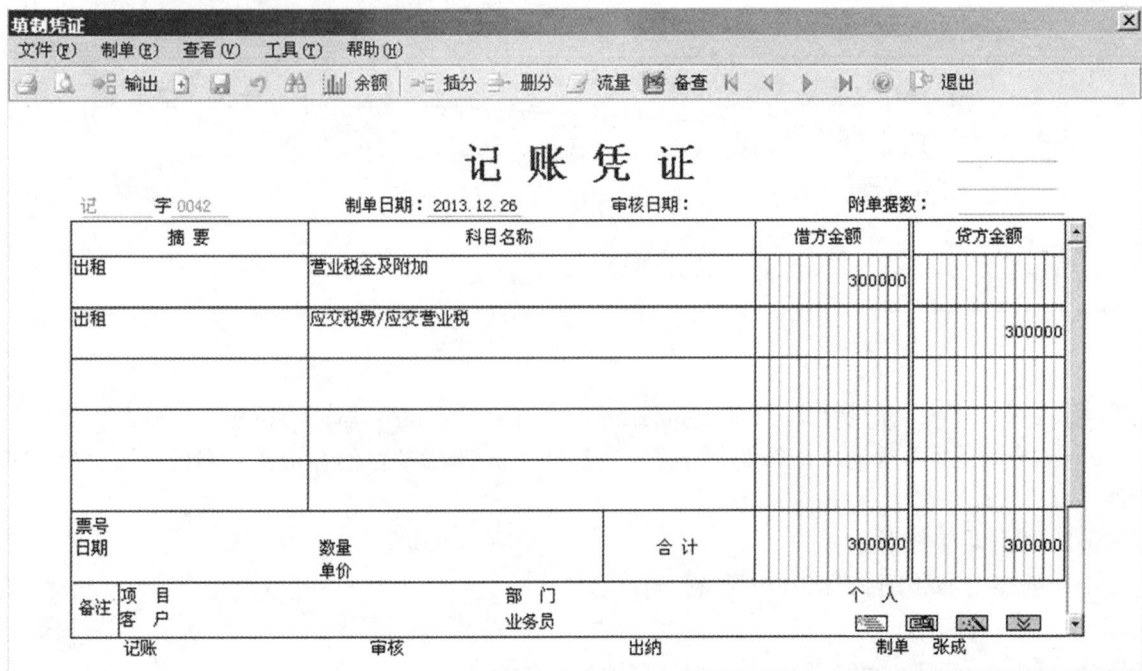

图 6 - 55

⑤ 单击【保存】按钮,系统弹出"凭证已成功保存!"信息提示框,单击【确定】按钮。

⑥ 点击"查询凭证",确定查询条件,点击【确定】,进入查询结果界面。双击要查看的凭证就能打开凭证界面。

2. 备份账套数据

操作步骤如下:

(1) 以系统管理员身份注册,进入系统管理,执行"账套"→"输出"命令,打开"账套输出"对话框。

(2) 从"账套号"下拉列表中选择要输出的账套,单击【确认】按钮,如图 6 - 56 所示。

(3) 系统对所要输出的账套数据进行压缩处理,系统压缩完成后,打开"请选择账套备份路径"对话框。

(4) 选择存放账套备份数据的文件夹为"C:\实验账套\实验七",单击【确定】按钮,系统弹出提示"输出成功!",再次单击【确定】按钮。

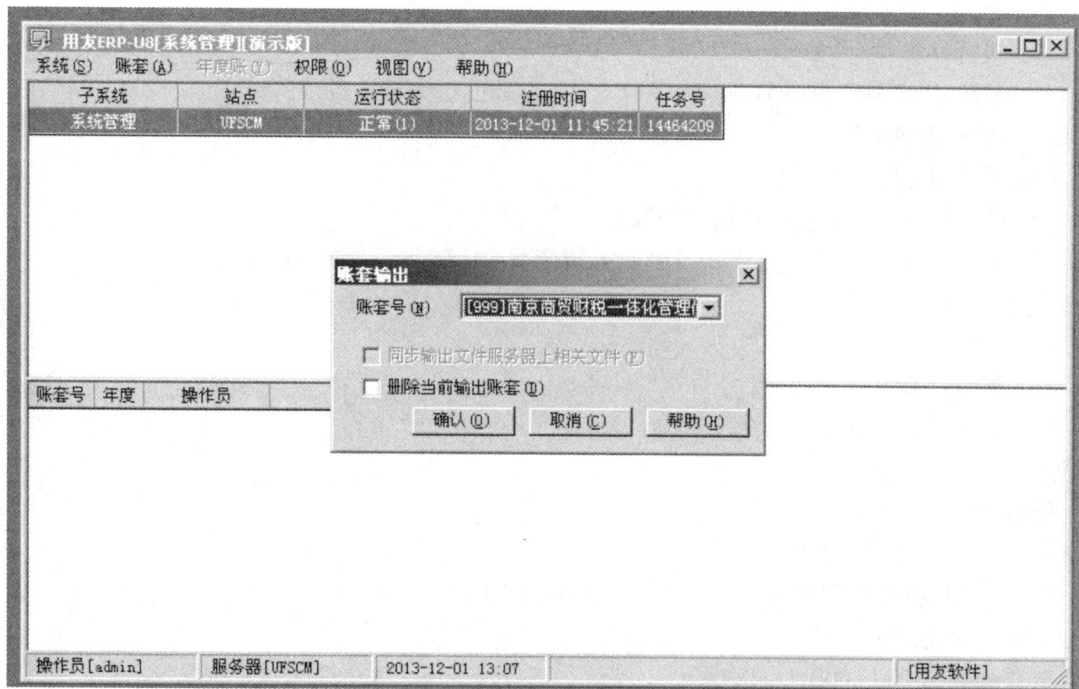

图 6-56

实验八 总账管理系统日常业务处理——其他业务

【实验目的】

1. 掌握用友 ERP-U8 管理软件中总账系统日常业务处理的相关内容。

2. 熟悉总账系统日常业务处理的各种操作。

3. 掌握凭证管理和账簿管理的具体内容和操作方法。

【实验内容】

1. 凭证管理：填制凭证、出纳签字、审核凭证、凭证记账的操作方法（增值税）。

2. 账簿管理：总账、科目明细账、明细账、辅助账的查询方法。

3. 现金管理：现金、银行存款日记账和资金日报表的查询。

【实验准备】

引入实验账套七数据。

【实验要求】

1. 以"张成"的身份进行凭证填制、凭证查询操作。

2. 以"王玲"的身份进行审核、记账、账簿查询操作。

【实验资料】

2013 年 12 月发生与其他相关的经济业务情况如下：

1. 12 月 3 日，公司为宣传新产品发生广告费 46 000 元，用银行存款支付。

建议财务凭证分录如下：

借：销售费用—广告费　　46 000

　　贷：银行存款　　　　　　46 000

2. 12 月 4 日，向银行借入生产经营用短期借款 360 000 元，期限 6 个月，年利率 5%，本金到期后一次归还，利息按月支付，12 月份应支付银行利息 360 000×5%/12＝1 500 元。

建议财务凭证分录如下：

借：财务费用—利息支出　1 500

　　贷：银行存款　　　　　　　　1 500

3. 12 月 8 日,固定资产报废清理取得净收益 12 000 元,计入营业外收入。

建议财务凭证分录如下:

借：固定资产清理　　12 000

　　贷：营业外收入—处置固定资产净收益　　12 000

4. 12 月 8 日,为拓展产品销售市场发生业务招待费 50 000 元,用银行存款支付。

建议财务凭证分录如下:

借：管理费用—业务招待费　50 000

　　贷：银行存款　　50 000

5. 12 月 21 日,收到国债利息收入 10 000 元。

建议财务凭证分录如下:

借：银行存款　　10 000

　　贷：投资收益　　10 000

6. 12 月 24 日,支付税款滞纳金 30 000 元,银行转账支付。

建议财务凭证分录如下:

借：营业外支出　　30 000

　　贷：银行存款　　30 000

7. 12 月 20 日,因产品延期交付给客户,造成合同违约,支付违约金 50 000 元,银行转账支付。

建议财务凭证分录如下:

借：营业外支出　　50 000

　　贷：银行存款　　50 000

8. 12 月 20 日,公司当月按直线法计提折旧额 40 000 元。其中房屋 24 000 元,机器设备 10 000 元,办公设备 6 000 元。假设所有资产净残值为零。

固定资产类别	原值(元)	(会计)年限(年)	(会计)折旧额(元)
房　屋	5 184 000	18	24 000
机器设备	1 200 000	10	10 000
办公设备	360 000	5	6 000

建议财务凭证分录如下:

借：管理费用　　40 000

　　贷：累计折旧　　　　40 000

9. 12 月 25 日,由于前几个章节只处理了涉税的相关凭证,现将与收入相关的项目作主营业务收入调整,计 4 000 000 元。

建议财务凭证分录如下:

借：银行存款　　4 000 000

　　贷：主营业务收入　4 000 000

10. 12 月 25 日,由于前几个章节只处理了涉税的相关凭证,现将与成本相关的项目作主营业务成本调整,计 800 000 元。

建议财务凭证分录如下:

借：主营业务成本　　800 000

　　贷：库存商品　800 000

11. 计算 12 月的所得税,注意除了以上业务信息,本次所得税涉及财务管理系统所处理的全部凭证。

【操作指导】

以"01 张成"的身份注册,进入企业应用平台。

1. 凭证管理

业务1:操作步骤如下:

① 在企业应用平台"业务"页签中,执行"财务会计"→"总账"→"凭证"→"填制凭证"命令,进入"填制凭证"窗口。

② 单击【增加】按钮,系统自动增加一张空白的收款凭证。

③ 在凭证左上角单击【参照】按钮,选择凭证类型为"记账凭证";输入制单日期"2013.12.03"。

④ 输入摘要"广告费",选择科目名称,如图6-57所示:

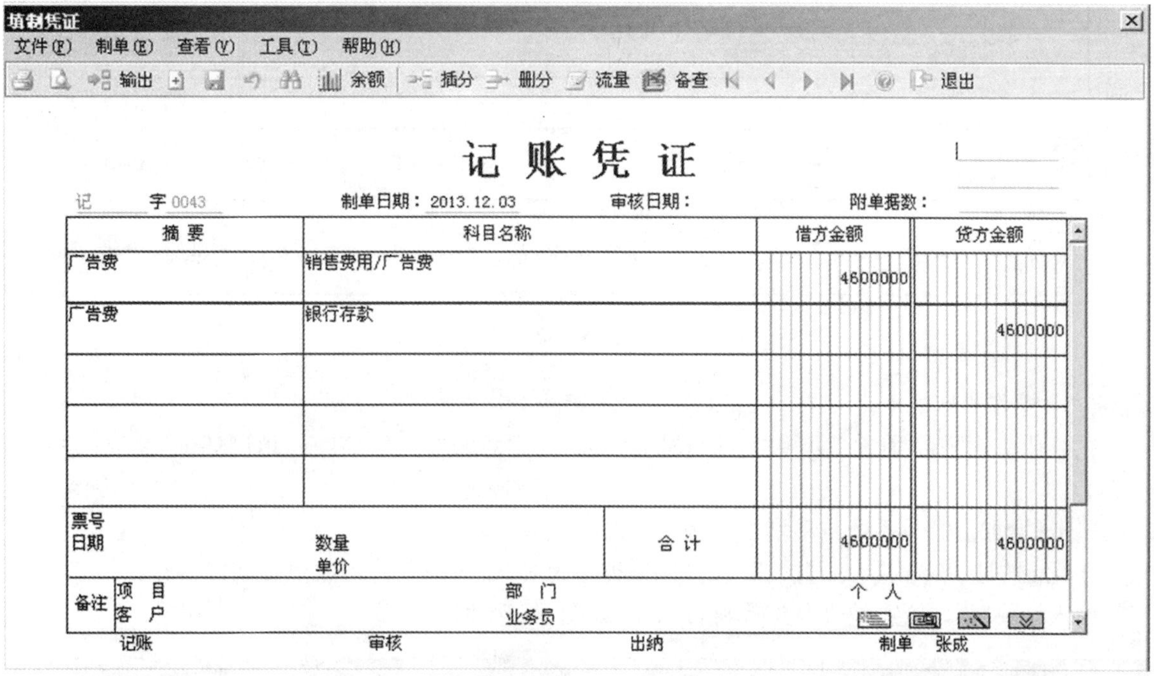

图 6-57

⑤ 单击【保存】按钮,系统弹出"凭证已成功保存!"信息提示框,单击【确定】按钮。

⑥ 点击"查询凭证",确定查询条件,点击【确定】,进入查询结果界面。双击要查看的凭证就能打开凭证界面。

业务2:操作步骤如下:

① 在企业应用平台"业务"页签中,执行"财务会计"→"总账"→"凭证"→"填制凭证"命令,进入"填制凭证"窗口。

② 单击【增加】按钮,系统自动增加一张空白的收款凭证。

③ 在凭证左上角单击【参照】按钮,选择凭证类型为"记账凭证";输入制单日期"2013.12.04"。

④ 输入摘要"支付银行利息",选择科目名称,如图6-58所示:

⑤ 单击【保存】按钮,系统弹出"凭证已成功保存!"信息提示框,单击【确定】按钮。

⑥ 点击"查询凭证",确定查询条件,点击【确定】,进入查询结果界面。双击要查看的凭证就能打开凭证界面。

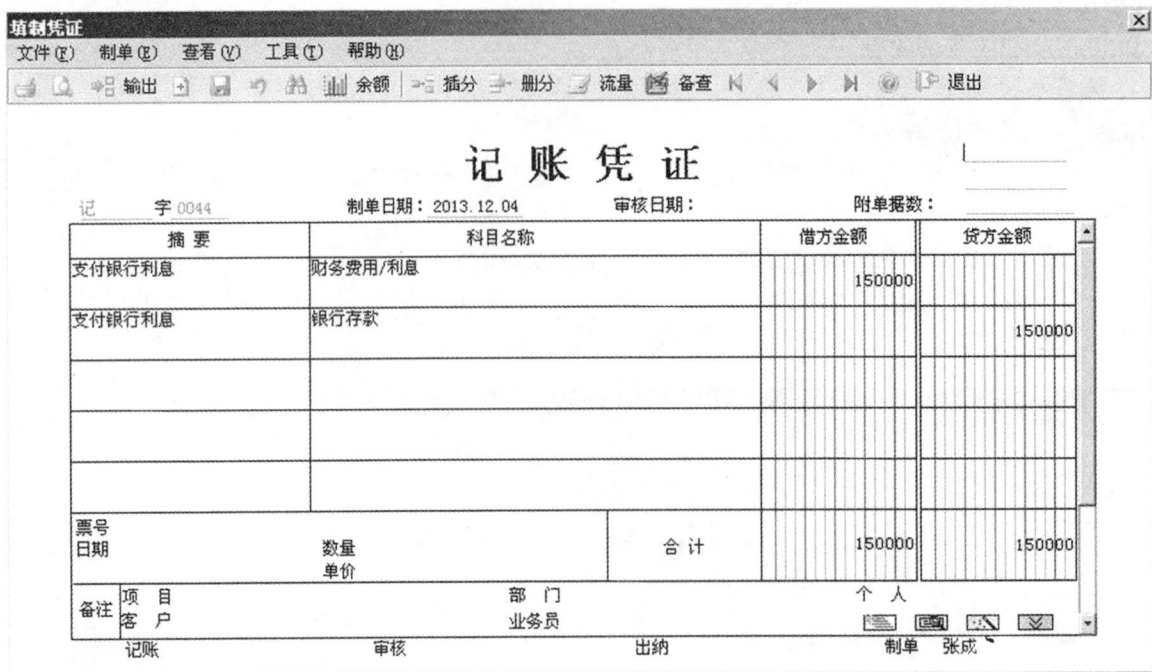

图 6-58

业务 3：操作步骤如下：

① 在企业应用平台"业务"页签中，执行"财务会计"→"总账"→"凭证"→"填制凭证"命令，进入"填制凭证"窗口。

② 单击【增加】按钮，系统自动增加一张空白的收款凭证。

③ 在凭证左上角单击【参照】按钮，选择凭证类型为"记账凭证"；输入制单日期"2013.12.08"。

④ 输入摘要"固定资产清理"，选择科目名称，如图 6-59 所示：

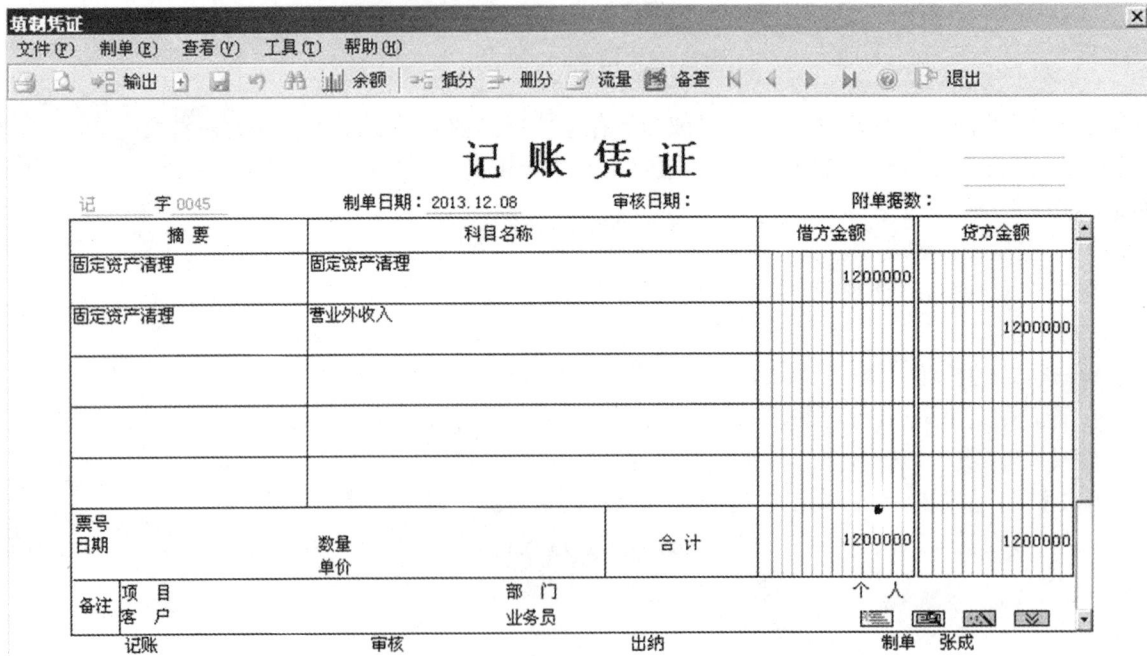

图 6-59

⑤ 单击【保存】按钮，系统弹出"凭证已成功保存！"信息提示框，单击【确定】按钮。

⑥ 点击"查询凭证"，确定查询条件，点击【确定】，进入查询结果界面，双击要查看的凭证就能打开凭

证界面。

业务4：操作步骤如下：

① 在企业应用平台"业务"页签中，执行"财务会计"→"总账"→"凭证"→"填制凭证"命令，进入"填制凭证"窗口。

② 单击【增加】按钮，系统自动增加一张空白的收款凭证。

③ 在凭证左上角单击【参照】按钮，选择凭证类型为"记账凭证"；输入制单日期"2013.12.08"。

④ 输入摘要"业务招待费"，选择科目名称，如图6-60所示：

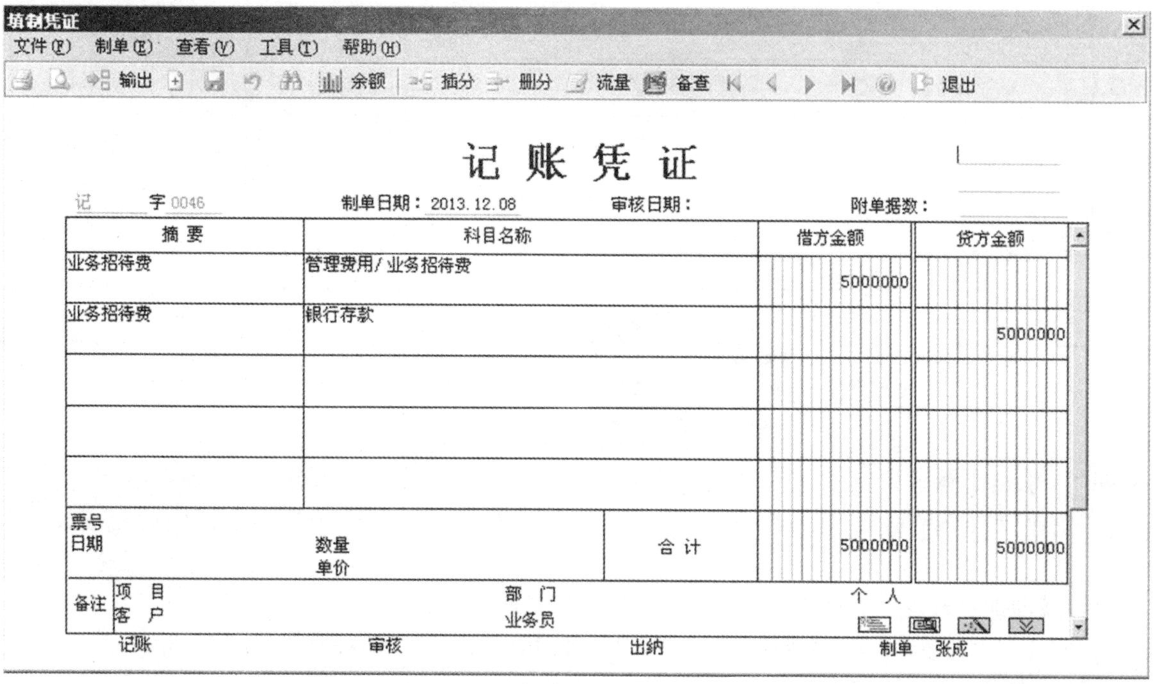

图 6 - 60

⑤ 单击【保存】按钮，系统弹出"凭证已成功保存！"信息提示框，单击【确定】按钮。

⑥ 点击"查询凭证"，确定查询条件，点击【确定】，进入查询结果界面。双击要查看的凭证就能打开凭证界面。

业务5：操作步骤如下：

① 在企业应用平台"业务"页签中，执行"财务会计"→"总账"→"凭证"→"填制凭证"命令，进入"填制凭证"窗口。

② 单击【增加】按钮，系统自动增加一张空白的收款凭证。

③ 在凭证左上角单击【参照】按钮，选择凭证类型为"记账凭证"；输入制单日期"2013.12.21"。

④ 输入摘要"国债利息收入"，选择科目名称，如图6-61所示：

⑤ 单击【保存】按钮，系统弹出"凭证已成功保存！"信息提示框，单击【确定】按钮。

⑥ 点击"查询凭证"，确定查询条件，点击【确定】，进入查询结果界面。双击要查看的凭证就能打开凭证界面。

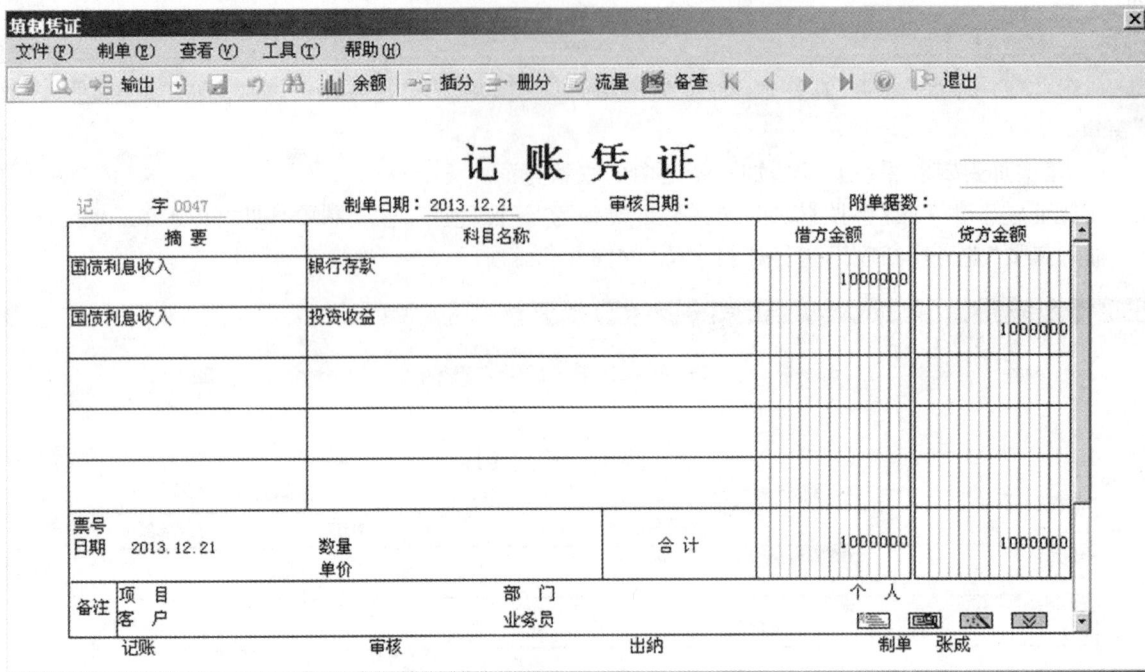

图 6-61

业务 6：操作步骤如下：

① 在企业应用平台"业务"页签中，执行"财务会计"→"总账"→"凭证"→"填制凭证"命令，进入"填制凭证"窗口。

② 单击【增加】按钮，系统自动增加一张空白的收款凭证。

③ 在凭证左上角单击【参照】按钮，选择凭证类型为"记账凭证"；输入制单日期"2013.12.24"。

④ 输入摘要"滞纳金"，选择科目名称，如图 6-62 所示：

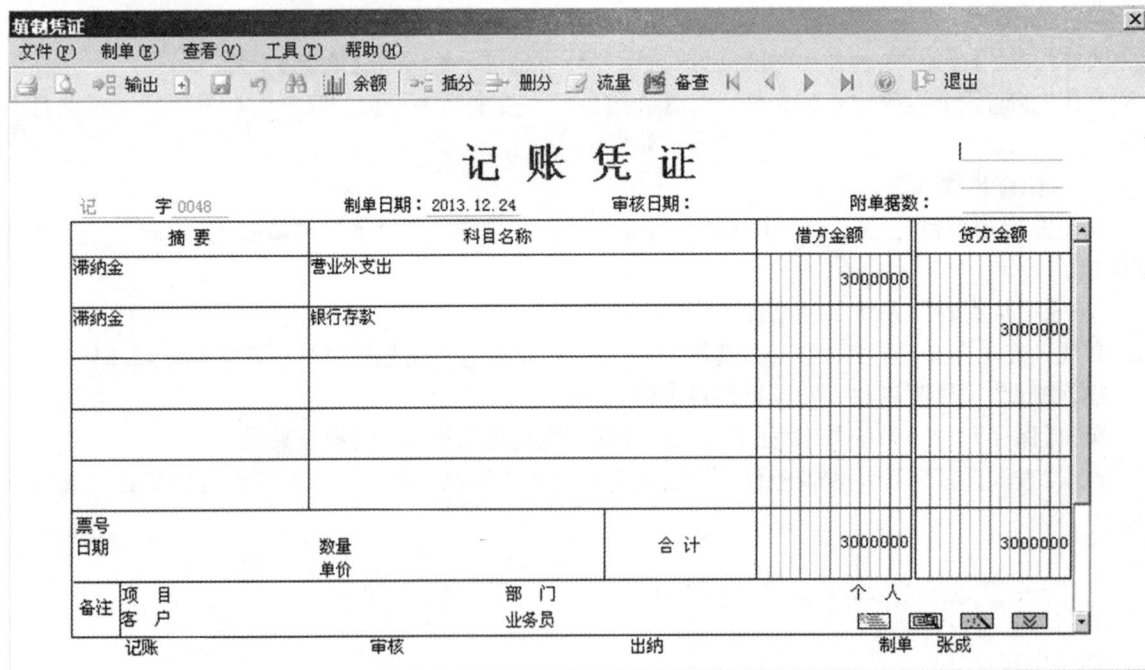

图 6-62

⑤ 单击【保存】按钮，系统弹出"凭证已成功保存！"信息提示框，单击【确定】按钮。

⑥ 点击"查询凭证"，确定查询条件，点击【确定】，进入查询结果界面。双击要查看的凭证就能打开凭

证界面。

业务 7：操作步骤如下：

① 在企业应用平台"业务"页签中，执行"财务会计"→"总账"→"凭证"→"填制凭证"命令，进入"填制凭证"窗口。

② 单击【增加】按钮，系统自动增加一张空白的收款凭证。

③ 在凭证左上角单击【参照】按钮，选择凭证类型为"记账凭证"；输入制单日期"2013. 12. 20"。

④ 输入摘要"违约金"，选择科目名称，如图 6 - 63 所示：

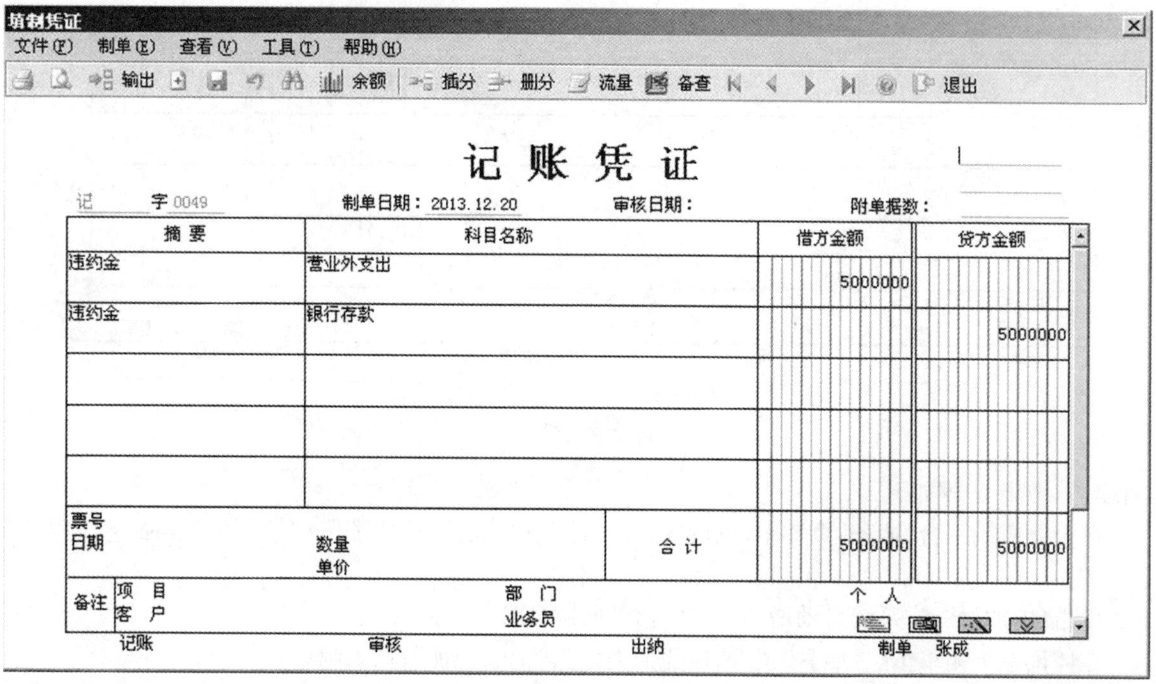

填制凭证
文件(F) 制单(E) 查看(V) 工具(T) 帮助(H)
输出 余额 插分 删分 流量 备查 退出
记 账 凭 证
记 字 0049
制单日期：2013.12.20
审核日期：
附单据数：
摘 要
科目名称
借方金额
贷方金额
违约金
营业外支出
5000000
违约金
银行存款
5000000
票号
日期
数量
单价
合 计
5000000
5000000
备注
项 目
客 户
部 门
业务员
个 人
记账
审核
出纳
制单 张成

图 6 - 63

⑤ 单击【保存】按钮，系统弹出"凭证已成功保存！"信息提示框，单击【确定】按钮。

⑥ 点击"查询凭证"，确定查询条件，点击【确定】，进入查询结果界面。双击要查看的凭证就能打开凭证界面。

业务 8：操作步骤如下：

① 在企业应用平台"业务"页签中，执行"财务会计"→"总账"→"凭证"→"填制凭证"命令，进入"填制凭证"窗口。

② 单击【增加】按钮，系统自动增加一张空白的收款凭证。

③ 在凭证左上角单击【参照】按钮，选择凭证类型为"记账凭证"；输入制单日期"2013. 12. 20"。

④ 输入摘要"折旧"，选择科目名称，如图 6 - 64 所示：

⑤ 单击【保存】按钮，系统弹出"凭证已成功保存！"信息提示框，单击【确定】按钮。

⑥ 点击"查询凭证"，确定查询条件，点击【确定】，进入查询结果界面。双击要查看的凭证就能打开凭证界面。

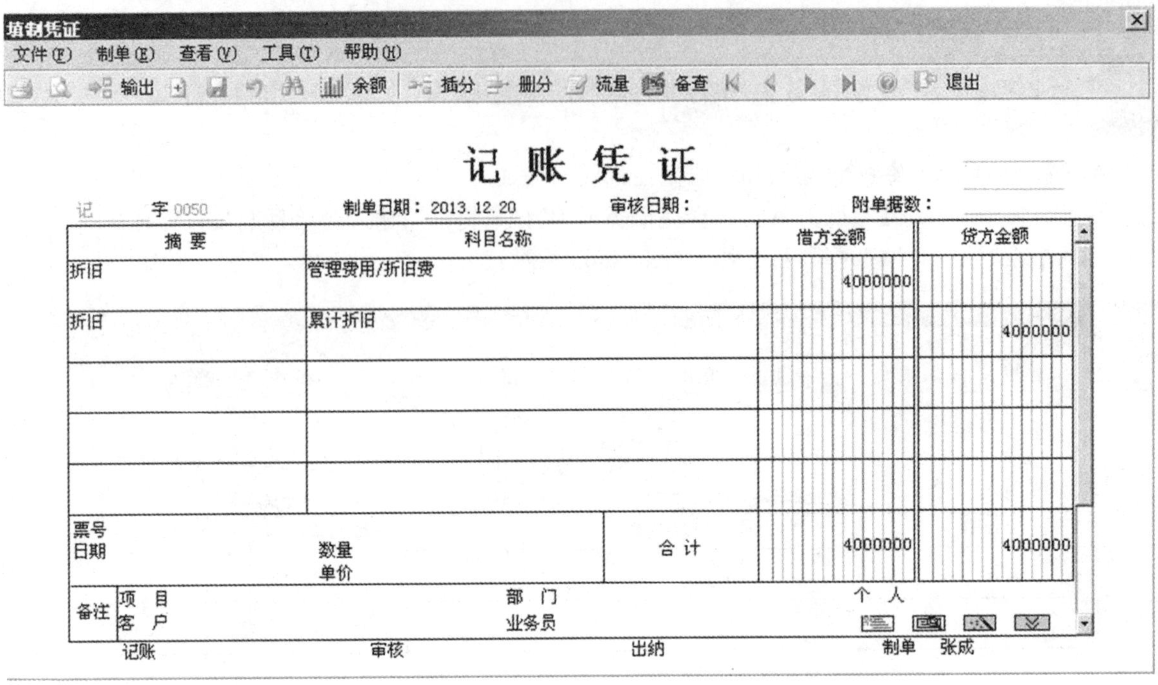

图 6 - 64

业务 9：操作步骤如下：

① 在企业应用平台"业务"页签中，执行"财务会计"→"总账"→"凭证"→"填制凭证"命令，进入"填制凭证"窗口。

② 单击【增加】按钮，系统自动增加一张空白的收款凭证。

③ 在凭证左上角单击【参照】按钮，选择凭证类型为"记账凭证"；输入制单日期"2013.12.25"。

④ 输入摘要"主营业务收入调整"，选择科目名称，如图 6 - 65 所示：

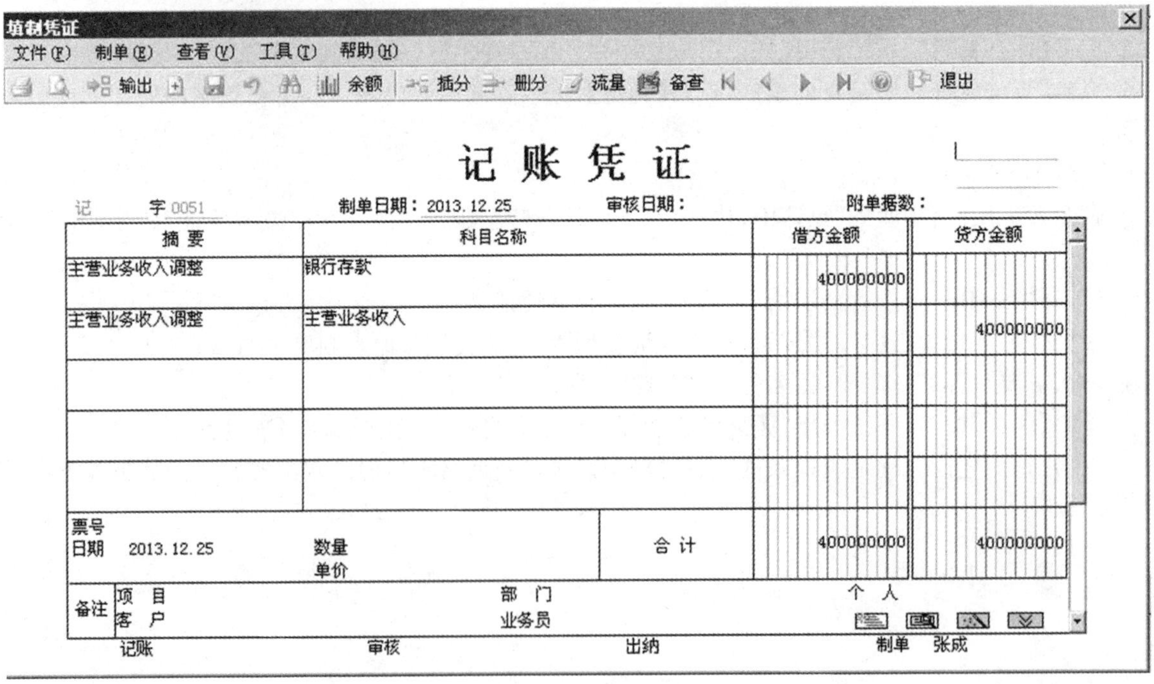

图 6 - 65

⑤ 单击【保存】按钮，系统弹出"凭证已成功保存！"信息提示框，单击【确定】按钮。

⑥ 点击"查询凭证"，确定查询条件，点击【确定】，进入查询结果界面。双击要查看的凭证就能打开凭

证界面。

业务 10：操作步骤如下：

① 在企业应用平台"业务"页签中，执行"财务会计"→"总账"→"凭证"→"填制凭证"命令，进入"填制凭证"窗口。

② 单击【增加】按钮，系统自动增加一张空白收款凭证。

③ 在凭证左上角单击参照按钮，选择凭证类型"记账凭证"；输入制单日期"2013.12.25"。

④ 输入摘要"主营业务成本调整"；选择科目名称，如图 6-66 所示。

⑤ 单击【保存】按钮，系统弹出"凭证已成功保存！"信息提示框，单击【确定】按钮。

⑥ 点击"查询凭证"，确定查询条件，点击【确定】，查询结果如图，双击您要查看的凭证就能打开到凭证界面。

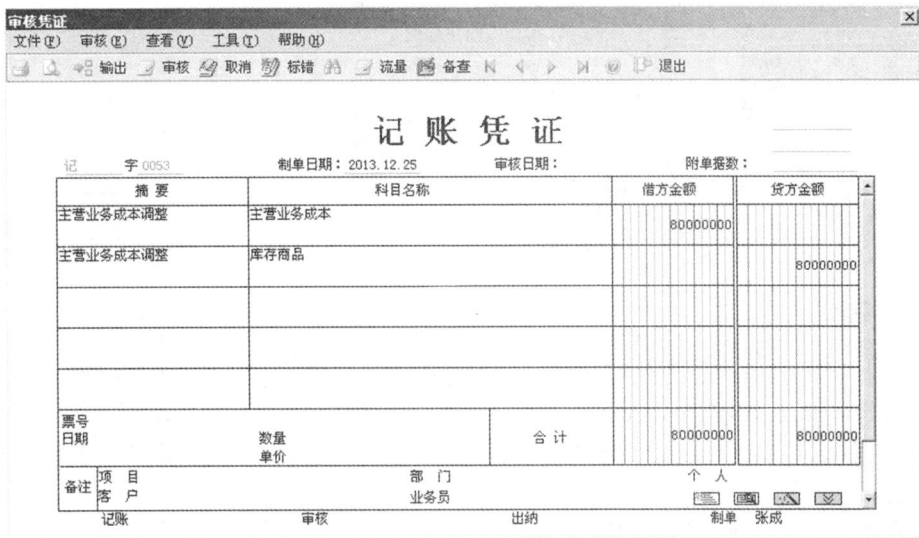

图 6-66

2. 出纳签字

操作步骤如下：

首先更换操作员：

① 在企业应用平台界面，执行"重注册"命令，打开"登录"对话框。

② 以"02 王玲"的身份注册，再次进入总账系统。

出纳签字的步骤为：

① 执行"凭证"→"出纳签字"命令，打开"出纳签字"查询条件对话框。

② 输入查询条件：单击"全部"单选按钮，输入月份"2013.12"，如图 6-67 所示：

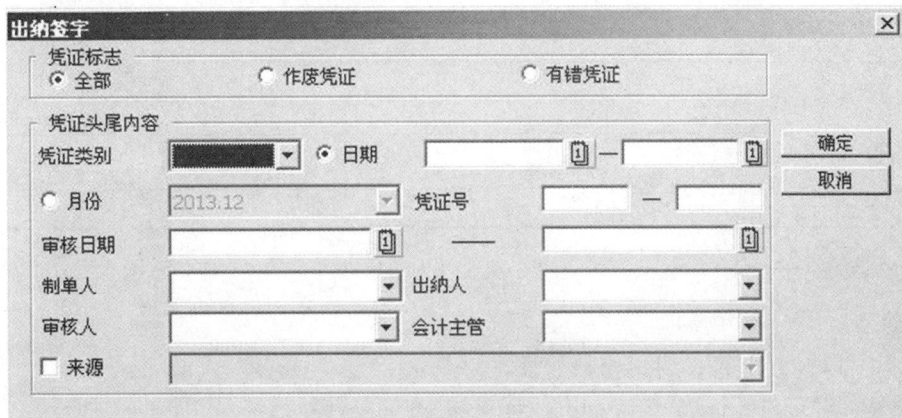

图 6-67

③ 单击【确定】按钮,进入"出纳签字"的凭证列表窗口,如图 6 - 68 所示:

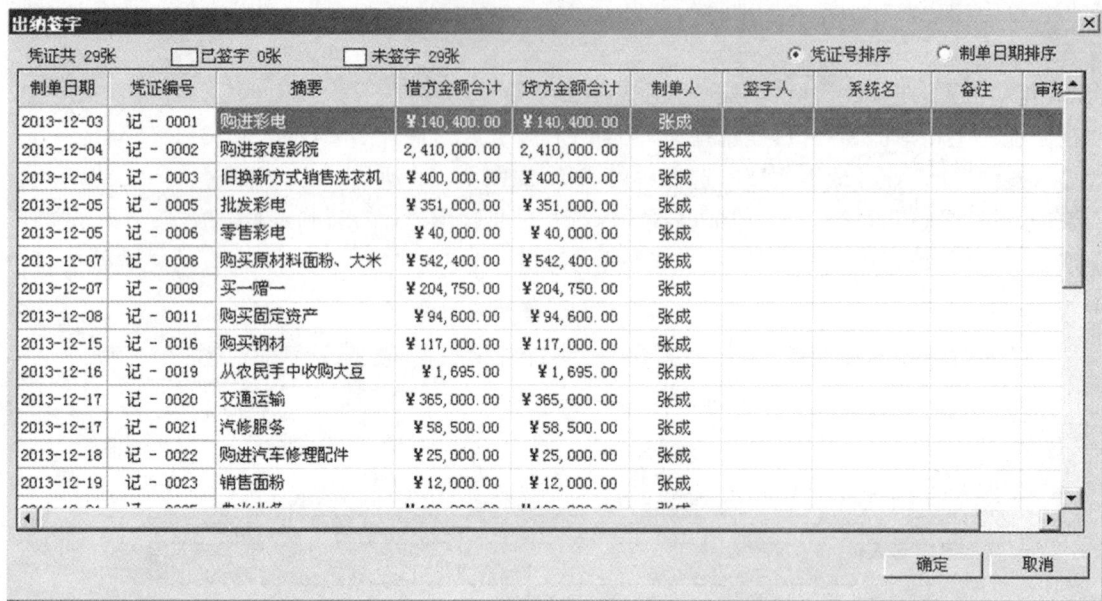

图 6 - 68

④ 双击某一个需要签字的凭证或者单击【确定】按钮,进入"出纳签字"的签字窗口。

⑤ 单击【签字】按钮,凭证底部的"出纳"处将自动签上出纳人姓名。

⑥ 单击【下一张】按钮,或者选择"出纳"→"成批出纳签字"可对其他凭证签字,最后单击【退出】按钮,如图 6 - 69 所示:

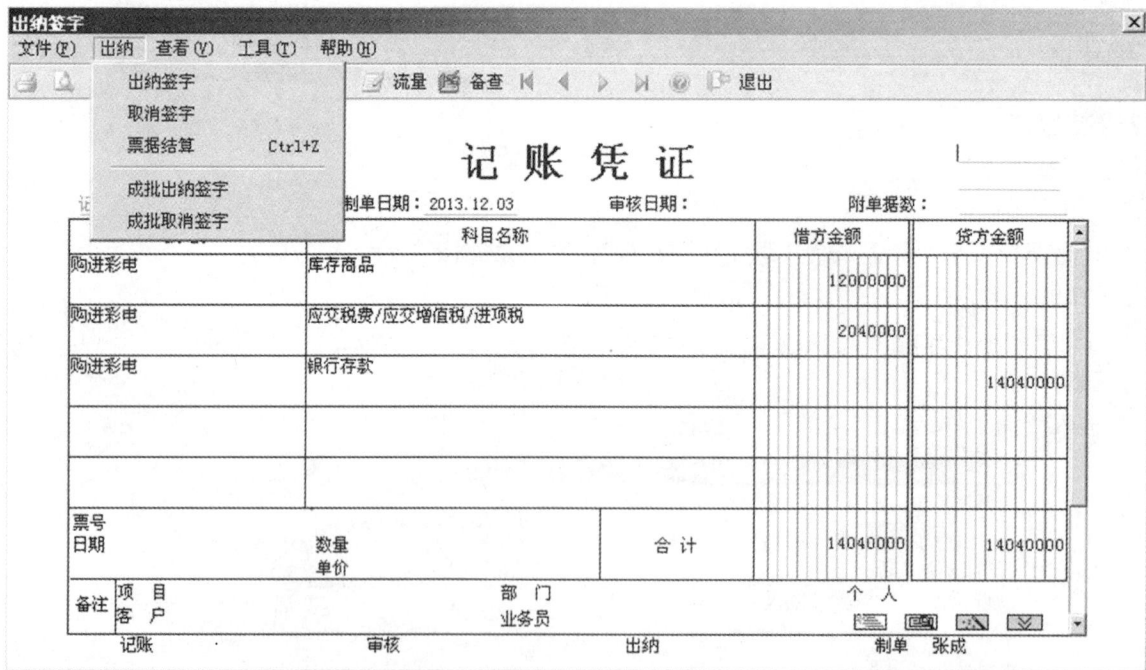

图 6 - 69

3. 审核凭证

操作步骤如下:以"02 王玲"的身份审核凭证。

① 执行"凭证"→"审核凭证"命令,打开"凭证审核"查询条件对话框,如图 6 - 70 所示:

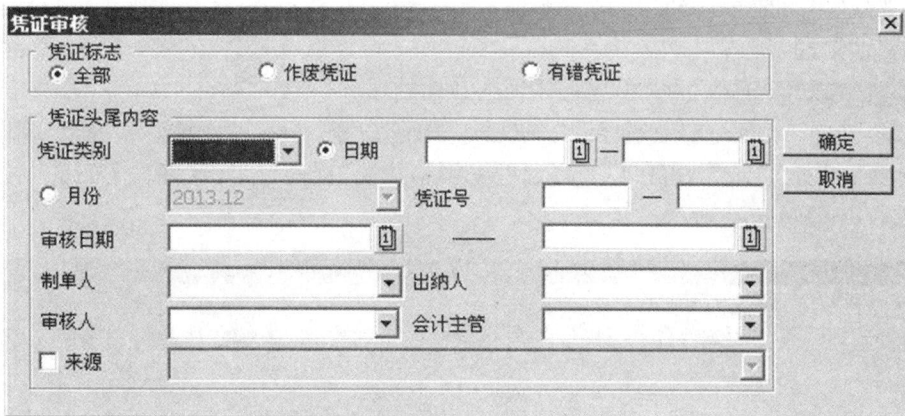

图 6－70

② 输入查询条件,单击【确定】按钮,进入"凭证审核"的凭证列表窗口,如图 6－71 所示:

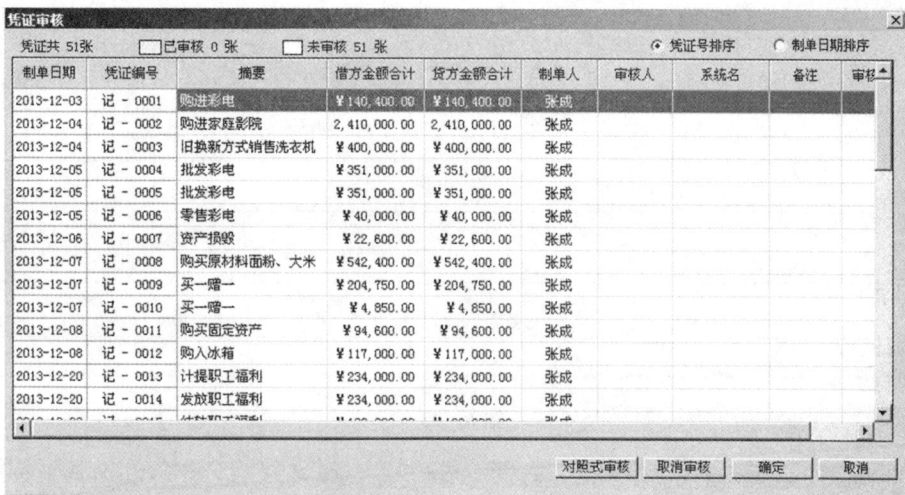

图 6－71

③ 双击要审核的凭证或单击【确定】按钮,进入"凭证审核"的审核凭证窗口。

(1) 检查要审核的凭证,无误后,单击【审核】按钮,凭证底部的"审核"处将自动签上审核人姓名。

(2) 也可以选择"成批审核凭证"操作,如图 6－72 所示:

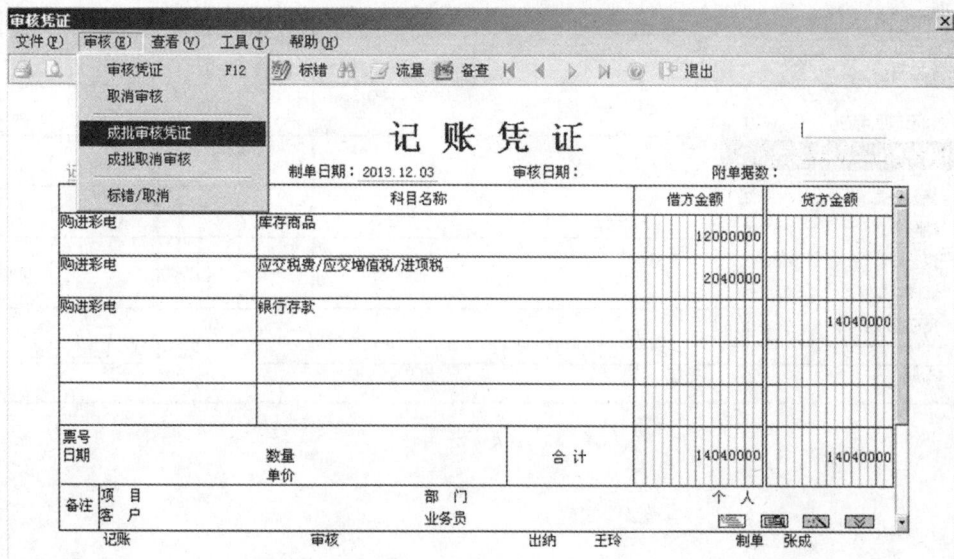

图 6－72

（3）由"01 张成"填制的凭证需要由"02 王玲"登录进行审核。注意，审核人与制单人不能是同一个人。

4. 凭证的其他处理

操作步骤如下：以"02 王玲"的身份进行凭证的其他处理。

① 常用凭证：执行"凭证"→"填制凭证"→"增加凭证"命令，录入"提现，库存现金 100 元，银行存款 100"。单击"制单"，选择"生成常用凭证"，录入代号"01"，说明"提现"，单击【确认】按钮。利用 F4 调出常用凭证，如图 6－73～图 6－75 所示：

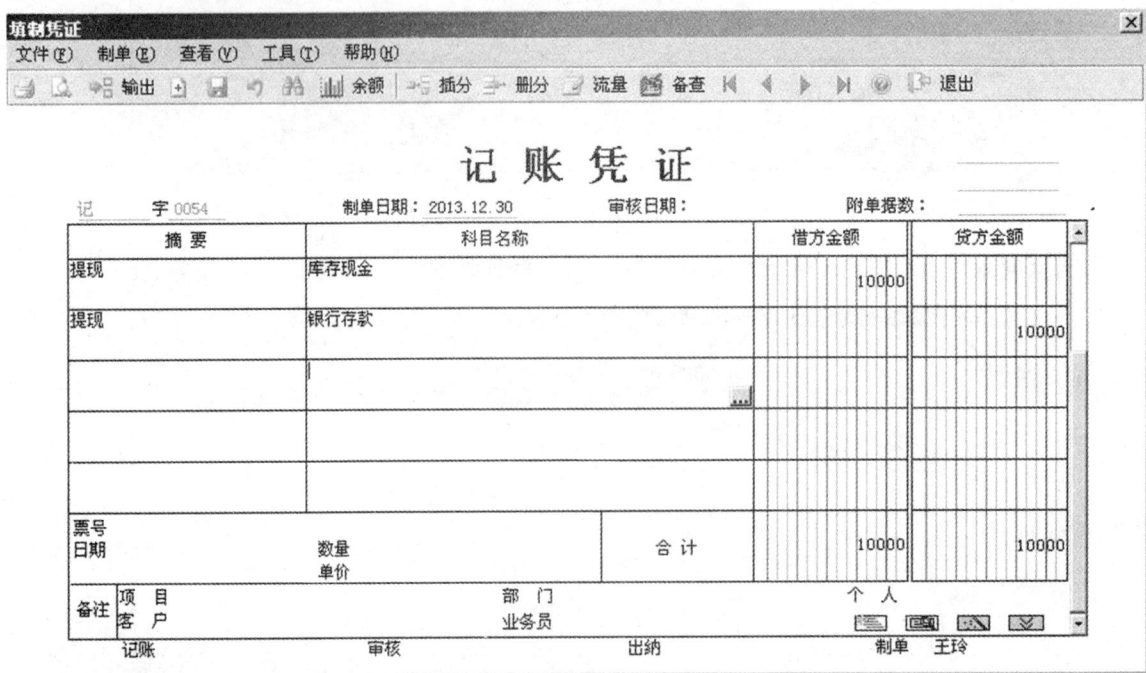

图 6－73

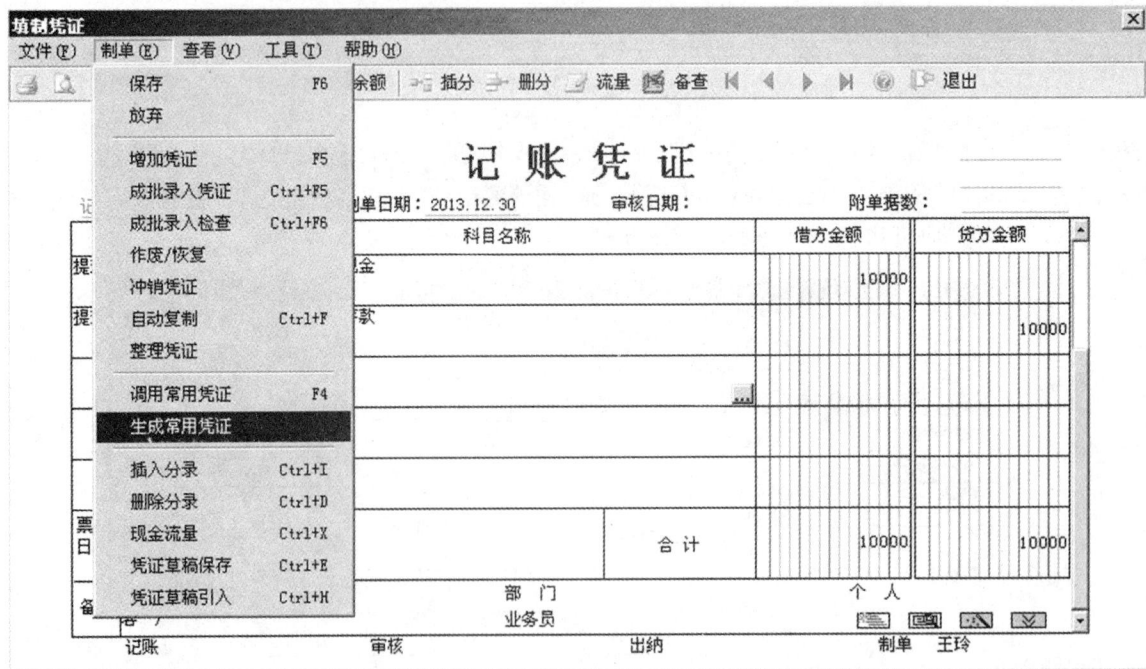

图 6－74

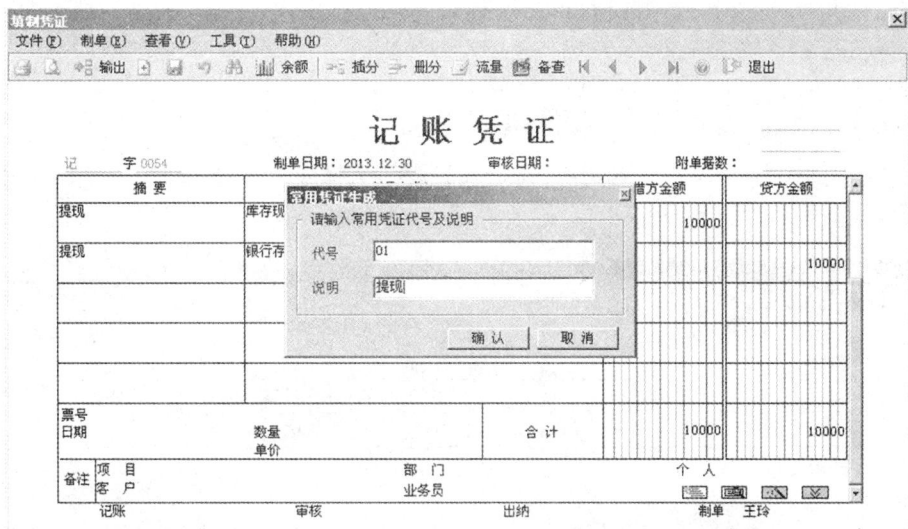

图 6-75

② 作废凭证：执行"凭证"→"填制凭证"，选择"54 号提现"凭证，单击"制单"，选择"作废/恢复"，如图 6-76、图 6-77 所示：

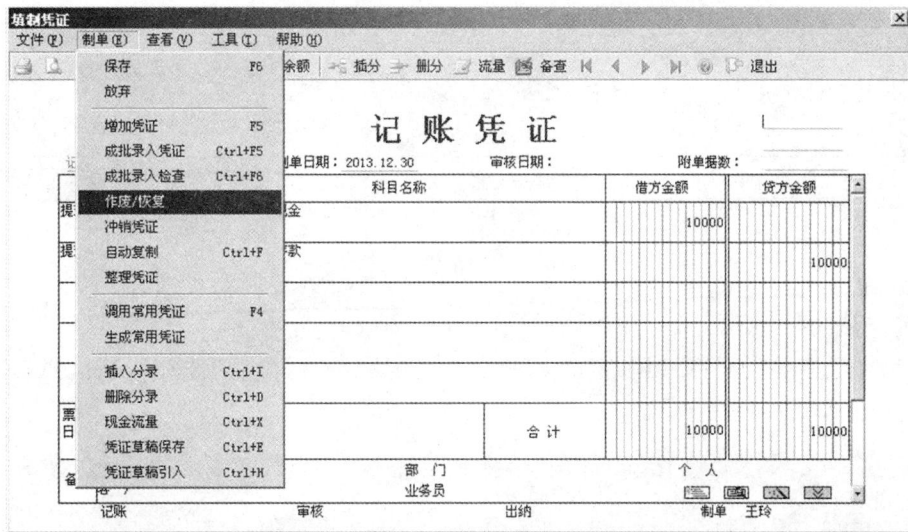

图 6-76

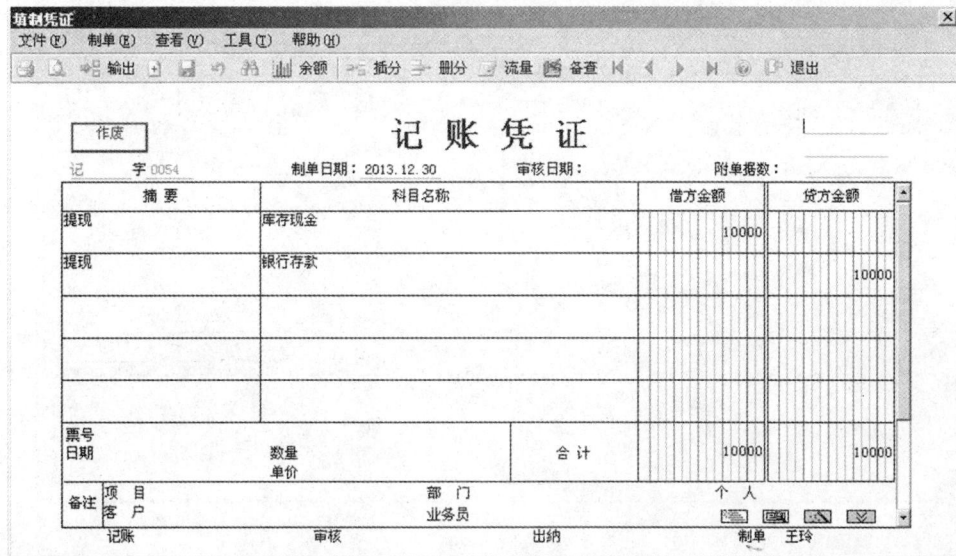

图 6-77

关于凭证的复制、整理、冲销等功能请自行探究。

5. 记账

操作步骤为：

① 执行"凭证"→"记账"命令，进入"记账"窗口。

② 选择要进行记账的凭证范围。本例单击【全选】按钮，选择所有凭证，如图 6-78 所示，单击【记账】按钮，系统进行期初对账。

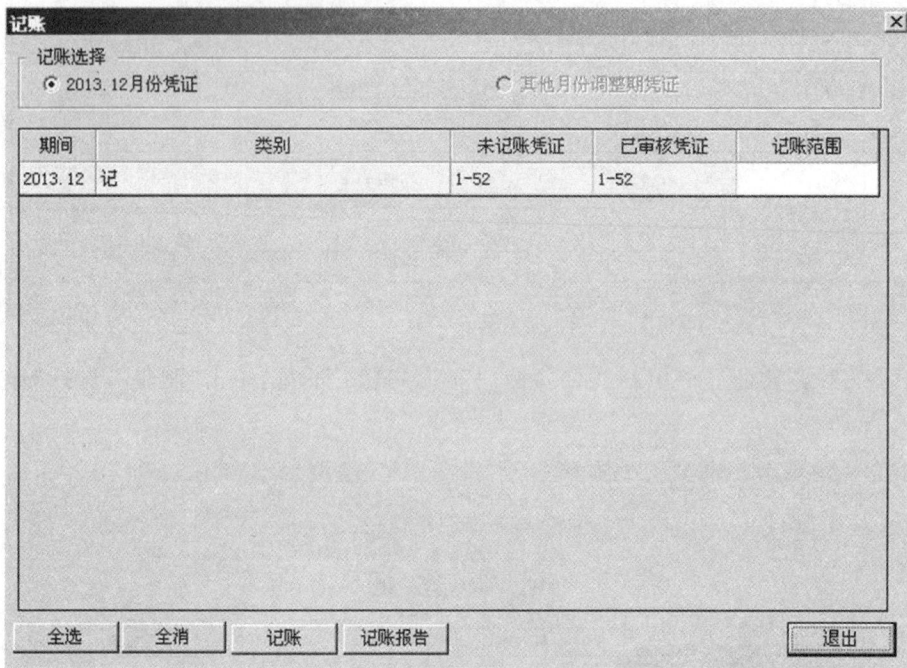

图 6-78

③ 单击【确定】按钮。

④ 系统开始登记有关的总账和明细账、辅助账。登记完后，弹出"记账完毕!"信息提示对话框，如图 6-79 所示：

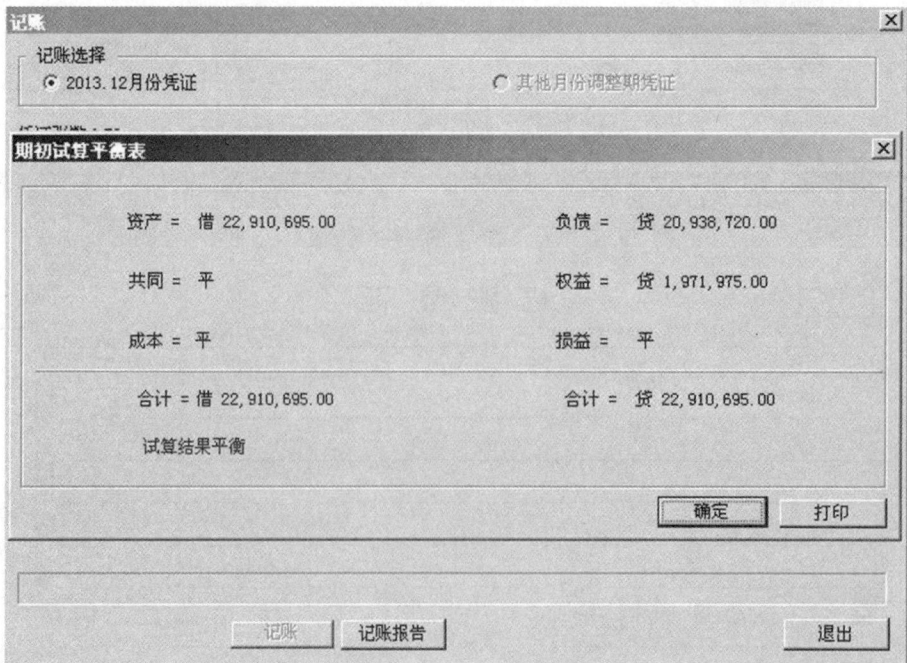

图 6-79

⑤ 单击【确定】按钮，记账完毕。

6. 结转期间损益生成期间损益凭证，换人审核

操作步骤如下：以"01 张成"的身份生成凭证，以"02 王玲"的身份审核凭证。

① 执行"总账"→"期末"→"转账定义"→"期间损益"命令，如图 6-80 所示：

图 6-80

② 录入本年利润科目"4103"，单击【确定】按钮，如图 6-81 所示：

图 6-81

③ 单击"转账生成"，选择"期间损益结转"，点击【全选】，单击【确定】按钮，生成损益结转凭证，如图 6-82 所示：

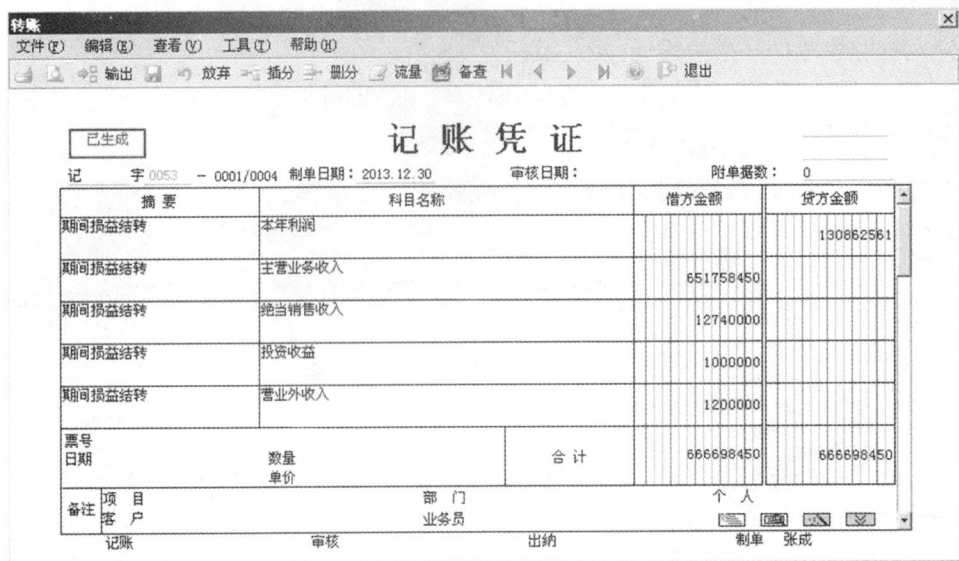

图 6－82

④ 以"02 王玲"的身份审核凭证。

⑤ 以"01 张成"的身份进行记账。

7. 对账

操作步骤如下：以"01 张成"的身份进行对账。

① 执行"总账"→"期末"→"对账"。

② 选择"2013.12"进行【试算】，单击【确定】按钮。

③ 试算平衡后，单击"对账"，如图 6－83 所示：

图 6－83

8. 结账

操作步骤如下：以"01 张成"的身份进行对账。

① 执行"总账"→"期末"→"结账"。

② 选择"2013.12",单击【下一步】,单击【对账】,再单击【下一步】,如图 6 - 84 所示:

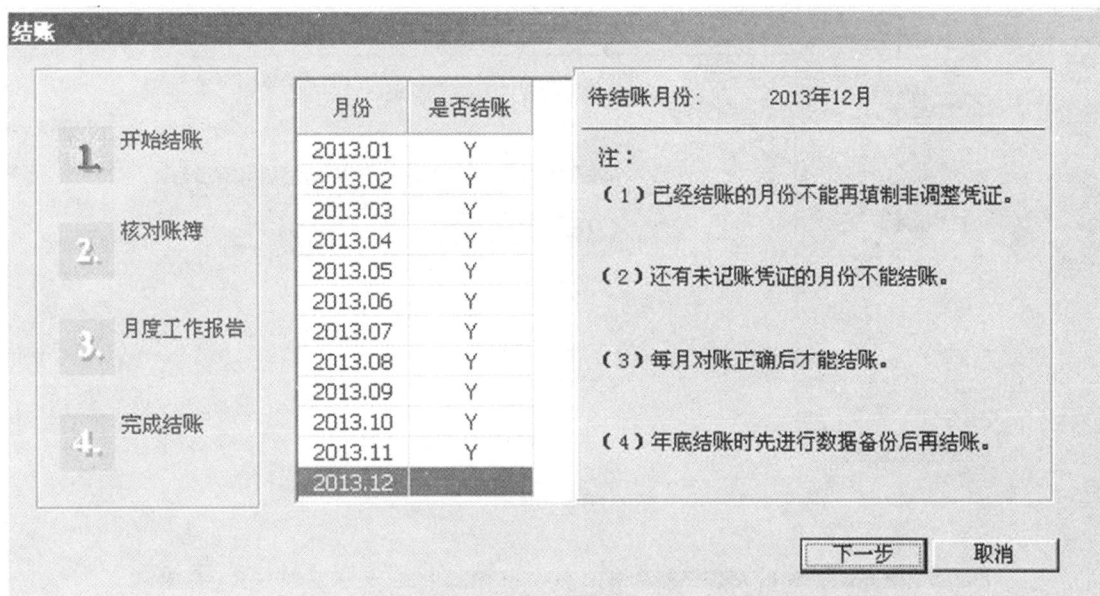

结账

月份	是否结账	待结账月份:	2013年12月
2013.01	Y		
2013.02	Y	注:	
2013.03	Y	(1)已经结账的月份不能再填制非调整凭证。	
2013.04	Y		
2013.05	Y		
2013.06	Y	(2)还有未记账凭证的月份不能结账。	
2013.07	Y		
2013.08	Y	(3)每月对账正确后才能结账。	
2013.09	Y		
2013.10	Y		
2013.11	Y	(4)年底结账时先进行数据备份后再结账。	
2013.12			

1. 开始结账 2. 核对账簿 3. 月度工作报告 4. 完成结账

【下一步】 【取消】

图 6 - 84

③ 系统显示出一份"对账报告",单击【下一步】,单击【结账】,如图 6 - 85所示:

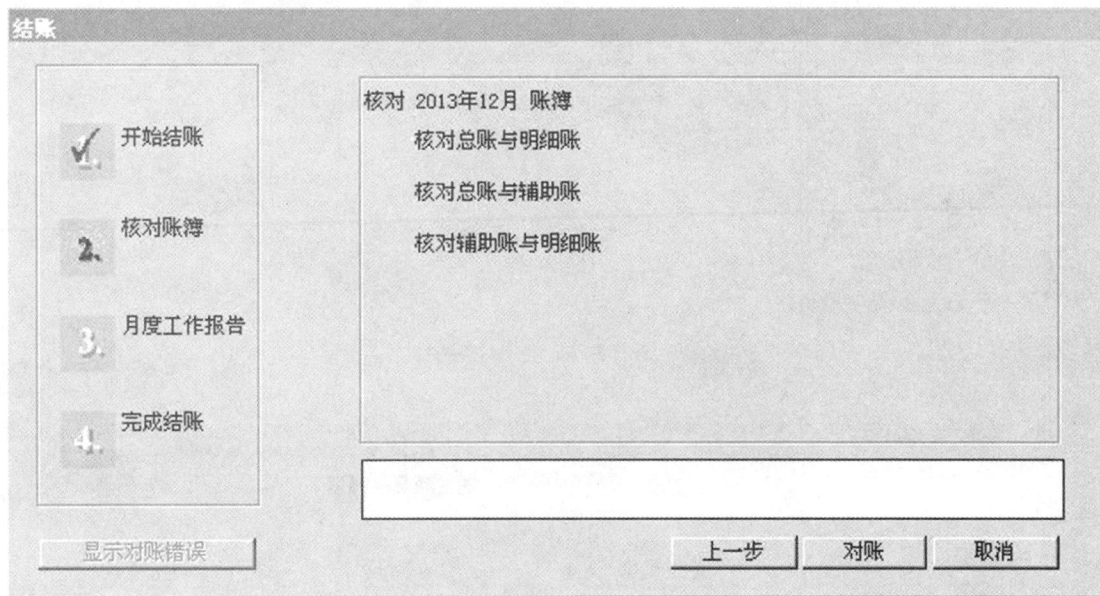

结账

1. 开始结账 2. 核对账簿 3. 月度工作报告 4. 完成结账

核对 2013年12月 账簿

核对总账与明细账

核对总账与辅助账

核对辅助账与明细账

【显示对账错误】　【上一步】 【对账】 【取消】

图 6 - 85

9. 账簿查询

操作步骤如下:执行"总账"→"账表"→"科目账"命令,查询"总账"、"明细账"、"余额表",如图 6 - 86～图 6 - 88 所示:

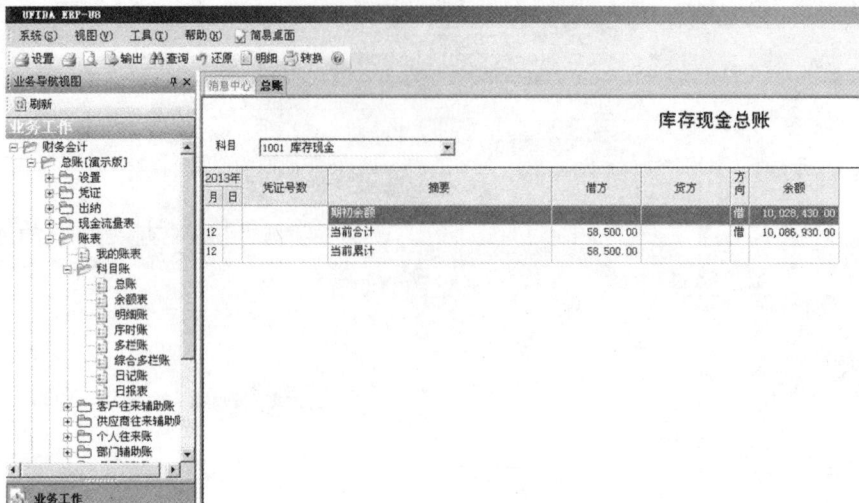

图 6 - 86

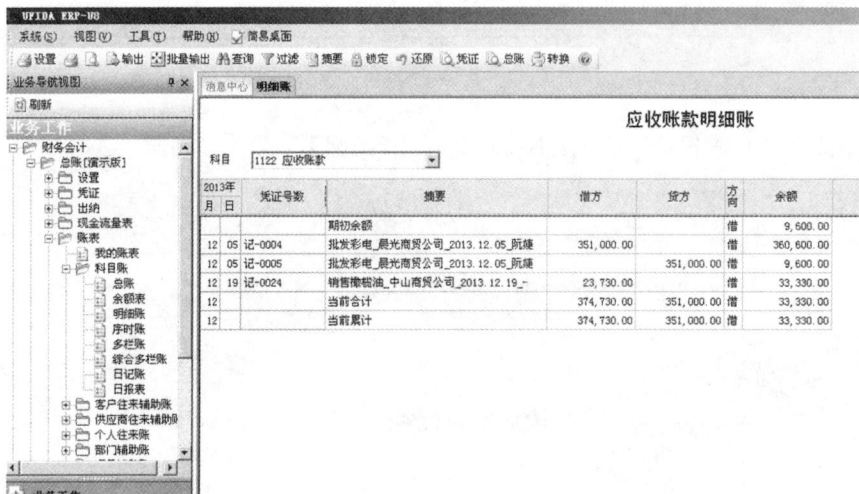

图 6 - 87

发生额及余额表

科目编码	科目名称	期初余额		本期发生		期末余额	
		借方	贷方	借方	贷方	借方	贷方
1001	库存现金	10,028,430.00		58,500.00		10,086,930.00	
1002	银行存款	10,139,515.00		6,647,950.00	3,713,345.00	13,074,120.00	
1122	应收账款	9,600.00		374,730.00	351,000.00	33,330.00	
1123	预付账款	1,140.00				1,140.00	
1221	其他应收款	7,500.00				7,500.00	
1403	原材料	260,250.00		581,500.00	90,000.00	751,750.00	
1405	库存商品	339,000.00		2,521,467.52	184,000.00	2,676,467.52	
1601	固定资产	1,943,100.00		80,930.00		2,024,030.00	
1602	累计折旧	182,160.00			40,000.00	142,160.00	
1604	在建工程			81,900.00		81,900.00	
1606	固定资产清理			12,000.00		12,000.00	
1901	待处理财产损溢			22,600.00		22,600.00	
资产小计		22,910,695.00		10,381,577.52	4,378,345.00	28,913,927.52	
2001	短期借款		10,231,023.00				10,231,023.00
2202	应付账款		16,200.00		117,000.00		133,200.00
2204	应付绝当溢价				5,000.00		5,000.00
2211	应付职工薪酬		5,430.00	234,000.00	379,800.00		151,230.00
2221	应交税费		882.00	508,947.48	5,169,754.39		4,661,688.91
2241	其他应付款		1,185.00				1,185.00

图 6 - 88

10. 备份账套数据

操作步骤如下：

① 以系统管理员身份注册，进入系统管理，执行"账套"→"输出"命令，打开"账套输出"对话框。

② 从"账套号"下拉列表中选择要输出的账套，单击【确认】按钮，如图 6-89 所示：

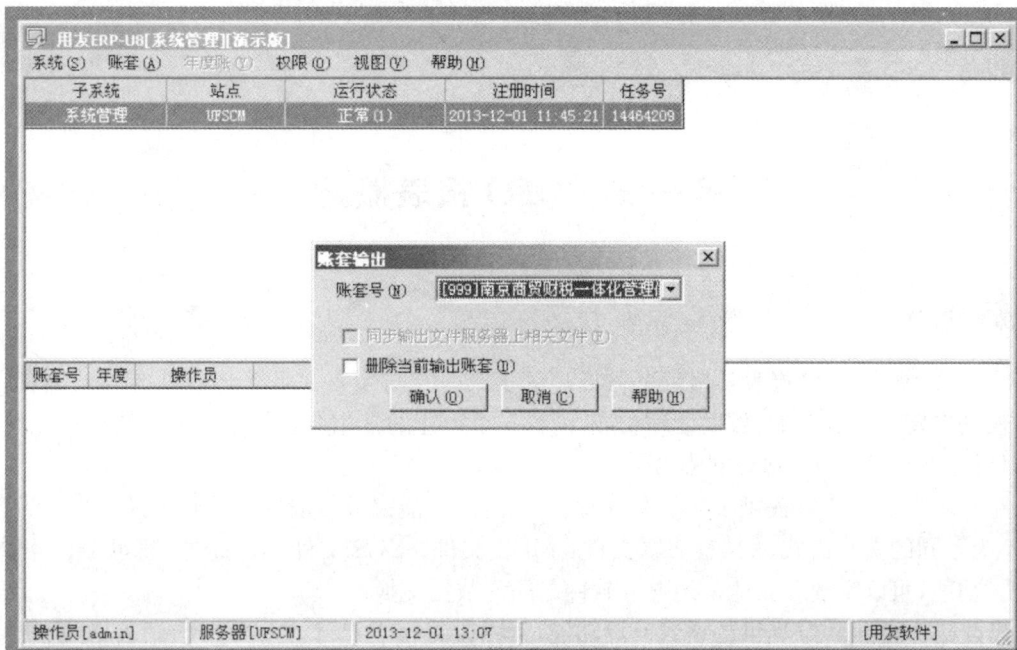

图 6-89

③ 系统对所要输出的账套数据进行压缩处理，系统压缩完成后，打开"请选择账套备份路径"对话框。

④ 选择存放账套备份数据的文件夹为"C:\实验账套\实验八"，单击【确定】按钮，系统弹出提示"输出成功！"，再次单击【确定】按钮。

第七章 UFO 报表

第一节 UFO 报表概述

一、功能概述

用友 U8 软件中的 UFO 报表是报表事务处理的工具。它与用友账务管理软件等各系统有完善的接口，具有方便的自定义报表功能、数据处理功能，内置多个行业的常用会计报表。该系统也可以独立运行，用于处理日常办公事务。其主要功能如下：

1. 文件管理功能：UFO 提供了各类文件管理功能，除了能完成一般的文件管理外，UFO 的数据文件还能够转换为不同的文件格式，例如，文本文件、MDB 文件、XLS 文件等。此外，通过 UFO 提供的"导入"和"导出"功能，可以实现和其他常用财务软件之间的数据交换。

2. 格式设计功能：UFO 提供的格式设计功能，可以设置报表尺寸、组合单元、画表格线、调整行高列宽、设置字体和颜色、设置显示比例等。同时，UFO 还内置了 11 种套用格式和 19 个行业的标准财务报表模板，包括最新的现金流量表，方便了用户标准报表的制作。如果用户需要制作单位内部常用的管理报表，UFO 还提供了自定义模板功能。

3. 公式设计功能：UFO 提供了绝对单元公式和相对单元公式，可以方便、迅速地定义计算公式、审核公式、舍位平衡公式。UFO 还提供了种类丰富的函数，在系统向导的引导下轻松地从用友账务及其他子系统中提取数据，生成财务报表。

4. 数据处理功能：UFO 的数据处理功能可以以固定格式管理大量数据不同的表页，并在每张表页之间建立有机的联系。此外，还提供了表页的排序、查询、审核、舍位平衡、汇总功能。

5. 图表功能：UFO 可以很方便地对数据进行图形组织和分析，制作直方图、立体图、圆饼图、折线图等多种分析图表，并能编辑图表的位置、大小、标题、字体、颜色和打印输出。

6. 打印功能：UFO 提供"所见即所得"和"打印预览"的功能，可以随时观看报表或图形的打印效果。报表打印时，可以打印格式或数据，可以设置表头和表尾，可以在 0.3～3 倍之间缩放打印，可以横向或纵向打印等。

7. 二次开发功能：UFO 提供了批命令和自定义菜单，利用该功能可以开发出适合本企业的专用系统。

UFO 报表管理系统主要是从其他系统中提取编制报表所需的数据。总账、工资、固定资产、应收款、应付款、财务分析、采购、库存、存货核算和销售子系统均可向报表子系统传递数据，以生成财务部门所需的各种会计报表。

二、UFO 报表业务处理流程

UFO 报表管理系统的业务处理流程如图 7-1 所示：

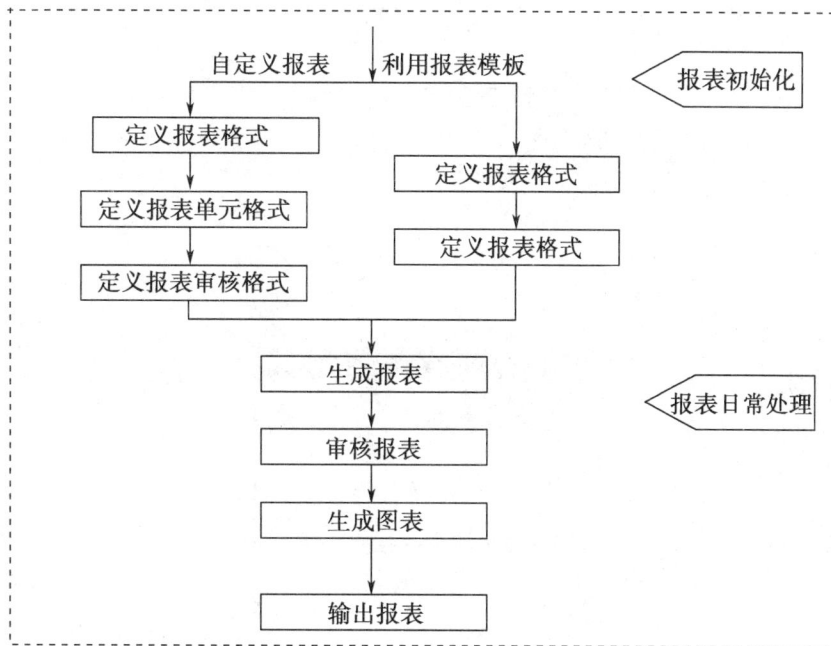

图 7 - 1

实验九　UFO 报表

【实验目的】

1. 理解报表编辑的原理及流程。

2. 掌握报表格式定义、公式定义的操作方法,掌握报表公式单元的用法。

3. 掌握报表数据处理、表页管理及图表功能等操作。

4. 掌握如何利用报表模板生成报表。

【实验内容】

编制利润表、资产负债表。

【实验准备】

引入实验账套八数据。

【实验要求】

以"张成"的身份进行报表操作。

【实验资料】

详见薪资管理、总账管理的实验资料。

【操作指导】

1. 利用模板生成两张报表

操作步骤如下:

(1) 执行"财务会计"→"UFO 报表"命令,打开 UFO 报表。

(2) 点击【新建】按钮,在"格式"状态下,执行"格式"→"报表模板"命令,打开"报表模板"对话框。选择您所在的行业为"2007 年新会计制度科目",财务报表为"资产负债表",如图 7 - 2 所示:

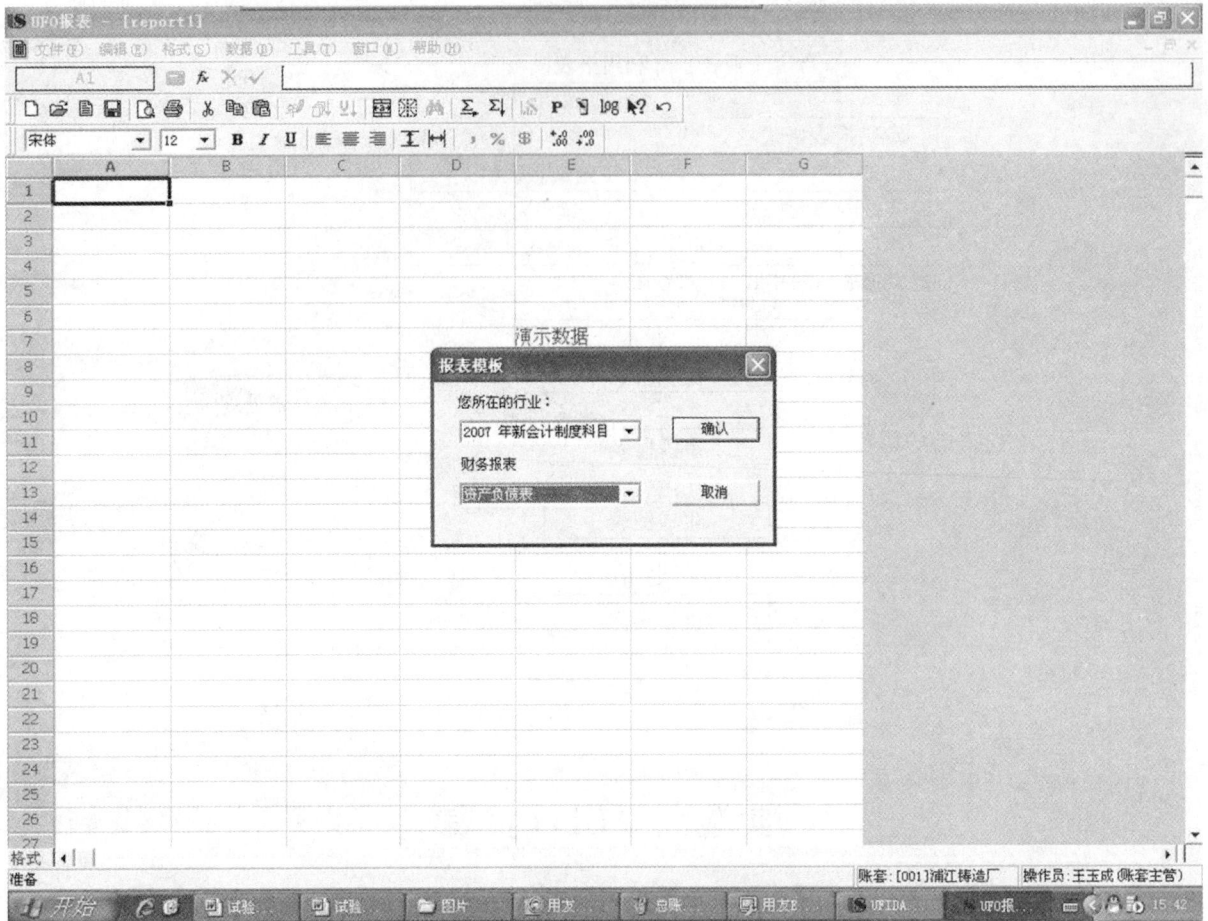

图 7 - 2

（3）单击【确认】按钮，弹出"模板格式将覆盖本表格！是否继续？"提示框。

（4）单击【确定】按钮，即可打开"资产负债表"模板，如图 7 - 3 所示。

图 7 - 3

（5）单击【格式/数据】按钮，使"资产负债表"处于格式状态。

（6）单击【格式/数据】按钮，使资产负债表处于数据状态。执行"数据"→"关键字"→"录入"命令，打开"录入关键字"对话框。

（7）输入关键字年为"2013"，月为"12"，日为"30"，如图 7-4 所示：

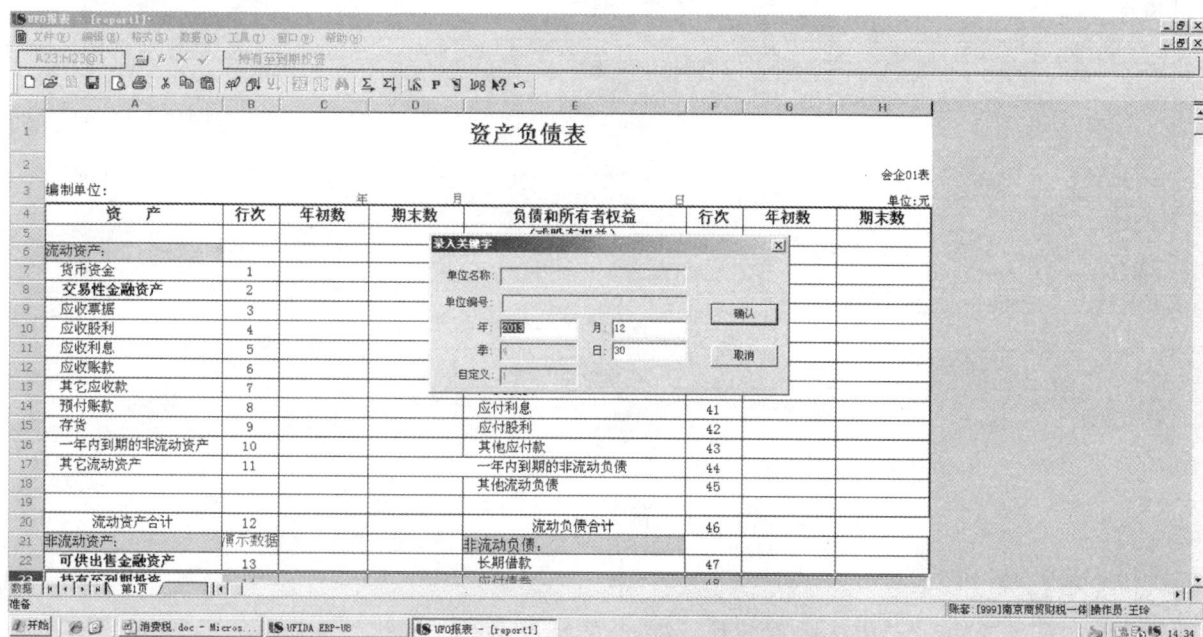

图 7-4

（8）单击【确认】按钮，弹出"是否重算第 1 页？"提示框，如图 7-5 所示：

图 7-5

（9）单击【是】按钮，系统会自动根据单元公式计算 12 月份数据。

（10）单击工具栏中的【保存】按钮，将生成的报表数据保存。生成的资产负债表如图 7-6 所示：

图 7 - 6

（11）点击【新建】按钮，在"格式"状态下，执行"格式"→"报表模板"命令，打开"报表模板"对话框。选择您所在的行业为"2007年新会计制度科目"，财务报表为"利润表"，如图7-7所示：

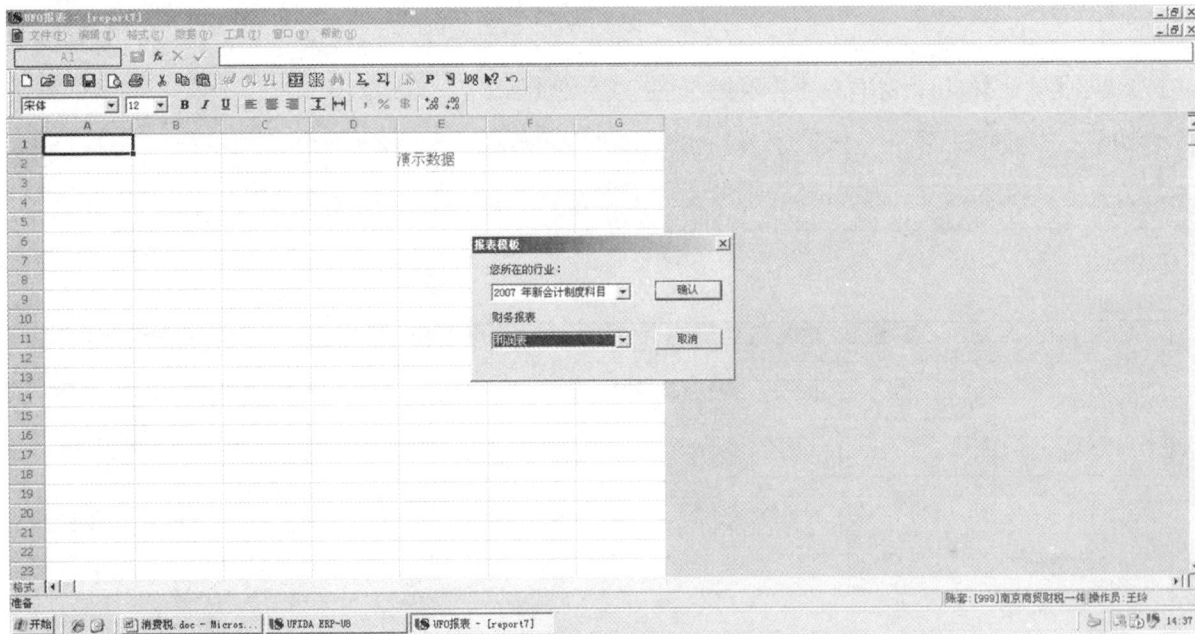

图 7 - 7

（12）单击【确认】按钮，弹出"模板格式将覆盖本表格！是否继续？"提示框。

（13）单击【确定】按钮，即可打开"利润表"模板，如图7-8所示。

（14）单击【格式/数据】按钮，使"利润表"处于格式状态。

（15）单击【格式/数据】按钮，使"利润表"处于数据状态。执行"数据"→"关键字"→"录入"命令，打开"录入关键字"对话框。

（16）输入关键字年为"2013"，月为"12"，日为"30"，如图7-9所示。

（17）单击【确认】按钮，弹出"是否重算第1页？"提示框，如图7-10所示：

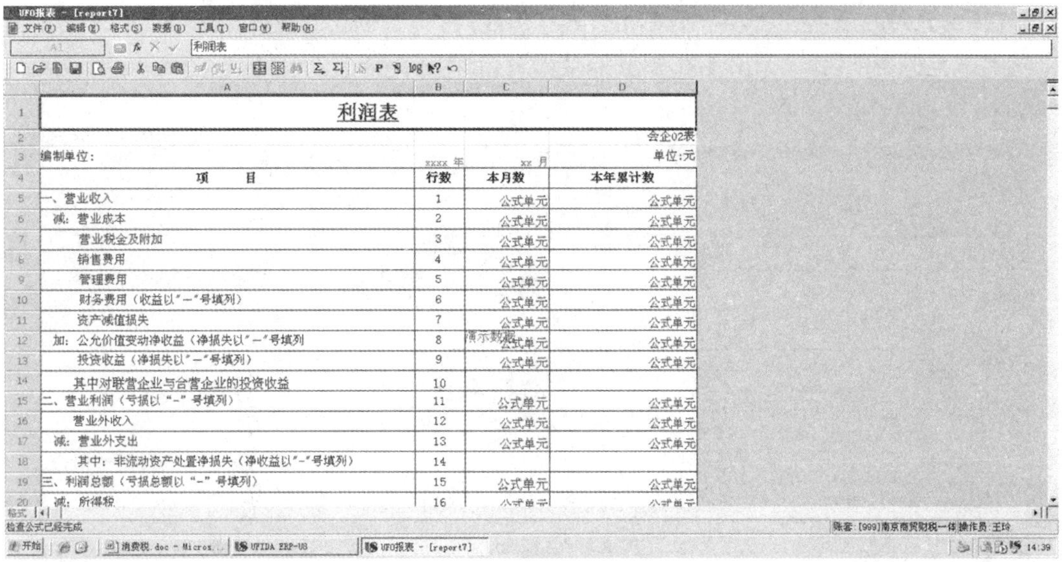
UFO报表 - [report7]
文件(F) 编辑(E) 格式(S) 数据(D) 工具(T) 窗口(W) 帮助(H)
利润表
会企02表
编制单位:
xxxx 年
xx 月
单位:元
项 目
行数
本月数
本年累计数
一、营业收入
减：营业成本
营业税金及附加
销售费用
管理费用
财务费用（收益以"－"号填列）
资产减值损失
加：公允价值变动净收益（净损失以"－"号填列
投资收益（净损失以"－"号填列）
其中对联营企业与合营企业的投资收益
二、营业利润（亏损以"－"号填列）
营业外收入
减：营业外支出
其中：非流动资产处置净损失（净收益以"－"号填列）
三、利润总额（亏损总额以"－"号填列）
减：所得税
公式单元
演示数据
检查公式已经完成
开始
UFIDA ERP-U8
14:39

图 7－8

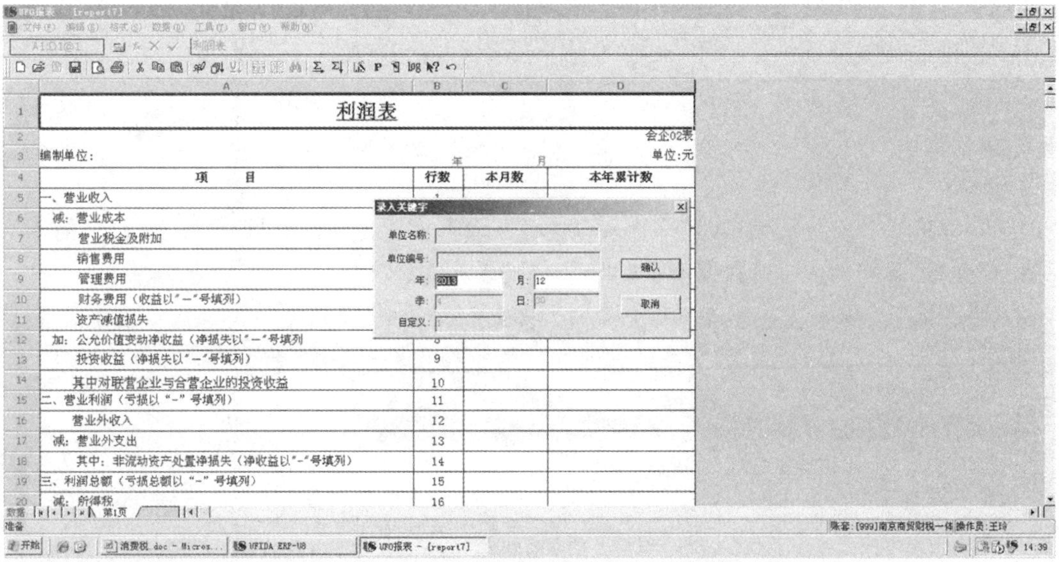
UFO报表 - [report7]
利润表
会企02表
编制单位:
年
月
单位:元
项 目
行数
本月数
本年累计数
录入关键字
单位名称:
单位编号:
年:
2013
月:
12
季:
日:
自定义:
确认
取消
一、营业收入
减：营业成本
营业税金及附加
销售费用
管理费用
财务费用（收益以"－"号填列）
资产减值损失
加：公允价值变动净收益（净损失以"－"号填列
投资收益（净损失以"－"号填列）
其中对联营企业与合营企业的投资收益
二、营业利润（亏损以"－"号填列）
营业外收入
减：营业外支出
其中：非流动资产处置净损失（净收益以"－"号填列）
三、利润总额（亏损总额以"－"号填列）
减：所得税
第1页
14:39

图 7－9

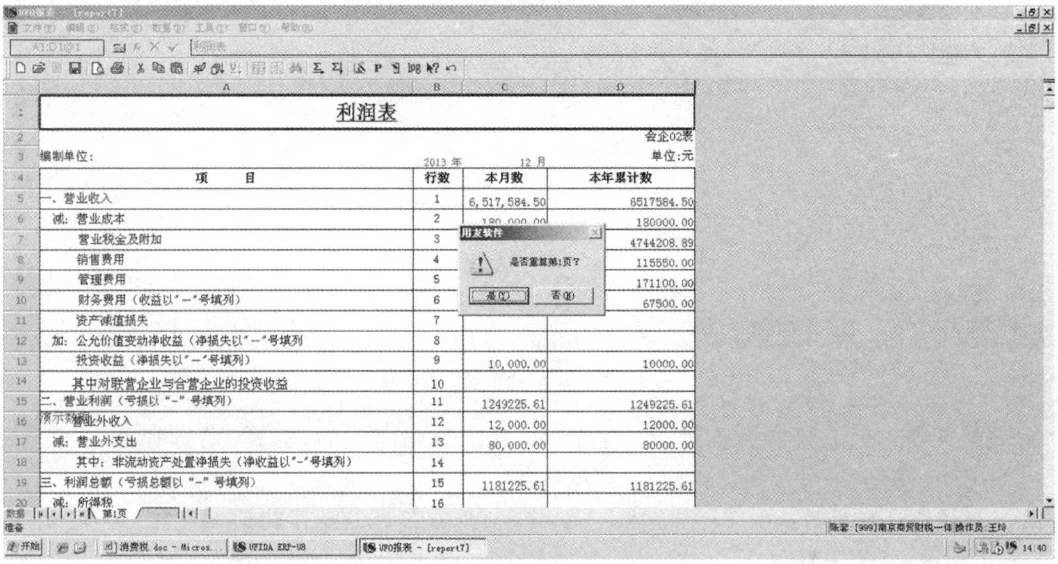
UFO报表 - [report7]
利润表
会企02表
编制单位:
2013 年
12 月
单位:元
项 目
行数
本月数
本年累计数
一、营业收入
6,517,584.50
6517584.50
减：营业成本
180000.00
营业税金及附加
4744208.89
销售费用
115550.00
管理费用
171100.00
财务费用（收益以"－"号填列）
67500.00
用友软件
是否重算第1页？
是(Y)
否(N)
资产减值损失
加：公允价值变动净收益（净损失以"－"号填列
投资收益（净损失以"－"号填列）
10,000.00
10000.00
其中对联营企业与合营企业的投资收益
二、营业利润（亏损以"－"号填列）
1249225.61
1249225.61
营业外收入
12,000.00
12000.00
减：营业外支出
80,000.00
80000.00
其中：非流动资产处置净损失（净收益以"－"号填列）
三、利润总额（亏损总额以"－"号填列）
1181225.61
1181225.61
减：所得税
第1页
14:40

图 7－10

(18) 单击【是】按钮,系统会自动根据单元公式计算 12 月份数据。

(19) 单击工具栏中的【保存】按钮,将生成的报表数据保存。

生成的资产负债表如图 7-11 所示:

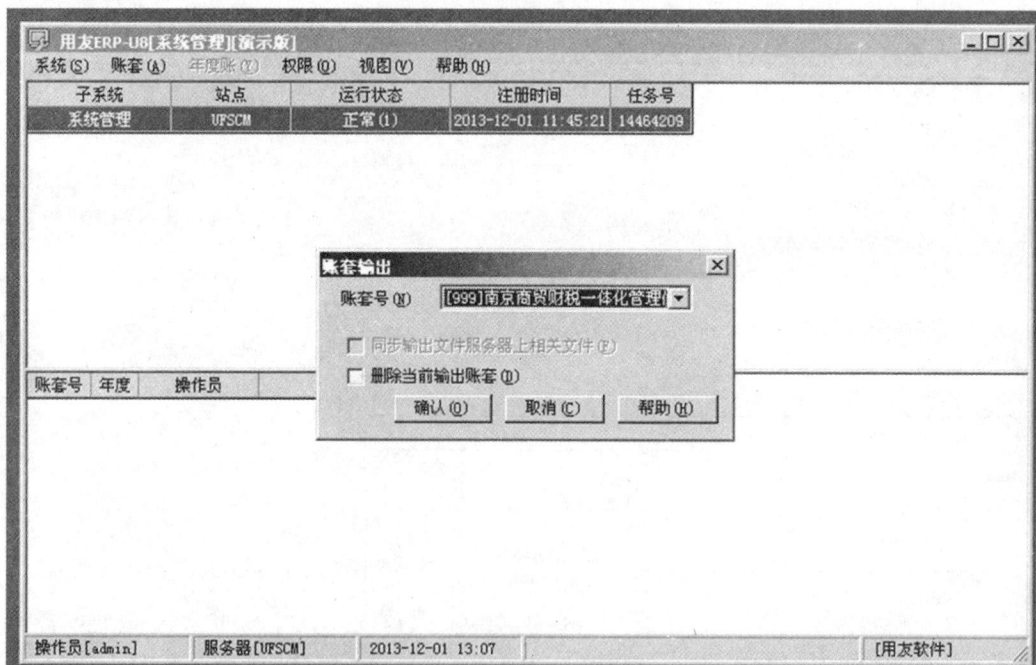

图 7-11

2. 备份账套数据

操作步骤如下:

(1) 以系统管理员身份注册,进入系统管理,执行"账套"→"输出"命令,打开"账套输出"对话框。

(2) 从"账套号"下拉列表中选择要输出的账套,单击【确认】按钮,如图 7-12 所示:

图 7-12

(3) 系统对所要输出的账套数据进行压缩处理,系统压缩完成后,打开"请选择账套备份路径"对话框。

(4) 选择存放账套备份数据的文件夹为"C:\实验账套\实验九",单击【确定】按钮,系统弹出"输出成功!"提示框,再次单击【确定】按钮。

第八章 电子税务系统概论

第一节 系统简介

一、功能概述

电子税务系统主要由税务实训系统和辅助系统构成,分为学生和教师两个操作身份,分别用于模拟企业税务实务中的办税人员或税务会计和税务征管员的角色。税务实训系统主要由学生操作应用,税务辅助系统主要由教师操作应用。

电子税务系统能够与财务系统紧密结合,通过大量生动的案例,引导学生进行财税一体化处理,避免了在教学中财务会计与税务处理的脱节。

在传统的教学中,学生很难了解真实的办税流程和实际业务环境。本系统通过模拟税务申报和开票环境,使学生融入仿真的税务申报和开票环境中,掌握申报及开票流程。

本系统为培养既懂财又懂税,既有扎实的理论基础又有财税实践经验的应用型人才,提供了一个全新的平台。

二、电子税务系统业务处理流程

电子税务系统与财务系统的关系,以及相应的业务处理流程,如图8-1所示:

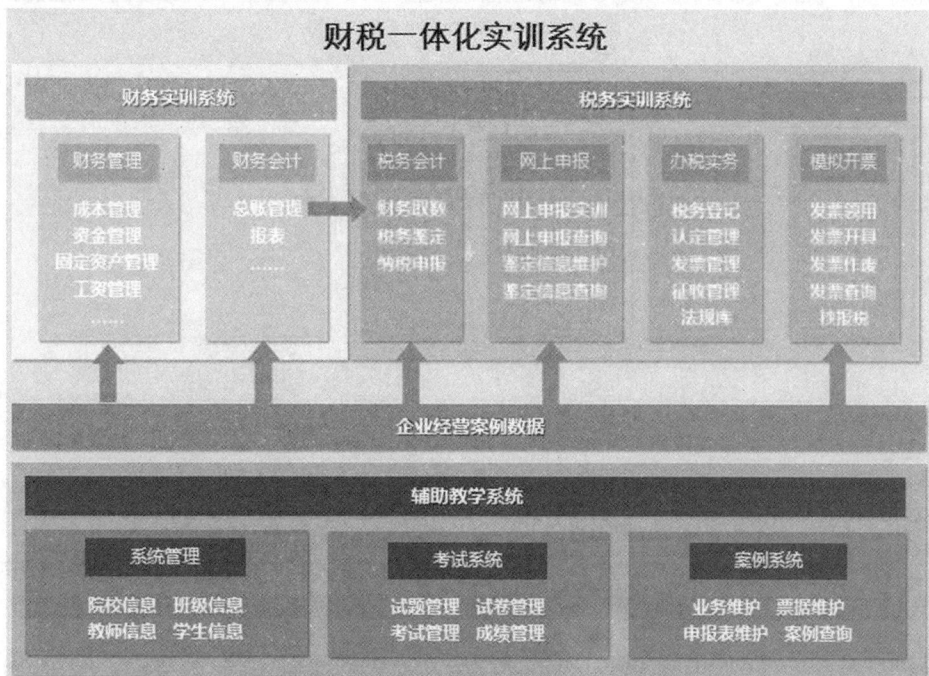

图8-1

第二节　系统功能简介

一、基础操作

1. 系统登录

系统安装完成后，双击桌面图标"税务实验室-实训系统"，打开"用户登录"窗口，如图8-2所示。输入学号、密码，选择年度和期间，单击【登录】按钮，即可登录成功，如图8-3所示。单击【关闭】按钮，关闭界面，单击【退出】按钮，退出登录界面。

图 8-2

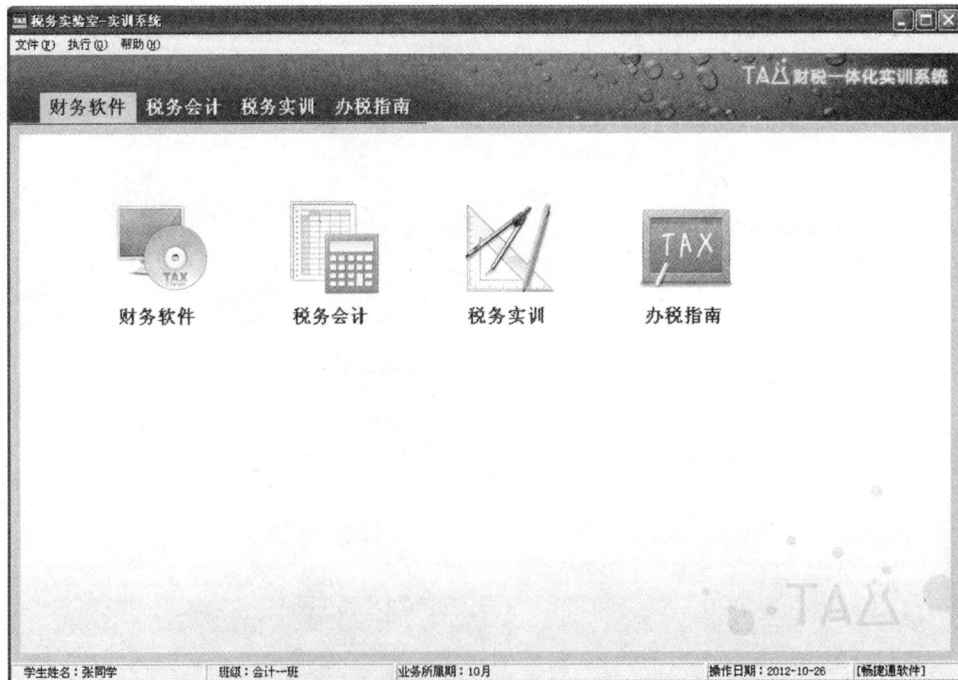

图 8-3

注：• 学生的登录信息（学号、密码）可以由老师统一在后台注册管理，并分配给学生；也可以由学生在本界面自行注册。

2. 学生注册

在系统登录界面,点击【注册】按钮,输入学号、姓名、班级等信息,点击【确定】按钮,系统提示"注册成功!",如图8-4。点击【退出】按钮,退出注册界面。

图 8-4

注:学生自己注册,要在老师预制好班级信息后才能进行。

3. 修改密码

在系统登录界面,点击【修改密码】按钮,如图8-5。输入需要修改密码的学生的学号、原密码和新密码等,点击【确定】按钮,即可完成修改。点击【退出】按钮,退出该界面。

图 8-5

4. 系统主界面

系统登录成功后,显示"税务实验室—实训系统"窗口,其界面分布情况如图8-6所示:

图 8-6

5. 系统菜单

1)"文件"菜单

【注销】：返回用户登录界面，重新登录，如图 8-7 所示。

在系统主界面，选择"文件"|"注销"菜单，打开"用户登录"对话框，如图 8-8 所示：

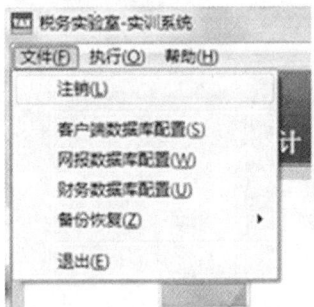

图 8-7

图 8-8

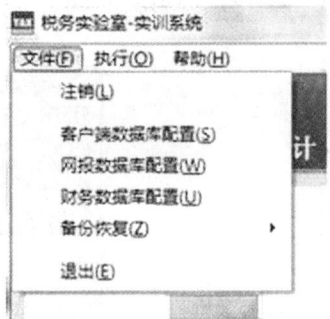

图 8-9

【客户端数据库配置】：进行客户端数据库信息配置，如图 8-9 所示。

在系统主界面，选择"文件"|"客户端数据库配置"菜单，打开"客户端数据库配置"对话框，如图 8-10 所示。填写服务器名、数据库名、数据库用户名、数据库密码，设置完成可进行【测试连接】，连接成功后，点击【确定】按钮退出。

用友财税一体化实验实训教程

图 8-10

注：
- 本功能在安装时已经设置好，以后可根据老师要求进行相应修改。
- 服务器名、数据库名、数据库用户名、数据库密码可以从系统管理员或教师处获得。

【网报数据库配置】：进行网报数据库信息配置，如图 8-11 所示。

在系统主界面，选择"文件"|"网报数据库配置"菜单，打开"网报数据库配置"对话框，如图 8-12 所示。填写服务器名、数据库名、数据库用户名、数据库密码，设置完成可进行【测试连接】，连接成功后，点击【确定】按钮退出。

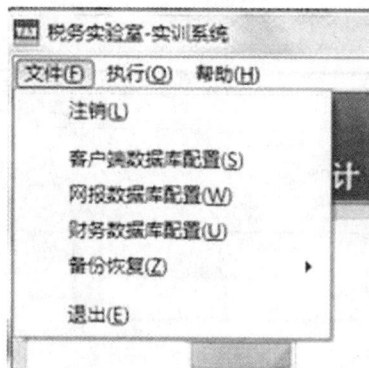

图 8-11

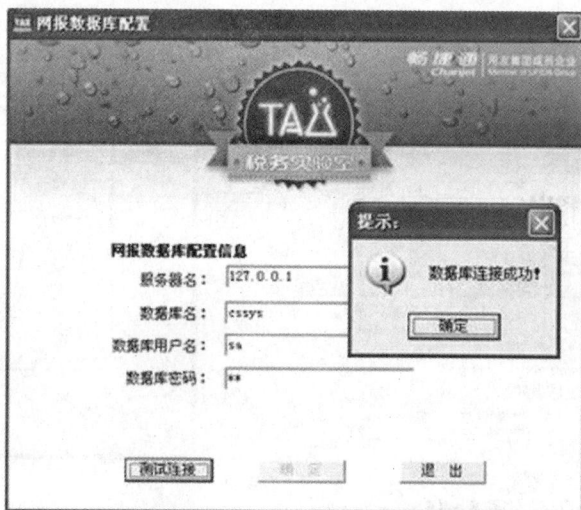

图 8-12

注：
- 本功能在安装时已经设置好，以后可根据老师要求进行相应修改。
- 服务器名、数据库名、数据库用户名、数据库密码可以从系统管理员或教师处获得。

【财务数据库配置】：进行财务数据库信息配置，如图 8-13 所示。

在系统主界面，选择"文件"|"财务数据库配置"菜单，打开"财务数据库配置"对话框，如图 8-14 所示。填写服务器名、数据库名、数据库用户名、数据库密码，设置完成可进行【测试连接】，连接成功后，点击【确定】按钮退出。

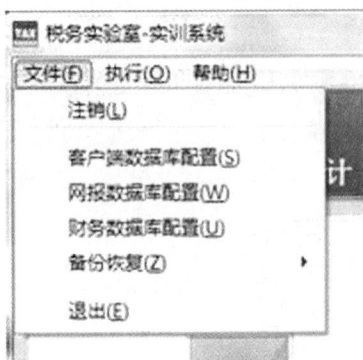

图 8 - 13

图 8 - 14

注：
- 本功能在安装时已经设置好，以后可根据老师要求进行相应修改。
- 服务器名、数据库名、数据库用户名、数据库密码可以从系统管理员或教师处获得。

【备份恢复】—【数据备份】：进行数据备份，如图 8 - 15 所示：

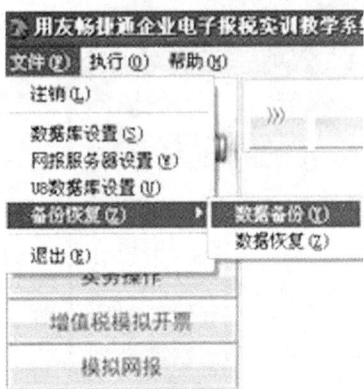

图 8 - 15

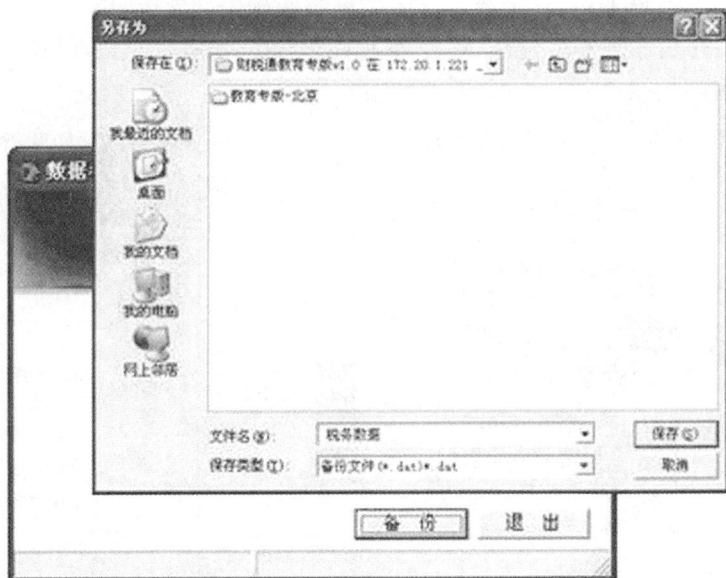

图 8 - 16

在系统主界面，选择"文件"|"备份恢复"|"数据备份"菜单，打开"数据备份"对话框，如图 8 - 16 所示。确认数据库地址、名称和密码等，点击【备份】，选择备份文件保存路径，输入文件名后，点击【保存】，完成备份。

【备份恢复】—【数据恢复】：进行数据恢复，如图 8 - 17 所示。

在系统主界面，选择"文件"|"备份恢复"|"数据恢复"菜单，打开"数据恢复"对话框，如图 8 - 18 所示。确认数据库地址、名称和密码等，点击【恢复】，选择要恢复文件所在路径，输入文件名后，点击【打开】，完成恢复。

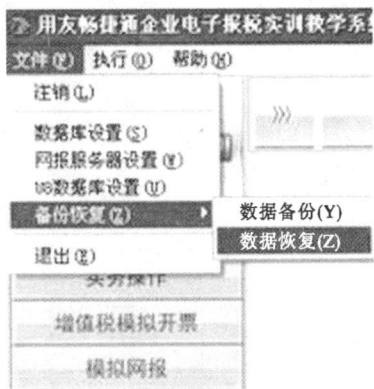

图 8－17

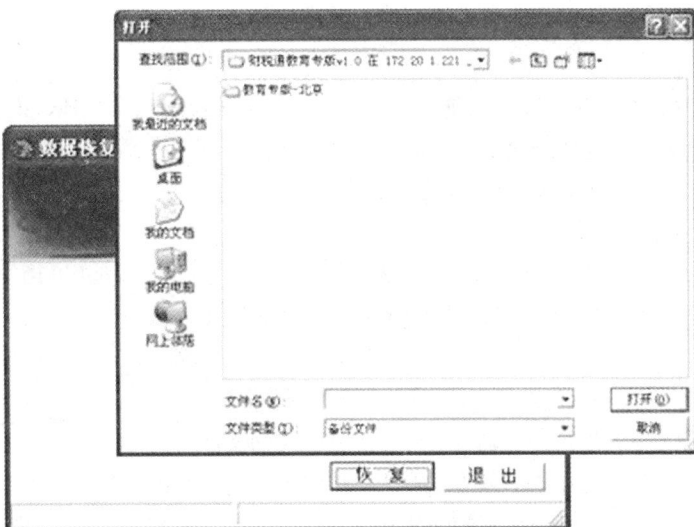

图 8－18

注：数据恢复后，必须重新登录系统，才能生效。

【退出】：直接退出系统。

在系统主界面，选择"文件"|"退出"菜单，退出"税务实验室—实训系统"，如图 8－19 所示：

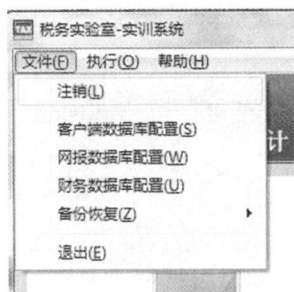

图 8－19

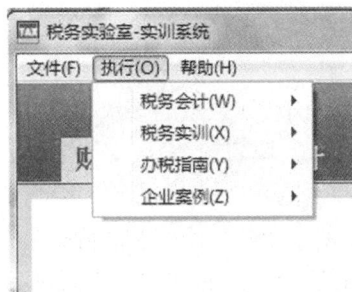

图 8－20

2）"执行"菜单

在系统主界面，"执行"菜单中包括本系统主要操作模块：税务会计、税务实训、办税指南、企业案例，如图 8－20 所示。

3）"帮助"菜单

在系统主界面，"帮助"菜单主要是软件版本介绍，如图 8－21 所示：

图 8－21

二、基本功能

财税一体化实训系统,除了 U8 财务系统部分以外,另一部分就是税务系统。税务系统主要由税务实训系统和辅助教学系统组成,其基本功能有:系统管理(管理员后台维护管理)、考试系统、案例系统、税务会计、网上申报、办税实务、模拟开票。

1. 系统管理

税务系统安装完成后,在初次使用时,需要以管理员(可指定为某一名教师)和教师两个身份登录辅助教学系统,进行相应的初始设置,才能正常使用。

1)管理员身份登录进行的主要的初始设置有:

院系信息维护:增加、修改和删除院系信息。

教师信息维护:增加、修改和删除教师账户。

班级信息维护:增加、修改和删除班级,并为班级指定相应的指导教师。

2)教师身份登录进行的主要的初始设置有:

学生信息维护:增加、修改和删除学生信息。

企业基本信息维护:模拟申报企业基本信息的增加、修改和删除。

企业鉴定信息维护:模拟申报企业税种和税目鉴定信息的增加、修改和删除。

2. 考试系统

考试系统,包括试题管理、试卷管理、考试管理、成绩管理四部分内容,方便老师更好地编制试题、出具试卷、分配学生考试,以及对考试成绩进行排名、统计、评价等后续教学成果管理。

1)试题管理

本系统采用课程、章节、知识点等多级分类进行题库设置,方便老师进行题库建设。其中的题型设置包括:单选、多选、判断题、填表题。

2)试卷管理

系统支持试卷的创建、预览、修改和删除。

系统支持随机组卷、手工组卷和两种方式结合组卷,随机组卷时可按照难易程度、章节知识点题量分布等多种条件进行组卷。

系统支持试卷复制,即能快速创建与已有试卷类似的试卷。

3)考试管理(练习考试设置)

考场监测:支持考试和考场分配,支持暂停考试,支持有效时间段、有效时长的设定。

试卷列表:根据考生权限、试卷有效时间等列出考生的试卷列表。

在线考试:包括考生参加考试、答卷、交卷、查看分数等完整过程。

自动计时功能:系统支持整套试卷计时。

在线查询:包括考生分数查询、答卷和答案查询。

评卷方式:支持自动评卷和手动评卷相结合的模式。

成绩管理:成绩的综合管理和查询。

可批量设定或按分组设定考生范围。

可批量导入和导出考生名单。

支持正式考试设定。

4)成绩管理

成绩的综合管理和查询。可按考试、班级、学生进行成绩查询、统计。

本部分内容将在附件教师指导手册中介绍。

3. 案例系统

案例系统是辅助教学的重要组成部分,支持老师对业务案例背景资料和经济业务的设置,供学生在凭证处理、财务报表编制以及纳税申报表填报等实训时使用,即老师在后台进行设置维护,学生在前端以案例展示形式使用,引导学生进行财税一体化处理。案例系统支持案例的业务编辑和原始凭证图片的上传。

案例系统分为网报案例维护和考试案例维护。

网报案例：老师登录后可以进行业务编辑、报表答案编辑，主要用于学生的模拟网报练习或考核。

考试案例：操作和网报案例相同，主要用于考试系统的填表题。

两者的区别在于：在模拟网报案例中可以预置多个申报期的标准答案，考试案例中只预置一个申报期的标准答案。

4. 税务会计

税务会计是税务实训系统的主要组成部分。本系统让学生能够系统学习从会计凭证制作到税务核算报表申报的财税一体化全过程。要求在掌握各项涉税业务的财务处理的同时，掌握税务核算、税务申报表填制、电子数据生成及报送全过程。

税务会计包括企业税务鉴定信息的下载，增值税、消费税、营业税、企业所得税和个人所得税等申报表的填写，申报电子数据生成三部分功能。

本部分相关内容将在第九章和第十章作重点介绍。

5. 网上申报

模拟真实网上申报环境，让学生系统学习网上申报的各项内容和操作，掌握企业真实网上申报流程和方法。

模拟网报按操作角色，分为学生纳税申报和老师申报管理两部分。

学生：纳税申报：按教学要求，对税务会计部分进行处理后，模拟多个税种的在线纳税申报和电子数据导入申报，并可进行企业基本信息、鉴定信息和税务法规的查询。

老师：申报管理：对学生的模拟申报情况进行查询，也可进行企业基本信息、鉴定信息和税务法规的查询。

本部分相关内容将在第十一章作重点介绍。

6. 办税实务

系统通过场景式办税流程模拟，让学生一目了然知道真实的办税过程（包括时间、所需资料等），并加以学习。熟悉并掌握各项办税流程实务，同时提供最新税收法规文件库，方便学生查阅学习掌握最新的国家税收法规知识。

办税实务包括税务登记、认定管理、发票外部管理、申报征收、政策法规查询和办税流程。

1）税务登记

对企业的设立登记、变更登记、税务登记验证、换证、遗失补办税务证件、注销登记等业务进行介绍，提供相应操作流程、资料、表格等，帮助企业便捷完成各类税务登记。

2）认定管理

对企业的税种登记、增值税一般纳税人认定、企业所得税征收方式鉴定等业务进行介绍，提供相应操作流程、资料、表格等，帮助企业便捷完成各类税务认定。

3）发票外部管理

包括发票领购资格（行政许可）、发票用票量的调整、防伪税控企业最高开票限额审批（行政许可）、税控收款机用户最高开票限额审批、防伪税控装置初始化发行、税控加油机装置初始化发行、发票领购、发票缴销、企业发票印制审批（行政许可）、发票丢失被盗报告、丢失被盗防伪税控设备处理的流程介绍，并提供相应操作流程、资料、表格等，帮助企业便捷完成各类发票的管理。

4）申报征收

包括总体介绍、增值税、消费税、营业税、企业所得税、个人所得税、资源税、城市维护建设税、房产税、印花税、城镇土地使用税、土地增值税、车船税、烟叶税、耕地占用税、契税、进出口税收、教育费附加等十八类税种业务以及申报流程的介绍，提供资料、法规报表等，帮助学生掌握各类税务申报方法。

5）政策法规查询

提供按地区、税种、行业、文号等查询最新税务法律法规，提供税务处理的政策依据。

6）办税流程

通过场景式办税流程模拟，让学生一目了然知道真实的办税过程（包括时间、所需资料等），并加以学习、掌握。

7. 模拟开票

系统模拟真实的增值税开票过程,含开票准备、增值税发票管理以及后续的抄报税管理,让学生系统学习并掌握企业真实的增值税开票过程。

模拟开票包括系统设置、发票管理和抄报税处理。

系统设置:包括系统初始化、客户和商品编码设置、发票类别和编码设置。

发票管理:包括发票领用、退回、发票填开、发票作废、发票查询。

抄报税处理:包括抄税处理和报税处理。

本部分相关内容将在第十二章作重点介绍。

第九章 企业税务信息鉴定

第一节 系 统 简 介

　　企业实际应用用友财税一体化软件时,税务信息的鉴定是首要工作,即用户需要将自己的税务信息,包括企业基本信息、申报税种等,从税务局后台或网上申报系统按期下载、确认;不能提供税务信息下载的地区,由用户根据税务登记等手工选择填写和系统自动从财务账套取数来进行完善。只有税务信息鉴定确认,系统才能展现用户要申报的税种、税目、税率、申报表类型,进行后续税务表报的处理。

　　本系统中,企业税务信息鉴定包括:纳税人基本信息、纳税维护、增值税和企业所得税累计数信息。用户需从网报服务器中下载,这是税务实训的第一步。每个业务期都必须下载鉴定信息,才能进行相应税种的填写和申报。

　　注:

- 如果鉴定信息中没有某个税种,那么系统中就不会出现该税种的核算。
- 获取鉴定信息时,必须确定本计算机与模拟网报服务器可以正常连接。

第二节 一般性实验流程

一、鉴定信息下载

在系统主界面,执行"税务会计"|"企业鉴定信息"命令,打开"企业鉴定信息"对话框,如图9-1所示:

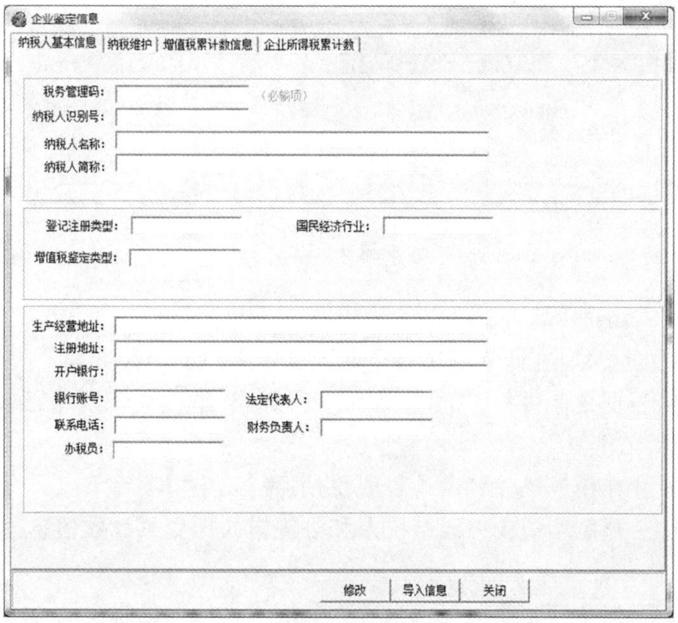

图 9-1

输入税务管理码,单击【导入信息】按钮,系统提示"导入完成",如图9-2所示:

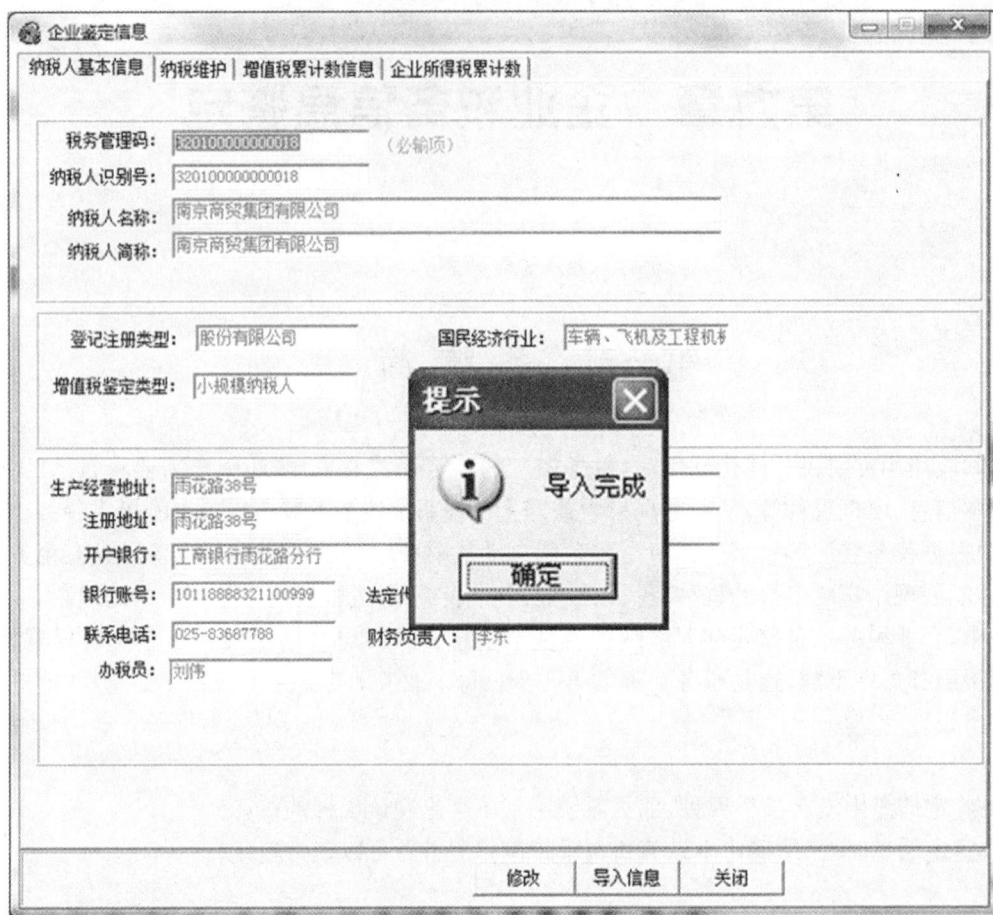

图 9-2

二、鉴定信息维护

如图9-3,点击【修改】按钮,税务管理码区域即显示可编辑状态,重新输入管理码,点击【导入信息】,系统提示"已填报数据将被清空,是否继续?",点击【是】,系统提示"导入完成",修改成功。

图 9-3

注:

• 学生根据老师的教学要求,在此界面进行企业税务管理码的切换下载。

• 纳税人基本信息:根据企业税务登记,包括税务管理码、纳税人识别号、纳税人名称、注册类型、注册地址等基本信息。

• 纳税维护:显示企业在税务机关鉴定的各项税种、税目、申报项目信息。

• 增值税累计数信息:显示增值税一般纳税人和小规模人历史累计数信息。该数据将过入增值税申报表。

• 企业所得税累计数:显示与企业所得税报表相关的累计数等信息。

实验十　企业税务信息鉴定

【实验目的】

1. 熟悉掌握企业鉴定信息的来源，鉴定信息下载、维护的作用和操作方法。

2. 理解企业实际税务信息鉴定的一般流程与意义。

【实验内容】

1. 鉴定信息下载。

2. 鉴定信息维护。

【实验准备】

将系统日期修改为"2013/12/01"，完成涉税凭证的财务处理工作。

【实验要求】

根据实验资料信息，以学生身份登录"用友企业电子报税实训教学系统"，进行业务处理。

【实验资料】

企业相关信息：

南京商贸集团有限公司(简称南京商贸)位于南京市中山西路 12 号，法人代表张成，联系电话 025 - 84663100，邮政编码 210002，企业纳税登记号 320100000000334，企业类型为有限责任公司。

该集团属于一般纳税人，非小型微利企业，涉及的主要业务有商品(家用电器等)生产、批发，包括商品批发零售，产品生产销售；企业所得税实行查账征收；下设多个事业部门，分别负责不同的业务线内容。不考虑季度申报情况，采用 2007 新会计制度科目核算体系，记账本位币为人民币，于 2013 年 12 月 1 日采用计算机系统进行财税核算及企业日常业务处理。

本单位开户银行，编号 001，名称：南京市招商银行珠江路支行，账号：800245788210

企业内部岗位分工情况如表 9 - 1 所示：

表 9 - 1　企业内部岗位分工

编　号	姓　名	角　色	职　责
01	张成	账套主管	负责系统日常管理，具有全部权限
02	王玲	总账会计	负责总账、报表、公共目录设置
03	陈明	税务会计	税务会计处理(建议学生用本人身份替代陈明)

【操作指导】

1. 以学生身份，登录"税务实验室—U8 实训系统"

注：学生以自己的姓名与学号进行注册，系统登录的账号与初始密码为注册学号。

操作步骤如下：

1) 执行"开始"→"程序"→"税务实验室—实训系统"命令，进入用户登录界面，如图 9 - 4。

2) 在登录窗口，输入学号和密码，选择年度"2013"和期间"12 月"，单击【登录】按钮，进入系统主界面，如图 9 - 5。

2. 下载、确认企业鉴定

操作步骤如下：

1) 如图 9 - 6，在系统主界面，执行"实务会计"→"企业鉴定信息"，出现"纳税人基本信息"页面，在税务管理码空白编辑区，输入税务管理码"3201000000000334"，如图 9 - 7。

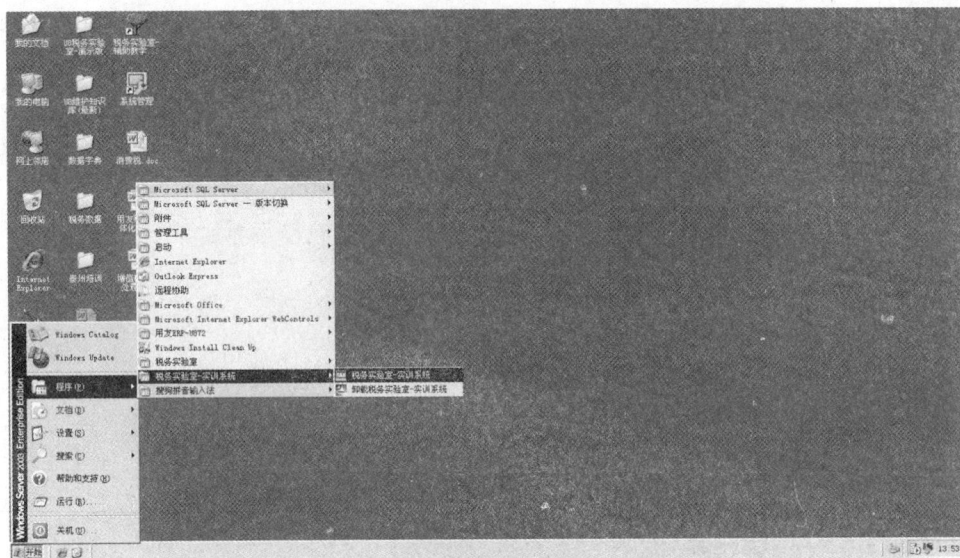

图 9-4

图 9-5

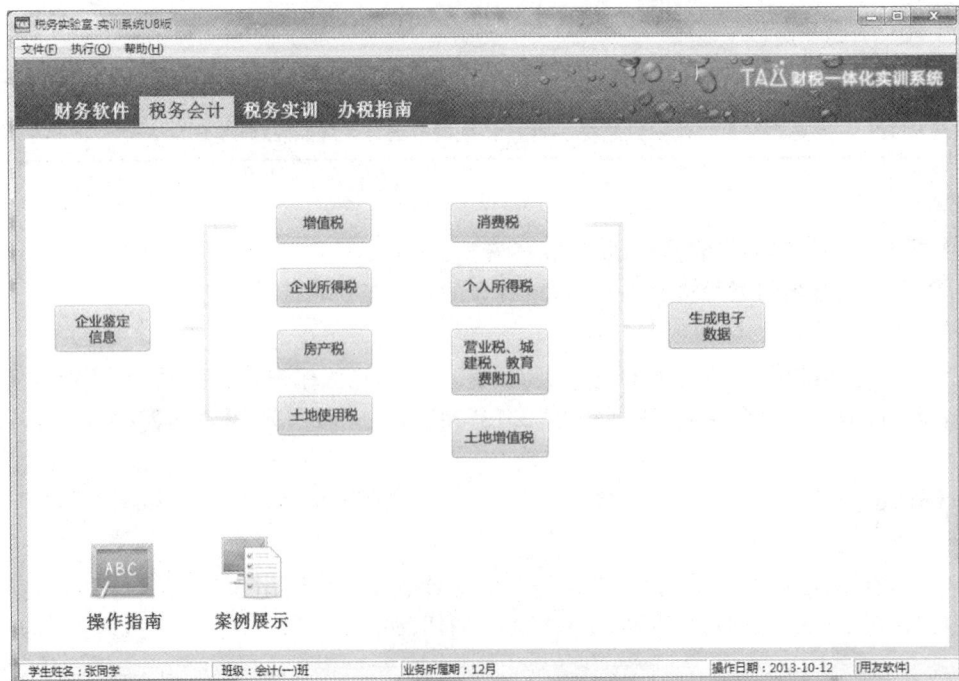

图 9-6

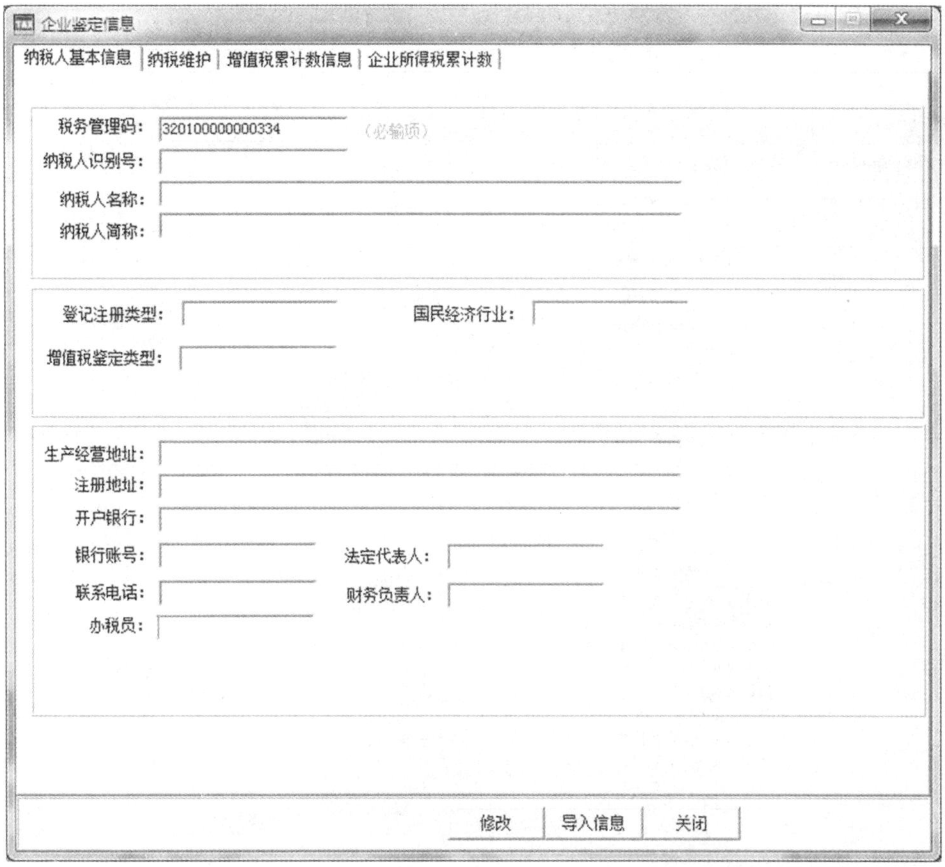

图 9 - 7

2）点击【导入信息】按钮，下载南京商贸的鉴定信息，系统提示导入完成，点击【确定】按钮，如图 9 - 8。

图 9 - 8

3）在企业鉴定信息"纳税维护"页签中，查看并确认南京商贸的税种、税目和申报项目鉴定等信息后，单击【关闭】，如图 9-9。

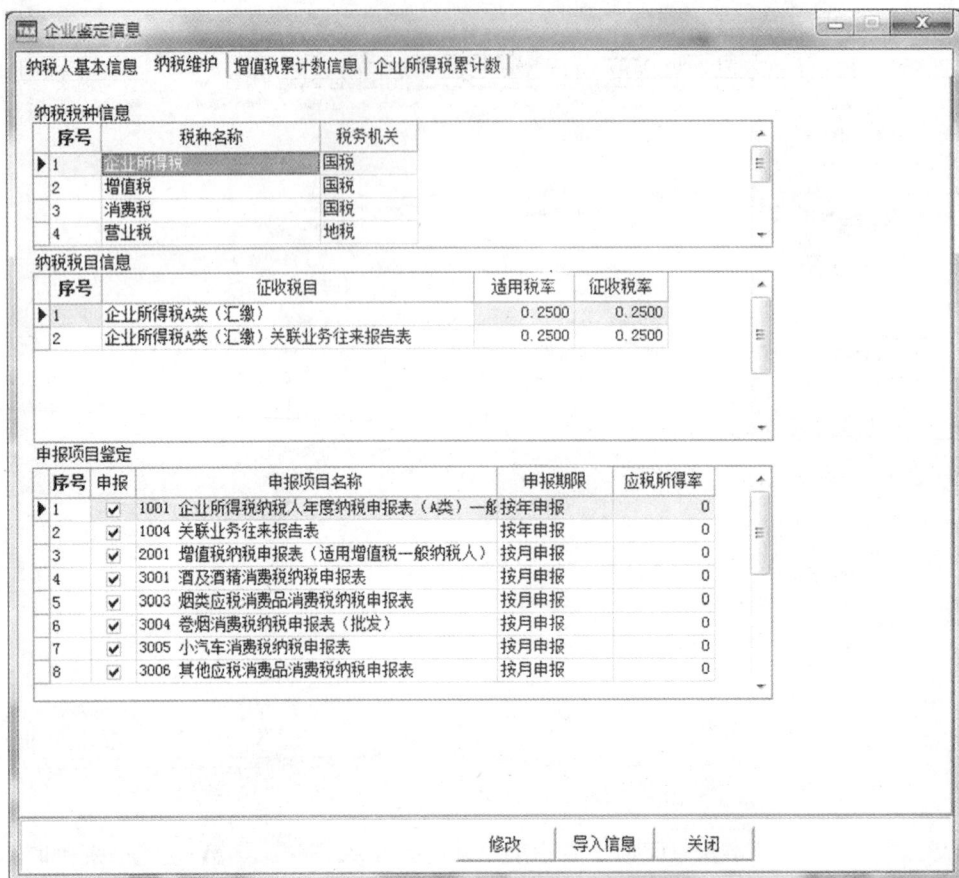

图 9-9

注：
• 如需重新下载鉴定，可单击【修改】按钮，税务管理码区域即显示可编辑状态，重新输入管理码，点击【导入信息】即可。
• 如果是对同一企业进行更新下载，直接点击【导入信息】即可。

第十章 税务报表填制

第一节 系 统 简 介

系统根据下载的企业税务鉴定信息,展现相应的税务申报表,用户可以结合涉税财务凭证,依据税收法规以及填表说明等,进行增值税、消费税、营业税、企业所得税、个人所得税申报表填制或取数,最后生成电子数据。

本章主要介绍增值税、消费税、营业税、企业所得税、个人所得税等报表的填写或财务取数及生成电子数据。

本系统不仅支持用户直接填写报表,还支持从 U8 财务软件取数来采集各种税务数据信息,以方便用户选择适合的方式进行税务处理。

第二节 一般性实验流程(以增值税为例说明)

一、申报税种选择

增值税:提供增值税申报表的填写、导出、打印等功能。系统提供直接填写报表和财务软件取数两种方式完成增值税申报表的填制。

在系统主界面,执行"税务会计"|"增值税申报"命令,打开"申报项目选择"对话框,如图 10 - 1 所示。选择"增值税纳税申报表",单击【确定】按钮,打开增值税纳税申报表填写或取数界面,如图 10 - 2 所示:

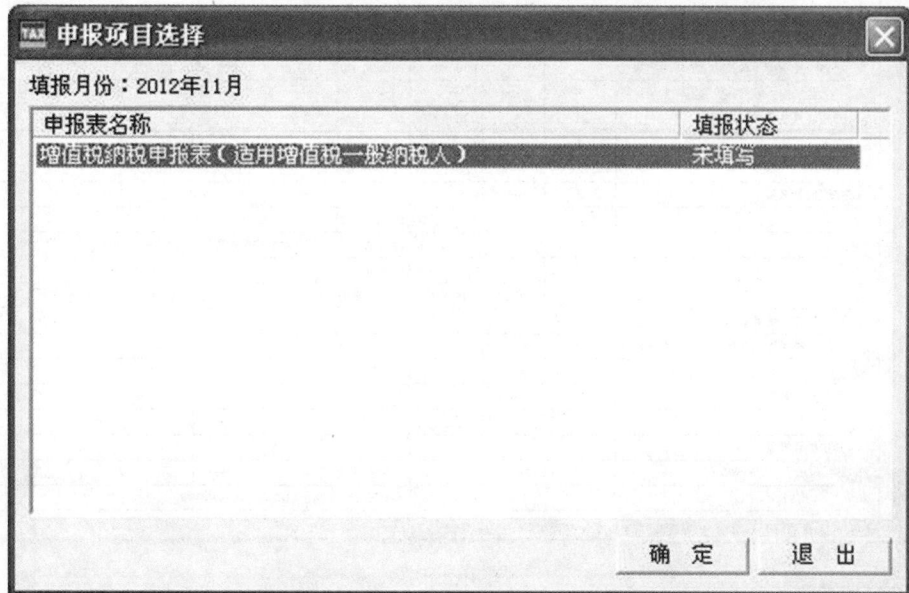

申报表名称	填报状态
增值税纳税申报表(适用增值税一般纳税人)	未填写

填报月份:2012年11月

【TAX 申报项目选择】

确 定 退 出

图 10 - 1

増值税纳税申报表附列资料（表一）

（本期销售情况明细）

税款所属时间　2012年11月01日　至　2012年11月30日
纳税人名称（公章）　南京华新购物中心　　填表日期：　2012年11月05日

一、按适用税率征收增值税货物及劳务的销售额和销项税额明细

项目	栏次	应税货物						应税劳	
		17%税率			13%税率				
		份数	销售额	销项税额	份数	销售额	销项税额	份数	销售
防伪税控系统开具的增值税专用发票	1								
非防伪税控系统开具的增值税专用发票	2	——	——	——					
开具普通发票	3								
未开具发票	4	——							
小计	5=1+2+3+4	——							
纳税检查调整	6								
合计	7=5+6								

二、简易征收办法征收增值税货物的销售额和应纳税额明细

项目	栏次	6%征收率			4%征收率		
		份数	销售额	应纳税额	份数	销售额	应纳税额
防伪税控系统开具的增值税专用发票	8						
非防伪税控系统开具的增值税专用发票	9	——	——	——	——		——
开具普通发票	10				——		
未开具发票	11	——			——		
小计	12=8+9+10+11				——		
纳税检查调整	13				——		
合计	14=12+13						

三、免征增值税货物及销售额明细

图 10 - 2

二、手工填写报表

在图 10 - 2 增值税申报表界面，单击空白单元格，输入数据即可，如图 10 - 3 所示。

増值税纳税申报表附列资料（表一）

（本期销售情况明细）

税款所属时间　2012年11月01日　至　2012年11月30日
纳税人名称（公章）　南京华新购物中心　　填表日期：　2012年11月05日

一、按适用税率征收增值税货物及劳务的销售额和销项税额明细

项目	栏次	应税货物						应税劳务	
		17%税率			13%税率				
		份数	销售额	销项税额	份数	销售额	销项税额	份数	销项税
防伪税控系统开具的增值税专用发票	1	20	500000.00	85000.00	3	10000.00	1300.00		
非防伪税控系统开具的增值税专用发票	2	——	——	——					
开具普通发票	3	30	600000.00	102000.00					
未开具发票	4	——							
小计	5=1+2+3+4		100000.00	187000.00		10000.00	1300.00		
纳税检查调整	6								
合计	7=5+6		100000.00	187000.00		10000.00	1300.00		

二、简易征收办法征收增值税货物的销售额和应纳税额明细

项目	栏次	6%征收率			4%征收率			
		份数	销售额	应纳税额	份数	销售额	应纳税额	份
防伪税控系统开具的增值税专用发票	8							
非防伪税控系统开具的增值税专用发票	9							
开具普通发票	10							
未开具发票	11							
小计	12=8+9+10+11							
纳税检查调整	13							
合计	14=12+13							

三、免征增值税货物及销售额明细

图 10 - 3

注：有表间勾稽关系的单元格会自动取数计算，无需手工输入数据。

用友财税一体化实验实训教程

三、财务账套取数

在图 10-2 增值税申报表界面,选择白色单元格(数值型),通过【科目余额】按钮即可完成从指定财务软件的账套取数。

【业务处理过程】

1. 财务数据库配置

在图 10-2 中,选择相应的附表,单击白色单元格(数值型),单击【科目余额】,打开 U8 数据库设置界面,如图 10-4 所示;选择财务软件所在的服务器名、数据库用户名、密码、账套和年度,点击【测试连接】,再点击【确定】按钮,系统显示如图 10-5 的财务取数窗口(科目余额)。

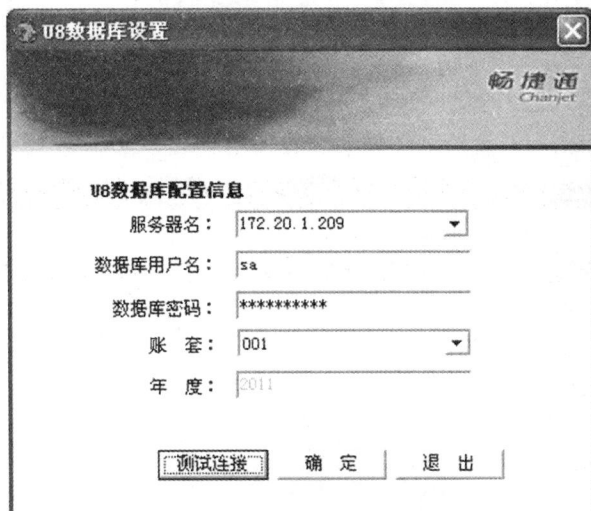

图 10-4

图 10-5

注：

• 在图 10‑5 中单击"查询条件"，打开"查询条件"对话框，如图 10‑6 所示，可通过会计期间和会计科目来快速查询某科目。该功能还可用于快速定位取数科目。

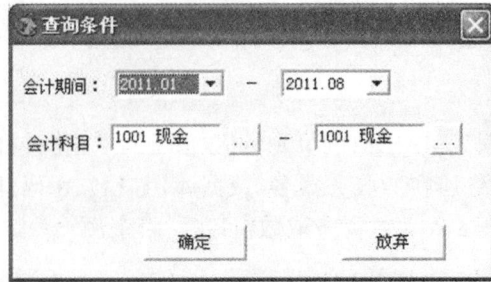

图 10‑6

• 在图 10‑5 中双击某一科目记录，系统显示该科目凭证明细，如图 10‑7 所示；双击其中某条凭证，可查看到该凭证详细信息，如图 10‑8 所示。该功能还可用于财务取数参考。

图 10‑7

图 10‑8

用友财税一体化实验实训教程

2. 确认取数条件

在财务取数界面,如图 10-5,勾选要取数的会计科目、取数条件,点击【确定】按钮,即可完成相应的取数。如图 10-9 所示,当前单元格取数完成,报表显示财务数据已录入。

图 10-9

注:并不是所有单元格都可以财务取数,对于能财务取数的项目,需手工填写,这样才能完成报表的完整填报。

四、数据保存

在增值税申报表界面,所有主附表数据取数或填写完成,检查无误后,点击【保存】,即完成增值税报表数据填写。其后可进行预览、打印等其他操作。

五、数据修改

打开增值税申报表界面,选择要修改的单元格,直接修改数据或从科目取数,点击【保存】即可。

六、报表导出

将当前报表转换成 Excel 格式,并导出到外部保存。

【业务处理过程】

1. 在增值税申报表界面,单击【导出】按钮,打开"输出 Excel 文件"窗口,如图 10-10 所示:

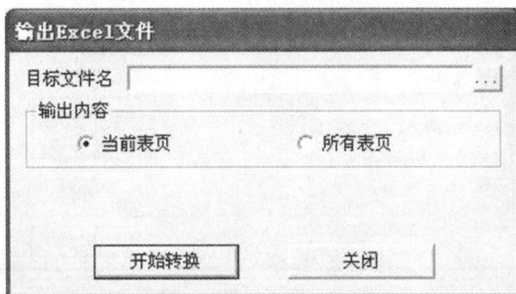

图 10-10

2. 单击【选择路径】按钮,打开"选择 Excel 文件名"窗口,在下拉框中选择保存的路径(系统默认保存路径为软件安装时所在文件夹),输入文件名,如图 10 - 11 所示:

图 10 - 11

3. 点击【保存】,回到"输出 Excel 文件"窗口,此时目标文件名文本框里显示刚才所选的地址和文件名,如图 10 - 12 所示。

4. 选择当前表页或所有表页,单击【开始转换】按钮,系统提示转换完毕,即可到相应路径下查找该文件。

七、页面设置

在增值税申报表界面,单击【设置】按钮,打开"页面设置"对话框,如图 10 - 13 所示;点击相应的页签(打印内容、页眉、页脚等),根据需要进行设置,完成后点击【确定】即可。

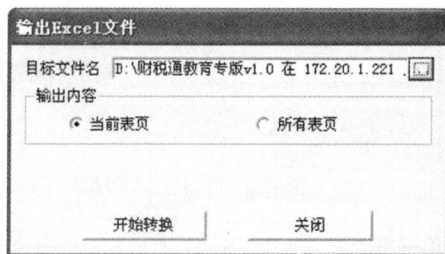

图 10 - 12

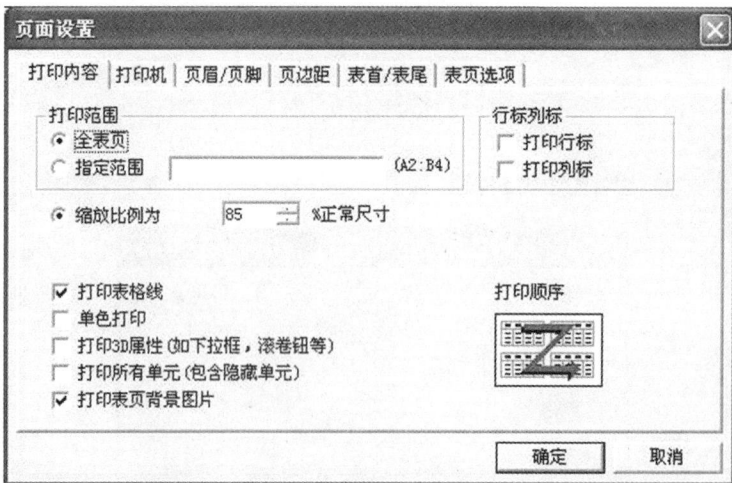

图 10 - 13

八、打印预览

在增值税申报表界面，单击【预览】按钮，打开“打印预览”对话框，如图 10 - 14 所示。可使用打印页、缩放比例等，进行打印前的效果预览。点击【退出】，退出预览界面。

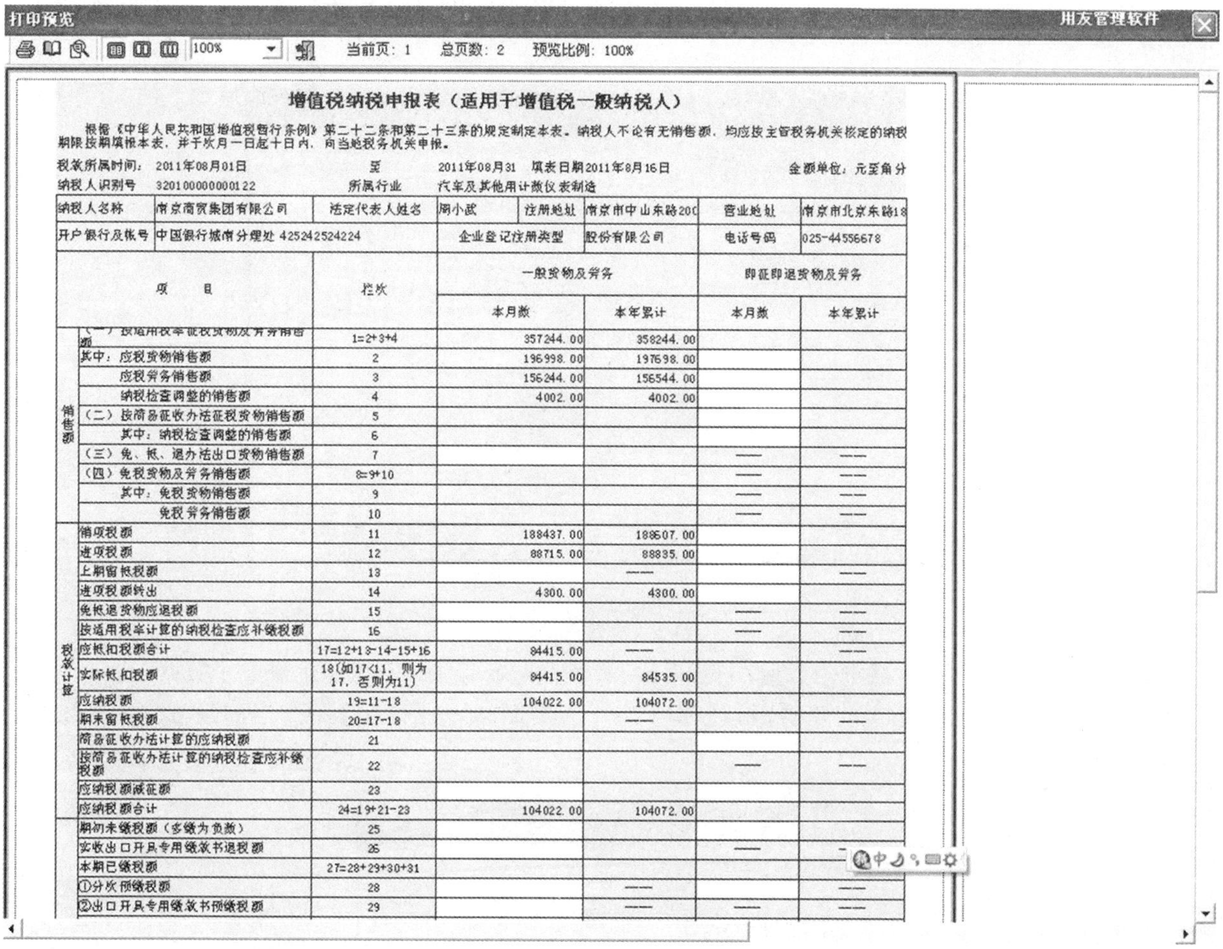

增值税纳税申报表（适用于增值税一般纳税人）

根据《中华人民共和国增值税暂行条例》第二十二条和第二十三条的规定制定本表。纳税人不论有无销售额，均应按主管税务机关核定的纳税期限按期填报本表，并于次月一日起十日内，向当地税务机关申报。

税款所属时间：2011年08月01日 至 2011年08月31 填表日期2011年8月16日 金额单位：元至角分

纳税人识别号 320100000000122 所属行业 汽车及其他用计数仪表制造

纳税人名称	南京商贸集团有限公司	法定代表人姓名	周小武	注册地址	南京市中山东路20(	营业地址	南京市北京东路18
开户银行及帐号	中国银行城南分理处 425242524224		企业登记注册类型		股份有限公司	电话号码	025-44556678

项目		栏次	一般货物及劳务		即征即退货物及劳务	
			本月数	本年累计	本月数	本年累计
销售额	（一）按适用税率征税货物及劳务销售额	1=2+3+4	357244.00	358244.00		
	其中：应税货物销售额	2	196998.00	197698.00		
	应税劳务销售额	3	156244.00	156544.00		
	纳税检查调整的销售额	4	4002.00	4002.00		
	（二）按简易征收办法征税货物销售额	5				
	其中：纳税检查调整的销售额	6				
	（三）免、抵、退办法出口货物销售额	7			——	——
	（四）免税货物及劳务销售额	8=9+10			——	——
	其中：免税货物销售额	9			——	——
	免税劳务销售额	10			——	——
税款计算	销项税额	11	188437.00	188507.00		
	进项税额	12	88715.00	88835.00		
	上期留抵税额	13		——		——
	进项税额转出	14	4300.00	4300.00		
	免抵退货物应退税额	15			——	——
	按适用税率计算的纳税检查应补缴税额	16			——	——
	应抵扣税额合计	17=12+13-14-15+16	84415.00	——		——
	实际抵扣税额	18(如17<11，则为17，否则为11)	84415.00	84535.00		
	应纳税额	19=11-18	104022.00	104072.00		
	期末留抵税额	20=17-18		——		——
	简易征收办法计算的应纳税额	21				
	按简易征收办法计算的纳税检查应补缴税额	22			——	——
	应纳税额减征额	23				
	应纳税额合计	24=19+21-23	104022.00	104072.00		
	期初未缴税额（多缴为负数）	25				
	实收出口开具专用缴款书退税额	26			——	—
	本期已缴税额	27=28+29+30+31				
	①分次预缴税额	28		——		——
	②出口开具专用缴款书预缴税额	29		——	——	——

图 10 - 14

九、报表打印

在增值税申报表界面，单击【打印】按钮，打开“打印”对话框，如图 10 - 15 所示，可选择打印范围、份数等。点击【确定】保存当前设置；点击【打印】，打印当前报表。

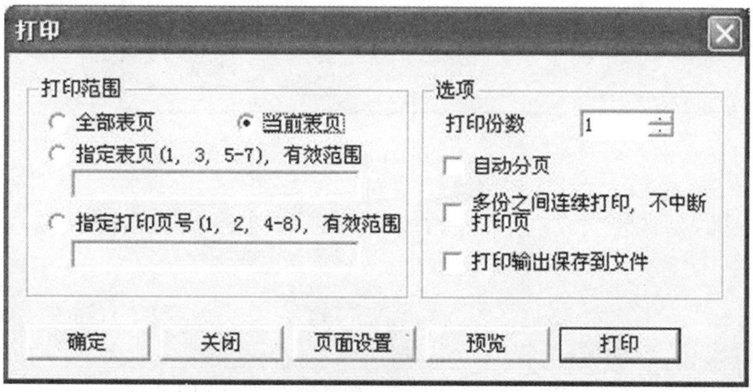

图 10 - 15

十、电子数据生成

将已填写完成的各类申报表,转换成可进行模拟网络申报的数据文件。

【业务处理过程】

1. 在系统主界面,执行"税务会计"|"生成电子数据"命令,打开"生成电子数据界面"对话框,如图10-16所示:

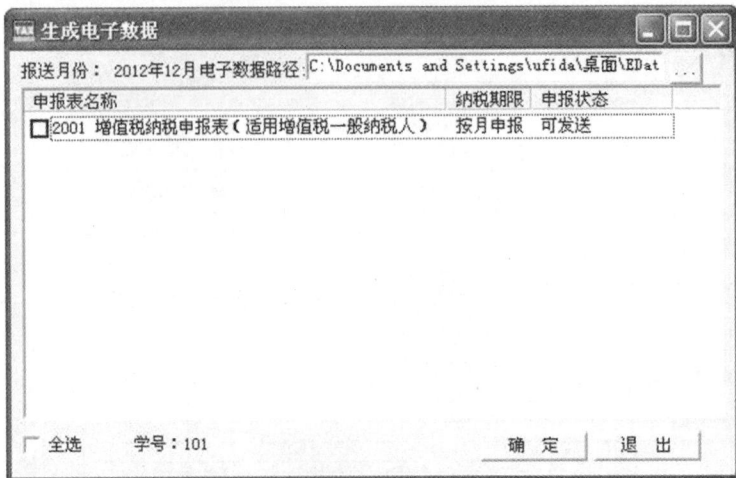

图 10-16

注:可发送状态,即可生成电子数据;未填报状态,即需先填写好报表才能生成电子数据。

2. 选择电子数据所要保存的路径,默认保存路径为桌面,单击【确定】保存当前设置,如图 10-17所示:

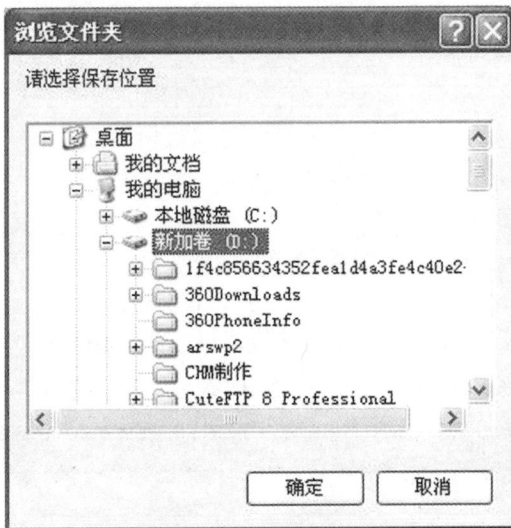

图 10-17

3. 在图 10-16 界面,勾选要生成电子数据的申报表或勾选全选,点击【确定】,系统提示执行成功,电子数据已经生成好。

注:

- 系统提示"执行成功",表示电子数据已生成。
- 生成好的电子数据,可以在保存文件夹中查看或进行模拟网上申报。
- 电子数据生成以后,在上传网报系统之前都可以修改报表再次生成。

实验十一 增值税报表填制

【实验目的】

熟悉与掌握增值税进项、销项、抵扣等相关知识,正确填写申报表。

【实验内容】

增值税进项、销项计算。

增值税报表填写。

电子数据生成。

【实验准备】

完成企业税务信息鉴定。

【实验要求】

根据实验资料信息,以学生身份登录"用友企业电子报税实训教学系统"进行业务处理。

【实验资料】

1. 家电事业部 2013 年 12 月 3 日购进彩电 240 台总价 120 000 元,货款由银行存款支付,转账支票,票号 12345。取得增值税专用发票 1 份。

2. 家电事业部 2013 年 12 月 4 日购进家庭影院 400 套,取得的增值税专用发票上注明价款 2 000 000元,税款 340 000 元。支付运输单位运输费用,取得 1 张货运专用发票,运费金额 70 000 元,税额 7 700 元,转账支票,票号 1234502。

3. 2013 年 12 月 4 日家电事业部采取以旧换新方式销售洗衣机 200 台,旧洗衣机收购价 200 元/台,出售的新洗衣机实际收款 1 800 元/台(含税)。开具增值税普票 100 份。

4. 2013 年 12 月 5 日家电事业部向晨光商贸公司批发彩电,开具增值税专用发票,应收不含税销售额30 万元,由于月末前可将全部货款取回,给所有购货方的销售折扣比例为 5%。

5. 2013 年 12 月 5 日家电事业部零售 10 台 LED 彩电给晨光商贸公司,取得含税收入 40 000 元。开具增值税专用发票 1 份。

6. 2013 年 12 月 6 日农产品事业部当月购进的面粉因管理不善毁损了 20 000 元(13%)。

7. 2013 年 12 月 7 日农产品事业部从某粮食加工企业购进面粉 3 000 袋,大米 4 000 袋,货款已全部支付,并取得增值税专用发票,货款(不含税)为 480 000 元(13%)。

8. 2013 年 12 月 7 日家电事业部销售冰箱 50 台,每台不含税售价 3 500 元,并实行"买一赠一",赠送的小家电价值(美的落地扇)为 100 元/件(不含税),成本为 80 元(17%)。开具增值税专用发票 30 份,赠品未开票。

9. 2013 年 12 月 8 日综合采购部购进 10 台收款机以提高工作效率,取得的增值税专用发票上注明价款 80 000 元,税款 13 600 元。另支付运费 1 000 元作为运输费用,取得 1 张货运专用发票,税款 30 元。

10. 2013 年 12 月 8 日家电事业部购入联营加工厂部的冰箱一批,取得认证税控发票,价款 100 000元,税款 17 000 元,款未付,货物已入库。

11. 2013 年 12 月 20 日人力资源部将公司生产的电暖器向职工发放作为福利,电暖器价值 234 000元,发放对象为生产部门职工。成本 180 000 元(可抵扣)。

12. 2013 年 12 月 15 日综合采购部购买钢材一批,价值 100 000 元,税金 17 000 元,已验收入库,银行支付款项,取得增值税专用发票 1 份。当月,领用该材料一批用于修缮仓库,价款 20 000 元,税款 3 400元,款未付,税控发票已通过认证。

13. 2013 年 12 月 20 日公司建造厂房领用生产钢材 50 000 元,钢材购入支付的增值税为 8 500 元。

14. 2013 年 12 月 16 日农产品事业部从农民手中收购大豆 1 吨,税务机关规定的收购凭证上注明收购款 1 500 元(13%)。取得农产品收购发票 1 份。

15. 2013 年 12 月 17 日,公司运输部承接运输业务,当月国内货运业务收入 365 000 元(含税,税率

11%),开具货运专用发票 10 份。

16. 商贸事业部所属汽修部,2013 年 12 月 17 日,对外发生修理业务,取得 50 000 元销售收入(不含税),同时开具的普通发票 10 份,现金入账。

17. 2013 年 12 月 18 日商贸事业部该汽修部从厂家(为一般纳税人)购进汽车修理配件一批,以银行存款支付厂家 25 000 元(含税),取得专用发票两份。

18. 农产品事业部,2013 年 12 月 19 日,销售面粉 3 000 公斤,取得含税收入 12 000 元(13%),全部开具普通发票 1 份,款项已交银行收讫。

19. 农产品事业部,2013 年 12 月 19 日,销售 10 升装橄榄油 300 桶给中山商贸公司,专用发票注明销售金额 21 000 元,税额 2 730 元,款项尚未支付,货物已发完(13%)。

20. 金融业务部经批准从事典当业务,2013 年 12 月 21 日,客户张老板为了筹集周转资金,把自己的一辆汽车当给了公司典当部,当期三个月,取得当款 100 000 元。一周后,张老板无法赎回贷款,汽车即为绝当物品。经双方协商将汽车予以拍卖销售,最后成交价为 140 000 元,拍卖费用 2 000 元,经计算扣除各项费用后应退还当户张老板的金额为 5 000 元。不考虑成本等,只计算税金。申请代开二手车销售统一发票1 份。

21. 金融业务部从事融资租赁业务,但未经中国银行批准经营,2008 年 12 月 21 日以融资租赁的方式出租 1 台 W-1 机床给南京化工集团,合同约定租期为五年,2013 年 12 月 21 日到期后,承租人按残值购入设备,支付购买设备款项价款 120 000 元(不含税),公司财务收到款项,即开具增值税专用发票。

22. 印刷发行业务部经批准定期发行行业动态杂志,2013 年 12 月 22 日取得对外发行收入 67 800 元,其中专用发票 1 份(13%)。

23. 2013 年 12 月 22 日,印刷发行业务部经批准定期发行行业动态杂志,在发行杂志的同时,当月也接受本地地铁公司的委托,自行购买材料,为其印刷 1 万份宣传海报。根据协议,地铁公司应支付 30 000 元,款项已支付。公司财务收到款项,即开具增值税专用发票 1 份。

24. 2013 年 12 月 22 日,系统集成业务部,将自己研发的一套银行业务系统,销售给工商银行,根据协议,在交付系统的同时,提供软件安装、培训,银行业务系统总价 500 000 元,安装和培训费按总价的 5% 收取,一起收付。当月已收到银行汇的款项,并开具普通发票 1 份(混合销售)。

25. 2013 年 12 月 22 日,系统集成业务部接受某企业的委托,为其开发一套生产管理系统软件。根据协议,该管理系统的著作权由本集团公司所有,开发完成之后,企业应支付总款项 230 000 元。当月,软件开发已完成,集团财务已收到款项,并开具增值税专用发票 1 份。

26. 2013 年 12 月 23 日,系统集成业务部代理西门子电梯的销售业务,当月销售给某商场 4 台电梯,同时负责安装、保养。合同规定,该电梯结算价格,每台 60 000 元(含税),安装、保养费按结算价格的 3% 收取。28 日,系统集成业务部已收到商场的转账支票,并交公司财务入账,开具专用发票 1 份(混合销售)。

27. 2013 年 12 月 24 日,系统集成业务部当月从西门子厂家进货 5 台电梯,已验收入库。取得增值税专用发票一份,价款 175 000 元,进项税额 29 750 元,款项,已由银行转账支付。

注:本实验资料中,涉及未明确的发票份数,均默认为 1 份。

取得的增值税专用发票,未明确是否认证通过的,均默认已通过认证。

【操作指导】

以学生身份登录税务实验室—U8 实训系统。

操作步骤如下:

1. 申报表选择

在系统主界面,执行“税务会计”|“增值税申报”命令,打开“申报项目选择”对话框,如图 10-18 所示:

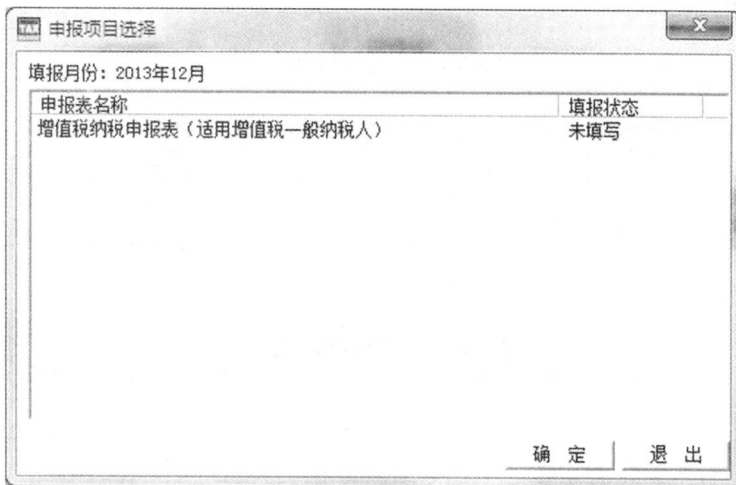

图 10 - 18

选择增值税申报表,单击【确定】按钮,打开增值税纳税申报,如图 10 - 19 所示:

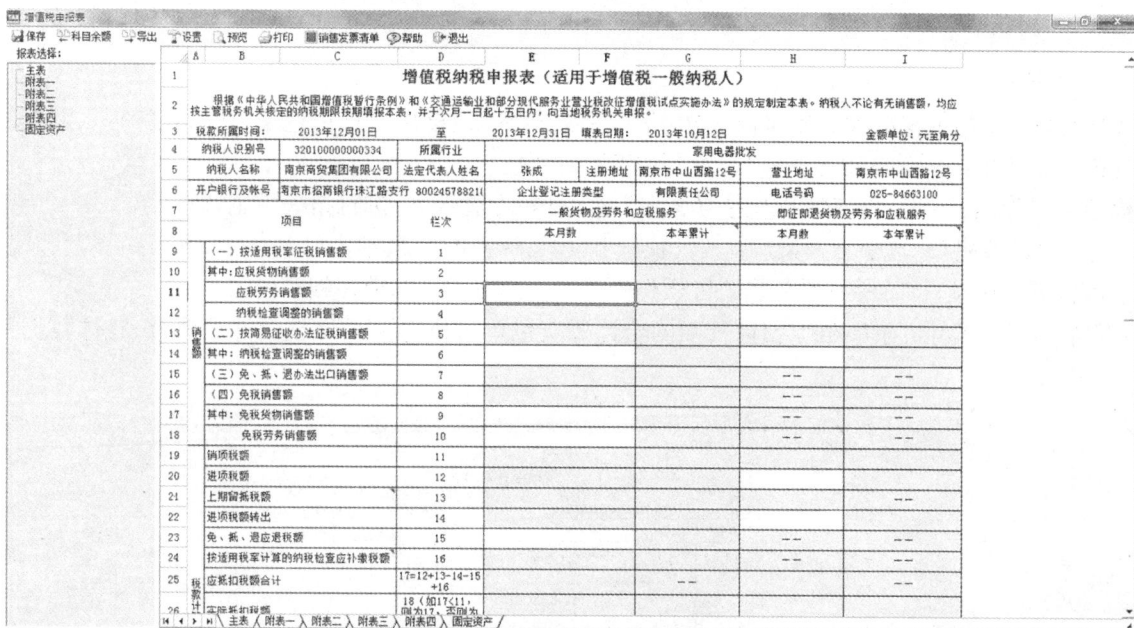

图 10 - 19

2. 参考【实验资料】中 27 笔增值税业务信息,分析计算南京商贸当期的增值税进、销项等,作出如下汇总统计:

1)本期销项税情况

表 10 - 1　销项税情况

税率(%)	专票销售额(元)	专票税额(元)	普票销售额(元)	普票税额(元)	未开票销售额(元)	未开票税额(元)
17	1 062 692.03	180 657.97	840 598	142 902	205 000	34 850
13	41 000	5 330	50 619.47	6 580.53		
11	328 829	36 171				
4			140 000	5 600		

2）本期进项税情况

表 10-2　进项税情况

项目	金额（元）	税额（元）	份数（份）
专用发票	3 147 367.52	511 512.48	11
农产品收购发票	1 500	195	1

3）本期进项税转出情况

表 10-3　进项税转出情况

项目	税额（元）
非正常损失	2 600
非应税项目用	11 900

3. 报表填写

本系统提供手工填写报表和 U8 财务软件取数两种方式，用户可根据需要，选择相应的方式来完成增值税申报表的填制。

1）手工填写

操作步骤：在增值税申报表界面，选择相应的主表、附表，用鼠标点击白色单元格，直接输入数据。有表间勾稽关系的单元格会自动计算取数，无需手工输入数据。

根据本实验提供资料，参考"【操作指导】2"部分的分析汇总统计，进行报表手工填写。

① 在《附列资料（一）》中分别填写：17％税率和 13％税率的专票销售额和税额、普票销售额和税额、未开票销售额和税额；11％税率的专票销售额；4％税率的普票销售额和税额。

《附列资料（一）》中，销售额的合计、税额的合计等灰色单元格都由系统自动计算取数，具体数据填写如图 10-20：

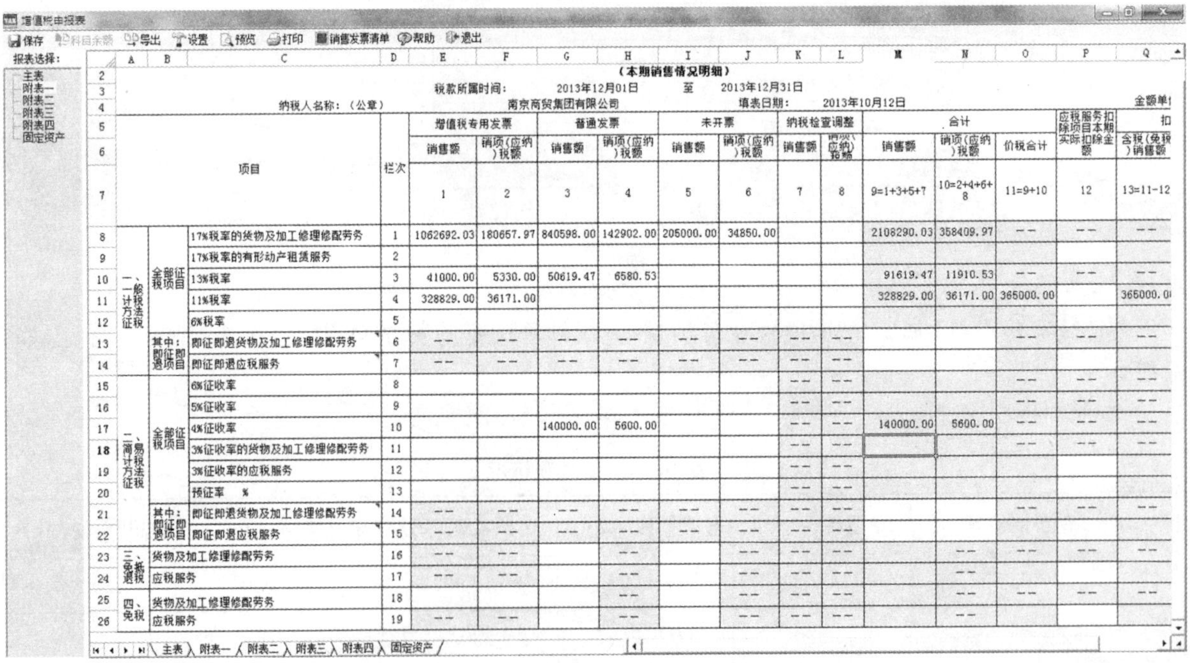

图 10-20

② 在《附列资料（二）》中分别填写：本期认证申报抵扣的专票份数、金额、税额；农产品收购发票份数、金额、税额；非应税项目用的进项转出税额和非正常损失的进项转出税额。

《附列资料(二)》中,申报抵扣的进项税额合计、本期进项转出合计等灰色单元格都由系统自动计算取数,具体数据填写如图 10 - 21:

图 10 - 21

③ 在主表《增值税纳税申报表》中分别填写:应税货物销售额和应税劳务销售额,具体数据填写如图 10 - 22。

2) U8 财务取数

操作步骤:在增值税申报表界面,选择白色单元格(数值型),单击【科目余额】按钮即可完成从 U8 的财务账套调取销售额、税额。有表间勾稽关系的单元格会自动计算取数,无需财务取数。

根据本实验提供资料,参考"【操作指导】2"部分的分析汇总统计,以业务(15)和涉及进项转出的业务(6)、(12)、(13)为例分别介绍取数、直接取数。

(1) 财务数据库配置,选择附表一并单击(以业务(15)为例,介绍 11% 税率对应的专票销售额)白色单元格(数值型),单击报表左上方工具栏【科目余额】,打开财务软件数据库配置界面,如图 10 - 23 所示。选择 U8 财务软件所在的服务器名、数据库用户名、密码、账套和年度。

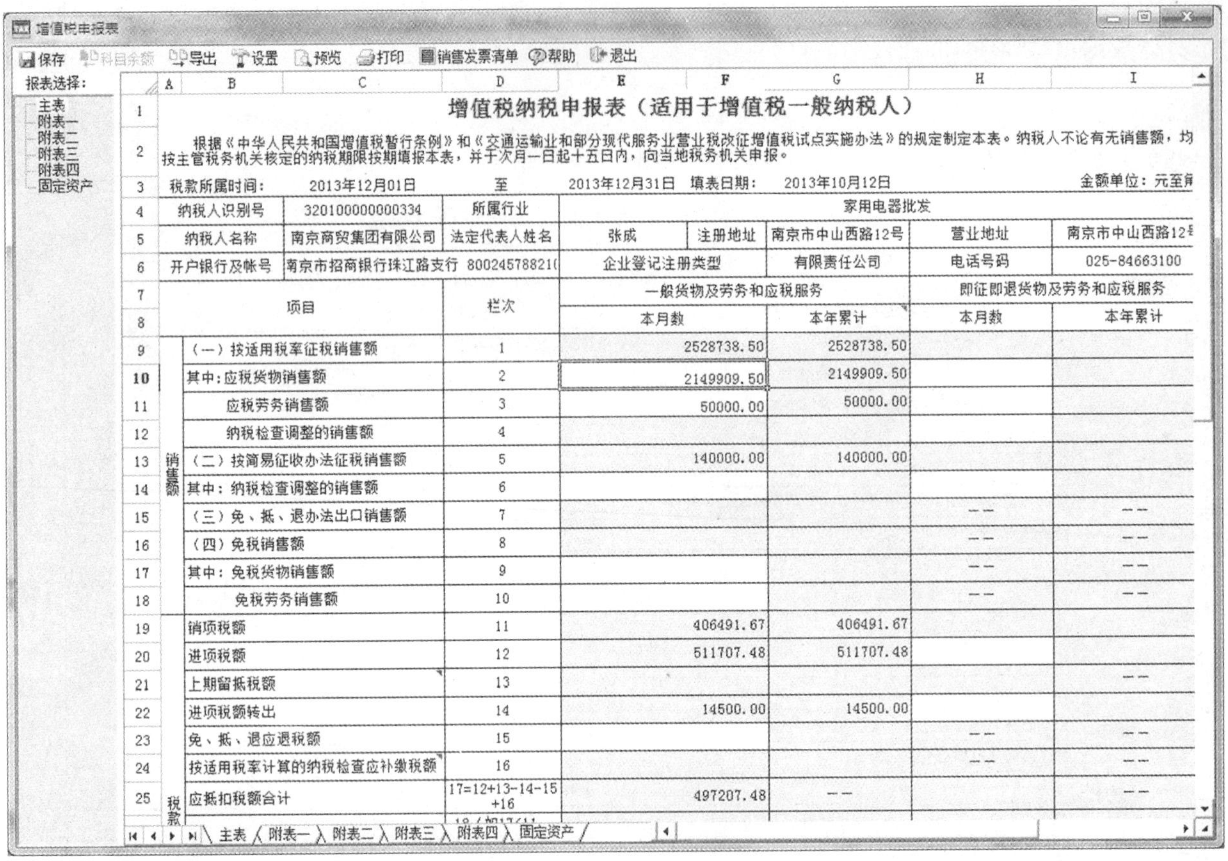

图 10-22

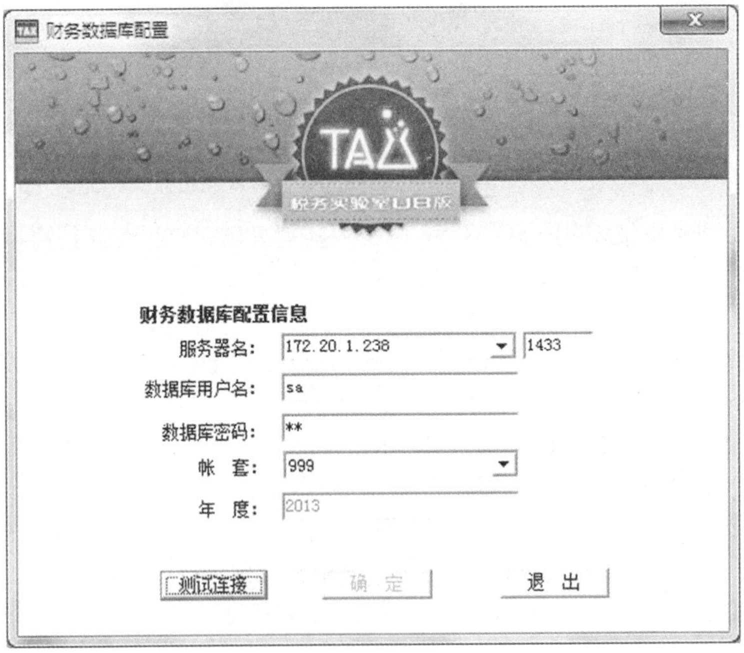

图 10-23

注：主表《增值税纳税申报表》中，按适用税率征税销售额、按简易计税办法征税销售额、进项税额、销项税额、应纳税额合计、本期应补退税额等灰色单元格是从附表取数或自动计算取数。

配置信息输入完成，点击【测试连接】再点击【确定】按钮，系统显示如图 10-24 所示财务取数窗口（科目余额）：

财务取数

导出EXCEL 查询条件 确定 退出

取数条件

○ 期初数 ○ 借方发生数 ○ 贷方发生数 ○ 借方-贷方发生数 ○ 贷方-借方发生数 ◉ 期末数

□ 全选 取数合计： 0.00 取数期间： 2013-01 至 2013-12

选择	会计科目		类别	余额方向	期初数	累计发生数		期末数
	代码	名称				借方	贷方	
□	5201	劳务成本	成本	借				
□	5301	研发支出	成本	借				
□	5401	工程施工	成本	借				
□	5402	工程结算	成本	贷				
□	5403	机械作业	成本	借				
□	6001	主营业务收入	损益	贷		6,517,584.50	6,517,584.50	
□	6002	绝当销售收入	损益	贷		127,400.00	127,400.00	
□	6011	利息收入	损益	贷				
□	6021	手续费及佣金收入	损益	贷				
□	6031	保费收入	损益	贷				
□	6041	租赁收入	损益	贷				
□	6051	其他业务收入	损益	贷				
□	6061	汇兑损益	损益	贷				
□	6101	公允价值变动损益	损益	贷				
□	6111	投资收益	损益	贷		10,000.00	10,000.00	
□	6201	摊回保险责任准备金	损益	贷				
□	6202	摊回赔付支出	损益	贷				
□	6203	摊回分保费用	损益	贷				
□	6301	营业外收入	损益	贷		12,000.00	12,000.00	
□	6401	主营业务成本	损益	借		180,000.00	180,000.00	
□	6402	其他业务成本	损益	借				
□	6403	营业税金及附加	损益	借		4,744,208.89	4,744,208.89	
□	6411	利息支出	损益	借				
□	6421	手续费及佣金支出	损益	借				
	合计：				45,822,272.00	24,778,513.35	29,333,318.28	62,896,741.97

图 10－24

注：除了更改取数账套，财务数据库配置只要正确设置一次，各税种报表就可以正常使用，不需要重复设置。

(2) 联查凭证分析取数，以业务(15)为例。

依据“【操作指导】2”部分的分析汇总，业务(15)主要是运输部门提供适用 11%税率的营改增交通运输服务业务，收入额328 829元，税额 36 171 元。

在财务取数界面(图 10－24)，双击“主营业务收入”科目记录，系统显示该科目凭证明细，如图 10－25 所示：

凭证明细

科目		凭证			金额		摘要
代码	名称	日期	编号	类型	借方	贷方	
6001	主营业务收入	2013-12-04	3	记		341,880.00	旧换新方式销售洗衣机
6001	主营业务收入	2013-12-05	4	记		300,000.00	批发彩电
6001	主营业务收入	2013-12-05	6	记		34,188.03	零售彩电
6001	主营业务收入	2013-12-07	9	记		175,000.00	买一赠一
6001	主营业务收入	2013-12-20	14	记		200,000.00	发放职工福利
6001	主营业务收入	2013-12-17	20	记		328,829.00	交通运输
6001	主营业务收入	2013-12-17	21	记		50,000.00	汽修服务
6001	主营业务收入	2013-12-19	23	记		10,619.47	销售面粉
6001	主营业务收入	2013-12-19	24	记		21,000.00	销售橄榄油
6001	主营业务收入	2013-12-21	26	记		120,000.00	融资租赁业务
6001	主营业务收入	2013-12-22	27	记		60,000.00	印刷发行业务
6001	主营业务收入	2013-12-22	28	记		25,641.00	发行行业动态杂志
6001	主营业务收入	2013-12-22	29	记		448,718.00	混合销售业务
6001	主营业务收入	2013-12-22	30	记		196,581.00	软件开发
6001	主营业务收入	2013-12-23	31	记		205,128.00	电梯的销售、服务业务
6001	主营业务收入	2013-12-25	51	记		4,000,000.00	主营业务收入调整
6001	主营业务收入	2013-12-30	53	记	6,517,584.50		期间损益结转

图 10－25

双击与业务(15)对应的第20号凭证,可查看到该凭证详细信息,如图10-26所示:

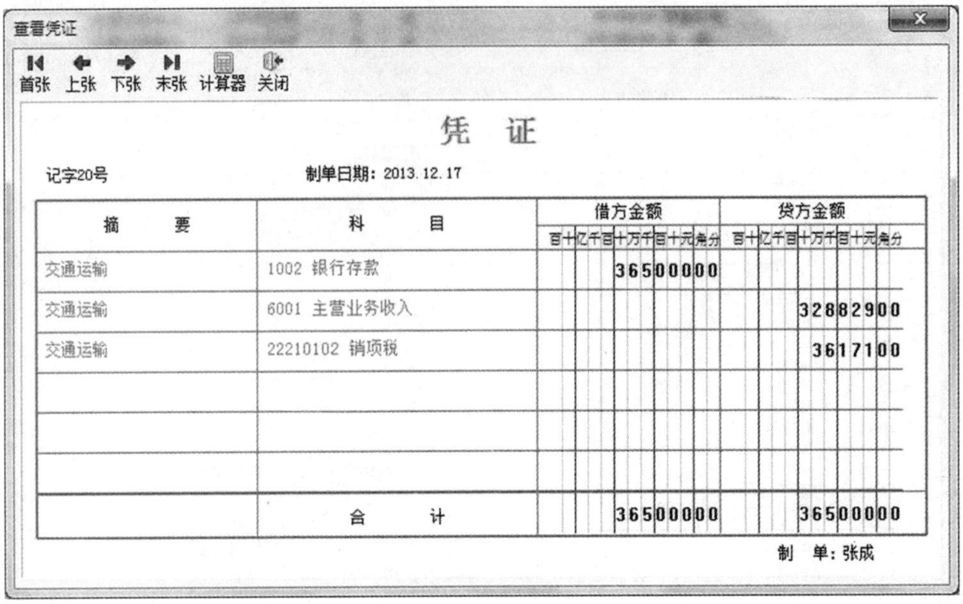

图 10-26

通过该联查凭证信息,即可采集税务报表所需数据,即业务(15)反应的11%税率的专票销售额328 829元和税额36 171元。将该数据填入附表一相应单元中即可。

(3)确认条件直接取数,以进项转出的业务(6)、(12)、(13)为例。

依据"【操作指导】2"部分的分析汇总,本实验涉及进项转出的业务有(6)、(12)、(13),转出税额共计14 500元。

在增值税申报表界面,选择附表二,单击进项转出专栏的"非应税项目用"单元格,单击报表左上方工具栏【科目余额】,系统显示财务取数窗口(科目余额),如图10-27:

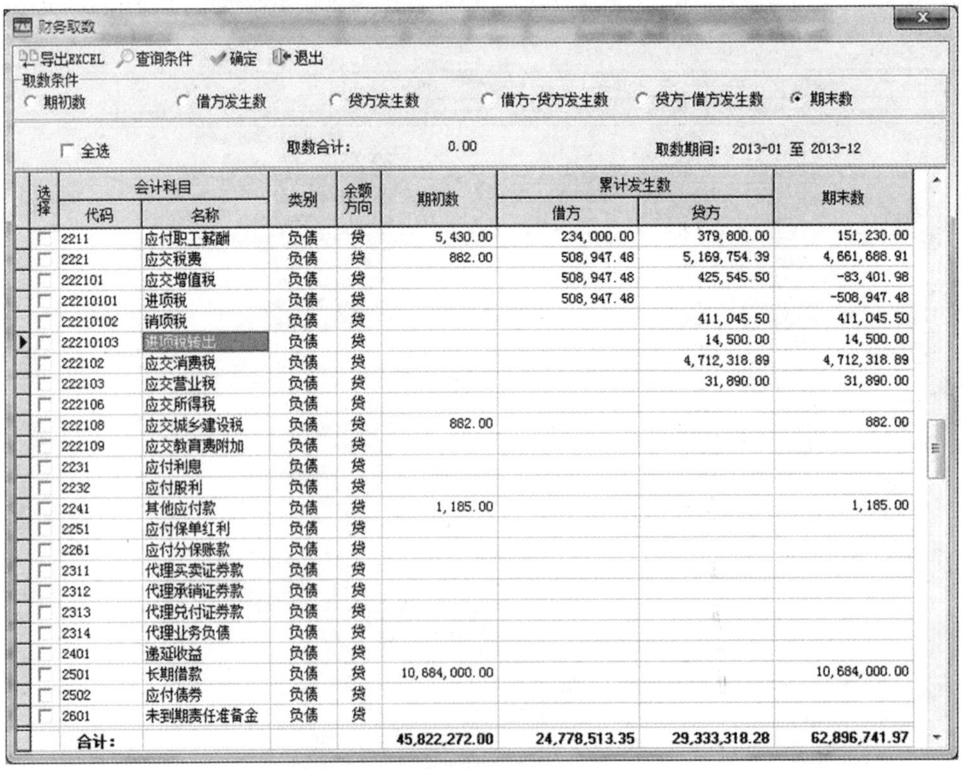

图 10-27

在财务取数界面左侧，勾选要取数的“进项税额转出”科目，选择取数条件“贷方发生数”，如图10－28：

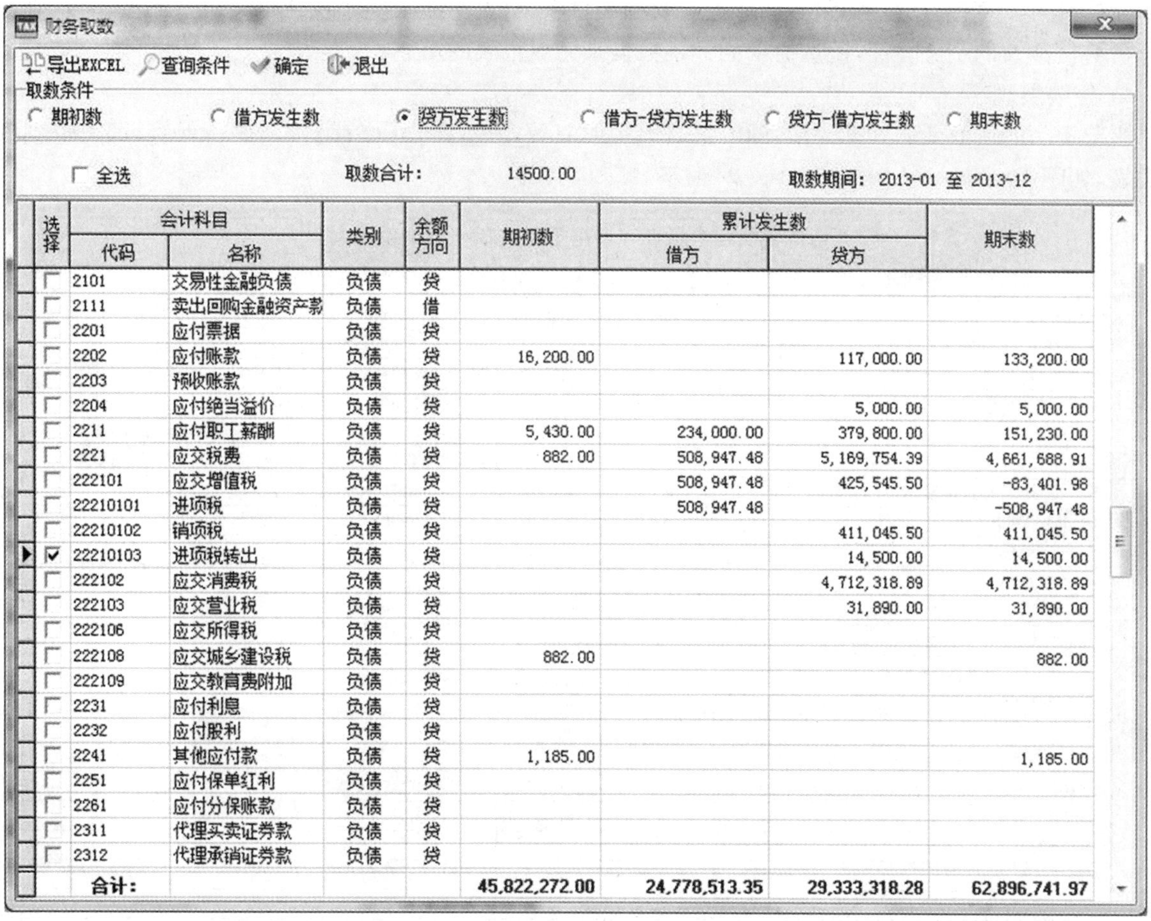
财务取数
导出EXCEL 查询条件 确定 退出
取数条件
期初数 借方发生数 贷方发生数 借方-贷方发生数 贷方-借方发生数 期末数
全选 取数合计： 14500.00 取数期间： 2013-01 至 2013-12

选择	会计科目 代码	名称	类别	余额方向	期初数	累计发生数 借方	贷方	期末数
☐	2101	交易性金融负债	负债	贷				
☐	2111	卖出回购金融资产款	负债	借				
☐	2201	应付票据	负债	贷				
☐	2202	应付账款	负债	贷	16,200.00		117,000.00	133,200.00
☐	2203	预收账款	负债	贷				
☐	2204	应付绝当溢价	负债	贷			5,000.00	5,000.00
☐	2211	应付职工薪酬	负债	贷	5,430.00	234,000.00	379,800.00	151,230.00
☐	2221	应交税费	负债	贷	882.00	508,947.48	5,169,754.39	4,661,688.91
☐	222101	应交增值税	负债	贷		508,947.48	425,545.50	-83,401.98
☐	22210101	进项税	负债	贷		508,947.48		-508,947.48
☐	22210102	销项税	负债	贷			411,045.50	411,045.50
☑	22210103	进项税转出	负债	贷			14,500.00	14,500.00
☐	222102	应交消费税	负债	贷			4,712,318.89	4,712,318.89
☐	222103	应交营业税	负债	贷			31,890.00	31,890.00
☐	222106	应交所得税	负债	贷				
☐	222108	应交城乡建设税	负债	贷	882.00			882.00
☐	222109	应交教育费附加	负债	贷				
☐	2231	应付利息	负债	贷				
☐	2232	应付股利	负债	贷				
☐	2241	其他应付款	负债	贷	1,185.00			1,185.00
☐	2251	应付保单红利	负债	贷				
☐	2261	应付分保账款	负债	贷				
☐	2311	代理买卖证券款	负债	贷				
☐	2312	代理承销证券款	负债	贷				
	合计：				45,822,272.00	24,778,513.35	29,333,318.28	62,896,741.97

图 10－28

点击【确定】按钮，即可完成相应的取数。如图 10－29 所示，当前单元格取数完成，报表显示财务数据已录入。

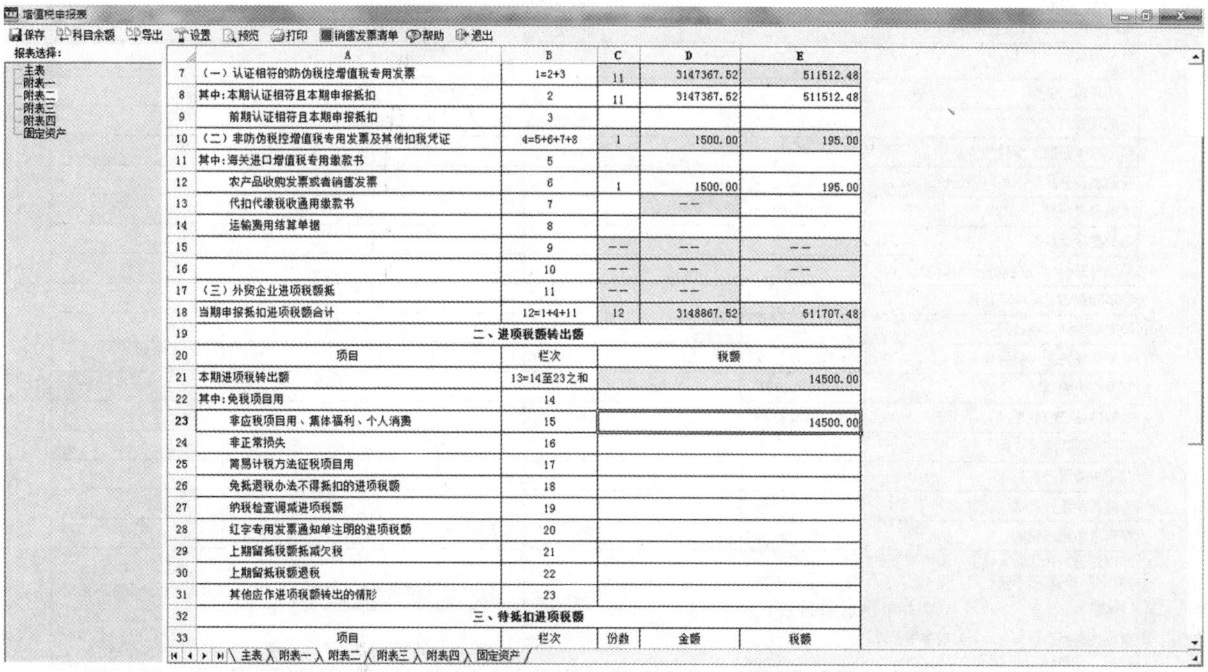
增值税申报表
保存 科目余额 导出 设置 预览 打印 销售发票清单 帮助 退出
报表选择：
主表
附表一
附表二
附表三
附表四
固定资产

	A	B	C	D	E
7	（一）认证相符的防伪税控增值税专用发票	1=2+3	11	3147367.52	511512.48
8	其中：本期认证相符且本期申报抵扣	2	11	3147367.52	511512.48
9	前期认证相符且本期申报抵扣	3			
10	（二）非防伪税控增值税专用发票及其他扣税凭证	4=5+6+7+8	1	1500.00	195.00
11	其中：海关进口增值税专用缴款书	5			
12	农产品收购发票或者销售发票	6	1	1500.00	195.00
13	代扣代缴税收通用缴款书	7		--	
14	运输费用结算单据	8			
15		9	--	--	--
16		10	--	--	--
17	（三）外贸企业进项税额抵	11	--	--	
18	当期申报抵扣进项税额合计	12=1+4+11	12	3148867.52	511707.48
19	二、进项税额转出额				
20	项目	栏次	税额		
21	本期进项税转出额	13=14至23之和			14500.00
22	其中：免税项目用	14			
23	非应税项目用、集体福利、个人消费	15			14500.00
24	非正常损失	16			
25	简易计税方法征税项目用	17			
26	免抵退税办法不得抵扣的进项税额	18			
27	纳税检查调减进项税额	19			
28	红字专用发票通知单注明的进项税额	20			
29	上期留抵税额抵减欠税	21			
30	上期留抵税额退税	22			
31	其他应作进项税额转出的情形	23			
32	三、待抵扣进项税额				
33	项目	栏次	份数	金额	税额

主表 附表一 附表二 附表三 附表四 固定资产

图 10－29

提示：本系统报表从 U8 财务的一级、二级等科目直接取数,不能直接从具体的凭证取数,且并不是所有单元格都可以直接取数。如果当期业务涉及的项目多,科目中涉及的含税项目又包含非税项目,则必须要分析科目涉及的明细凭证,挑选需要的涉税数据来完成报表的填制。

4) 报表展现

实验资料的所有业务处理完毕,即申报表填写或取数完成,单击【保存】按钮进行保存,即可得到的完整报表,如图 10-30～图 10-35:

增值税纳税申报表（适用于增值税一般纳税人）

根据《中华人民共和国增值税暂行条例》和《交通运输业和部分现代服务业营业税改征增值税试点实施办法》的规定制定本表。纳税人不论有无销售额,均应按主管税务机关核定的纳税期限按期填报本表,并于次月一日起十五日内,向当地税务机关申报。

税款所属时间: 2013年12月01日 至 2013年12月31日 填表日期: 2013年10月12日 　　　　金额单位: 元至角分

纳税人识别号	320100000000334	所属行业		家用电器批发			
纳税人名称	南京商贸集团有限公司	法定代表人姓名	张成	注册地址	南京市中山西路12号	营业地址	南京市中山西路12号
开户银行及帐号	南京市招商银行珠江路支行 800245788210	企业登记注册类型		有限责任公司		电话号码	025-84663100

	项目	栏次	一般货物及劳务和应税服务		即征即退货物及劳务和应税服务	
			本月数	本年累计	本月数	本年累计
销售额	（一）按适用税率征税销售额	1	2528738.50	2528738.50		
	其中:应税货物销售额	2	2149909.50	2149909.50		
	应税劳务销售额	3	50000.00	50000.00		
	纳税检查调整的销售额	4				
	（二）按简易征收办法征税销售额	5	140000.00	140000.00		
	其中:纳税检查调整的销售额	6				
	（三）免、抵、退办法出口销售额	7			－－	－－
	（四）免税销售额	8			－－	－－
	其中:免税货物销售额	9			－－	－－
	免税劳务销售额	10			－－	－－
税款计算	销项税额	11	406491.67	406491.67		
	进项税额	12	511707.48	511707.48		
	上期留抵税额	13				
	进项税额转出	14	14500.00	14500.00		
	免、抵、退应退税额	15			－－	－－
	按适用税率计算的纳税检查应补缴税额	16				
	应抵扣税额合计	17=12+13-14-15+16	497207.48	－－		
	实际抵扣税额	18（如17<11,则为17,否则为11）	406491.67	406491.67		
	应纳税额	19=11-18				
	期末留抵税额	20=17-18	90715.81			－－
	简易征收办法计算的应纳税额	21	5600.00	5600.00		
	按简易征收办法计算的纳税检查应补缴税额	22			－－	－－
	应纳税额减征额	23				
	应纳税额合计	24=19+21-23	5600.00	5600.00		
税款缴纳	期初未缴税额（多缴为负数）	25				
	实收出口开具专用缴款书退税额	26				
	本期已缴税额	27=28+29+30+31				
	①分次预缴税额	28		－－		
	②出口开具专用缴款书预缴税额	29		－－		
	③本期缴纳上期应纳税额	30				
	④本期缴纳欠缴税额	31				
	期末未缴税额（多缴为负数）	32=24+25+26-27	5600.00	5600.00		
	其中:欠缴税额（≥0）	33=25+26-27			－－	－－
	本期应补（退）税额	34=24-28-29	5600.00			
	即征即退实际退税额	35	－－	－－		
	期初未缴查补税额	36			－－	－－
	本期入库查补税额	37			－－	－－
	期末未缴查补税额	38=16+22+36-37			－－	－－

授权声明	如果你已委托代理人申报,请填写下列资料: 为代理一切税务事宜,现授权 （地址）　　　　　　为本纳税人的代理申报人,任何与本 申报表有关的往来文件,都可寄此人。 授权人签字:	申报人声明	此纳税申报表是根据《中华人民共和国增值税暂行条例》的规定填报的,我相信它是真实的、可靠的、完整的。 声明人签字:

图 10-30

增值税纳税申报表附列资料（一）
（本期销售情况明细）

纳税人名称：（公章） 南京商贸集团有限公司

税款所属时间：2013年12月01日 至 2013年12月31日　　填表日期：2013年12月31日　2013年10月12日

金额单位：元至角分

项目	栏次	增值税专用发票 销售额(1)	增值税专用发票 销项(应纳)税额(2)	普通发票 销售额(3)	普通发票 销项(应纳)税额(4)	未开票 销售额(5)	未开票 销项(应纳)税额(6)	纳税检查调整 销售额(7)	纳税检查调整 销项(应纳)税额(8)	合计 销售额(9=1+3+5+7)	合计 销项(应纳)税额(10=2+4+6+8)	价税合计(11=9+10)	应税服务扣除项目本期实际扣除金额(12)	扣除后 含税(免税)销售额(13=11-12)	扣除后 销项(应纳)税额(14=13÷(100%+税率或征收率)×税率或征收率)
一、一般计税方法征税 全部征税项目 17%税率的货物及加工修理修配劳务	1	1062692.03	180657.97	840598.00	142902.00	205000.00	34850.00			2108290.03	358409.97	——	——	——	——
17%税率的有形动产租赁服务	2							——	——			——	——	——	——
13%税率	3	41000.00	5330.00	50619.47	6580.53			——	——	91619.47	11910.53	——	——	——	——
11%税率	4	328829.00	36171.00					——	——	328829.00	36171.00	365000.00	——	365000.00	36171.17
6%税率	5			——	——	——	——	——	——			——	——	——	——
其中：即征即退项目 即征即退货物及加工修理修配劳务	6	——	——	——	——	——	——	——	——	——	——	——	——	——	——
即征即退应税服务	7	——	——	——	——	——	——	——	——	——	——	——	——	——	——
二、简易计税方法征税 全部征税项目 6%征收率	8	——	——	——	——	——	——	——	——	——	——	——	——	——	——
5%征收率	9	——	——	——	——	——	——	——	——	——	——	——	——	——	——
4%征收率的货物及加工修理修配劳务	10			140000.00	5600.00					140000.00	5600.00	——	——	——	——
3%征收率的货物及加工修理修配劳务	11	——	——	——	——	——	——	——	——	——	——	——	——	——	——
3%征收率的应税服务	12	——	——	——	——	——	——	——	——	——	——	——	——	——	——
预征率　%	13	——	——	——	——	——	——	——	——	——	——	——	——	——	——
其中：即征即退项目 即征即退货物及加工修理修配劳务	14	——	——	——	——	——	——	——	——	——	——	——	——	——	——
即征即退应税服务	15	——	——	——	——	——	——	——	——	——	——	——	——	——	——
三、免抵退税 货物及加工修理修配劳务	16	——	——	——	——	——	——	——	——	——	——	——	——	——	——
应税服务	17	——	——	——	——	——	——	——	——	——	——	——	——	——	——
四、免税 货物及加工修理修配劳务	18	——	——	——	——	——	——	——	——	——	——	——	——	——	——
应税服务	19	——	——	——	——	——	——	——	——	——	——	——	——	——	——

图10-31

增值税纳税申报表附列资料（二）

（本期进项税额明细）

税款所属时间： 2013年12月01日 至 2013年12月31日

纳税人名称：（公章） 南京商贸集团有限公司 金额单位：元至角分

一、申报抵扣的进项税额

项目	栏次	份数	金额	税额
（一）认证相符的防伪税控增值税专用发票	1=2+3	11	3147367.52	511512.48
其中：本期认证相符且本期申报抵扣	2	11	3147367.52	511512.48
前期认证相符且本期申报抵扣	3			
（二）非防伪税控增值税专用发票及其他扣税凭证	4=5+6+7+8	1	1500.00	195.00
其中：海关进口增值税专用缴款书	5			
农产品收购发票或者销售发票	6	1	1500.00	195.00
代扣代缴税收通用缴款书	7		——	
运输费用结算单据	8			
	9	——	——	——
	10	——	——	——
（三）外贸企业进项税额抵	11		——	——
当期申报抵扣进项税额合计	12=1+4+11	12	3148867.52	511707.48

二、进项税额转出额

项目	栏次	税额
本期进项税转出额	13=14至23之和	14500.00
其中：免税项目用	14	
非应税项目用、集体福利、个人消费	15	11900.00
非正常损失	16	2600.00
简易计税方法征税项目用	17	
免抵退税办法不得抵扣的进项税额	18	
纳税检查调减进项税额	19	
红字专用发票通知单注明的进项税额	20	
上期留抵税额抵减欠税	21	
上期留抵税额退税	22	
其他应作进项税额转出的情形	23	

三、待抵扣进项税额

项目	栏次	份数	金额	税额
（一）认证相符的税控增值税专用发票	24	——	——	——
期初已认证相符但未申报抵扣	25			
本期认证相符且本期未申报抵扣	26			
期末已认证相符但未申报抵扣	27			
其中：按照税法规定不允许抵扣	28			
（二）其他扣税凭证	29=30至33之和			
其中：海关进口增值税专用缴款书	30			
农产品收购发票或者销售发票	31			
代扣代缴税收通用缴款书	32		——	
运输费用结算单据	33			
	34			

四、其他

项目	栏次	税额
本期认证相符的税控增值税专用发票	35	
代扣代缴税额	36	—— ——

图 10－32

用友财税一体化实验实训教程

增值税纳税申报表附列资料（三）

（应税服务扣除项目明细）

税款所属时间：　　2013年12月01日　　　至　　　　2013年12月31日

纳税人名称（公章）　　　　　　　南京商贸集团有限公司　　　　　　　　　　　金额单位：元至角分

项目及栏次	本期应税服务价税合计额（免税销售额）	应税服务扣除项目				
		期初余额	本期发生额	本期应扣除金额	本期实际扣除金额	期末余额
	1	2	3	4=2+3	5(5≤1且5≤4)	6=4-5
17%税率的有形动产租赁服务						
11%税率的应税服务	365000.00					
6%税率的应税服务						
3%征收率的应税服务						
免抵退税的应税服务						
免税的应税服务						

图 10‑33

增值税纳税申报表附列资料（四）

（税额抵减情况表）

税款所属时间：　　　2013年12月01日　　　至　　　2013年12月31日
纳税人名称：（公章）　　南京商贸集团有限公司　　　　　　　　　　金额单位：元至角分

序号	抵减项目	期初余额	本期发生额	本期应抵减税额	本期实际抵减税额	期末余额
		1	2	3=1+2	4≤3	5=3-4
1	增值税税控系统专用设备费及技术维护费					
2	分支机构预征缴纳税款					
3						
4						
5						
6						

图 10‑34

固定资产进项税额抵扣情况表

纳税人名称（公章）：	南京商贸集团有限公司	纳税人识别号：	320100000000334
填表日期：	2013年10月12日	金额单位：元至角分	

项目	当期申报抵扣的固定资产进项税额	当期申报抵扣的固定资产进项税额累计
增值税专用发票		
海关进口增值税专用缴款书		
合　　计		

图 10‑35

4. 电子数据生成

（1）在系统主界面，执行"税务会计"命令，单击【生成电子数据】，打开生成电子数据界面，勾选"增值税纳税申报表"，单击【确定】，如图 10‑36：

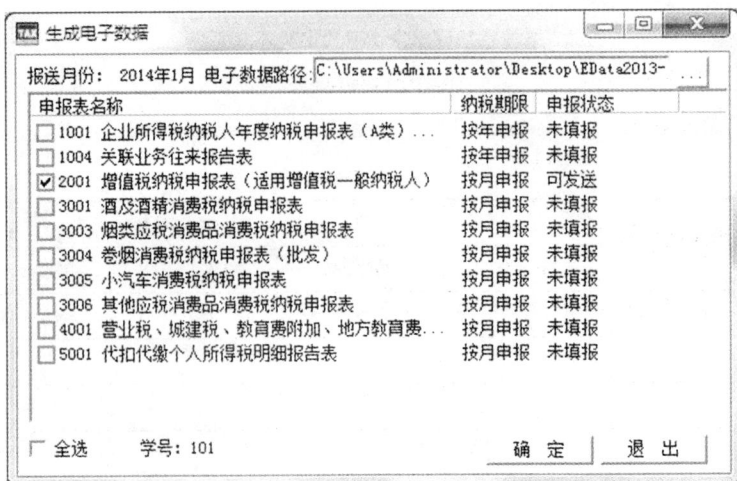

图 10 - 36

注意：该电子数据报送月份为 2014 年 1 月。

（2）如图 10 - 37，执行成功后，点击关闭。

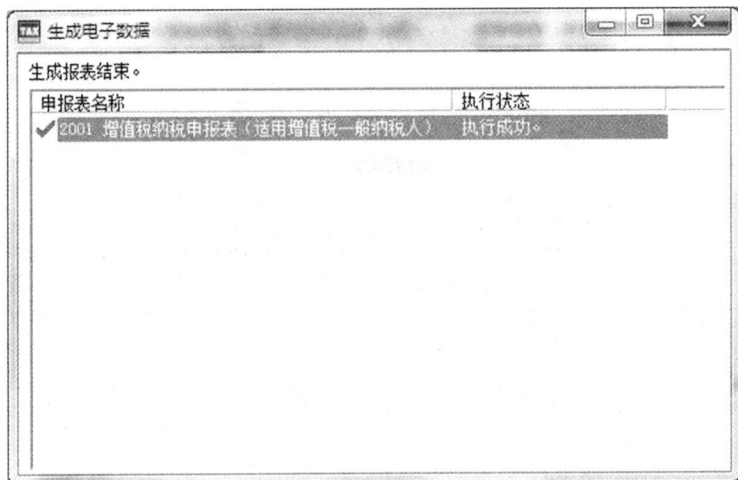

图 10 - 37

（3）在桌面可查看生成的电子数据，如图 10 - 38：

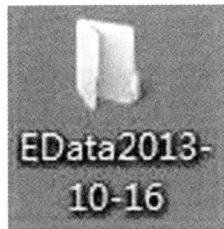

图 10 - 38

实验十二　消费税报表填制

【实验目的】

熟悉与掌握消费税相关知识、申报表的填写。

【实验内容】

消费税计算。

消费税报表填写。

电子数据生成。

【实验准备】

完成企业税务信息鉴定。

【实验要求】

根据实验资料信息,以学生身份登录"用友企业电子报税实训教学系统"进行业务处理。

【实验资料】

1. 2013 年 12 月 6 日商贸事业部公司销售小轿车 300 辆,每辆含税销售价格 175 500 元,企业应缴纳消费税(9%)。

2. 2013 年 12 月 6 日公司受托为某单位加工一批鞭炮,委托单位提供的原材料金额为 300 000 元,收取委托单位不含增值税的加工费 40 000 元。鞭炮企业应代收代缴的消费税税率为 15%。

3. 2013 年 12 月 6 日公司将自产黄酒 2 吨发放给职工作为福利,其成本为 4 000 元/吨,每吨税额为 240 元。

4. 2013 年 12 月 6 日企业销售所生产的化妆品,价款 2 000 000 元(不含增值税),适用的消费税税率为 30%。

5. 2013 年 12 月 6 日公司将一辆自产摩托车发给优秀职工作为奖励,其成本 5 000 元/辆,成本利润率 6%,适用消费税率为 10%(组成计税价格=5 000×(1+6%)/(1-10%)=5 888.89 元,应纳消费税=5 888.89×10%=588.89 元)。

6. 2013 年 12 月 6 日公司从事卷烟批发业务,对外批发卷烟 150 箱,开具增值税普通发票,金额为 29 250 元,已知卷烟消费税税率为 36%,单位税额为每箱 150 元,批发环节消费税税率为 5%。

【操作指导】

以学生身份登录税务实验室—U8 实训系统。

操作步骤如下:

1. 申报表选择

在系统主界面,执行"税务会计"|"消费税申报"命令,打开"申报项目选择"对话框,如图 10 - 39 所示:

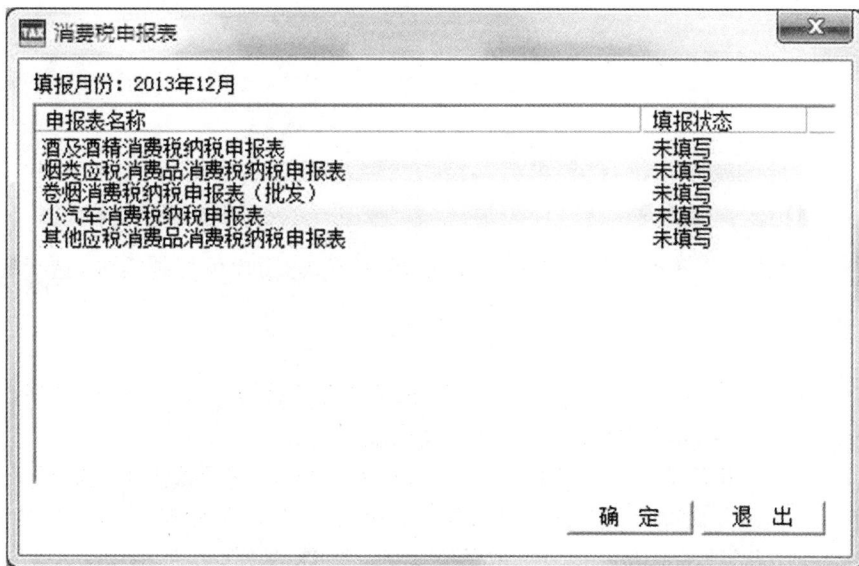

图 10 - 39

参考【实验资料】中消费税业务信息,选择具体的消费税申报表,单击【确定】按钮,如打开图 10 - 40 所示的"酒及酒精消费税纳税申报表":

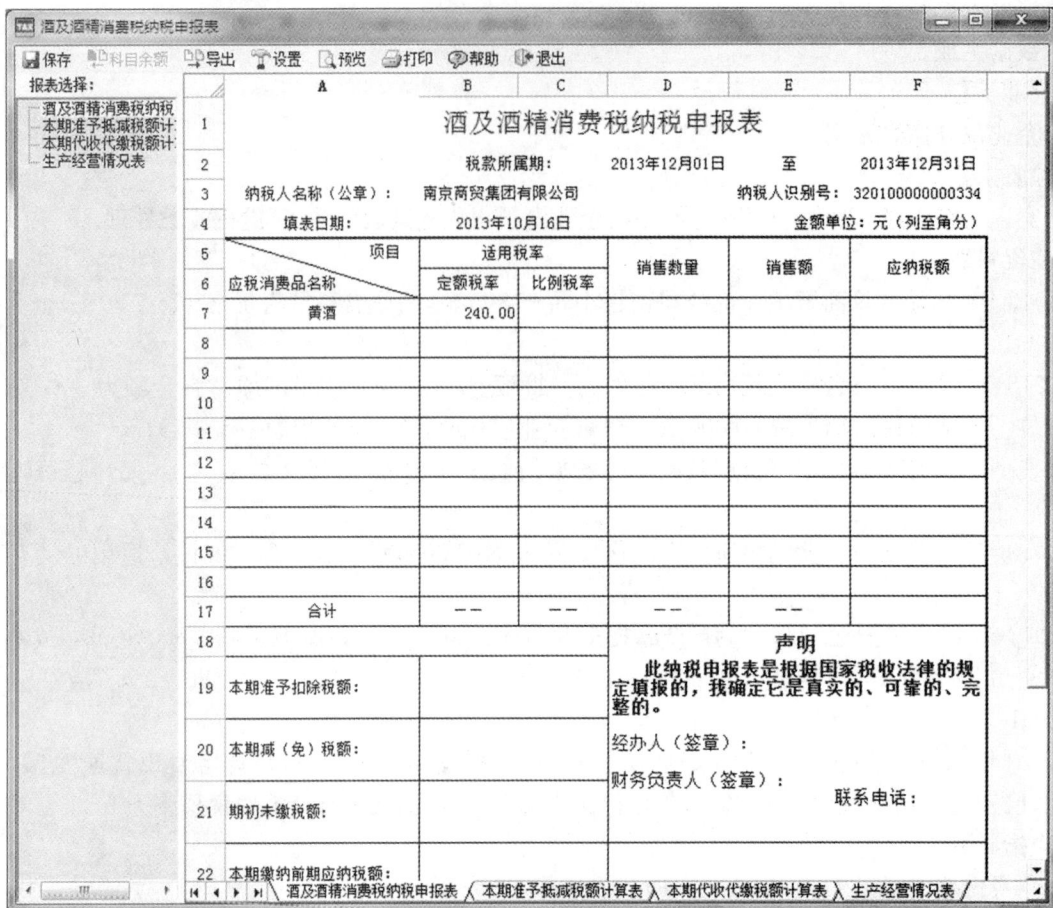

图 10 - 40

2. 参考【实验资料】中 6 笔消费税业务信息,分析计算南京商贸当期的消费税情况,作出如下汇总统计:

涉及酒精消费税的业务有:(3)

涉及卷烟批发消费税的业务:(6)

涉及小汽车消费税的业务:(1)

涉及其他类消费税的业务:(2)、(4)、(5)

3. 报表填写

本系统提供手工填写报表和 U8 财务财务软件取数两种方式,用户可根据需要,选择相应的方式来完成消费税申报表的填制。

1) 手工填写

操作步骤:在消费税申报表界面选择相应的主表或其他表,用鼠标点击白色单元格,直接输入数据。有表间勾稽关系的单元格会自动计算取数,无需手工输入数据。

根据本实验提供业务,参考"【操作指导】2"部分的分析汇总统计,进行报表手工填写。

① 在《酒及酒精消费税纳税申报表》中分别填写:销售数量和应纳税额。其中,应税消费品名称(税目)、税率是系统根据南京商贸的税务鉴定自动取数完成的。具体数据填写如图 10 - 41:

② 在《卷烟消费税纳税申报表(批发)》中分别填写:销售额和应纳税额。其中,应税消费品名称(税目)、税率是系统根据南京商贸的税务鉴定自动取数完成的。具体数据填写如图 10 - 42:

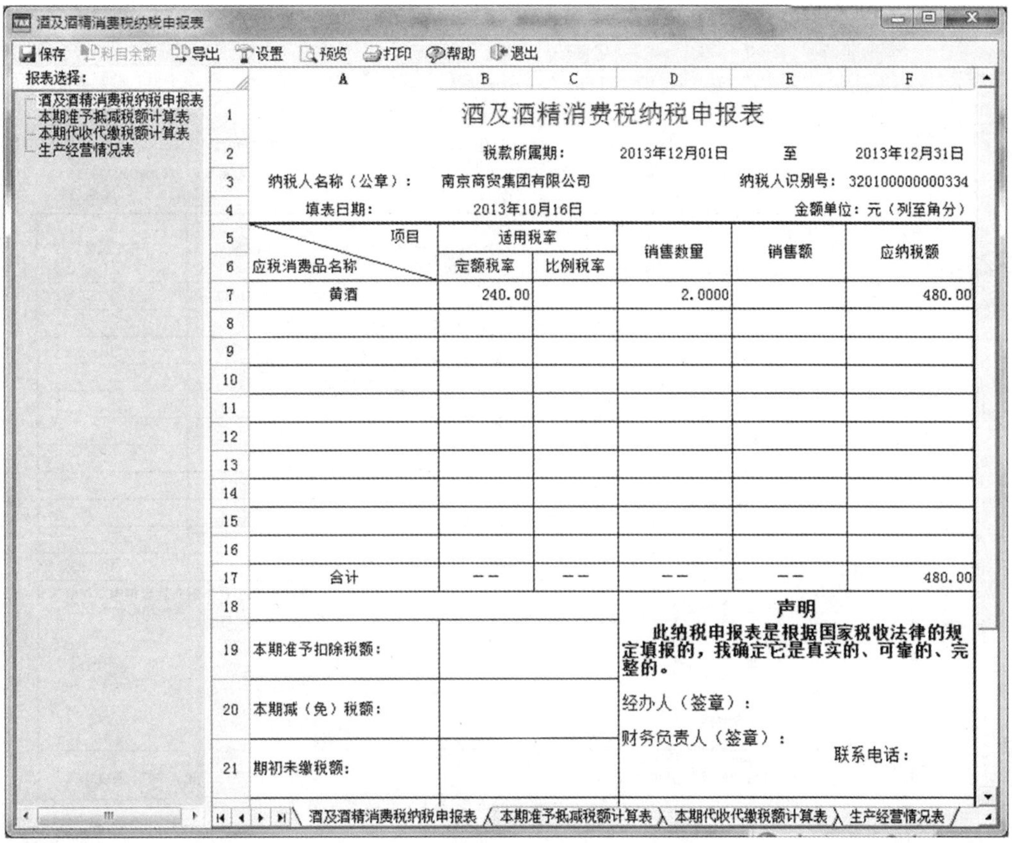

酒及酒精消费税纳税申报表

项目 / 应税消费品名称	适用税率：定额税率	适用税率：比例税率	销售数量	销售额	应纳税额
黄酒	240.00		2.0000		480.00
合计	--	--	--	--	480.00

税款所属期：2013年12月01日 至 2013年12月31日
纳税人名称（公章）：南京商贸集团有限公司　纳税人识别号：320100000000334
填表日期：2013年10月16日　金额单位：元（列至角分）

本期准予扣除税额：
本期减（免）税额：
期初未缴税额：

声明
此纳税申报表是根据国家税收法律的规定填报的，我确定它是真实的、可靠的、完整的。
经办人（签章）：
财务负责人（签章）：
联系电话：

图 10 - 41

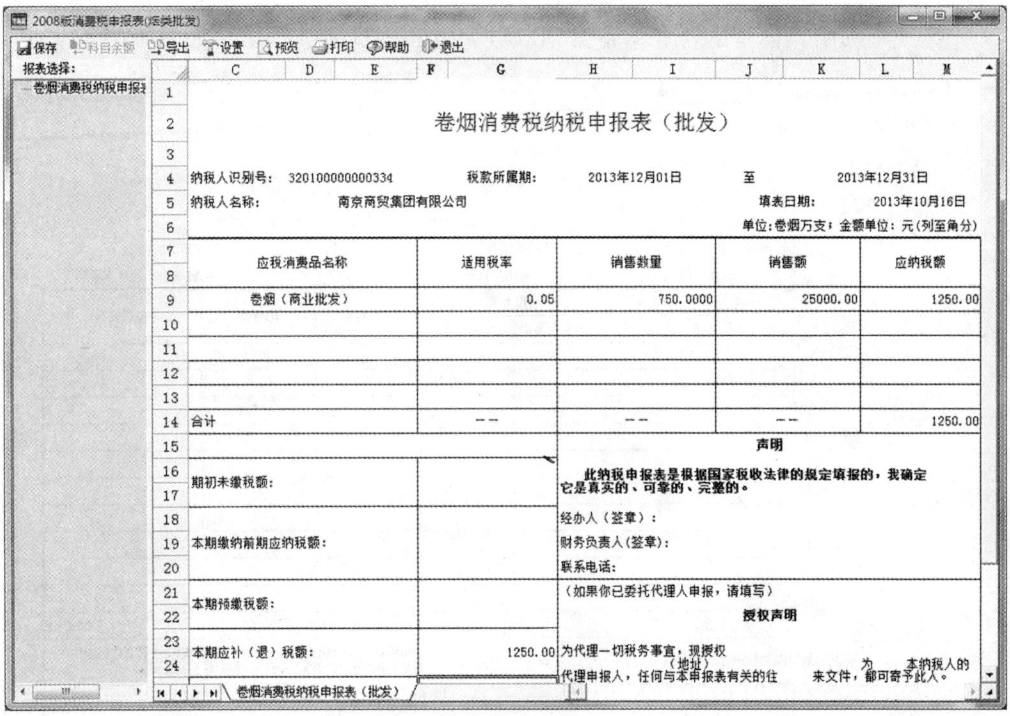

卷烟消费税纳税申报表（批发）

纳税人识别号：320100000000334　税款所属期：2013年12月01日 至 2013年12月31日
纳税人名称：南京商贸集团有限公司　填表日期：2013年10月16日
单位：卷烟万支；金额单位：元（列至角分）

应税消费品名称	适用税率	销售数量	销售额	应纳税额
卷烟（商业批发）	0.05	750.0000	25000.00	1250.00
合计	--	--	--	1250.00

期初未缴税额：
本期缴纳前期应纳税额：
本期预缴税额：
本期应补（退）税额：1250.00

声明
此纳税申报表是根据国家税收法律的规定填报的，我确定它是真实的、可靠的、完整的。
经办人（签章）：
财务负责人(签章)：
联系电话：
（如果你已委托代理人申报，请填写）
授权声明
为代理一切税务事宜，现授权（地址）为本纳税人的代理申报人，任何与本申报表有关的往来文件，都可寄予此人。

图 10 - 42

③ 在《小汽车消费税纳税申报表》中分别填写：销售量、销售额和应纳税额。其中，应税消费品名称（税目）、税率是系统根据南京商贸的税务鉴定自动取数完成的。具体数据填写如图 10 - 43：

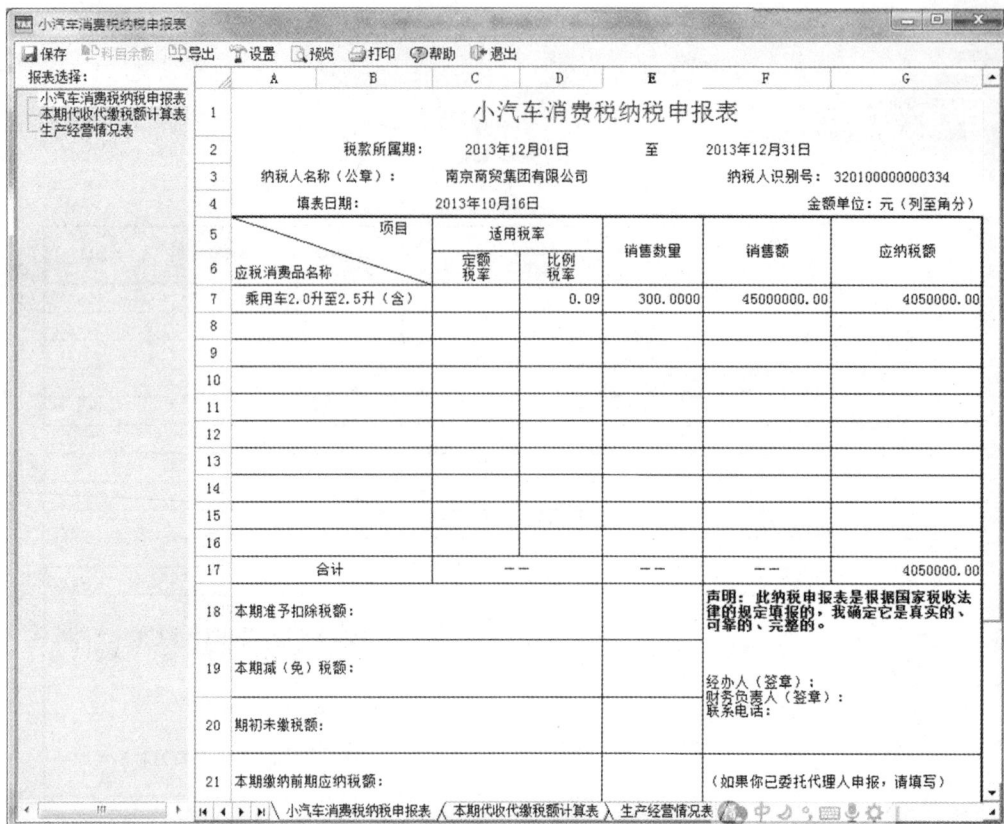

图 10-43

④ 在《其他应税消费品消费税纳税申报表》中分别填写：销售额和应纳税额。其中,应税消费品名称（税目）、税率是系统根据南京商贸的税务鉴定自动取数完成的。具体数据填写如图 10-44：

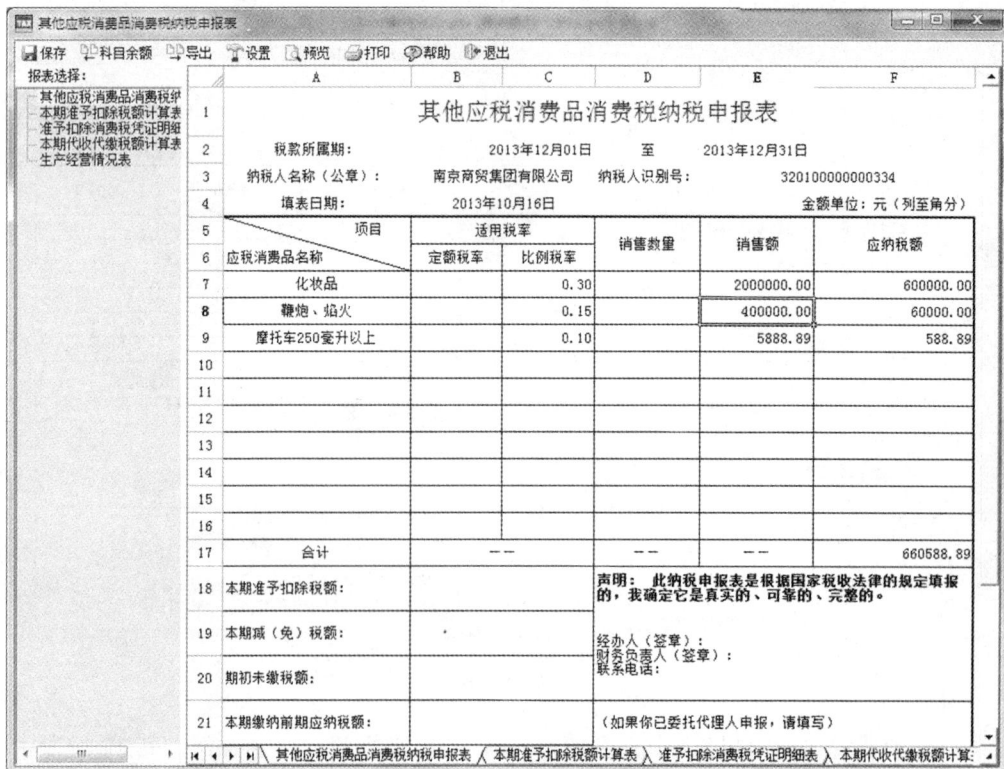

图 10-44

2）U8 财务取数

本部分实验指导参考《实验十一　增值税报表填制》的 U8 财务取数。

3）报表展现

实验资料的所有业务处理完毕，即申报表填写或取数完成后，单击【保存】按钮进行保存，可得到完整报表，如图 10－45～图 10－48：

酒及酒精消费税纳税申报表

税款所属期：　　　2013年12月01日　　　至　　　　　　2013年12月31日

纳税人名称（公章）：　南京商贸集团有限公司　　　　纳税人识别号：320100000000334

填表日期：　　　　　2013年10月16日　　　　　　　　金额单位：元（列至角分）

项目 应税消费品名称	适用税率		销售数量	销售额	应纳税额
	定额税率	比例税率			
黄酒	240.00		2.0000		480.00
合计	——	——	——	——	480.00

本期准予扣除税额：		**声明** 　　此纳税申报表是根据国家税收法律的规定填报的，我确定它是真实的、可靠的、完整的。
本期减（免）税额：		经办人（签章）：
期初未缴税额：		财务负责人（签章）： 　　　　　　　　　联系电话：
本期缴纳前期应纳税额：		（如果你已委托代理人申报，请填写）
本期预缴税额：		**授权声明**
本期应补（退）税额：	480.00	为代理一切税务事宜，现授权 （地址） 为本纳税人的代理申报人，任何与本申报表有关的往来文件，都可寄予此人。
期末未缴税额：	480.00	授权人签章：

图 10－45

卷烟消费税纳税申报表（批发）

纳税人识别号： 320100000000334   税款所属期：   2013年12月01日   至   2013年12月31日

纳税人名称：   南京商贸集团有限公司   填表日期：   2013年10月16日

单位:卷烟万支；金额单位:元(列至角分)

应税消费品名称	适用税率	销售数量	销售额	应纳税额
卷烟（商业批发）	0.05	750.0000	25000.00	1250.00
合计	— —	— —	— —	1250.00

		声明
期初未缴税额：		此纳税申报表是根据国家税收法律的规定填报的，我确定它是真实的、可靠的、完整的。
本期缴纳前期应纳税额：		经办人（签章）： 财务负责人(签章)： 联系电话：
本期预缴税额：		（如果你已委托代理人申报，请填写） **授权声明**
本期应补（退）税额：	1250.00	为代理一切税务事宜，现授权 （地址） 为 本纳税人的代理申报人，任何与本申报表有关的往 来文件，都可寄予此人。
期末未缴税额：	1250.00	授权人（签章）：

图 10－46

小汽车消费税纳税申报表

税款所属期： 2013年12月01日 至 2013年12月31日

纳税人名称（公章）： 南京商贸集团有限公司 纳税人识别号： 320100000000334

填表日期： 2013年10月16日 金额单位：元（列至角分）

应税消费品名称	适用税率		销售数量	销售额	应纳税额
	定额税率	比例税率			
乘用车2.0升至2.5升（含）		0.09	300.0000	45000000.00	4050000.00
合计	— —	— —	— —		4050000.00

本期准予扣除税额：		声明：此纳税申报表是根据国家税收法律的规定填报的，我确定它是真实的、可靠的、完整的。
本期减（免）税额：		
期初未缴税额：		经办人（签章）： 财务负责人（签章）： 联系电话：
本期缴纳前期应纳税额：		（如果你已委托代理人申报，请填写）
本期预缴税额：		**授权声明**
本期应补（退）税额：	4050000.00	为代理一切税务事宜，现授权_____（地址）_____为本纳税人的代理申报人，任何与本申报表有关的往来文件，都可寄予此人。
期末未缴税额：	4050000.00	授权人签章：

图 10 - 47

其他应税消费品消费税纳税申报表

税款所属期：　　　2013年12月01日　　　至　　　2013年12月31日

纳税人名称（公章）：　南京商贸集团有限公司　纳税人识别号：　　320100000000334

填表日期：　　　2013年10月16日　　　　　　金额单位：元（列至角分）

项目／应税消费品名称	适用税率		销售数量	销售额	应纳税额
	定额税率	比例税率			
化妆品		0.30		2000000.00	600000.00
鞭炮、焰火		0.15		400000.00	60000.00
摩托车250毫升以上		0.10		5888.89	588.89
合计	— —		— —	— —	660588.89

本期准予扣除税额：		**声明：** 此纳税申报表是根据国家税收法律的规定填报的，我确定它是真实的、可靠的、完整的。
本期减（免）税额：		经办人（签章）： 财务负责人（签章）： 联系电话：
期初未缴税额：		
本期缴纳前期应纳税额：		〈如果你已委托代理人申报，请填写〉
本期预缴税额：		**授权声明**
本期应补（退）税额：	660588.89	为代理一切税务事宜，现授权 （地址）　　　　　为本纳税人的代理申报人，任何 与本申报表有关的往来文件，都可寄予此人。
期末未缴税额：	660588.89	授权人签章：

图 10－48

4. 电子数据生成

（1）在系统主界面，执行"税务会计"命令，单击【生成电子数据】，打开生成电子数据界面，勾选本期消费税纳税申报表，单击【确定】，如图 10－49：

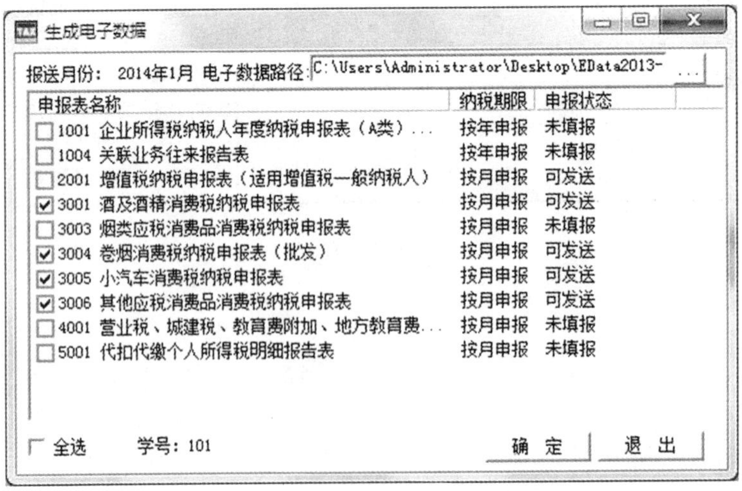

图 10－49

注：该电子数据报送月份为 2014 年 1 月。

(2) 如图 10-50,执行成功后,点击关闭。

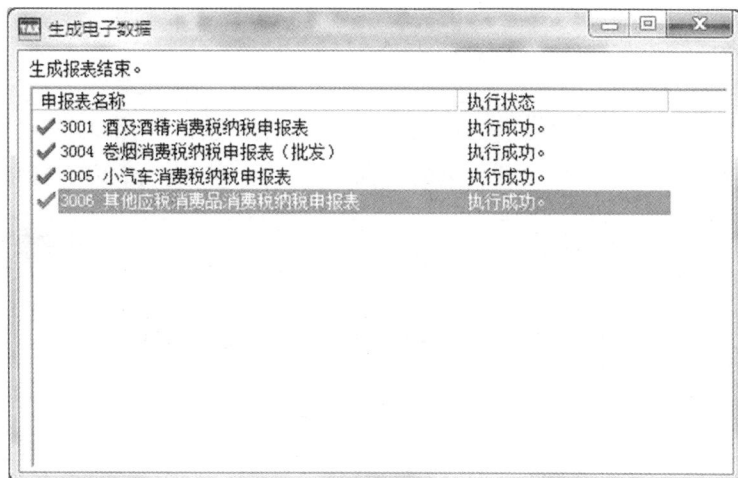

图 10-50

(3) 在桌面可查看生成的电子数据,图 10-51:

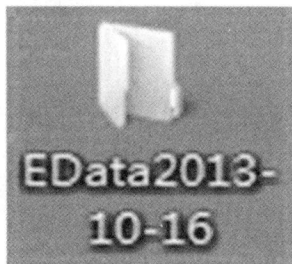

图 10-51

实验十三　营业税报表填制

【实验目的】
熟悉与掌握营业税相关知识、申报表的填写。

【实验内容】
营业税计算。
营业税报表填写。
电子数据生成。

【实验准备】
完成企业税务信息鉴定。

【实验要求】
根据实验资料信息以学生身份登录"用友企业电子报税实训教学系统"进行业务处理。

【实验资料】
1. 12月6日,公司总部承接了南京化工集团的给排水系统和供热系统安装工程,合同价款 120 000 元(3%)。

2. 12月9日,公司下属酒店订房业务当月收入 5 800 元(5%)。

3. 12月10日,公司后勤食堂对外部营业,当月对外餐饮收入 500 000 元(5%)。

4. 12月26日,当月写字楼出租收入 60 000 元(5%)。

注：本实验资料未涉及城建税、教育费附加等附加税费的计算。

【操作指导】

以学生身份登录税务实验室—U8实训系统。

操作步骤如下：

1. 申报表选择

在系统主界面，执行"税务会计"|"营业税申报"命令，打开"申报项目选择"对话框，如图10-52所示：

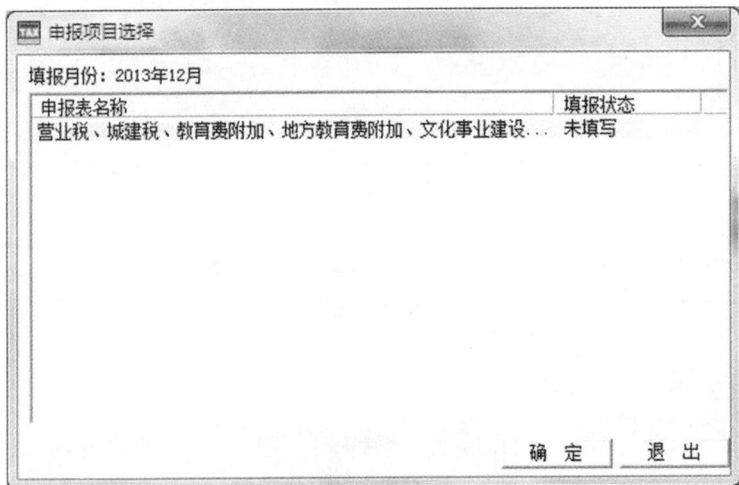

图10-52

选择营业税、城建税、教育费附加、地方教育费附加、文化事业建设费纳税申报表，单击【确定】按钮，打开营业税纳税申报，如图10-53所示：

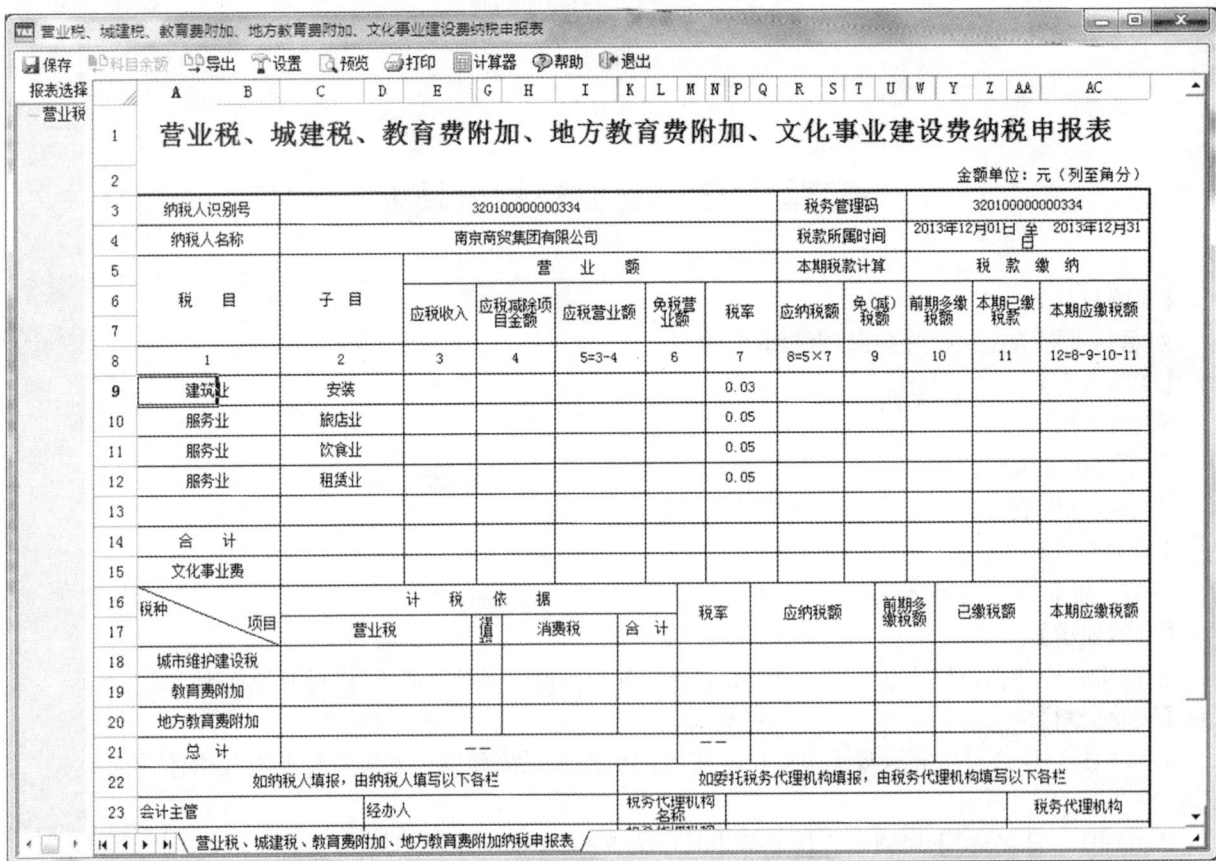

图10-53

2. 参考【实验资料】中4笔营业税的业务信息，分析计算南京商贸当期的营业税情况，作出如下汇总统计：

业务（1）涉及建筑安装业营业税；

业务（2）涉及旅店业营业税；

业务（3）涉及餐饮业营业税；

业务（4）涉及租赁业营业税；

3. 报表填写

本系统提供手工填写报表和U8财务财务软件取数两种方式，用户可根据需要，选择相应的方式来完成增值税申报表的填制。

1）手工填写

操作步骤：在营业税申报表界面，用鼠标点击白色单元格，直接输入数据。有表间勾稽关系的单元格会自动计算取数，无需手工输入数据。

根据本实验提供业务，参考"【操作指导】2"部分的分析汇总统计，进行报表手工填写。

在《营业税、城建税、教育费附加、地方教育费附加、文化事业建设费纳税申报表》中填写：营业额下应税收入。其中，税目、子目、税率是系统根据南京商贸的税务鉴定自动取数完成的。"应税营业额"、"应纳税额"、"本期应缴税额"以及合计行由系统自动计算。具体数据填写如图10-54：

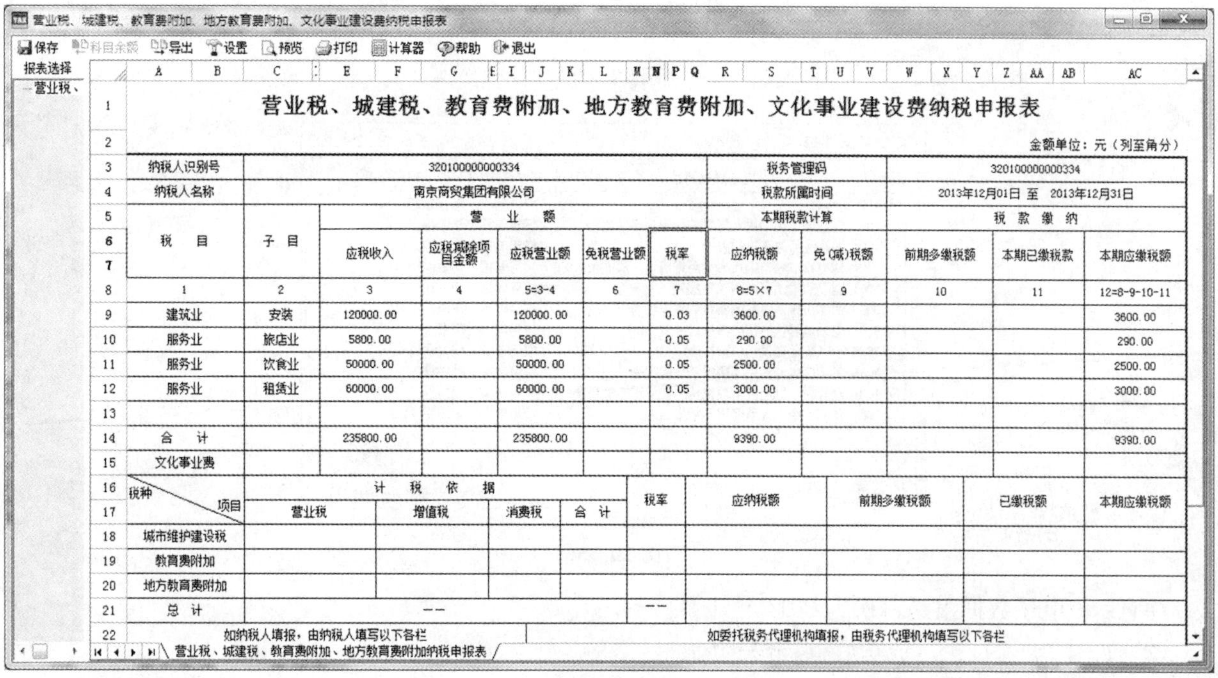

图 10 - 54

2）U8财务取数

本部分实验指导参考《实验十一 增值税报表填制》的U8财务取数。

3）报表展现

实验资料的所有业务处理完毕，即申报表填写或取数完成后，单击【保存】按钮进行保存，可得到完整报表，如图10-55。

4. 电子数据生成

（1）在系统主界面，执行"税务会计"命令，单击【生成电子数据】，打开生成电子数据界面，勾选本期营业税纳税申报表，单击【确定】，如图10-56：

营业税、城建税、教育费附加、地方教育费附加、文化事业建设费纳税申报表

金额单位：元（列至角分）

纳税人识别号		320100000000334					税务管理码		320100000000334		
纳税人名称		南京商贸集团有限公司					税款所属时间		2013年12月01日 至 2013年12月31日		

税 目	子 目	营 业 额					本期税款计算		税 款 缴 纳		
		应税收入	应税减除项目金额	应税营业额	免税营业额	税率	应纳税额	免（减）税额	前期多缴税额	本期已缴税款	本期应缴税额
1	2	3	4	5=3-4	6	7	8=5×7	9	10	11	12=8-9-10-11
建筑业	安装	120000.00		120000.00		0.03	3600.00				3600.00
服务业	旅店业	5800.00		5800.00		0.05	290.00				290.00
服务业	饮食业	50000.00		50000.00		0.05	2500.00				2500.00
服务业	租赁业	60000.00		60000.00		0.05	3000.00				3000.00
合 计		235800.00		235800.00			9390.00				9390.00
文化事业费											

税种 \ 项目	计 税 依 据				税率	应纳税额	前期多缴税额	已缴税额	本期应缴税额
	营业税	增值税	消费税	合 计					
城市维护建设税									
教育费附加									
地方教育费附加									
总 计				——			——		

如纳税人填报，由纳税人填写以下各栏			如委托税务代理机构填报，由税务代理机构填写以下各栏		
会计主管	经办人		税务代理机构名称		税务代理机构
（签章）	（签章）		税务代理机构地址		（公章）
申报声明	此纳税申报表是根据国家税收法律的规定填报的，我确信它是真实的、可靠的、完整的。 声明人：		代理人（签章）	联系电话	
	（法定代表人签字或盖章）（公章）		以下由税务机关填写		
			收到申报日期	接收人	

图 10 - 55

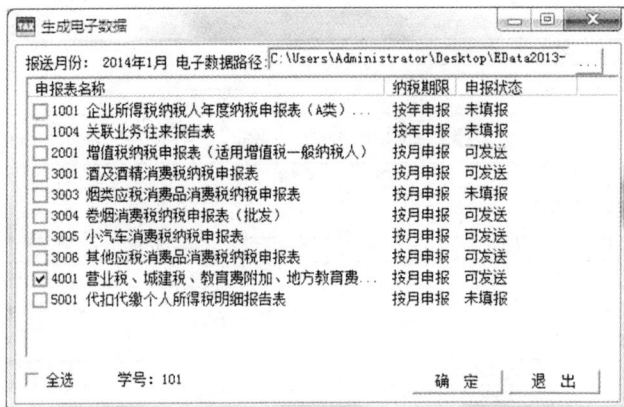

图 10 - 56

注意：该电子数据报送月份为 2014 年 1 月。

（2）如图 10 - 57，执行成功后，点击关闭。

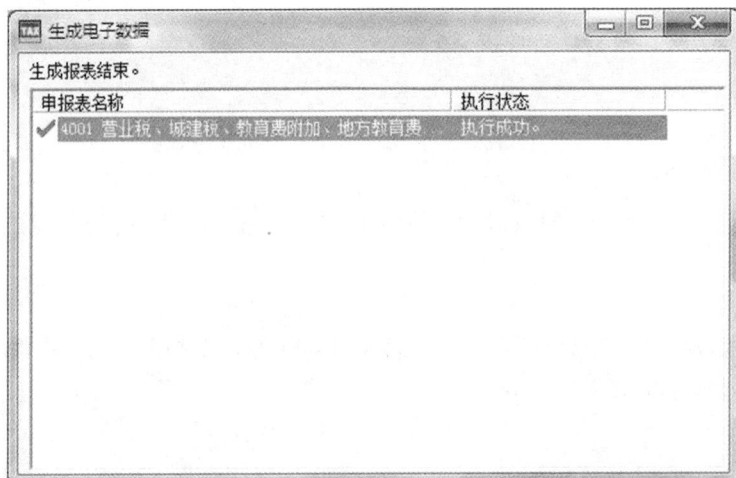

图 10 - 57

（3）在桌面可查看生成好的电子数据，图 10－58：

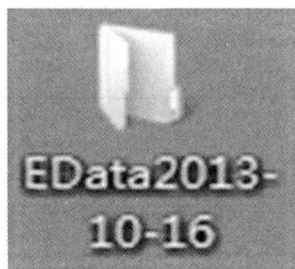

图 10－58

实验十四　个税报表填制

【实验目的】

熟悉与掌握个税相关知识、申报表的填写。

【实验内容】

1. 工资薪金个税计算。

2. 工资薪金报表填写。

3. 电子数据生成。

【实验准备】

完成企业税务信息鉴定，完成实验四薪资管理。

【实验要求】

根据实验资料信息，以学生身份登录"用友企业电子报税实训教学系统"进行业务处理。

【实验资料】

1. 人员档案，如表 10－4：

表 10－4　人员档案

姓名	证件类型代码	证件号码	国家或地区代码	职务代码	职业代码
张成	护照	882011234	中国	一般职员	工程技术人员
王玲	护照	884024013	中国	一般职员	工程技术人员
陈明	护照	829438201	中国	一般职员	工程技术人员
周丽	护照	892011123	中国	一般职员	工程技术人员
余婧凤	居民身份证	320932198211040010	中国	一般职员	工程技术人员
阮婕	居民身份证	320932198211040011	中国	一般职员	工程技术人员
吴菲	居民身份证	320932198211040012	中国	一般职员	工程技术人员
张晓	居民身份证	320932198211040013	中国	一般职员	工程技术人员
王明	居民身份证	320932198211040014	中国	一般职员	工程技术人员
李忠	居民身份证	320932198211040015	中国	一般职员	工程技术人员
王艳	居民身份证	320932198211040016	中国	一般职员	工程技术人员
何宁	居民身份证	320932198211040017	中国	一般职员	工程技术人员
王刚	居民身份证	320932198211040018	中国	一般职员	工程技术人员
王惠新	居民身份证	320932198211040019	中国	一般职员	工程技术人员

2. 税率资料

个税免征额为 3 500 元,具体税率表见表 10 - 5:

表 10 - 5　个税税率表

级数	全月应纳税所得额	税率(%)	速算扣除数(元)
1	不超过 1 500 元	3	0
2	超过 1 500～4 500 元的部分	10	105
3	超过 4 500～9 000 元的部分	20	555
4	超过 9 000～35 000 元的部分	25	1 005
5	超过 35 000～55 000 元的部分	30	2 755
6	超过 55 000～80 000 元的部分	35	5 505
7	超过 80 000 元的部分	45	13 505

3. 2013 年 12 月南京商贸的工资数据,如表 10 - 6:

表 10 - 6　工资数据

人员编号	人员姓名	基本工资	补发工资	其他补发	交通及住宿补助	当月奖金	季度奖金	养老个人	医疗个人	失业个人	住房公积金个人	病假扣款	事假扣款	考勤扣款	代扣房租	代扣水电
1	张成	22 000	200	400	300	600		850	200	50	2 200				500	50
2	王玲	12 000	200	400	300	600		850	200	50	1 200					
3	陈明	12 000	200	400	300	600		850	200	50	1 200					
4	周丽	19 000	200	400	300	600		850	200	50	1 900				500	50
5	余婧凤	8 500	300	400	300	600		850	200	50	850	50				
6	阮婕	5 600	300	400	300	600	500	600	200	50	560		60			
7	吴菲	3 900	400	400	300	600	500	600	200	50	390				180	30
8	张晓	5 800	400	400	300	600	500	600	200	50	580	50				
9	王明	5 400	300	400	300	600	500	600	200	50	540					
10	李忠	5 400	300	400	300	600	500	600	200	50	540					
11	王艳	5 400	300	400	300	600	500	600	200	50	540					
12	何宁	5 400	300	400	300	600	500	600	200	50	540		60			
13	王刚	4 200	300	400	300	600	500	600	200	50	420					
14	王惠新	4 300	500	400	300	600	500	600	200	50	430			100	180	30

4. 依据系统个税申报模板生成南京商贸个人所得税申报表

【操作指导】

以学生身份登录税务实验室—U8 实训系统。

操作步骤如下:

1. 申报表选择

在系统主界面,执行"税务会计"|"个人所得税申报"命令,打开"申报项目选择"对话框,如图 10 - 59 所示:

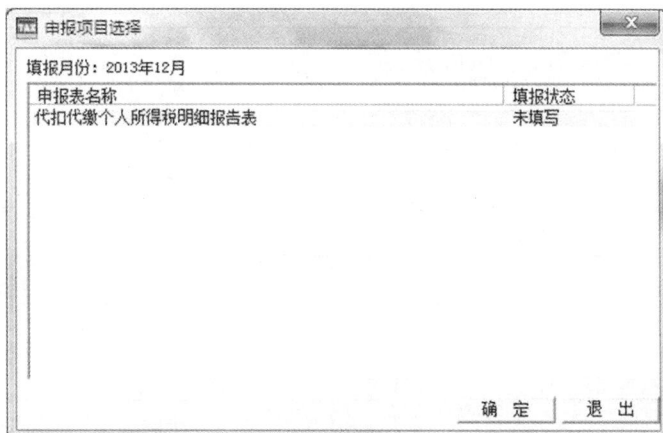

图 10 - 59

选择代扣代缴个人所得税明细报告表,单击【确定】按钮,打开个税纳税申报表,如图 10 - 60 所示:

代扣代缴个人所得税明细报告表

保存　科目余额　人员导入　导出　删除　设置　预览　打印　税率　计算器　帮助　退出

代扣代缴个人所得税明细报告表

税款所属期: 2013年12月01日 至 2013年12月31日

序号	姓名	职业代码	所得项目代码	境内收入	境外收入	收入合计	允许扣除的四金	其他免税收入	免税收入合计	允许扣除的税费	费用扣除标准	准予扣除的捐赠额	应纳税所得额	适用税率	速算扣除数	应扣缴所得税额	已扣缴所得税额	应补(退)所得税额
1		6	7	8	9	10=8+9	11	12	13=11+12	14	15	16	17=10-13-14-15-16	18	19	20=17*18-19	21	22=20-21
1																		
2																		
3																		
4																		
5																		
6																		
7																		
8																		
9																		
10																		
11																		
12																		
13																		
14																		
15																		
16																		
17																		
18																		
19																		
20																		

代扣代缴个人所得税明细报告表

图 10 - 60

2. 参考【实验资料】中的工资信息,分析计算南京商贸当期的工资及个税情况,作出汇总统计,如表10 - 7:

表 10 - 7　工资及个税情况

序　号	姓　名	应税收入(总收入—病、事、考扣款)(元)	扣除四金合计(元)
1	张　成	23 500	3 300
2	王　玲	13 500	2 300
3	陈　明	13 500	2 300
4	周　丽	20 500	3 000
5	余婧凤	10 050	1 950
6	阮　婕	7 640	1 410

序　号	姓　名	应税收入（总收入—病、事、考扣款）（元）	扣除四金合计（元）
7	吴菲	6 100	1 240
8	张晓	7 950	1 430
9	王明	7 500	1 390
10	李忠	7 500	1 390
11	王艳	7 500	1 390
12	何宁	7 440	1 390
13	王刚	6 300	1 270
14	王惠新	6 500	1 280
合　计		145 480	25 040

3. 报表填写

本系统提供手工填写报表和 U8 人员导入两种方式，用户可根据需要，选择相应的方式来完成增值税申报表的填制。

1) 手工填写

操作步骤：在个税申报表界面，按列 1、2、3 的顺序，用鼠标点击白色单元格，直接输入数据。有表间勾稽关系的单元格会自动计算取数，无需手工输入数据。

根据本实验提供业务，参考"【操作指导】2"部分的分析汇总统计，进行报表手工填写。

在《代扣代缴个人所得税明细报告表》中分别：

① 填写人员信息："姓名"、"证件类型代码"、"证件号码"、"国家或地区代码"、"职务代码"、"职业代码"，选择"所得项目代码"。

② 填写工资信息："境内收入"、"允许扣除的四金"、"费用扣除标准"。

③ 选择"适用税率"、"速算扣除数"。

④ 应纳税所得额、应扣缴所得税额、应补(退)所得税额以及合计项由系统自动计算。

具体数据填写如图 10-61：

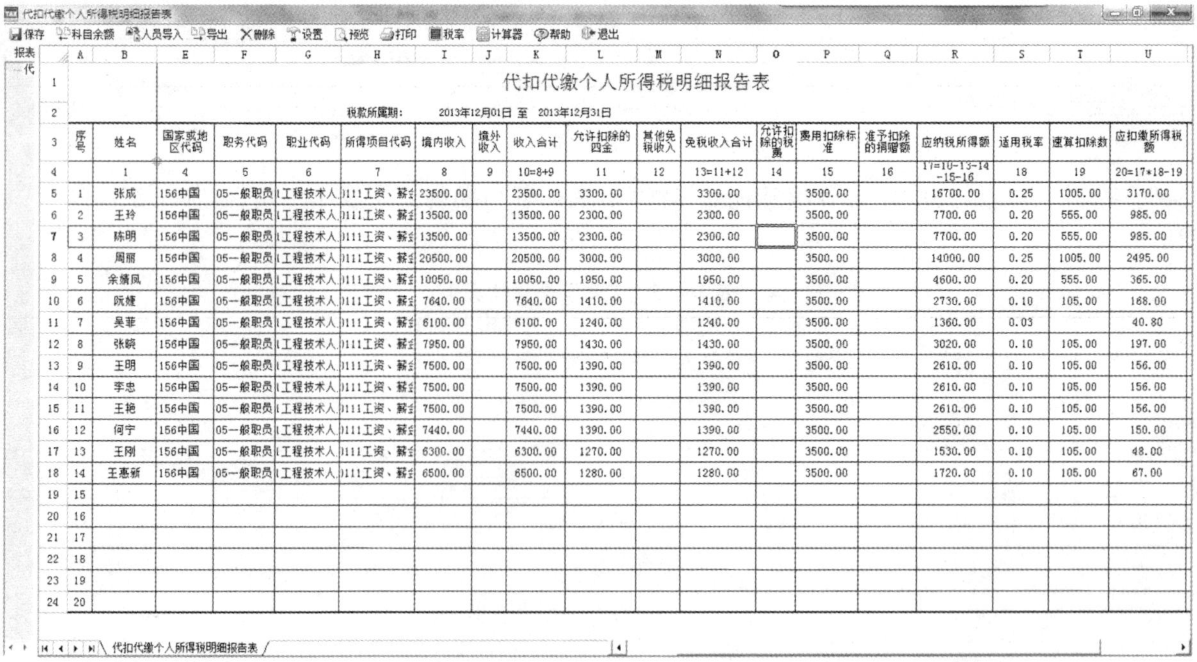

图 10-61

2）U8 人员导入

操作步骤：

① 在个税申报表界面，单击报表左上方工具栏"人员导入"，系统将从 U8 系统导入"姓名"、"证件类型代码"、"证件号码"、"国家或地区代码"信息和"境内收入"、"允许扣除的四金"金额。

② 除了导入项外，还需手工输入"国家或地区代码"、"职务代码"、"职业代码"；选择"所得项目代码"、"费用扣除标准"、"适用税率"、"速算扣除数"。

③ 系统自动计算应纳税所得额、应扣缴所得税额、应补（退）所得税额。

具体数据如图 10-62：

代扣代缴个人所得税明细报告表

2013年12月01日 至 2013年12月31日

序号	姓名	境内收入	境外收入	收入合计 10=8+9	允许扣除的四金	其他免税收入	免税收入合计 13=11+12	允许扣除的税费	费用扣除标准	准予扣除的捐赠额	应纳税所得额 17=10-13-14-15-16	适用税率	速算扣除数	应扣缴所得税额 20=17*18-19	已扣缴所得税额	应补（退）所得税额 22=20-21
	1	8	9	10=8+9	11	12	13=11+12	14	15	16	17=10-13-14-15-16	18	19	20=17*18-19	21	22=20-21
1	张成	23500.00		23500.00	3300.00		3300.00		3500.00		16700.00	0.25	1005.00	3170.00		3170.00
2	王玲	13500.00		13500.00	2300.00		2300.00		3500.00		7700.00	0.20	555.00	985.00		985.00
3	陈明	13500.00		13500.00	2300.00		2300.00		3500.00		7700.00	0.20	555.00	985.00		985.00
4	周丽	20500.00		20500.00	3000.00		3000.00		3500.00		14000.00	0.25	1005.00	2495.00		2495.00
5	余嫦凤	10050.00		10050.00	1950.00		1950.00		3500.00		4600.00	0.20	555.00	365.00		365.00
6	阮婕	7640.00		7640.00	1410.00		1410.00		3500.00		2730.00	0.10	105.00	168.00		168.00
7	吴菲	6100.00		6100.00	1240.00		1240.00		3500.00		1360.00	0.03		40.80		40.80
8	张晓	7950.00		7950.00	1430.00		1430.00		3500.00		3020.00	0.10	105.00	197.00		197.00
9	王明	7500.00		7500.00	1390.00		1390.00		3500.00		2610.00	0.10	105.00	156.00		156.00
10	李忠	7500.00		7500.00	1390.00		1390.00		3500.00		2610.00	0.10	105.00	156.00		156.00
11	王艳	7500.00		7500.00	1390.00		1390.00		3500.00		2610.00	0.10	105.00	156.00		156.00
12	何宁	7440.00		7440.00	1390.00		1390.00		3500.00		2550.00	0.10	105.00	150.00		150.00
13	王刚	6300.00		6300.00	1270.00		1270.00		3500.00		1530.00	0.10	105.00	48.00		48.00
14	王惠新	6500.00		6500.00	1280.00		1280.00		3500.00		1720.00	0.10	105.00	67.00		67.00
15																
16																

图 10-62

提示：本表的科目余额取数方式参考《实验十一 增值税报表填制》的 U8 财务取数。

3）报表展现

实验资料的所有业务处理完毕，即申报表填写或取数完成后，单击【保存】按钮进行保存，可得到完整报表，如图 10-63：

代扣代缴个人所得税明细报告表

税款所属期：2013年12月01日 至 2013年12月31日

序号	姓名	证件类型代码	证件号码	国家或地区代码	职务代码	职业代码	所得项目代码	境内收入	境外收入	收入合计 10=8+9	允许扣除的四金	其他免税收入	免税收入合计 13=11+12	允许扣除的税费	费用扣除标准	准予扣除的捐赠额	应纳税所得额 17=10-13-14-15-16	适用税率	速算扣除数	应扣缴所得税额 20=17*18-19	已扣缴所得税额	应补（退）所得税额 22=20-21	备注
		1	2	3	4	5	6	7	8	9	10=8+9	11	12	13=11+12	14	15	16	17=10-13-14-15-16	18	19	20=17*18-19	21	22=20-21	23
1	张成	002护照	882011234	156中国		05一般职员	工程技术人员	0111工资、薪金	23500.00		23500.00	3300.00		3300.00		3500.00		16700.00	0.25	1005.00	3170.00		3170.00	
2	王玲	002护照	884024013	156中国		05一般职员	工程技术人员	0111工资、薪金	13500.00		13500.00	2300.00		2300.00		3500.00		7700.00	0.20	555.00	985.00		985.00	
3	陈明	002护照	829438201	156中国		05一般职员	工程技术人员	0111工资、薪金	13500.00		13500.00	2300.00		2300.00		3500.00		7700.00	0.20	555.00	985.00		985.00	
4	周丽	002护照	892011123	156中国		05一般职员	工程技术人员	0111工资、薪金	20500.00		20500.00	3000.00		3000.00		3500.00		14000.00	0.25	1005.00	2495.00		2495.00	
5	余嫦凤	001居民身份证	320932198211040010	156中国		05一般职员	工程技术人员	0111工资、薪金	10050.00		10050.00	1950.00		1950.00		3500.00		4600.00	0.20	555.00	365.00		365.00	
6	阮婕	001居民身份证	320932198211040011	156中国		05一般职员	工程技术人员	0111工资、薪金	7640.00		7640.00	1410.00		1410.00		3500.00		2730.00	0.10	105.00	168.00		168.00	
7	吴菲	001居民身份证	320932198211040012	156中国		05一般职员	工程技术人员	0111工资、薪金	6100.00		6100.00	1240.00		1240.00		3500.00		1360.00	0.03		40.80		40.80	
8	张晓	001居民身份证	320932198211040013	156中国		05一般职员	工程技术人员	0111工资、薪金	7950.00		7950.00	1430.00		1430.00		3500.00		3020.00	0.10	105.00	197.00		197.00	
9	王明	001居民身份证	320932198211040014	156中国		05一般职员	工程技术人员	0111工资、薪金	7500.00		7500.00	1390.00		1390.00		3500.00		2610.00	0.10	105.00	156.00		156.00	
10	李忠	001居民身份证	320932198211040015	156中国		05一般职员	工程技术人员	0111工资、薪金	7500.00		7500.00	1390.00		1390.00		3500.00		2610.00	0.10	105.00	156.00		156.00	
11	王艳	001居民身份证	320932198211040016	156中国		05一般职员	工程技术人员	0111工资、薪金	7500.00		7500.00	1390.00		1390.00		3500.00		2610.00	0.10	105.00	156.00		156.00	
12	何宁	001居民身份证	320932198211040017	156中国		05一般职员	工程技术人员	0111工资、薪金	7440.00		7440.00	1390.00		1390.00		3500.00		2550.00	0.10	105.00	150.00		150.00	
13	王刚	001居民身份证	320932198211040018	156中国		05一般职员	工程技术人员	0111工资、薪金	6300.00		6300.00	1270.00		1270.00		3500.00		1530.00	0.10	105.00	48.00		48.00	
14	王惠新	001居民身份证	320932198211040019	156中国		05一般职员	工程技术人员	0111工资、薪金	6500.00		6500.00	1280.00		1280.00		3500.00		1720.00	0.10	105.00	67.00		67.00	

图 10-63

4. 电子数据生成

（1）在系统主界面，执行"税务会计"命令，单击【生成电子数据】，打开生成电子数据界面，勾选本期代扣代缴个人所得税明细报告表，单击【确定】，如图 10-64：

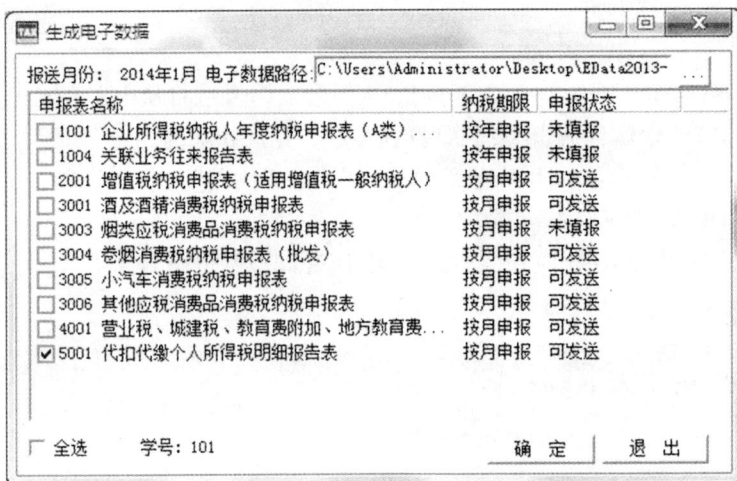

图 10 - 64

注意：该电子数据报送月份为 2014 年 1 月。

（2）如图 10 - 65，执行成功后，点击关闭。

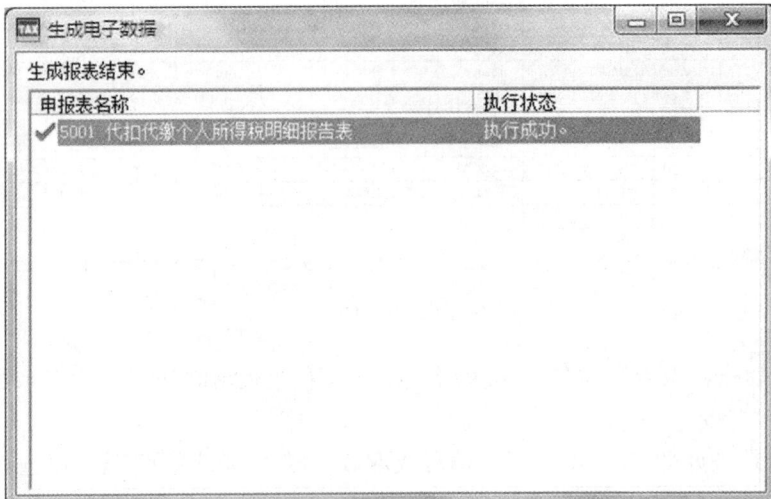

图 10 - 65

（3）在桌面可查看生成的电子数据，图 10 - 66：

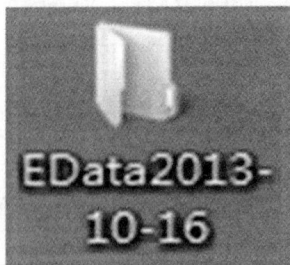

图 10 - 66

实验十五　所得税报表填制

【实验目的】

熟悉与掌握企业所得税相关知识、申报表的填写。

【实验内容】

企业所得税计算。

企业所得税报表填写。

A类报表的填写(即查账征收企业报表)。

电子数据生成。

【实验准备】

完成企业税务信息鉴定,完成U8总账系统各实验(实验五、六、七、八)。

【实验要求】

根据实验资料信息,以学生身份登录"用友企业电子报税实训教学系统"进行业务处理。

【实验资料】

1. 12月3日,公司为宣传新产品发生广告费46 000元,用银行存款支付。

2. 12月4日,向银行借入生产经营用短期借款360 000元,期限6个月,年利率5%,本金到期后一次归还,利息每月支付,12月份应支付银行利息360 000×5%/12=1 500元。

3. 12月8日,固定资产报废清理的净收益12 000元,计入营业外收入。

4. 12月8日,为拓展产品销售市场发生业务招待费50 000元,用银行存款支付。

5. 12月21日,收到国债利息收入10 000元。

6. 12月24日,支付税款滞纳金30 000元,银行转账支付。

7. 12月20日,因产品延期交付给客户造成合同违约,支付违约金50 000元,银行转账支付。

8. 12月20日公司当月按直线法计提折旧额40 000元。其中房屋24 000元,机器设备10 000元,办公设备6 000元。假设所有资产净残值为零,如表10-8:

表10-8　折旧表

固定资产类别	原值(元)	(会计)年限(年)	(会计)折旧额(元)
房　　屋	5 184 000	18	24 000
机器设备	1 200 000	10	10 000
办公设备	360 000	5	6 000

9. 由于前几个章节只处理了涉税的相关凭证,现将与收入相关的项目作主营业务收入调整为4 000 000元。

10. 由于前几个章节只处理了涉税的相关凭证,现将与成本相关的项目作主营业务成本调整为800 000元。

11. 计算当期(12月)所得税,除了以上业务信息,本次所得税涉及财务管理系统所处理的全部凭证。

补充信息:

南京商贸当期没有关联业务往来,企业前期没有亏损,除了业务涉及的,没有其他所得税税收优惠,没有境外所得,没有金融资产、负债和投资性房地产,广告费以前年度没有结转额,没有计提各种准备金,没有长期股权投资。

【操作指导】

以学生身份登录税务实验室—U8实训系统。

操作步骤如下:

1. 申报表选择

在系统主界面,执行"税务会计"|"企业所得税申报"命令,打开"申报项目选择"对话框,如图 10 - 67 所示:

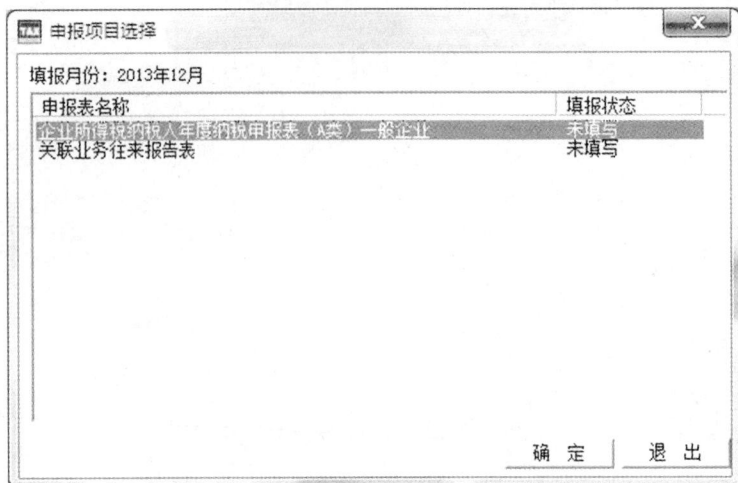

图 10 - 67

选择《企业所得税纳税人年度纳税申报表(A 类)一般企业》,单击【确定】按钮,打开所得税年度纳税申报表,如图 10 - 68 所示:

图 10 - 68

注意:由于【实验资料】明确提示本企业没有关联业务,所以《关联业务往来报告表》不需要填写。

2. 参考【实验资料】中的业务信息,以及 U8 工资实验、总账实验中总账、明细账、余额表等信息,分析计算南京商贸当期的收入、成本、费用情况,作出如下汇总统计:

1) 本期收入情况

销售货物收入　6 266 155.5 元

提供劳务收入　378 829 元

视同销售货物收入　5 000 元

营业外收入　12 000 元

投资收益　10 000 元

2）本期成本费用情况

销售货物成本　980 000 元

营业税金及附加　4 744 208.89 元

营业外支出　80 000 元

销售费用　115 550 元

管理费用　171 100 元

财务费用　19 050 元

3）本期固定资产折旧情况

具体数据如表 10 - 9：

表 10 - 9　折旧情况(本业务(8))

固定资产类别	原值(元)	(会计)年限(年)	(会计)折旧额(元)	(税收)年限(年)	(税收)折旧额(元)	应调整额(元)
房　　屋	5 184 000	18	24 000	20	21 600	2 400
机器设备	1 200 000	10	10 000	10	10 000	0
办公设备	360 000	5	6 000	5	6 000	0

3. 报表填写

本系统提供手工填写报表和 U8 财务财务软件取数两种方式，用户可根据需要，选择相应的方式来完成增值税申报表的填制。

1）手工填写

操作步骤：在所得税申报表界面，选择相应的主表、附表，用鼠标点击白色单元格，直接输入数据。

根据本实验提供业务和 U8 总账数据，参考"【操作指导】2"部分的分析汇总统计，进行报表手工填写。一般先填写附表，再填写主表，主附表间有勾稽关系的单元会自动计算，合计单元系统自动计算取数。具体如下：

① 附表一《收入明细表》中分别填写：销售货物、提供劳务视同销售收入。

② 附表二《成本费用明细表》中分别填字：销售货物成本、营业外支出、销售(营业)费用、管理费用、财务费用。

③ 附表四企业所得税《弥补亏损明细表》，本企业没有相关业务信息，不用填写。

④ 附表五《税收优惠明细表》中，分别填写：国债利息收入、企业从业人数、资产总额，选择所属行业。

⑤ 附表六《境外所得税抵免计算明细表》、附表七《以公允价值计量资产纳税调整表》，本企业没有相关业务信息，不用填写。

⑥ 附表八《广告费和业务宣传费跨年度纳税调整表》中填写本年度广告费和业务宣传费支出。

⑦ 附表九《资产折旧、摊销纳税调整明细表》中分别填写：相关资产的原值("账载金额"与"计税基础"在本案例中保持一致)，折旧、摊销年限，折旧、摊销额。

⑧ 附表十《资产减值准备项目调整明细表》、附表十一《长期股权投资所得(损失)明细表》，本企业没有相关业务信息，不用填写。

⑨ 附表三《纳税调整项目明细表》中分别填写：

收入类调整项目：视同销售收入和免税收入，分别从附表一和附表五中直接取数。

扣除类调整项目：工资薪金支出：填写账载金额和税收金额，本业务两者一致，无需调整。

业务招待费支出：填写账载金额、税收金额，自动计算，调增金额为 20 000 元。

利息支出：填写账载金额和税收金额，本业务两者一致，无需调整。

税收滞纳金：填写账载金额，全额调增。

资产类调整项目：固定资产折旧，从附表九中直接取数。

⑩ 主表《中华人民共和国企业所得税年度纳税申报表(A 类)》中分别填写：营业税金及附加、投资收益，主附表间有勾稽关系和合计单元项，系统自动计算取数。

提示：以上具体填写结果参见步骤3)"报表展现"。

2) U8财务取数

本部分实验指导参考《实验十一　增值税报表填制》的 U8 财务取数。

3) 报表展现

实验资料的所有业务处理完毕,即申报表填写或取数完成后,单击【保存】按钮进行保存,即可得到完整报表,如图 10-69～图 10-80:

企业所得税年度纳税申报表附表一

收入明细表

填报时间：2013年10月25日　　　　　　　　金额单位：元（列至角分）

行次	项　　　　　目	金　　额
1	一、销售(营业)收入合计(2+13)	6,649,984.50
2	(一)营业收入合计(3+8)	6,644,984.50
3	1. 主营业务收入(4+5+6+7)	6,644,984.50
4	(1)销售货物	6,266,155.50
5	(2)提供劳务	378,829.00
6	(3)让渡资产使用权	
7	(4)建造合同	
8	2. 其他业务收入(9+10+11+12)	
9	(1)材料销售收入	
10	(2)代购代销手续费收入	
11	(3)包装物出租收入	
12	(4)其他	
13	(二)视同销售收入(14+15+16)	5,000.00
14	(1)非货币性交易视同销售收入	
15	(2)货物、财产、劳务视同销售收入	5,000.00
16	(3)其他视同销售收入	
17	二、营业外收入(18+19+20+21+22+23+24+25+26)	12,000.00
18	1. 固定资产盘盈	
19	2. 处置固定资产净收益	12,000.00
20	3. 非货币性资产交易收益	
21	4. 出售无形资产收益	
22	5. 罚款净收入	
23	6. 债务重组收入	
24	7. 政府补助收入	
25	8. 捐赠收入	
26	9. 其他	

经办人（签章）：　　　　　　　　　　法定代表人（签章）：

图 10-69

企业所得税年度纳税申报表附表二

成本费用明细表

填报时间： 2013年10月25日　　　　　　　　金额单位：元(列至角分)

行次	项　　　　目	金　额
1	一、销售（营业）成本合计(2+7+12)	980,000.00
2	（一）主营业务成本(3+4+5+6)	980,000.00
3	（1）销售货物成本	980,000.00
4	(2)提供劳务成本	
5	(3)让渡资产使用权成本	
6	(4)建造合同成本	
7	（二）其他业务支出(8+9+10+11)	
8	（1）材料销售成本	
9	（2）代购代销费用	
10	（3）包装物出租成本	
11	（4）其他	
12	（三）　视同销售成本(13+14+15)	
13	（1）非货币性交易视同销售成本	
14	（2）货物、财产、劳务视同销售成本	
15	（3）其他视同销售成本	
16	二、营业外支出(17+18+…+24)	80,000.00
17	1. 固定资产盘亏	
18	2. 处置固定资产净损失	
19	3. 出售无形资产损失	
20	4. 债务重组损失	
21	5. 罚款支出	
22	6. 非常损失	
23	7. 捐赠支出	
24	8. 其他	80,000.00
25	三、期间费用(26+27+28)	305,700.00
26	1. 销售（营业）费用	115,550.00
27	2. 管理费用	171,100.00
28	3. 财务费用	19,050.00

经办人（签章）：　　　　　　　　法定代表人（签章）：

图 10－70

企业所得税年度纳税申报表附表三

纳税调整项目明细表

填报时间：2013年10月25日

金额单位：元（列至角分）

行次		项目	账载金额 1	税收金额 2	调增金额 3	调减金额 4
	1	一、收入类调整项目			5,000.00	10,000.00
	2	1. 视同销售收入(填写附表一)			5,000.00	
#	3	2. 接受捐赠收入				
	4	3. 不符合税收规定的销售折扣和折让				
*	5	4. 未按权责发生制原则确认的收入				
*	6	5. 按权益法核算的长期股权投资对初始投资成本调整确认的收益				
	7	6. 按权益法核算的长期股权投资持有期间的投资损益				
*	8	7. 特殊重组				
*	9	8. 一般重组				
*	10	9. 公允价值变动净收益（填写附表七）				
	11	10. 确认为递延收益的政府补助				
	12	11. 境外应税所得(填写附表六)				
	13	12. 不允许扣除的境外投资损失(填写附表六)				
	14	13. 不征税收入（填附表一[3]）				
	15	14. 免税收入（填附表五）				10,000.00
	16	15. 减计收入（填附表五）				
	17	16. 减、免税项目所得（填附表五）				
	18	17. 抵扣应纳税所得额（填附表五）				
	19	18. 其他				
	20	二、扣除类调整项目			50,000.00	
	21	1. 视同销售成本(填写附表二)				
	22	2. 工资薪金支出	145,800.00	145,800.00		
	23	3. 职工福利费支出				
	24	4. 职工教育经费支出				
	25	5. 工会经费支出				
	26	6. 业务招待费支出	50,000.00	30,000.00	20,000.00	
	27	7. 广告费和业务宣传费支出(填写附表八)				
	28	8. 捐赠支出				
	29	9. 利息支出	1,500.00	1,500.00		
	30	10. 住房公积金				
	31	11. 罚金、罚款和被没收财物的损失				
	32	12. 税收滞纳金	30,000.00		30,000.00	
	33	13. 赞助支出				
	34	14. 各类基本社会保障性缴款				
	35	15. 补充养老保险、补充医疗保险				
	36	16. 与未实现融资收益相关在当期确认的财务费用				
	37	17. 与取得收入无关的支出				
	38	18. 不征税收入用于支出所形成的费用				
	39	19. 加计扣除（填附表五）				
	40	20. 其他				
	41	三、资产类调整项目			2,400.00	
	42	1. 财产损失				
	43	2. 固定资产折旧（填写附表九）			2,400.00	
	44	3. 生产性生物资产折旧（填写附表九）				
	45	4. 长期待摊费用的摊销（填写附表九）				
	46	5. 无形资产摊销（填写附表九）				
	47	6. 投资转让、处置所得（填写附表十一）				
	48	7. 油气勘探投资（填写附表九）				
	49	8. 油气开发投资（填写附表九）				
	50	9. 其他				
	51	四、准备金调整项目(填写附表十)				
	52	五、房地产企业预售收入计算的预计利润				
	53	六、特别纳税调整应税所得				
	54	七、其他				
	55	合　计			57,400.00	10,000.00

注：1. 标有*的行次为执行新会计准则的企业填列，标有#的行次为除执行新会计准则以外的企业填列。

2. 没有标注的行次，无论执行何种会计核算办法，有差异就填报相应行次，填*号可不填列。

3. 有二级附表的项目只填增、调减金额，账载金额、税收金额，不再填写。

经办人（签章）：　　　　　　　　　法定代表人（签章）：

图 10－71

企业所得税年度纳税申报表附表四

企业所得税弥补亏损明细表

填报时间：2013年10月25日

金额单位：元（列至角分）

行次	项目	年度	盈利额或亏损额	合并分立企业转入可弥补亏损额	当年可弥补的所得额	以前年度亏损弥补额					本年度实际弥补的以前年度亏损额	可结转以后年度弥补的亏损额
						前四年度	前三年度	前二年度	前一年度	合计		
		1	2	3	4	5	6	7	8	9	10	11
1	第一年	2008										
2	第二年	2009										
3	第三年	2010										
4	第四年	2011										
5	第五年	2012										
6	本年	2013	604,475.61		604,475.61							
7	可结转以后年度弥补的亏损额合计											

经办人（签章）　　　　　　　　　　　　法定代表人（签章）

图10-72

企业所得税年度纳税申报表附表五
税收优惠明细表

填报时间：2013年10月25日　　　　　　　　　　　　　　　　金额单位：元(列至角分)

行次	项　目	金　额
1	一、免税收入（2+3+4+5）	10,000.00
2	1. 国债利息收入	10,000.00
3	2. 符合条件的居民企业之间的股息、红利等权益性投资收益	
4	3. 符合条件的非营利组织的收入	
5	4. 其他	
6	二、减计收入（8+9）	
7	1. 企业综合利用资源,生产符合国家产业政策规定的产品所取得的收入	
8	2. 其他	
9	三、加计扣除额合计（10+11+12+13）	
10	1. 开发新技术、新产品、新工艺发生的研究开发费用	
11	2. 安置残疾人员所支付的工资	
12	3. 国家鼓励安置的其他就业人员支付的工资	
13	4. 其他	
14	四、减免所得额合计（15+16+26+30+31+32）	
15	（一）免税所得（16+17+…24）	
16	1. 蔬菜、谷物、薯类、油料、豆类、棉花、麻类、糖料、水果、坚果的种植	
17	2. 农作物新品种的选育	
18	3. 中药材的种植	
19	4. 林木的培育和种植	
20	5. 牲畜、家禽的饲养	
21	6. 林产品的采集	
22	7. 灌溉、农产品初加工、兽医、农技推广、农机作业和维修等农、林、牧、渔服务业项目	
23	8. 远洋捕捞	
24	9. 其他	
25	（二）减税所得（26+27+28）	
26	1. 花卉、茶以及其他饮料作物和香料作物的种植	
27	2. 海水养殖、内陆养殖	
28	3. 其他	
29	（三）从事国家重点扶持的公共基础设施项目投资经营的所得	
30	（四）从事符合条件的环境保护、节能节水项目的所得	
31	（五）符合条件的技术转让所得	
32	（六）其他	
33	五、减免税合计（34+35+36+37+38）	
34	（一）符合条件的小型微利企业	
35	（二）国家需要重点扶持的高新技术企业	
36	（三）民族自治地方的企业应缴纳的企业所得税中属于地方分享的部分	
37	（四）过渡期税收优惠	
38	（五）其他	
39	六、创业投资企业抵扣的应纳税所得额	
40	七、抵免所得税额合计（41+42+43+44）	
41	（一）企业购置用于环境保护专用设备的投资额抵免的税额	
42	（二）企业购置用于节能节水专用设备的投资额抵免的税额	
43	（三）企业购置用于安全生产专用设备的投资额抵免的税额	
44	（四）其他	
45	企业从业人数（全年平均人数）	15
46	资产总额（全年平均数）	28,000,000.00
47	所属行业（工业企业　其他企业）	其他企业

经办人（签章）：　　　　　　　　　　法定代表人（签章）：

图 10-73

企业所得税年度纳税申报表附表六

境外所得税抵免计算明细表

填报时间：2013年10月25日

金额单位：元（列至角分）

抵免方式	国家或地区	境外所得换算含税所得	弥补以前年度亏损	免税所得	弥补亏损前境外应税所得额	可弥补境内亏损	境外应纳税所得额	税率	境外所得应纳税额	境外所得税可抵免税额	境外所得税款抵免限额	本年可抵免的境外所得税款	未超过境外所得税款抵免限额的余额	本年可抵免以前年度所得税额	前五年境外所得税款已缴税款抵免余额	定率抵免
		1	2	3	4	5	6(3-4-5)	7	8(6-7)	9	10(8×9)	11	12	13	14(12-13)	15	16	17
直接抵免							6(3-4-5)	7	8(6-7)	9	10(8×9)	11	12	13	14(12-13)	15	16	17
间接抵免																		

经办人（签章）：

法定代表人（签章）：

图10-74

企业所得税年度纳税申报表附表七

以公允价值计量资产纳税调整表

填报时间：2013年10月25日

金额单位：元（列至角分）

行次	资产种类	期初金额		期末金额			纳税调整额（纳税调减以"—"表示）
		账载金额（公允价值）	计税基础	账载金额	公允价值	计税基础	
		1	2		3	4	5
1	一、公允价值计量且其变动计入当期损益的金融资产						
2	1. 交易性金融资产						
3	2. 衍生金融工具						
4	3. 其他以公允价值计量的金融资产						
5	二、公允价值计量且其变动计入当期损益的金融负债						
6	1. 交易性金融负债						
7	2. 衍生金融工具						
8	3. 其他以公允价值计量的金融负债						
9	三、投资性房地产						
10	合计						

经办人：（签章）：

法定代表人：（签章）：

图10-75

广告费和业务宣传费跨年度纳税调整表

填报时间： 2013年10月25日 金额单位：元（列至角分）

行次	项　　目	金额
1	本年度广告费和业务宣传费支出	46,000.00
2	其中：不允许扣除的广告费和业务宣传费支出	
3	本年度符合条件的广告费和业务宣传费支出（1-2）	46,000.00
4	本年计算广告费和业务宣传费扣除限额的销售（营业）收入	6,649,984.50
5	税收规定的扣除率	0.15
6	本年广告费和业务宣传费扣除限额(4×5)	997,497.68
7	本年广告费和业务宣传费支出纳税调整额（3≤6,本行=2行；3＞6,本行=1-6）	
8	本年结转以后年度扣除额（3＞6,本行=3-6,3≤6,本行=0）	
9	加：以前年度累计结转扣除额	
10	减：本年扣除的以前年度结转额	
11	累计结转以后年度扣除额(8+9-10)	

经办人（签章）： 法定代表人（签章）：

图 10－76

资产折旧、摊销纳税调整明细表

填报时间：2013年10月25日 金额单位：元（列至角分）

行次	资产类别	资产原值		折旧、摊销年限		本期折旧、摊销额		纳税调整额
		账载金额	计税基础	会计	税收	会计	税收	
		1	2	3	4	5	6	7
1	一、固定资产	6,744,000.00	6,744,000.00			40,000.00	37,600.00	2,400.00
2	1. 房屋建筑物	5,184,000.00	5,184,000.00	18.00	20.00	24,000.00	21,600.00	2,400.00
3	2. 飞机、火车、轮船、机器、机械和其他生产设备	1,200,000.00	1,200,000.00	10.00	10.00	10,000.00	10,000.00	
4	3. 与生产经营有关的器具工具家具	360,000.00	360,000.00	5.00	5.00	6,000.00	6,000.00	
5	4. 飞机、火车、轮船以外的运输工具							
6	5. 电子设备							
7	二、生产性生物资产							
8	1. 林木类							
9	2. 畜类							
10	三、长期待摊费用							
11	1. 已足额提取折旧的固定资产的改建支出							
12	2. 租入固定资产的改建支出							
13	3. 固定资产大修理支出							
14	4. 其他长期待摊费用							
15	四、无形资产							
16	五、油气勘探投资							
17	六、油气开发投资							
18	合计	6,744,000.00	6,744,000.00			40,000.00	37,600.00	2,400.00

经办人（签章）： 法定代表人（签章）

图 10－77

企业所得税年度纳税申报表附表十

资产减值准备项目调整明细表

填报时间：2013年10月25日 金额单位：元（列至角分）

行次	准备金类别	期初余额	本期转回额	本期计提额	期末余额	纳税调整额
		1	2	3	4	5
1	坏（呆）账准备					
2	存货跌价准备					
3	*其中：消耗性生物资产减值准备					
4	*持有至到期投资减值准备					
5	*可供出售金融资产减值					
6	#短期投资跌价准备					
7	长期股权投资减值准备					
8	*投资性房地产减值准备					
9	固定资产减值准备					
10	在建工程（工程物资）减值准备					
11	*生产性生物资产减值准备					
12	无形资产减值准备					
13	商誉减值准备					
14	贷款损失准备					
15	矿区权益减值					
16	其他					
17	合计					

注：表中*项目为执行新会计准则企业专用；表中加#项目为执行企业会计制度、小企业会计制度的企业专用。

经办人(签章)： 法定代表人（签章）

图 10-78

企业所得税年度纳税申报表附表十一

长期股权投资所得（损失）明细表

填报时间：2013年10月25日 金额单位：元（列至角分）

行次	被投资企业	期初投资额	本年度增（减）投资额	投资成本		股息红利					投资转让所得（损失）					
				初始投资成本	权益法核算对初始投资成本调整产生的收益	会计核算投资收益	会计投资损益	税收确认的股息红利		会计与税收的差异	投资转让净收入	投资转让的会计成本	投资转让的税收成本	会计上确认的投资转让所得或损失	按税收计算的投资转让所得或损失	会计与税收的差异
								免税收入	全额征税收入							
	1	2	3	4	5	6(7+14)	7	8	9	10(7-8-9)	11	12	13	14(11-12)	15(11-13)	16(14-15)
1																
2																
3																
4																
5																
合计																

投资损失补充资料

行次	项目	年度	当年度结转金额	已弥补金额	本年度弥补金额	结转以后年度待弥补金额	
1	第一年	2008					备注：
2	第二年	2009					
3	第三年	2010					
4	第四年	2011					
5	第五年	2012					
以前年度结转在本年度税前扣除的股权投资转让损失							

经办人（签章）： 法定代表人（签章）：

图 10-79

中华人民共和国企业所得税年度纳税申报表（A类）

税款所属期间：2013

纳税人名称： 南京商贸集团有限公司

纳税人识别号：320100000000334

金额单位：元（列至角分）

类别	行次	项目	金额
利润总额计算	1	一、营业收入（填附表一）	6,644,984.50
	2	减：营业成本（填附表二）	980,000.00
	3	营业税金及附加	4,744,208.89
	4	销售费用（填附表二）	115,550.00
	5	管理费用（填附表二）	171,100.00
	6	财务费用（填附表二）	19,050.00
	7	资产减值损失	
	8	加：公允价值变动收益	
	9	投资收益	10,000.00
	10	二、营业利润	625,075.61
	11	加：营业外收入（填附表一）	12,000.00
	12	减：营业外支出（填附表二）	80,000.00
	13	三、利润总额(10+11-12)	557,075.61
应纳税所得额计算	14	加：纳税调整增加额（填附表三）	57,400.00
	15	减：纳税调整减少额（填附表三）	10,000.00
	16	其中：不征税收入	
	17	免税收入	10,000.00
	18	减计收入	
	19	减、免税项目所得	
	20	加计扣除	
	21	抵扣应纳税所得额	
	22	加：境外应税所得弥补境内亏损	
	23	纳税调整后所得(13+14-15+22)	604,475.61
	24	减：弥补以前年度亏损（填附表四）	
	25	应纳税所得额(23-24)	604,475.61
应纳税额计算	26	税率(25%)	0.25
	27	应纳所得税额(25×26)	151,118.90
	28	减：减免所得税额（填附表五）	
	29	减：抵免所得税额（填附表五）	
	30	应纳税额(27-28-29)	151,118.90
	31	加：境外所得应纳所得税额（填附表六）	
	32	减：境外所得抵免所得税额（填附表六）	
	33	实际应纳所得税额(30+31-32)	151,118.90
	34	减：本年累计实际已预缴的所得税额	
	35	其中:汇总纳税的总机构分摊预缴的税额	
	36	汇总纳税的总机构财政调库预缴的税额	
	37	汇总纳税的总机构所属分支机构分摊的预缴税额	
	38	合并纳税（母子体制）成员企业就地预缴比例	
	39	合并纳税企业就地预缴的所得税额	
	40	本年应补（退）的所得税额(33-34)	151,118.90
附列资料	41	以前年度多缴的所得税额在本年抵减额	
	42	以前年度应缴未缴在本年入库所得税额	

纳税人公章：	代理申报中介机构公章：	主管税务机关受理专用章：
经办人：	经办人及执业证件号码：	受理人：
申报日期： 年 月 日	代理申报日期： 年 月 日	受理日期：年 月 日

图 10－80

4. 电子数据生成

（1）在系统主界面，执行"税务会计"命令，单击【生成电子数据】，打开生成电子数据界面，勾选"企业所得税纳税人年度纳税申报表（A类）一般企业"，单击【确定】，如图 10-81：

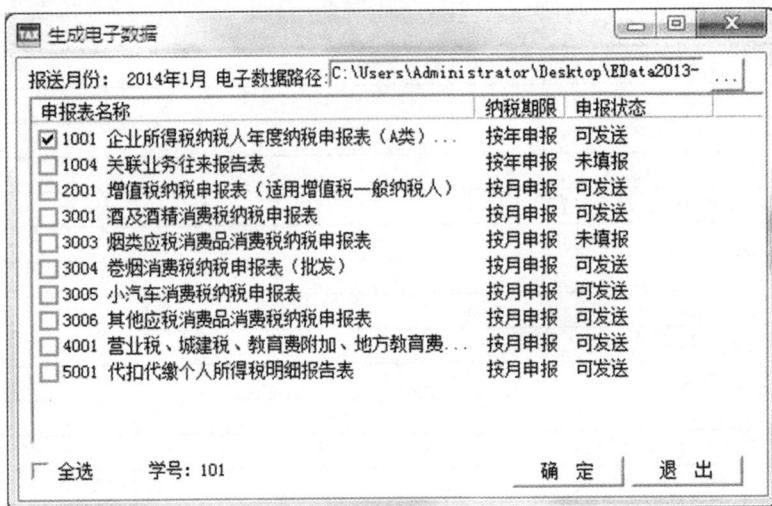

图 10-81

注：该电子数据报送月份为 2014 年 1 月。

（2）如图 10-82，执行成功后，点击关闭。

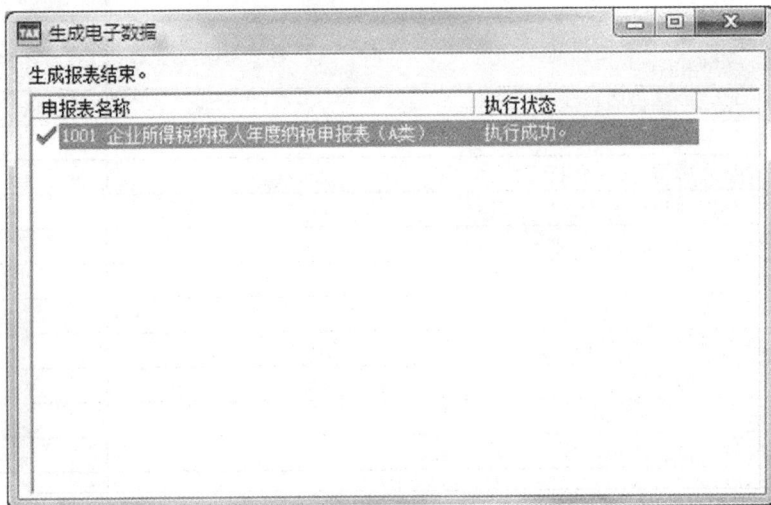

图 10-82

（3）在桌面可查看生成的电子数据，图 10-83：

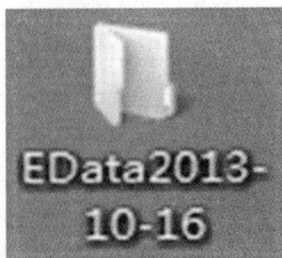

图 10-83

第十一章　模拟网上申报

第一节　系 统 简 介

本系统模拟真实网上申报环境,让学生系统的学习网上申报的各项内容和操作,掌握企业真实的网上申报流程和方法。

本系统提供快速登录模拟网上申报系统的窗口。通过该窗口用户可直接进入网报服务器端进行各项税务报表的模拟申报操作。纳税申报的方式分为电子申报数据导入和网络在线填写两种。

模拟网报系统按操作角色分为学生模拟纳税申报和老师模拟申报管理两部分。

纳税申报:学生按教学要求对税务会计部分进行处理后,可模拟多个税种的在线纳税申报和电子数据导入申报,并可进行企业基本信息、鉴定信息和税务法规的查询。

申报管理:可对学生的模拟申报情况进行查询,也可进行企业基本信息、鉴定信息和税务法规的查询。

本部分主要介绍学生模拟纳税申报,老师模拟申报管理在附件教师指导手册中介绍。

第二节　一般性实验流程(学生纳税申报)

一、模拟网报登录

【业务处理过程】

1. 在系统主界面中,执行"税务实训"|"模拟网报"命令,打开"模拟网报"对话框,如图 11-1 所示:

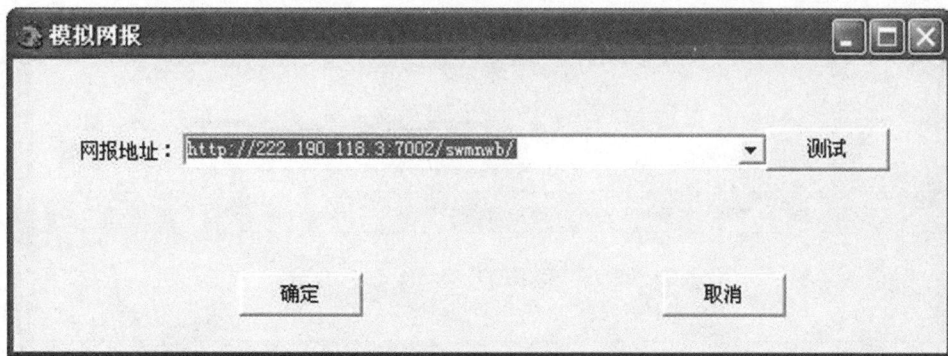

图 11-1

注:该窗口必须在网报服务器设置成功的前提下才能正常使用。设置操作参见第二章基础操作中的"网报服务器设置"部分。

2. 单击【确定】按钮,系统自动启动浏览器,打开模拟网报登录窗口,如图 11-2 所示:

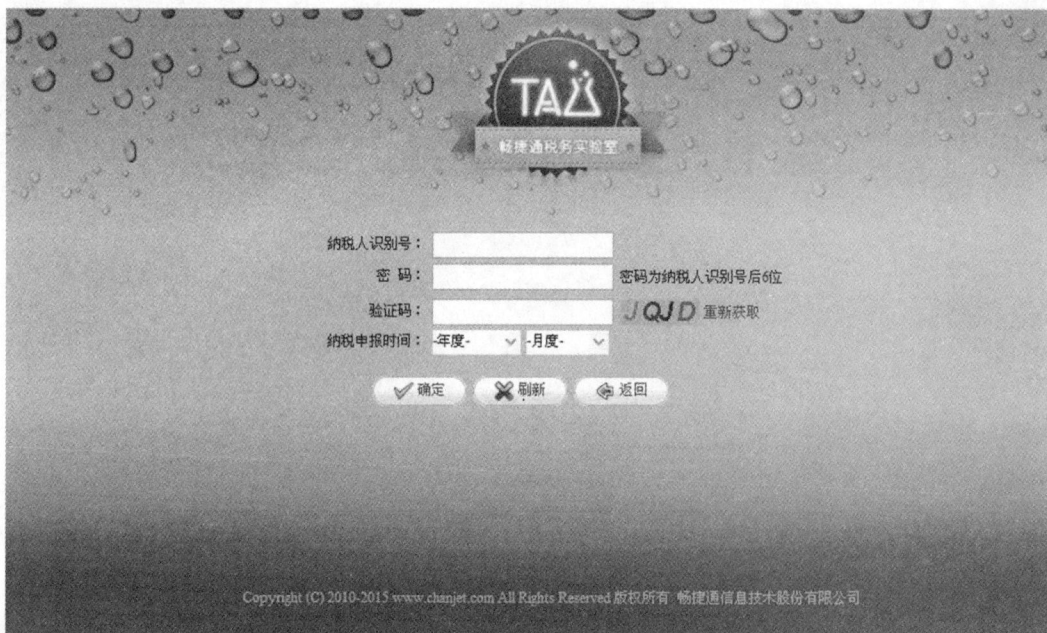

图 11-2

3. 在该界面中,学生要输入网报企业的纳税人识别号、密码和验证码,选择纳税申报时间,单击【确定】进入纳税申报系统,如图 11-3,进行网络申报。

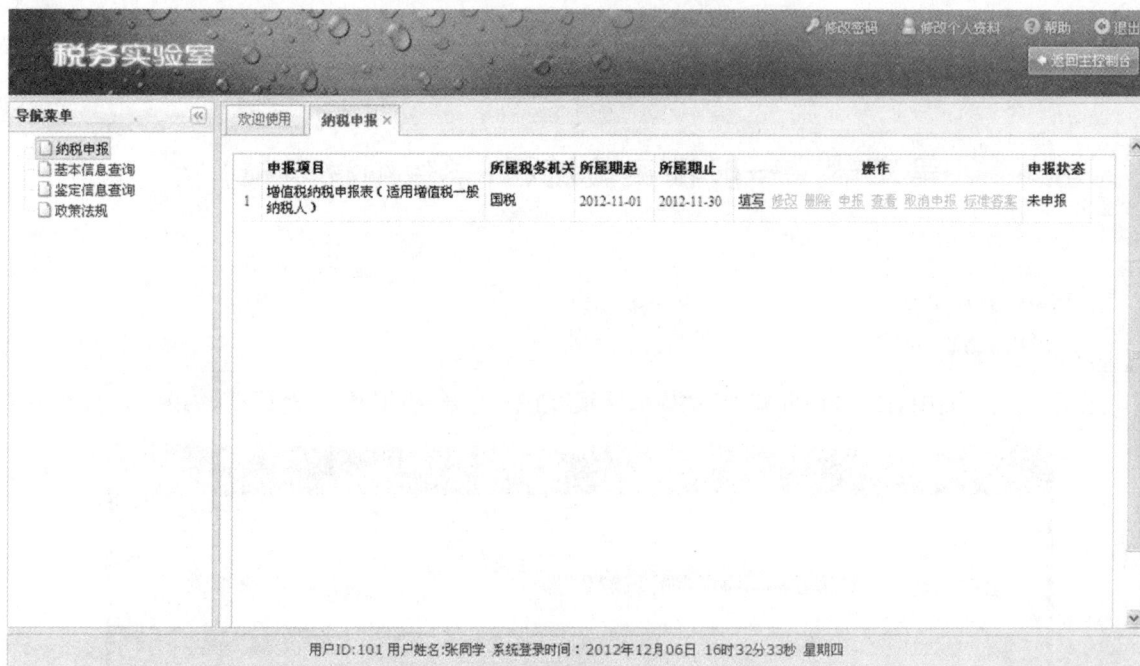

图 11-3

二、纳税申报表在线填写

【业务处理过程】

1. 在图 11-3 中选择具体的申报项目,即申报表,在操作区单击【填写】按钮,打开该申报表的填写界面,如图 11-4 所示:

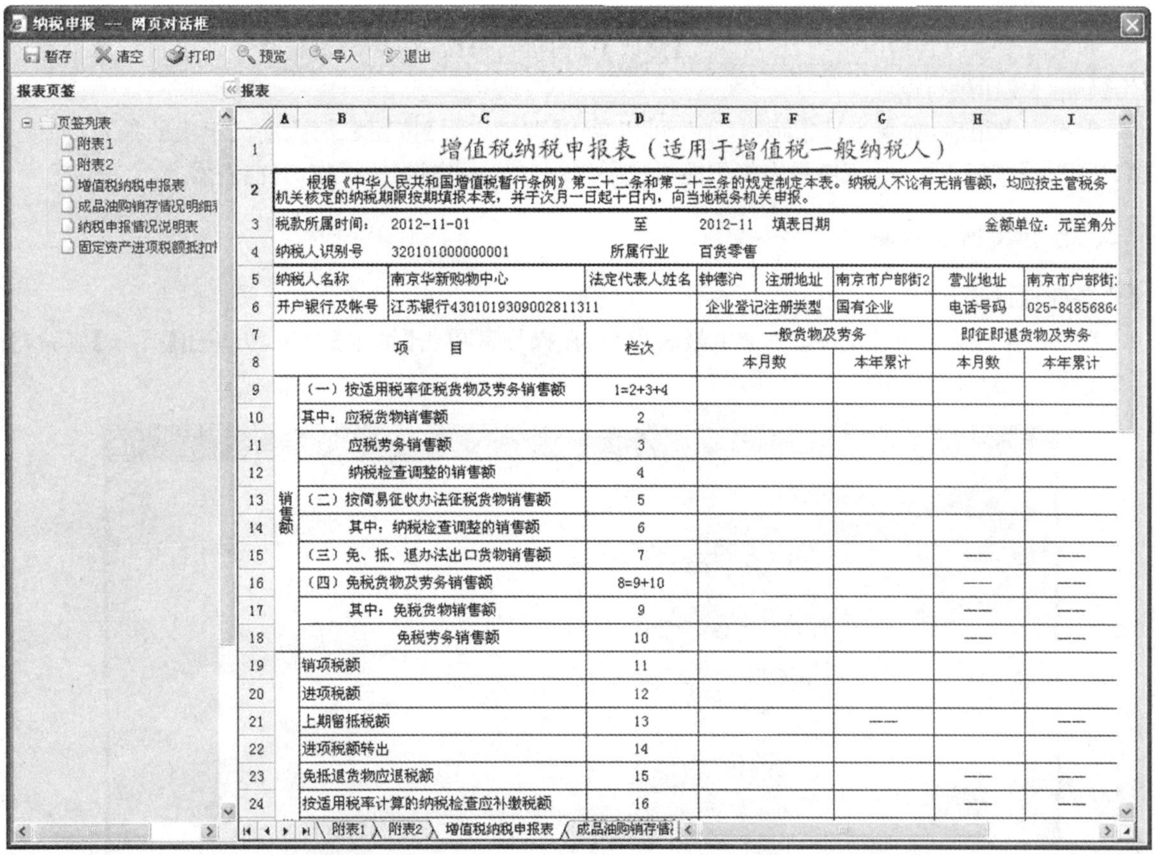

图 11-4

注：填写完报表数据后，可单击【暂存】按钮进行保存；如果要重新填写，可单击【清空】按钮，清除数据，重新填写。

2. 填写完成，单击【退出】按钮，退出当前界面，回到模拟网报窗口，如图 11-5 所示：

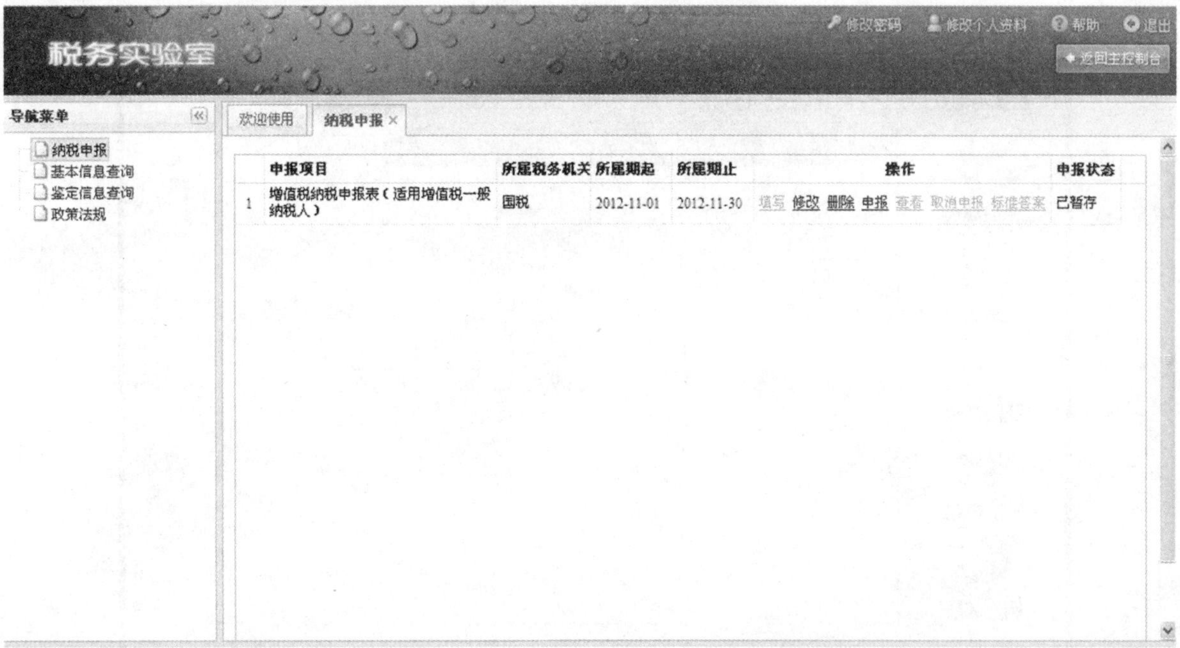

图 11-5

3. 对填写完毕的纳税申报表单击【申报】按钮进行申报。

注：

• 如果需要修改当前申报项目,可单击【修改】按钮进行修改;如果需要删除当前申报记录重新申报,可单击【删除】按钮进行删除。

• 申报表申报后,如果为日常练习,学生可以单击【取消申报】按钮取消当前已申报的报表;如果为考核,【取消申报】按钮不可用,该申报表将不能再进行填写、修改和删除的操作,只能查看。

三、电子数据导入申报

【业务处理过程】

1. 在纳税申报表界面中,选择一个申报表项目,在操作区单击【填报】按钮,再单击【导入】按钮,弹出"电子数据导入"对话框,如图 11-6 所示:

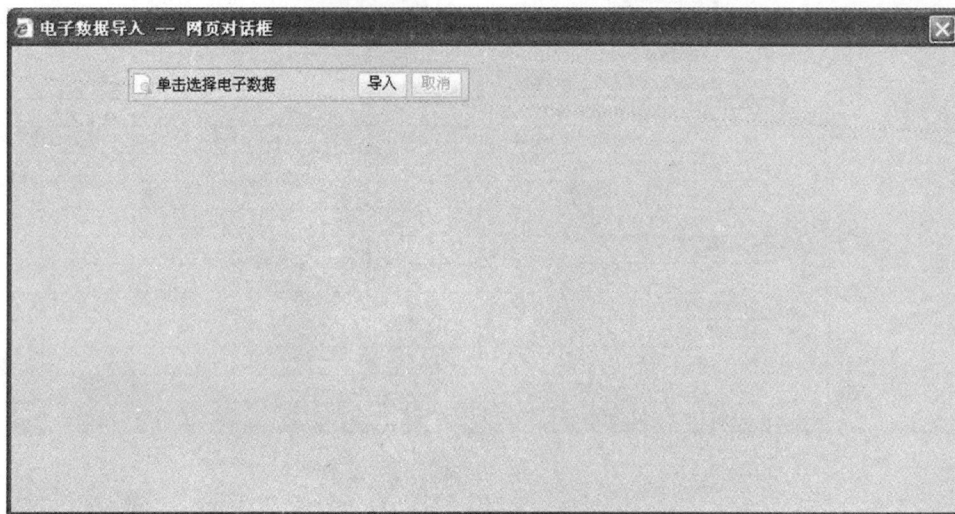

图 11-6

2. 单击查询框,系统弹出电子数据查找界面,选择要申报的企业电子数据文件,如图 11-7 所示。对电子数据的操作已在第三章介绍。

图 11-7

3. 单击【打开】按钮,返回到"电子数据导入"对话框,如图11－8所示:

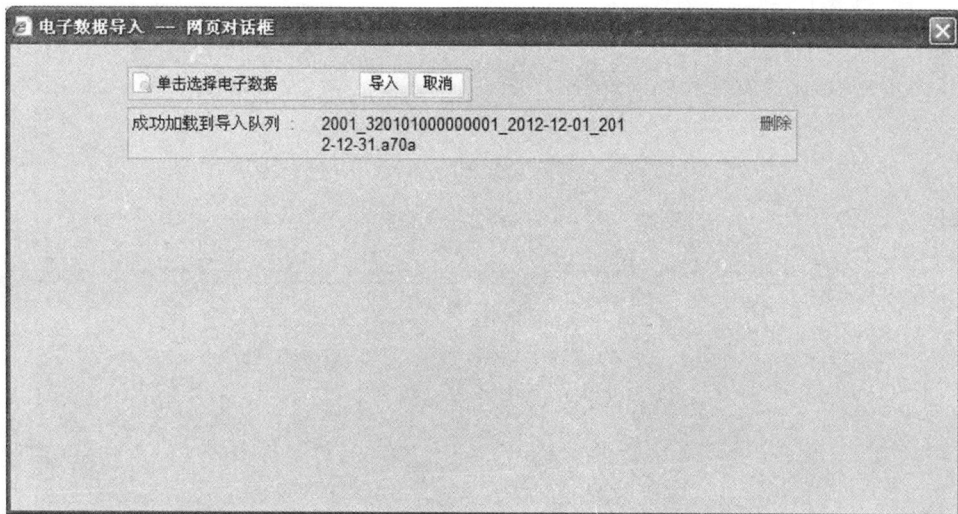

图 11－8

4. 单击【导入】按钮,系统提示导入成功。其他税种同上操作。

实验十六　模拟网上申报(学生纳税申报)

【实验目的】
熟悉与掌握增值税、消费税、营业税、个税、企业所得税的税务申报表等报表的网上申报一般流程。

【实验内容】
增值税网上申报。
消费税网上申报。
营业税网上申报。
个人税得税网上申报。
企业所得税网上申报。

【实验准备】
完成增值税、消费税、营业税、个税、企业所得税部分的实验,即完成报表的填制并生成电子数据。

【实验要求】
根据实验资料信息,以学生身份登录"用友企业模拟网报系统"进行业务处理。

【实验资料】
增值税、消费税、营业税、个税、所得税的税务申报表以及所生成的电子数据。

【操作指导】
以学生身份登录税务实验室—U8实训系统。

1. 登录网报系统

操作步骤如下:
(1) 在系统主界面中,执行"税务实训"|"模拟网报"命令,打开"模拟网报"对话框,如图11－9所示。
(2) 单击【确定】按钮,系统自动启动浏览器,打开模拟网报登录窗口,如图11－10所示:

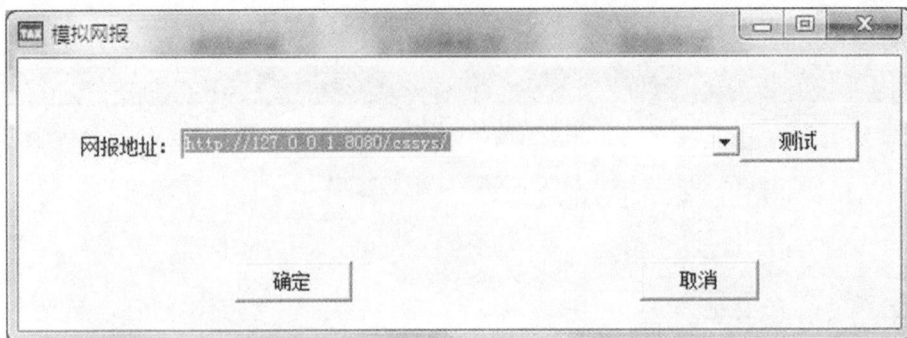

图 11 - 9

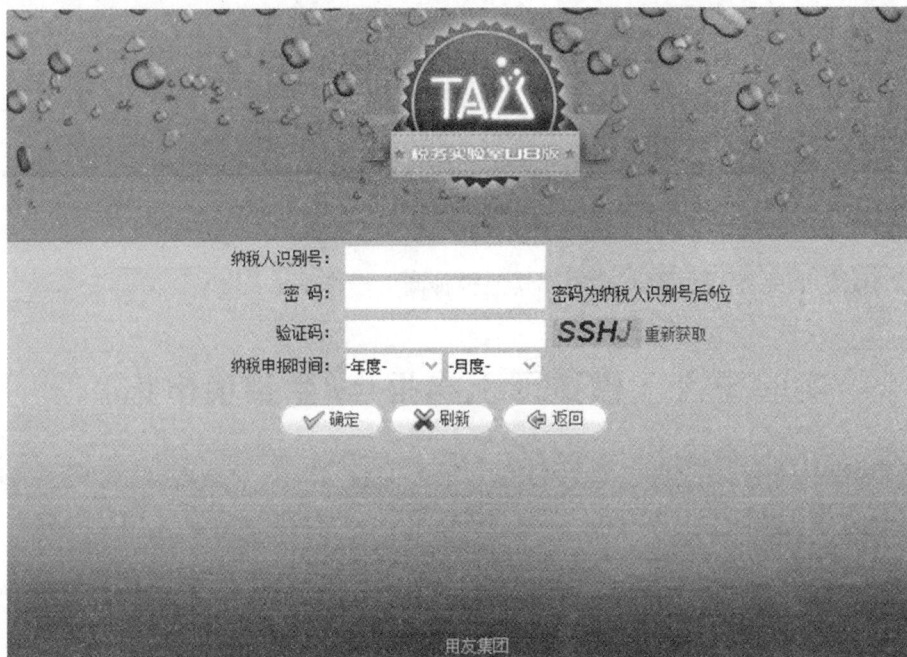

图 11 - 10

（3）在登录界面中，输入网报企业的纳税人识别号 320100000000334、密码（纳税人识别号的后六位）和验证码，选择纳税申报时间为 2014 年 01 月，如图 11 - 11：

图 11 - 11

用友财税一体化实验实训教程

(4) 单击【确定】,进入模拟申报系统,如图11-12:

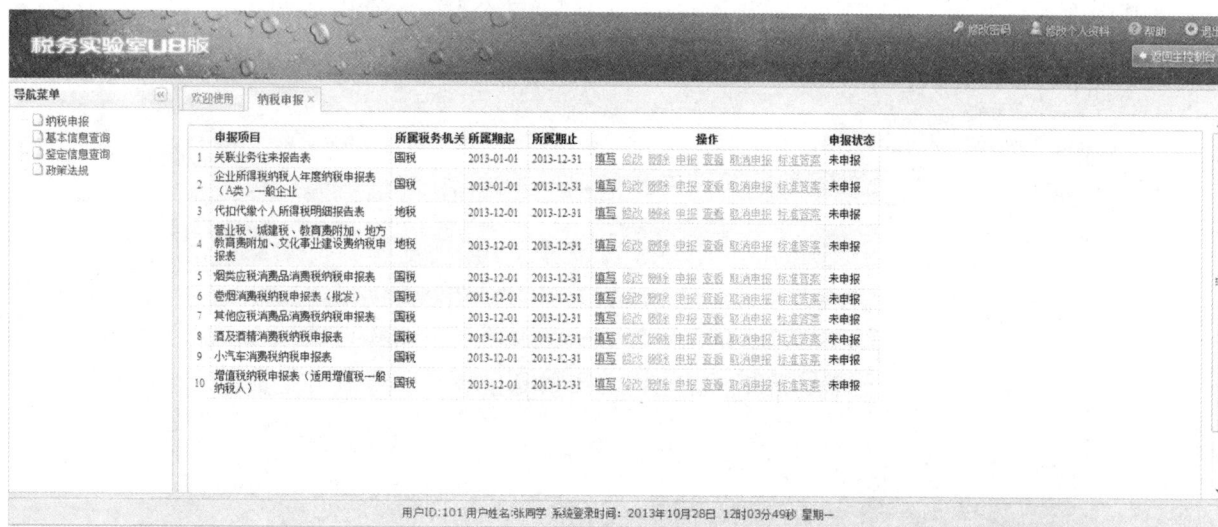

图 11 - 12

2. 纳税申报(以增值税申报为例)

操作步骤如下:

(1) 选择申报表

在纳税申报表界面中,选择一个申报表项目,在操作区单击【填报】按钮,再单击【导入】按钮,弹出"电子数据导入"对话框。

在导航菜单中,单击"纳税申报"→选择申报项目"增值税申报表"→单击【填写】,系统打开本期要申报的增值税主表和相关附表,如图11-13。

图 11 - 13

注:对申报表中所有数据,既可以由系统导入外部电子数据,也可以手工填写。本实验主要介绍用数据导入的方式来申报纳税;手工填写方式可参考前面各税种实验的"手工填写"部分。

（2）数据导入

① 在图 11－13 申报表界面中,单击报表左上方工具栏【导入】按钮,弹出"电子数据导入"对话框,如图 11－14：

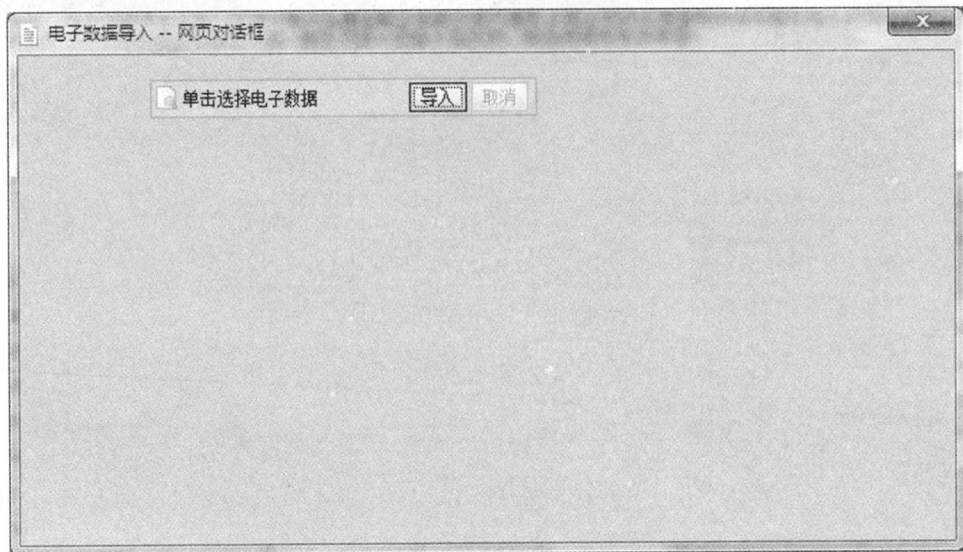

图 11－14

② 在图 11－14 对话框中,单击"单击选择电子数据"区域,系统弹出电子数据查找界面,如图 11－15：

图 11－15

③ 在图 11－15 中,选择要申报的电子数据文件,单击【打开】,数据加载成功,如图 11－16：

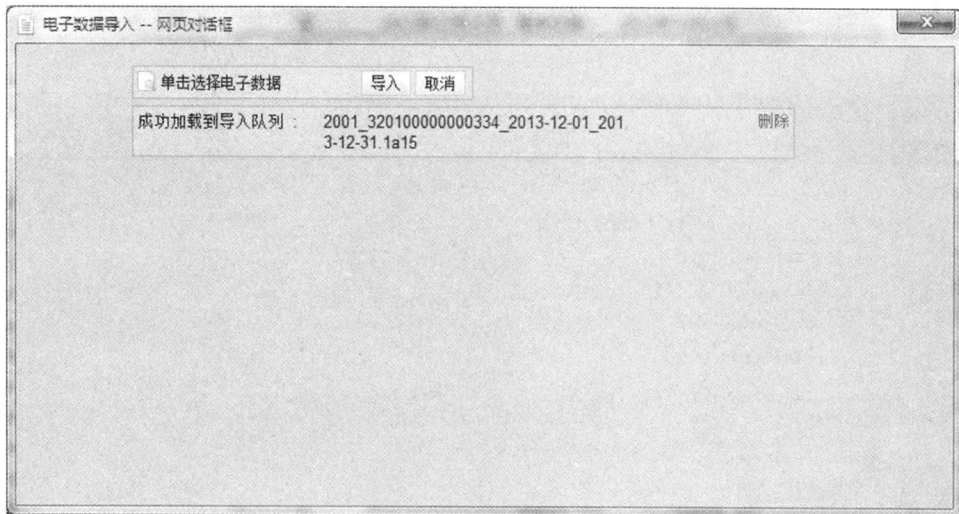

图 11－16

④ 在图 11－16 中，单击【导入】，系统提示导入成功，如图 11－17：

图 11－17

⑤ 单击【确定】后，即可查看报表数据，如图 11－18：

纳税申报 -- 网页对话框

暂存 清空 打印 预览 导入 退出

报表页签：页签列表 主表 附表一 附表二 附表三 附表四 固定资产

增值税纳税申报表（适用于增值税一般纳税人）

根据《中华人民共和国增值税暂行条例》和《交通运输业和部分现代服务业营业税改征增值税试点实施办法》的规定制定本表。纳税人不论有无销售额，均应按主管税务机关核定的纳税期限按期填报本表，并于次月一日起十五日内，向当地税务机关申报。

税款所属时间：2013年12月01日 至 2013年12月31日 填表日期：2013年10月12日 金额单位：元至角分

纳税人识别号	320100000000334	所属行业	家用电器批发			
纳税人名称	南京商贸集团有限公司	法定代表人姓名	张成	注册地址	南京市中山西路12号	营业地址 南京市中山西路12号
开户银行及帐号	南京市招商银行珠江路支行 800245788210		企业登记注册类型	有限责任公司	电话号码	025-84663100

项目		栏次	一般货物及劳务和应税服务 本月数	一般货物及劳务和应税服务 本年累计	即征即退货物及劳务和应税服务 本月数	即征即退货物及劳务和应税服务 本年累计
销售额	（一）按适用税率征税销售额	1	2528738.50	2528738.50		
	其中：应税货物销售额	2	2149909.50	2149909.50		
	应税劳务销售额	3	50000.00	50000.00		
	纳税检查调整的销售额	4				
	（二）按简易征收办法征税销售额	5	140000.00	140000.00		
	其中：纳税检查调整的销售额	6				
	（三）免、抵、退办法出口销售额	7			－－	－－
	（四）免税销售额	8			－－	－－
	其中：免税货物销售额	9			－－	－－
	免税劳务销售额	10			－－	－－
	销项税额	11	406491.67	406491.67		
	进项税额	12	511707.48	511707.48		
	上期留抵税额	13				－－
	进项税额转出	14	14500.00	14500.00		
	免、抵、退应退税额	15			－－	－－
	按适用税率计算的纳税检查应补缴税额	16			－－	－－

主表 附表一 附表二 附表三 附表四 固定资产

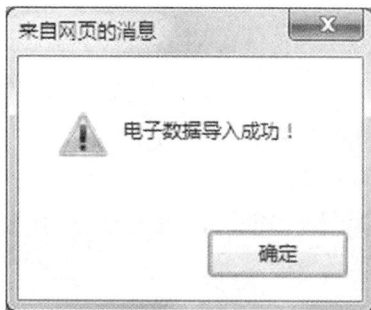

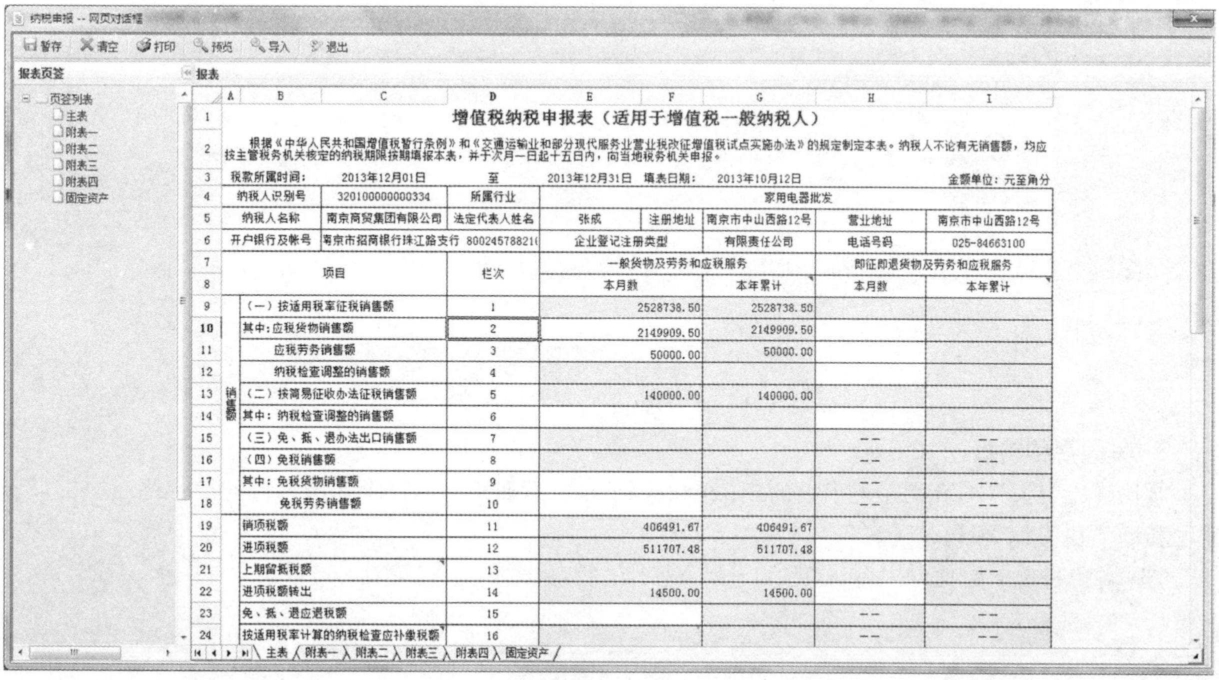

图 11－18

（3）报表数据导入完成后，单击左上方工具栏【暂存】按钮保存，单击【退出】，回到报表操作界面，如图11-19：

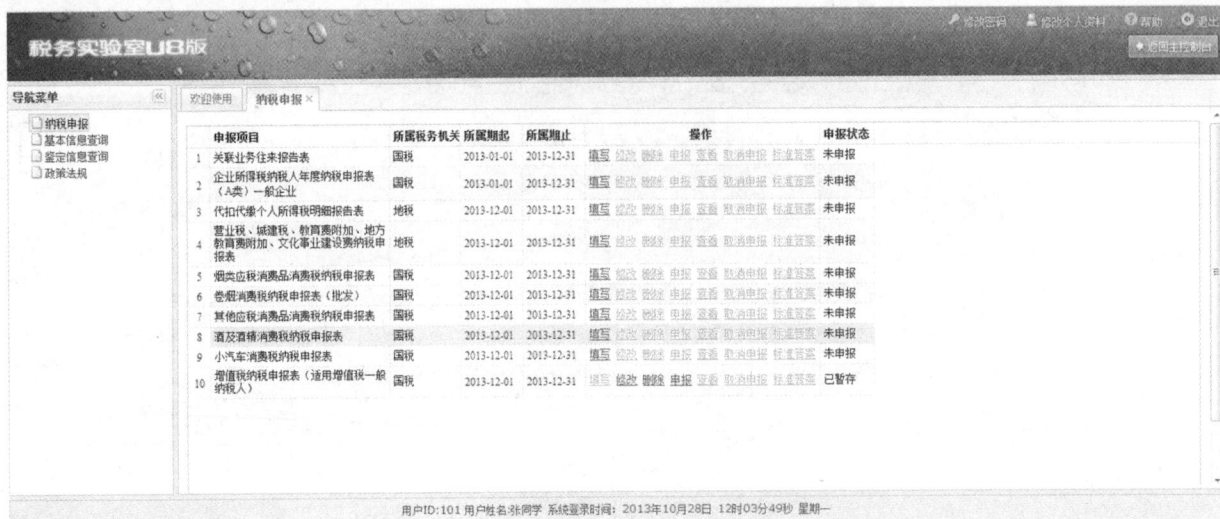

图 11-19

（4）若需要对该报表进行修改，可单击【修改】；若需要重新填写，可单击【删除】，重新导入报表。

（5）增值税报表检查无误后，单击【申报】，进行模拟网上税务报送。如图11-20，系统再次提示是否确认申报，单击【确定】，完成申报。

（6）申报完成后，在图11-21中，可进行查看、取消申报、查看标准答案等操作。

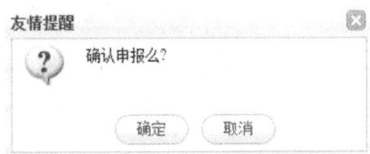

图 11-20

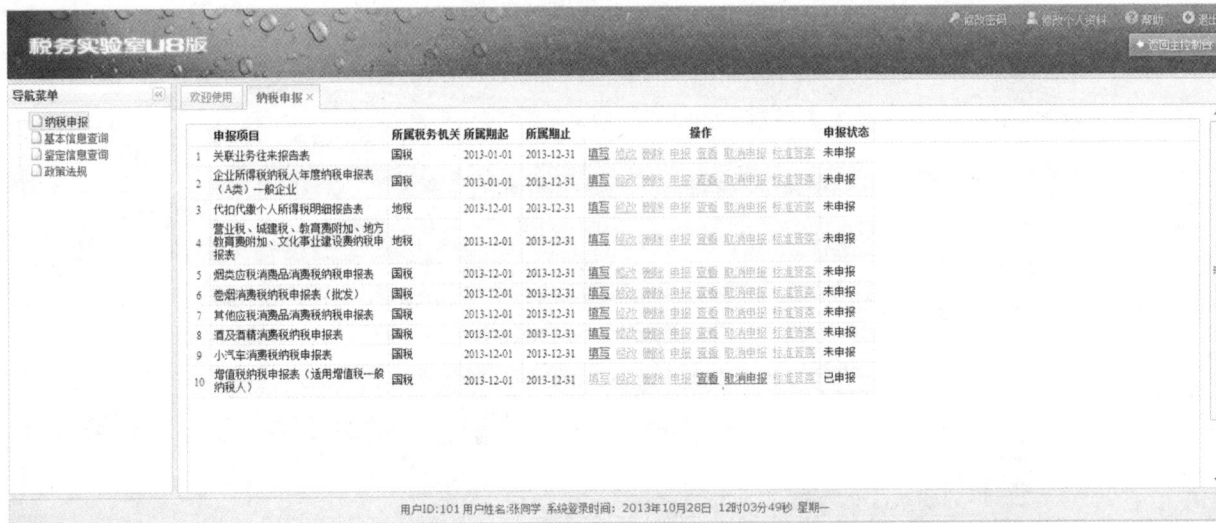

图 11-21

3. 其他税种申报

"【操作指导】2"中，介绍了增值税的模拟申报，消费税、营业税、个税、企业所得税的模拟网上申报操作流程和增值税类似，不再赘述。

（1）各税种电子数据导入后，如图11-22，显示已暂存。

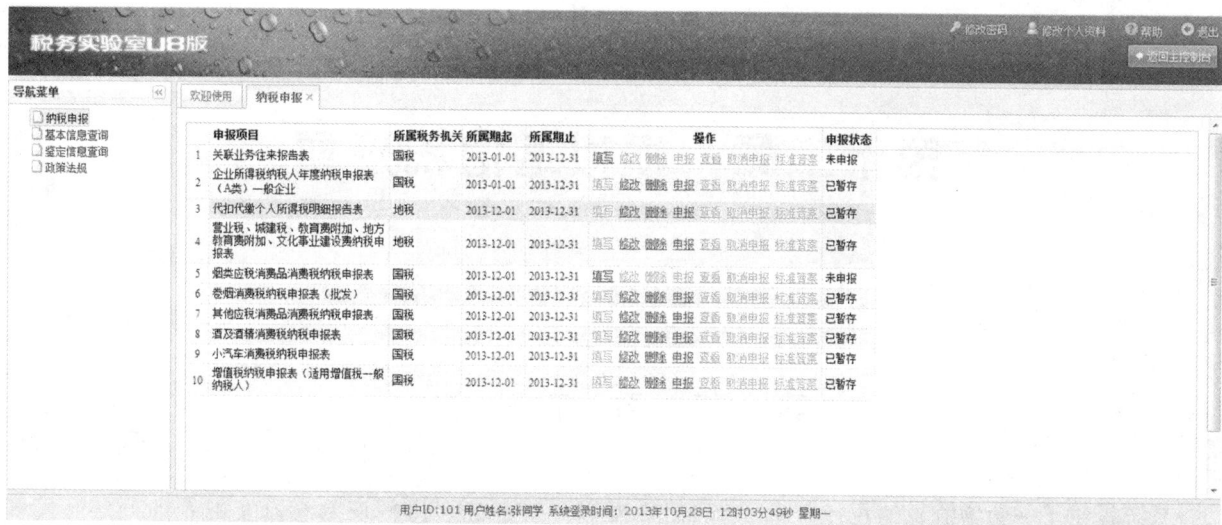

图 11 - 22

（2）各税种申报成功以后，如图 11 - 23，显示已申报。

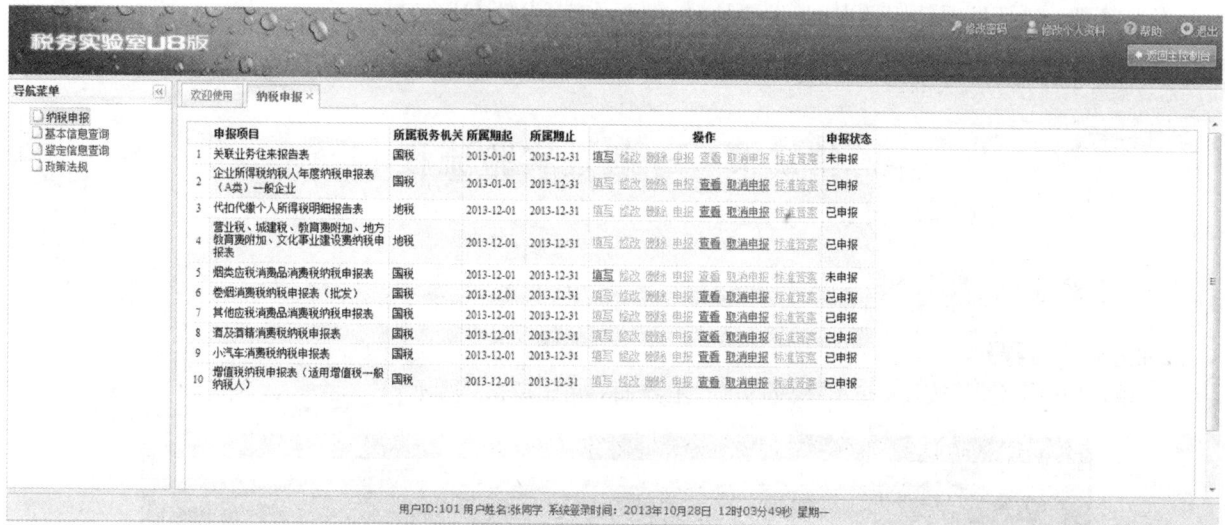

图 11 - 23

第十二章　模拟增值税开票

第一节　系 统 简 介

系统提供了一套增值税伪税控开票系统（简称模拟开票系统），让用户熟悉真实的企业开票环境和流程。

模拟开票系统包括系统设置、发票管理和抄报税处理，其他操作作了简化处理。

系统设置：包括系统初始化、客户和商品编码设置、发票类别和编码设置。

发票管理：包括发票领用及退回、发票填开、发票作废、发票查询。

抄报税处理：包括抄税处理和报税处理。

第二节　一般性实验流程

一、系统登录

【业务处理过程】

1. 单击"税务实训"按钮，进入"税务实训"主界面，如图12-1所示：

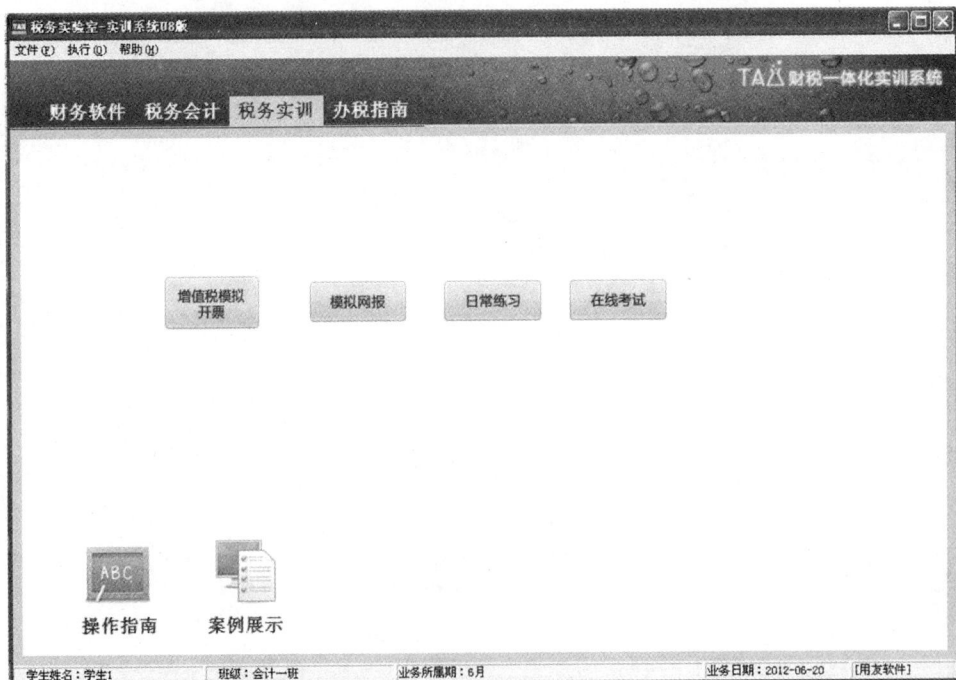

图 12-1

2. 单击【增值税模拟开票】,进入"插入 IC 卡"确认界面。该界面只是模拟实际操作环境,对插入 IC 卡这个动作进行提示,学生无需进行插入 IC 卡的实际操作,只需单击【确认插入 IC 卡】按钮即可登录,如图 12 - 2 所示:

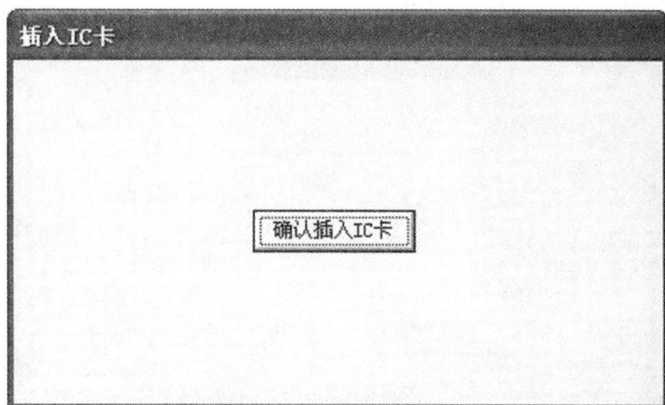

图 12 - 2

3. 增值税模拟开票主界面,如图 12 - 3 所示,单击【退出系统】可退出增值税模拟开票主界面。

图 12 - 3

提示:

• 单击【系统管理】进入系统管理界面,本系统只是模拟真实开票环境,该界面只是展示,不能进行操作;单击【退出】按钮回到防伪税控开票子系统界面

4. 单击【进入系统】按钮,进入操作员登录界面。本系统中默认核对口令为空,且不允许修改。学生可直接单击【确定】按钮进入主操作界面,如图 12 - 4、图 12 - 5 所示:

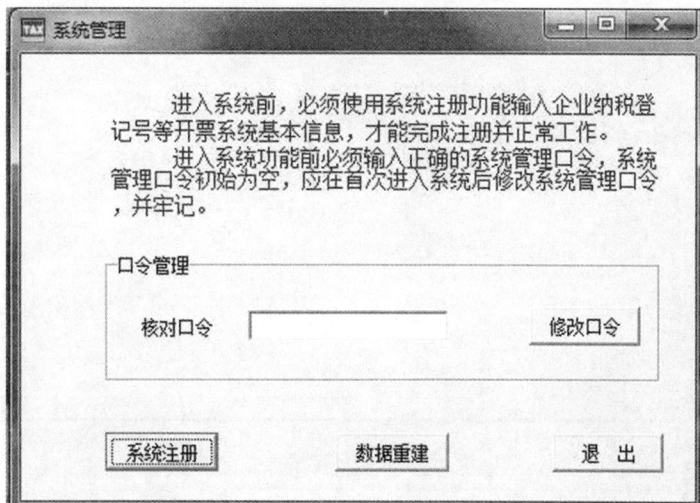

图 12 - 4

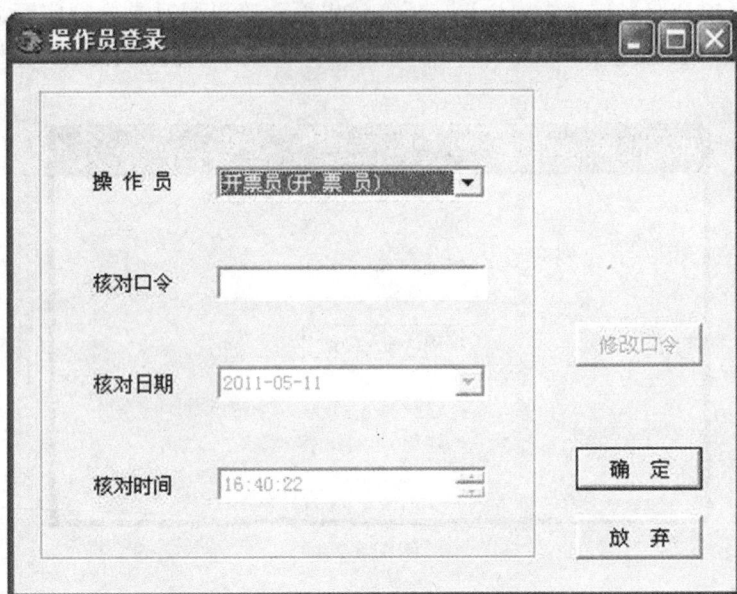

图 12 - 5

提示：
- 所有灰化的菜单或按钮，在本系统中都不可用，这里也不做介绍。

二、系统设置

【业务处理过程】

1）执行"税务实训"|"增值税模拟开票"|"确认插入 IC 卡"|"进入系统"|"确定"，进入"防伪税控发票管理系统"主界面，如图 12 - 6 所示：

图 12 - 6

2) 单击"文件"菜单中的【系统设置】或者直接单击【系统设置】快捷按钮,打开系统设置界面,如图 12-7所示:

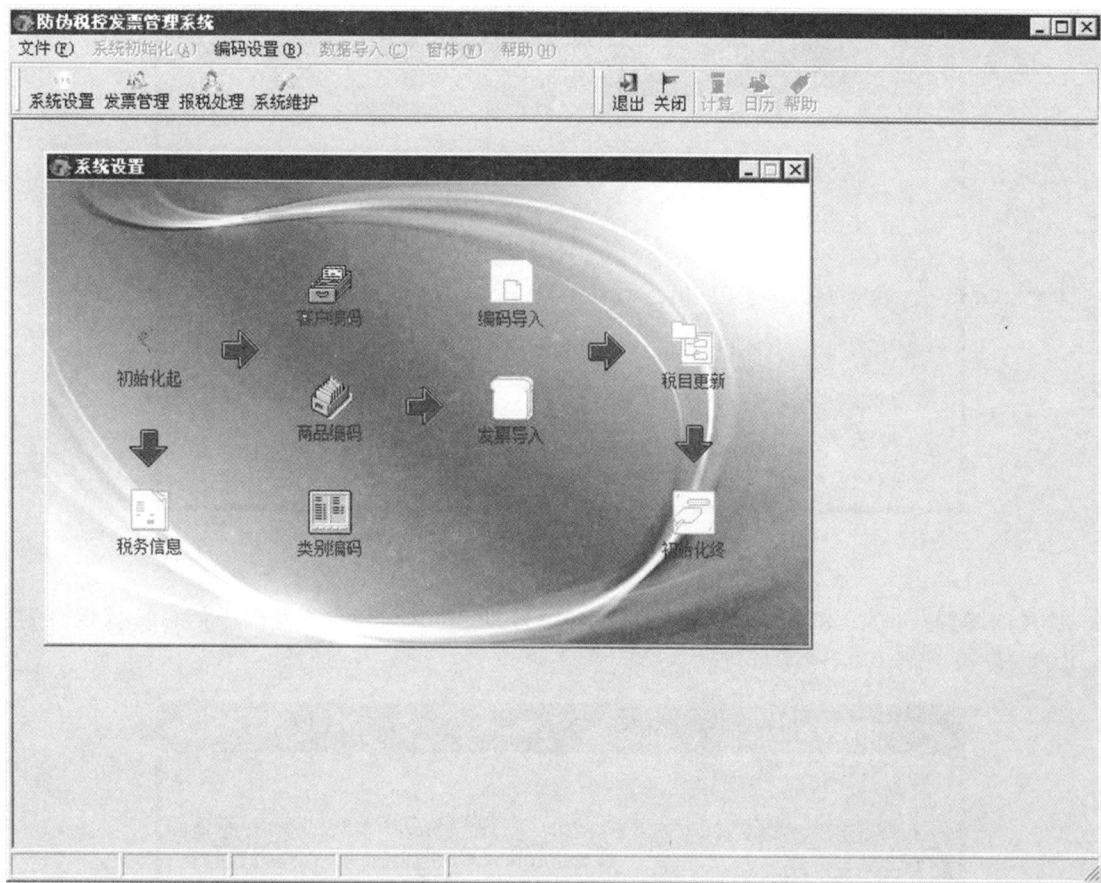

图 12-7

1. 系统初始化

【业务处理过程】

1) 单击"系统初始化"菜单的"系统初始化"或者直接单击流程图中的【初始化】快捷按钮,弹出如下界面,如图 12-8所示:

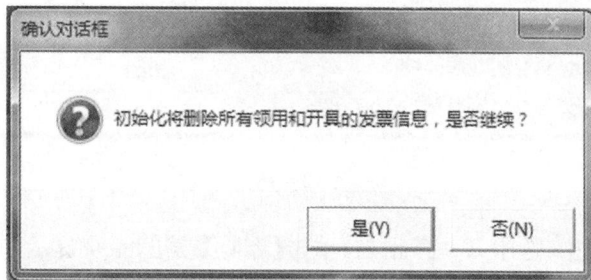

图 12-8

2) 如果单击【是】按钮,将执行初始化功能,删除所有领用和开具的发票信息;如果点击【否】按钮,取消系统初始化操作。

2. 客户编码

【业务处理过程】

1) 单击"编码设置"菜单的"客户编码"或者直接单击流程图中的【客户编码】快捷按钮进入客户编码维护界面,如图 12-9所示:

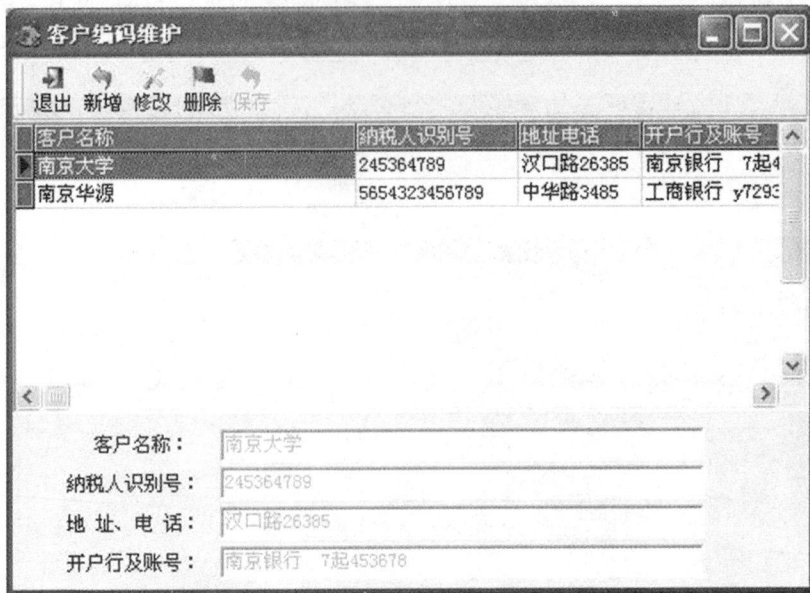

图 12 - 9

2）单击【新增】按钮输入客户名称、纳税人识别号、地址、电话和开户行及账号后，单击【保存】按钮进行保存，如图 12 - 10 所示：

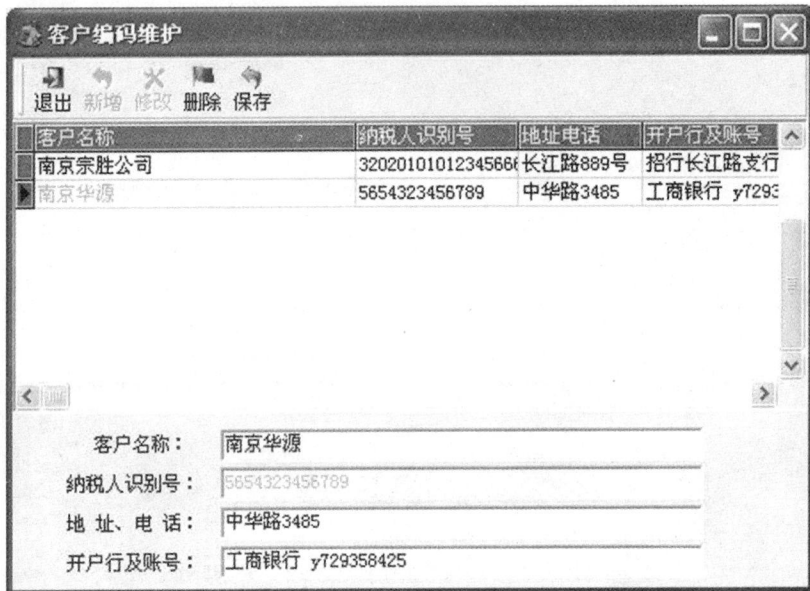

图 12 - 10

3）在客户编码维护界面中，选中某一条记录，单击【删除】按钮，系统提示如图 12 - 11，单击【确定】，即删除该客户编码；单击【修改】按钮可进行该客户编码的修改。

3. 商品编码

【业务处理过程】

1）单击"编码设置"菜单的"商品编码"或者直接单击【系统设置】流程图中的"商品编码"快捷按钮进入商品编码设置界面，如图 12 - 12 所示：

图 12 - 11

图 12 - 12

2）商品编码大类维护：在商品编码设置界面，单击编码管理区的编码簇管理按钮，如图 12 - 13 所示，选择"编码簇添加"和"编码簇删除"，即可进行添加或删除编码大类。

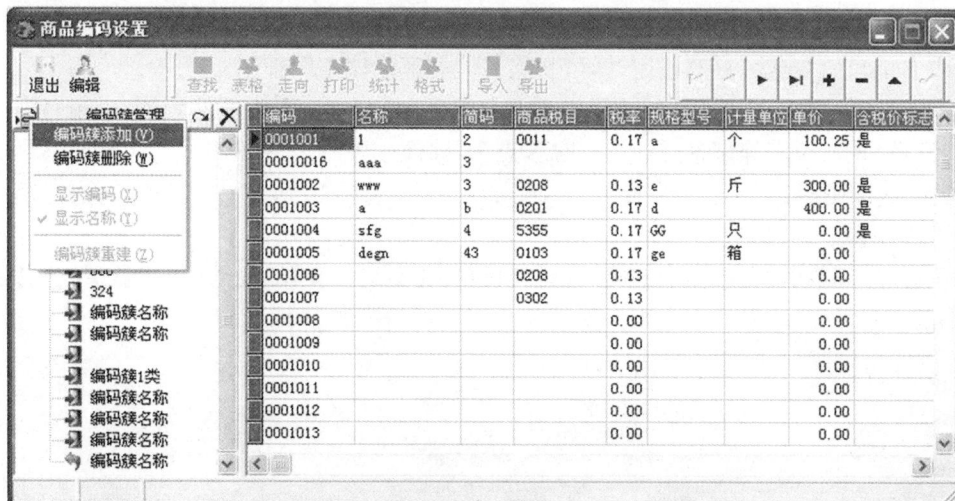

图 12 - 13

注：点击"编码簇添加"后，编码管理区会出现一行空记录，录入数据即可；删除时，先选择管理区中的某个记录，再点击"编码簇删除"即可。

3）大类编码维护好后，可进行小类编码的添加、删除、修改操作。如图12－14所示，自左向右的按钮功能为：移到首行、上移一行、下移一行、移到末行、插入一行、删除一行、编辑本行、修改生效、取消修改、刷新数据。

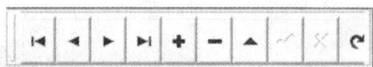

图 12－14

4）商品编码明细维护—添加：在商品编码设置界面中，选择编码管理区中某一大类编码，在右边对应的编码明细区，单击右上角的"添加"按钮，在空记录中直接输入本条商品的编码、名称、简码、规格型号、计量单位、单价等信息。点击单元格中的后缀标志后，系统自动打开"商品税目编码选择表"（如图12－15所示），选中对应的商品税目，单击"选择"按钮即完成商品税目、税率信息的添加。在单元格的下拉菜单中选择含税价标。最后点击界面右上角的"生效"按钮即可。如还需添加其他商品编码，单击"插入一行"按钮即可再插入一行继续编辑。

图 12－15

5）商品编码明细维护—删除：选择编码管理区中某一大类编码，在右边对应的编码明细区选择某条明细记录，点击右上角的"删除一行"按钮，即可删除该大类下的该条明细记录。

6）商品编码明细维护—修改：选择编码明细区某条明细记录后，点击左上角的"编辑"按钮，即可修改其编码、名称、简码、税目税率等信息，修改完成后，点击"修改生效"即可。

4．发票类别编码设置

【业务处理过程】

单击"编码设置"菜单的"发票类别编码"或者直接单击【系统设置】流程图中的【类别编码】快捷按钮进入发票类别编码设置界面，该界面所有均为预制信息，只能查看，如图12－16所示。

注：系统设置完成，即可进行发票管理。

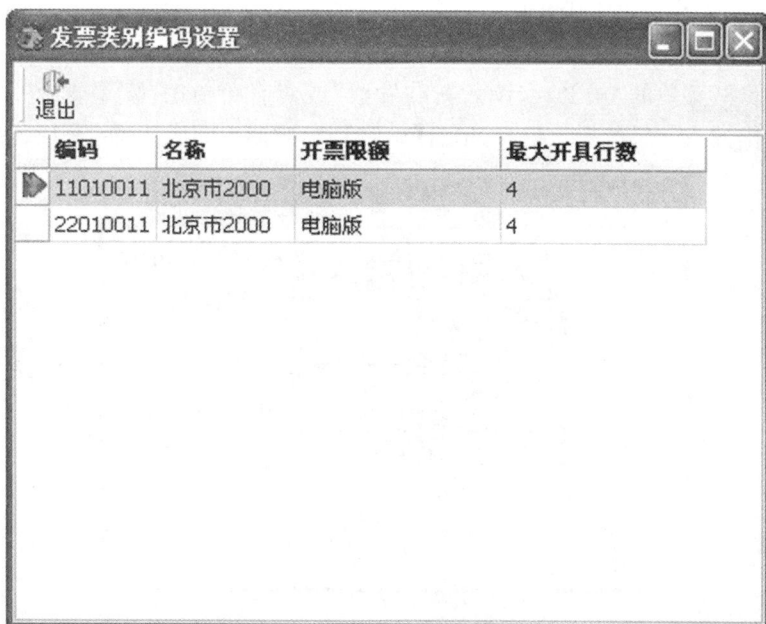

图 12‑16

三、发票管理

进入防伪税控发票管理系统主界面,单击"文件"菜单的"发票管理"或者直接单击【发票管理】快捷按钮打开发票管理界面,如图 12‑17 所示。

在该界面的一般操作流程为:发票读入→发票填开→发票查询或发票作废。

图 12‑17

1. 发票领用

【业务处理过程】

单击"发票领用管理"菜单的"从IC卡读入新购发票"或者直接单击"发票管理"流程图中的【发票读入】快捷按钮,系统给出读入发票的提示信息,单击【确定】,发票读入即成功,如图12-18所示:

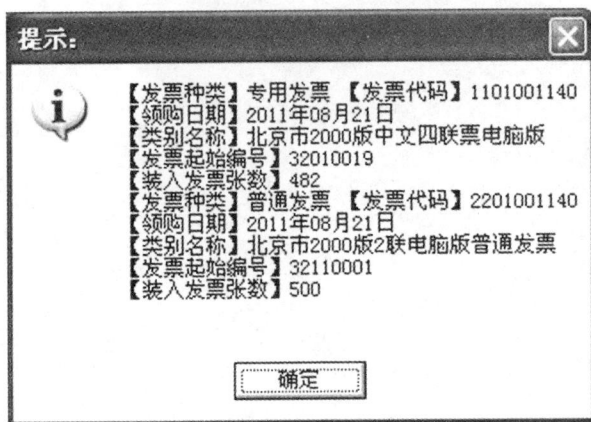

图 12-18

提示:
- 在填开发票之前,必须将新购的发票读入本开票系统。

2. 发票退回

【业务处理过程】

单击"发票领用管理"菜单的"已购发票退回IC卡"或者直接单击"发票管理"流程图中的【发票退回】快捷按钮,系统给出提示信息。单击【确定】关闭提示信息,如图12-19所示:

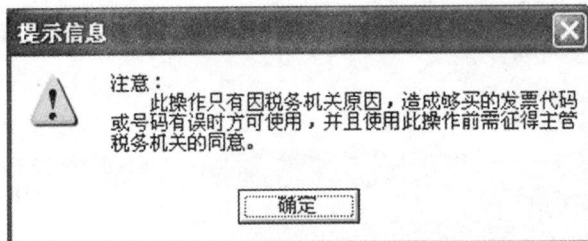

图 12-19

提示:
- 在实际操作中,必须经税务机关同意,才能退回发票。

3. 发票填开

【业务处理过程】

本系统支持增值税专用发票和增值税普通发票的填开。

1) 单击"发票管理"流程图中的【发票填开】快捷按钮或在"工具栏"|"发票开具管理"|"发票填开"中选择"专用发票填开",就可以填开增值税专用发票。

2) 在"工具栏"|"发票开具管理"|"发票填开"中选择"普通发票填开",就可以填开增值税普通发票。

3) 选择发票填开的种类后,进入发票号码确认界面,如图12-20所示。

提示:
- 系统自动显示所要填开的发票号,已经领用的发票会依号自动使用。

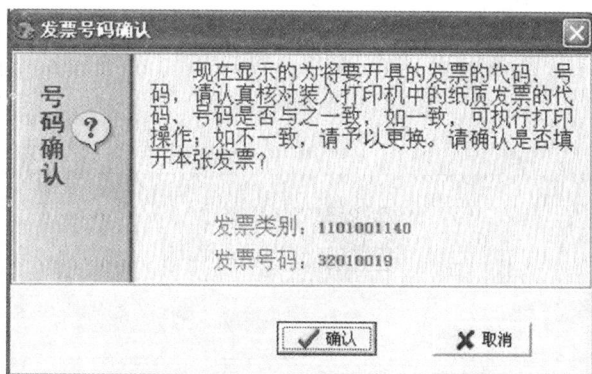

图 12 - 20

4）单击【确认】按钮进入发票填开界面。

5）专用发票填开：在专用发票填开界面中，输入或选择购货单位信息。填写商品信息（只能从商品编码库中选择），填入数量，系统自动计算金额、税额。单击"价格"按钮进行含税价和不含税价的切换。填完一栏商品后，点击工具条上的"√"表示生效。如需添加其他商品，可点击工具条上"＋"。系统自动生成开票日期、开票人及开票单位信息，如图 12 - 21 所示：

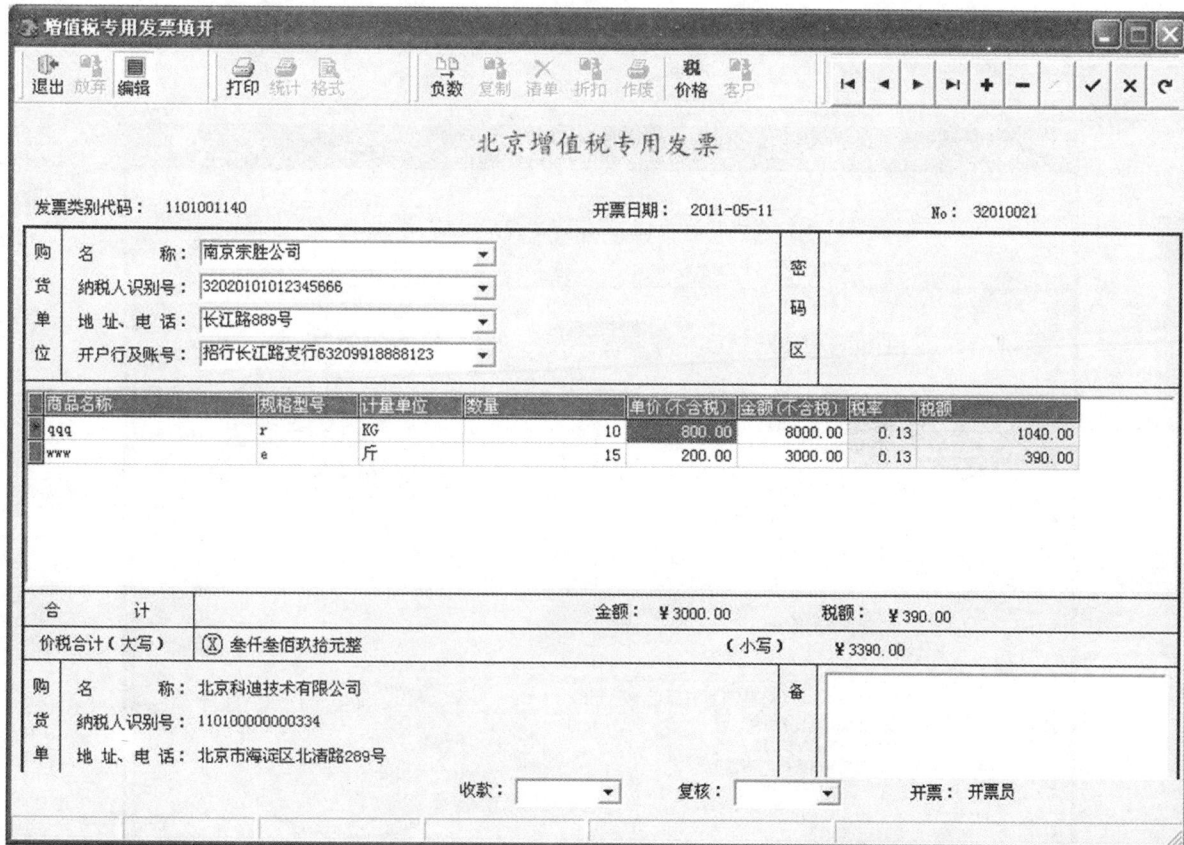

图 12 - 21

注：
- 选定第一栏商品后就选定本张发票的税率，一张发票上只能开具同一种税率的商品。
- 当连续填开发票时，上一张发票的购方信息便自动传给下一张发票。

6）发票填开无误后，单击【打印】按钮，保存发票并预览显示发票打印效果，如图 12 - 22 所示；点击【盖章】按钮，显示发票加盖发票专用章效果，如图 12 - 23 所示；点击【打印】按钮，直接打印该张发票，如图 12 - 24 所示；点击【退出】按钮，退出该界面，并提示发票开具成功。

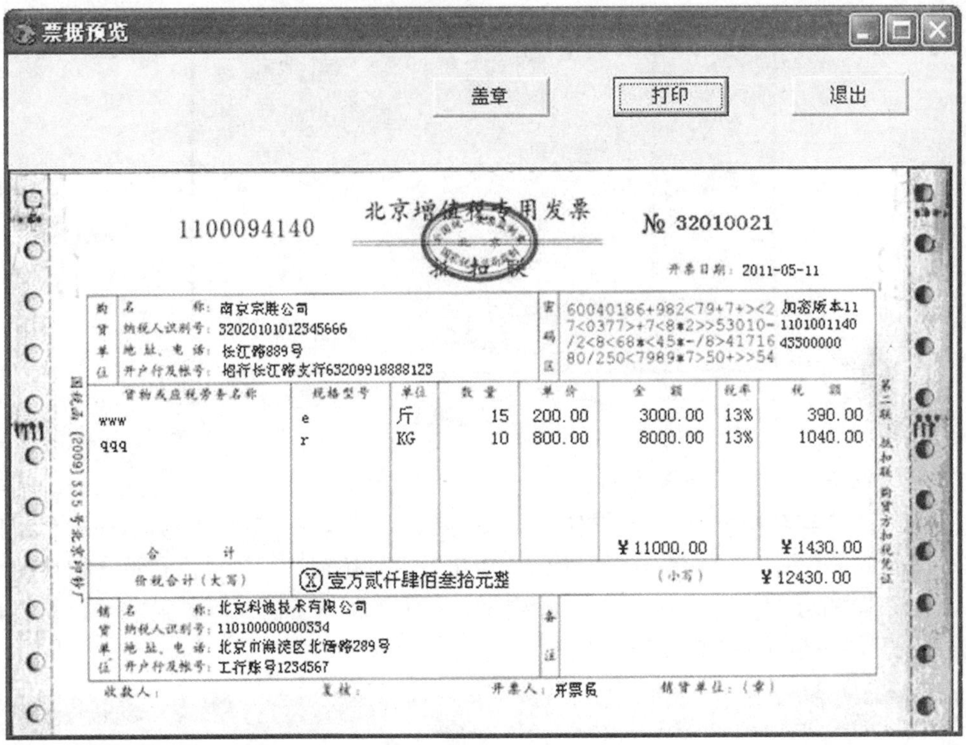

图 12-22

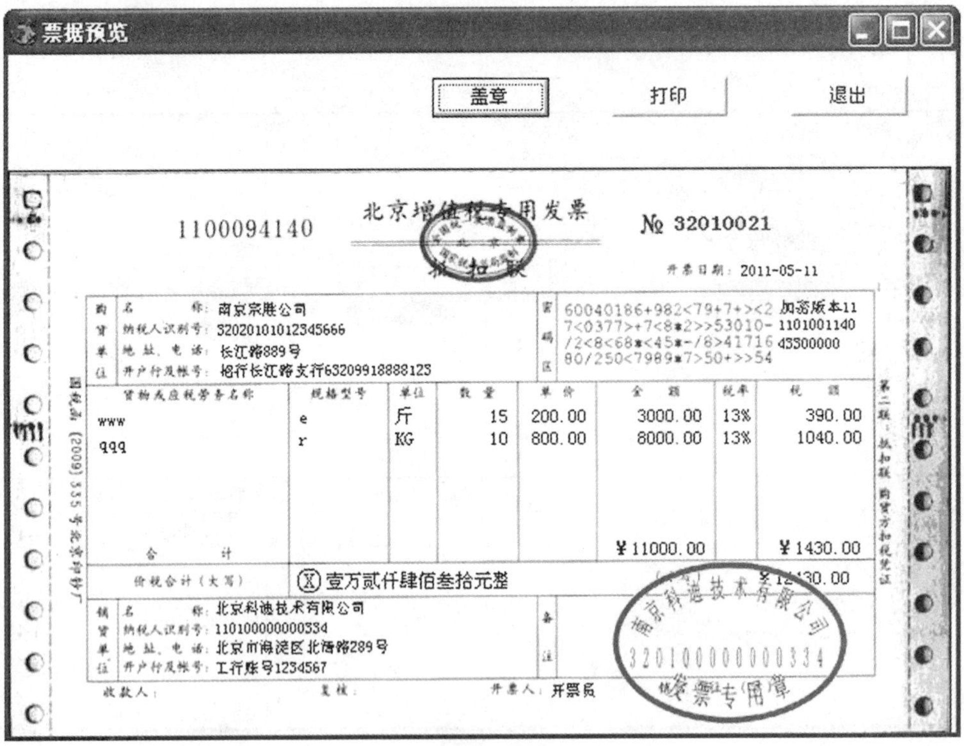

图 12-23

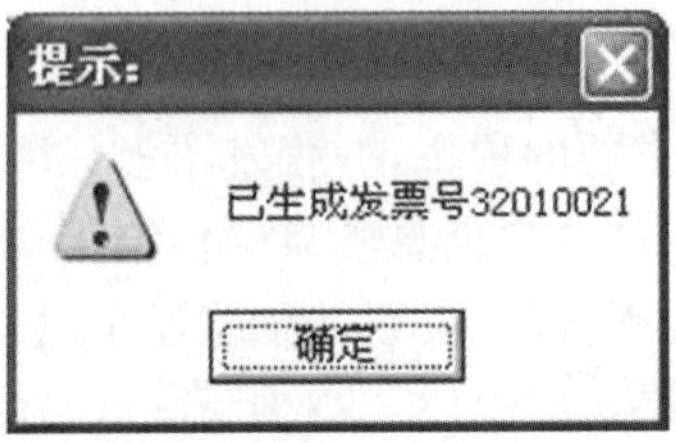

图 12-24

7）普通发票填开：单击"菜单栏"|"发票开具管理"|"普通发票填开"，进入发票号码确认界面，如图12－25所示，单击【确认】按钮，进入普通发票填开界面。

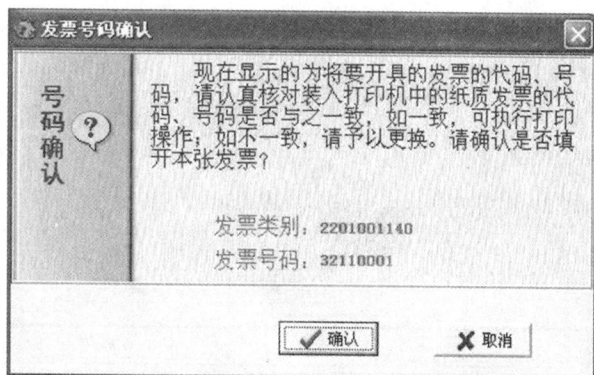

图 12－25

提示：
- 快捷菜单默认的发票类别为专用发票，如需开具普通发票要通过菜单栏进行选择。

8）普通发票填开界面如图12－26所示，其操作流程和方法均与专用发票填开一致：

图 12－26

四、开具红字发票

本系统支持开具增值税专用红字发票和增值税普通红字发票。

【业务处理过程】

发票号码确认：单击"发票开具管理"菜单的"专用发票填开"或者直接单击【发票管理】流程图中的"发票填开"快捷按钮，进入发票号码确认界面，单击【确认】按钮，进入专用发票填开界面，如图12－27所示：

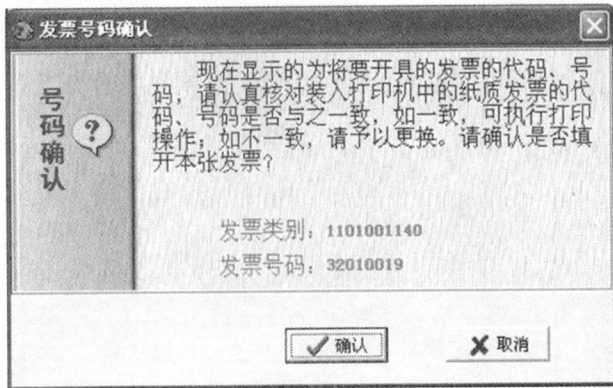

图 12 - 27

提示：

• 系统自动显示所要填开的发票号,已经领用的发票会依号自动使用。

1) 在"发票填开"界面中,单击"负数"按钮,如图 12 - 28 所示,进入"销项正数发票代码号码填写、确认"界面。

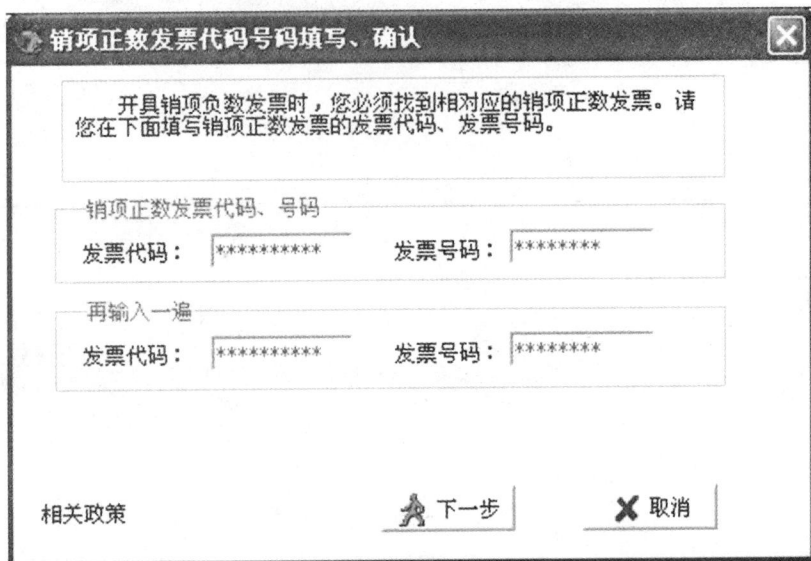

图 12 - 28

2) 单击【相关政策】按钮,可以查阅开具红字发票的相关政策。

3) 输入所要开具红字发票的代码和发票号码,内容输入完整无误后,单击【下一步】,系统提示该发票信息,如图 12 - 29 所示,点击【确定】按钮,所开具的红字发票的信息即展现出来,如图 12 - 30 所示。选择或填写收款、复核人及备注,点击【打印】即保存或打印该发票(操作流程同销项正数发票填开一致)。

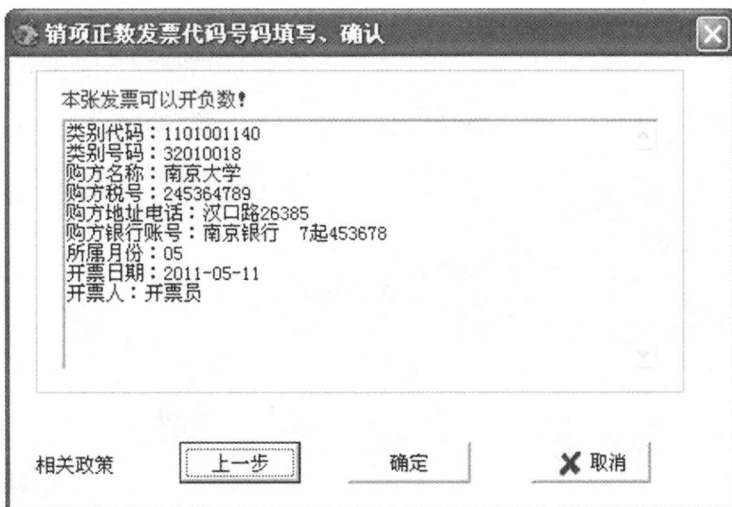

图 12-29

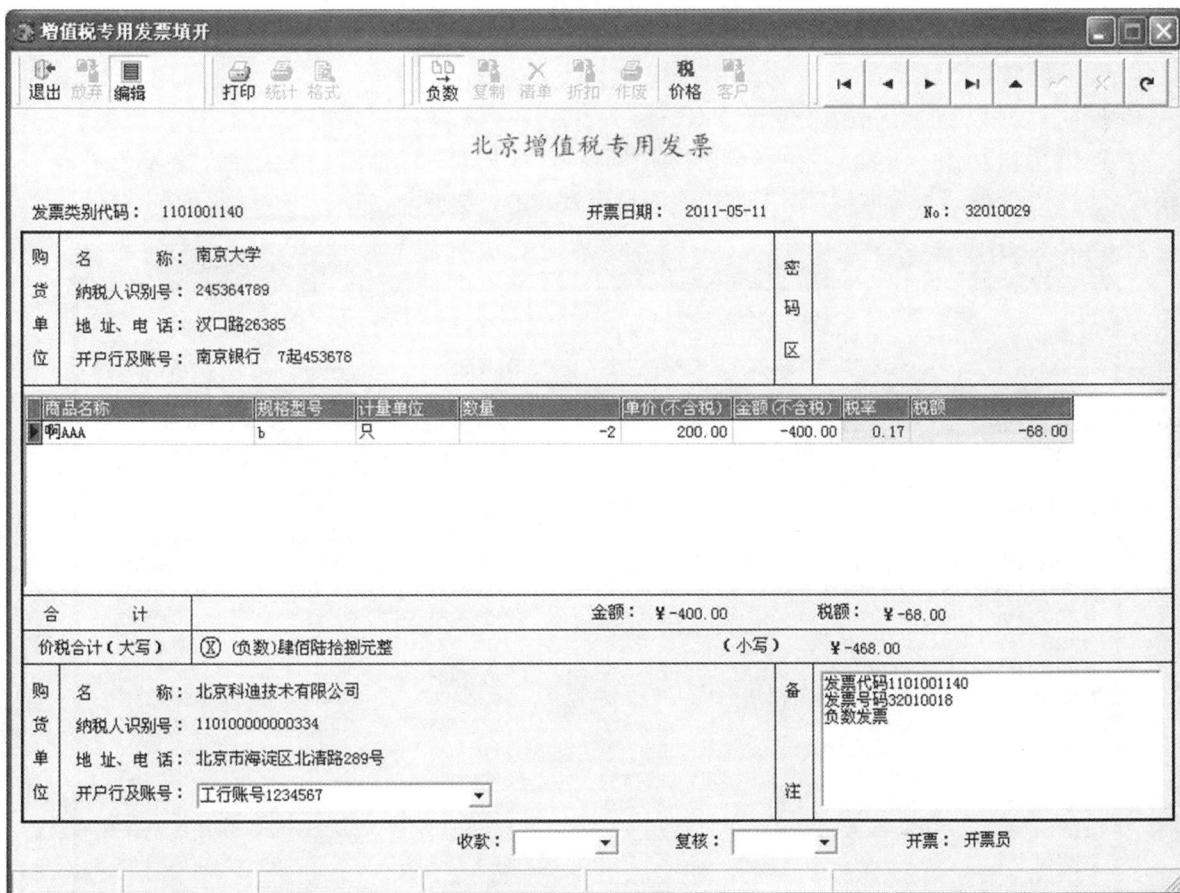

图 12-30

五、发票查询

【业务处理过程】

1）单击"发票开具管理"|"已开发票查询"按钮或者直接单击【发票管理】流程图中的【发票查询】快捷按钮，进入发票查询界面，如图 12-31 所示：

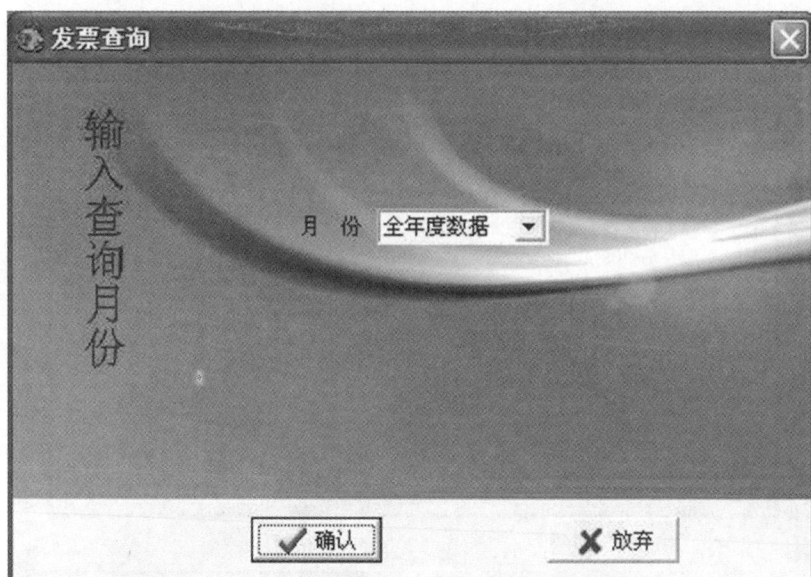

图 12 - 31

提示：

• 查询月份中系统默认值为全年度数据。

2）单击【确认】按钮列出查询出的全部发票明细列表，如图 12 - 32 所示。双击某张发票记录或者选择某张发票记录后，单击【查看明细】按钮，可以查看该张发票的详细情况，如图 12 - 33 所示：

类别代码	发票号码	发票机号	购方名称	购方税号	购方地址电话	购方银行
1101001140	32010021		南京宗胜公司	3202010101234566	长江路889号	招行长江
1101001140	32010020		南京华源	5654323456789	中华路3485	工商银行
1101001140	32010019					
1101001140	32010018		南京大学	245364789	汉口路26385	南京银行
1101001140	32010017		南京大学	245364789	汉口路26385	南京银行
1101001140	32010016		南京大学	245364789	汉口路26385	南京银行
1101001140	32010015		南京大学	245364789	汉口路26385	南京银行
1101001140	32010014		南京大学	245364789	汉口路26385	南京银行
1101001140	32010013		南京大学	245364789	汉口路26385	南京银行
1101001140	32010012		南京大学	245364789	汉口路26385	南京银行
1101001140	32010011		南京大学	245364789	汉口路26385	南京银行
1101001140	32010010		南京大学	245364789	汉口路26385	南京银行
1101001140	32010009		南京大学	245364789	汉口路26385	南京银行
1101001140	32010008		南京大学	245364789	汉口路26385	南京银行
1101001140	32010007		南京大学	245364789	汉口路26385	南京银行
1101001140	32010006		南京大学	245364789	汉口路26385	南京银行
1101001140	32010005		南京大学	245364789	汉口路26385	南京银行
1101001140	32010004		南京大学	245364789	汉口路26385	南京银行
1101001140	32010003		南京大学	245364789	汉口路26385	南京银行
1101001140	32010002		AA	0101	AA	AA

图 12 - 32

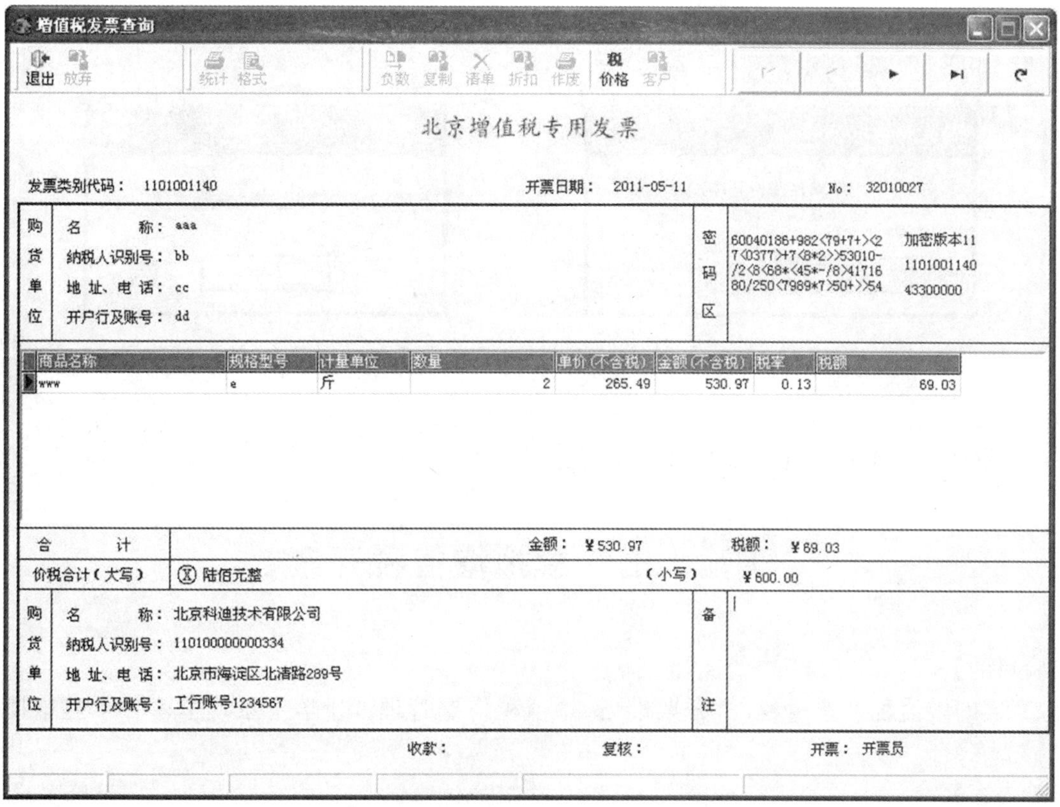

图 12‑33

提示：

* 查询过程的各个操作界面中，发票数据不得修改。

六、发票作废

【业务处理过程】

1）单击"发票开具管理"菜单|"已开发票作废"或者直接单击【发票管理】流程图中的【发票作废】快捷按钮，系统显示已开发票的明细列表，如图 12‑34 所示（本月开具的未抄报税的发票）：

图 12‑34

2) 选择要作废的发票记录后,点击【作废】,系统弹出"确认对话框",如图 12 - 35 所示,点击【是】,提示发票已作废,如图 12 - 36 所示:

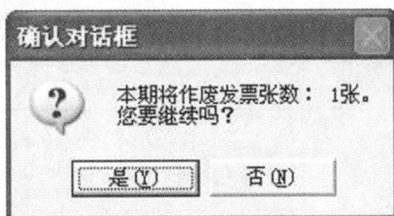

图 12 - 35

图 12 - 36

提示:

- 跨月发票不得作废,若有误只能冲红

实验十七　模拟增值税开票

【实验目的】

模拟真实的增值税开票过程,含开票准备、增值税发票管理。让学生系统学习并掌握增值税开票过程。

【实验内容】

系统设置:系统初始化、客户和商品编码设置、发票类别和编码设置。

发票管理:发票领用、退回、发票填开、发票作废、发票查询。

抄报税处理:包括抄税处理和报税处理。

【实验准备】

完成财务部分关于销项税的 3 笔财务凭证的处理。

【实验要求】

根据实验资料信息,以学生身份登录"用友企业模拟网报系统"进行业务处理。

【实验资料】

1. 2013 年 12 月 5 日家电事业部零售 LED 彩电给晨光商贸公司 10 台,取得含税收入 40 000 元。

2. 农产品事业部,2013 年 12 月 19 日,销售 10 升装橄榄油 300 桶给中山商贸公司,专用发票注明销售金额 21 000 元,税额 2 730 元,款项尚未支付,货物已发完(13%)。

3. 金融业务部从事融资租赁业务,但未经中国银行批准经营,2008 年 12 月以融资租赁的方式出租 1 台 W - 1 机床给南京化工集团。合同约定租期为 5 年,2013 年 12 月到期后,承租人按残值购入设备,支付购买设备款项价款 12 万(不含税),公司财务收到款项即开具增值税专用发票。

4. 客户开票信息:参考客户档案信息。

【操作指导】

操作步骤如下:

1. 登录与系统设置

(1) 单击"税务实训"按钮,进入"税务实训"主界面,单击"增值税模拟开票",如图 12 - 37 所示。

单击"增值税开票",进入插入 IC 卡确认界面,该功能只是模拟实际操作环境,对插入 IC 卡这个动作进行提示。学生无需进行插入 IC 卡的实际操作,只需单击【确认插入 IC 卡】按钮即可登录。

增值税模拟开票主界面如图 12 - 38:

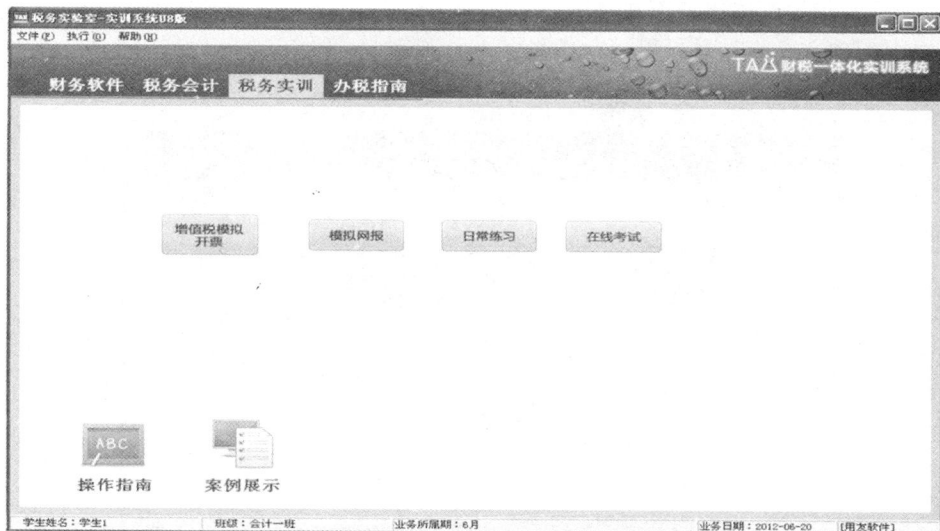

图 12－37

图 12－38

点击【系统管理】进入系统管理界面,本系统只是模拟真实开票环境,该界面只是展示,不能进行操作,如图 12－39:

图 12－39

点击【退出系统】,退出增值税模拟开票主界面。

单击【进入系统】进入操作员登录界面。本系统默认核对口令为空,且不允许修改。学生可直接单击【确定】按钮进入主操作界面,如图 12‑40、图 12‑41 所示:

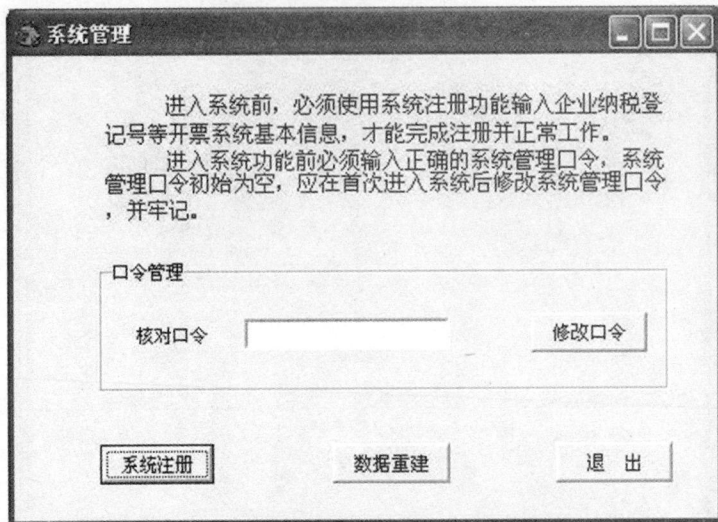

图 12‑40

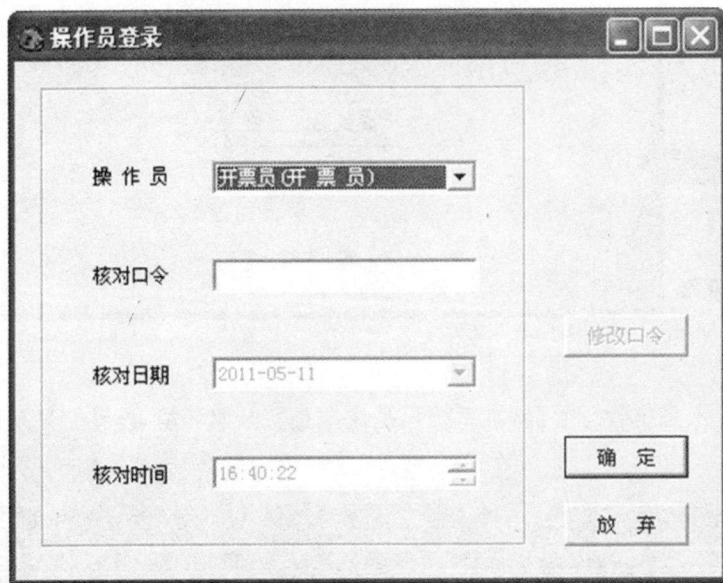

图 12‑41

增值税模拟开票主界面,见下图。

该界面的一般操作流程:系统设置→发票管理→报税处理。

注:所有灰化的菜单或按钮,在本系统中都不可用,也不做介绍。

系统设置

在主界面中,单击【文件】菜单的【系统设置】或者直接单击【系统设置】快捷按钮打开系统设置界面,如图 12‑42、图 12‑43 所示:

用友财税一体化实验实训教程

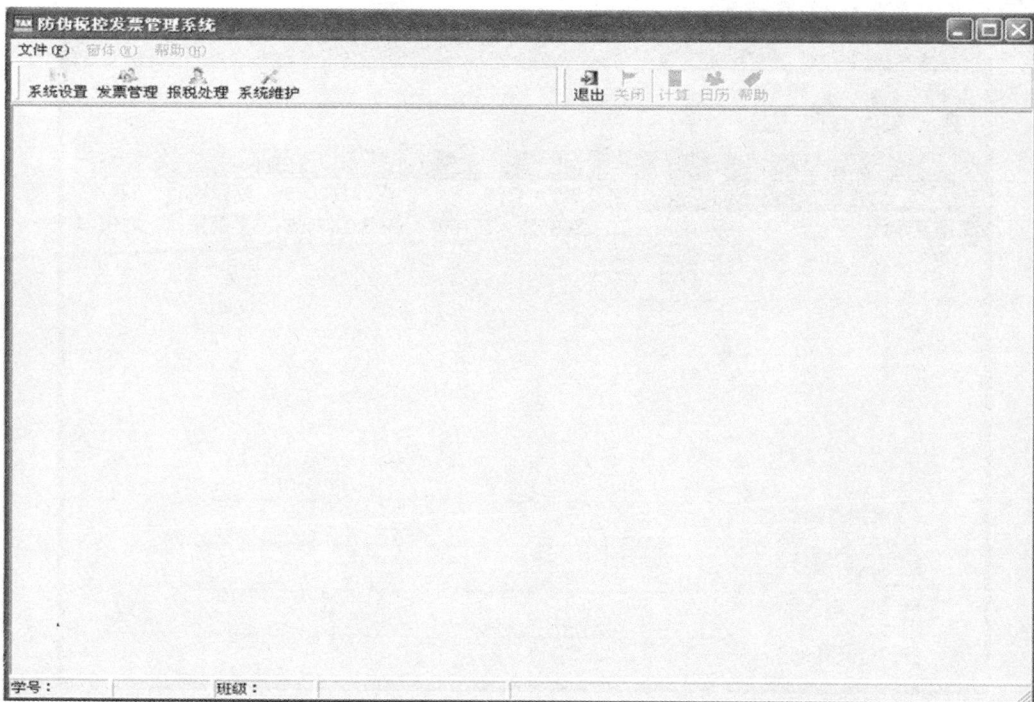

图 12‑42

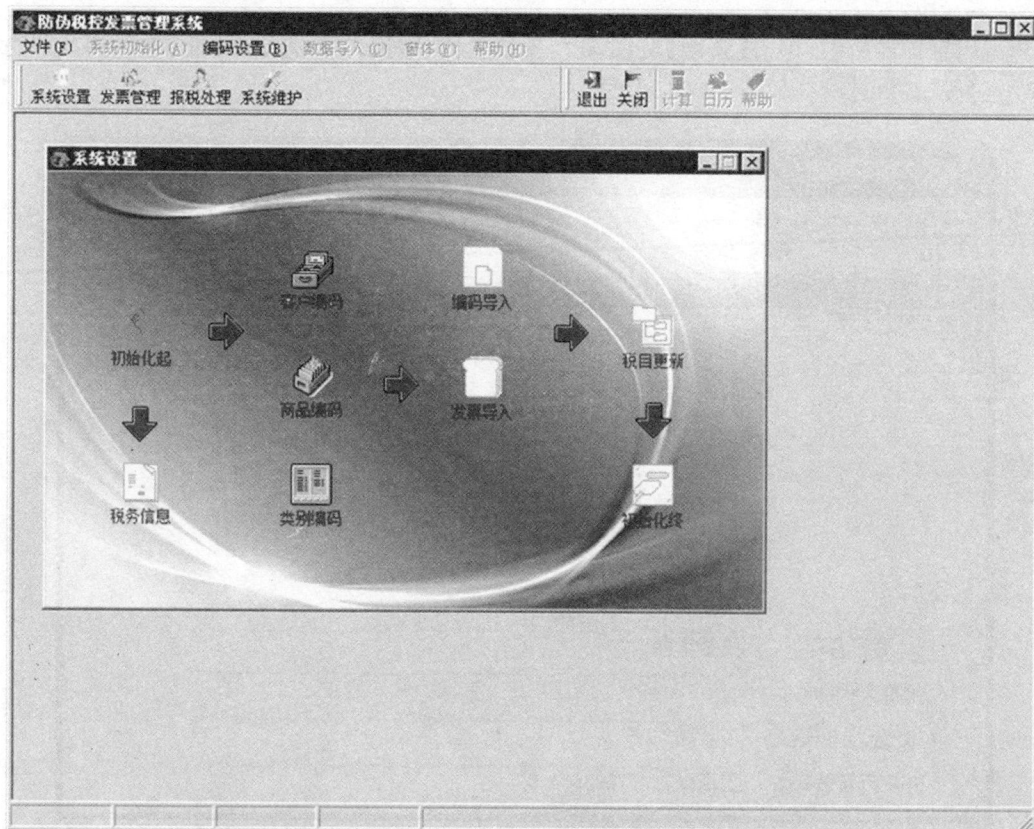

图 12‑43

（2）客户编码设置

单击"编码设置"菜单的"客户编码"或者直接单击流程图内的【客户编码】快捷按钮进入客户编码编辑界面,如图 12‑44 所示:

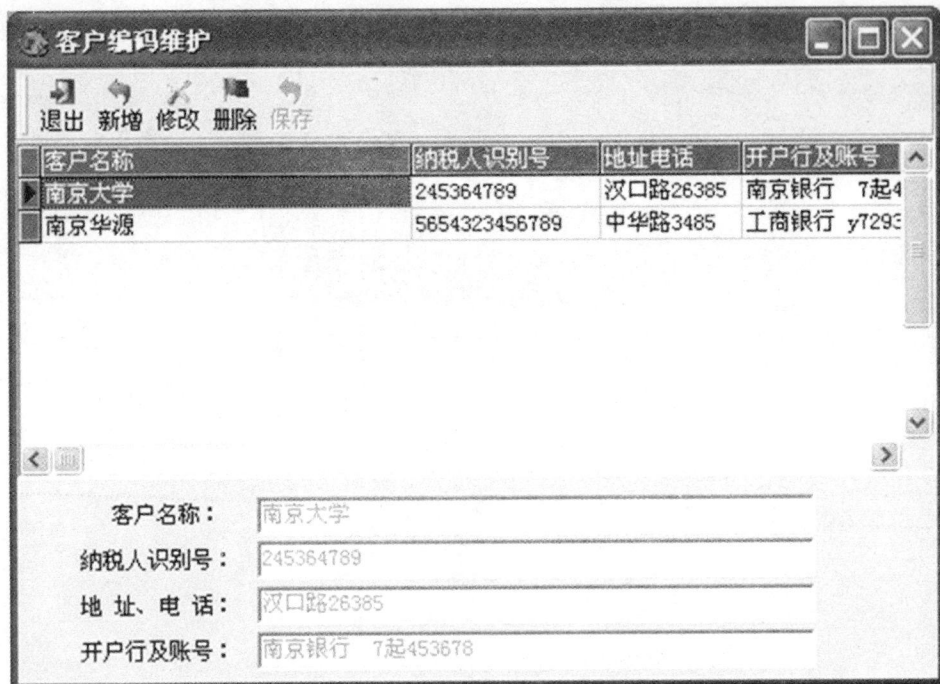

图 12 - 44

A. 新增客户编码

在客户编码维护界面中,单击【新增】按钮输入客户名称、纳税人识别号、地址、电话和开户行及账号后,单击【保存】按钮进行保存,如图 12 - 45 所示:

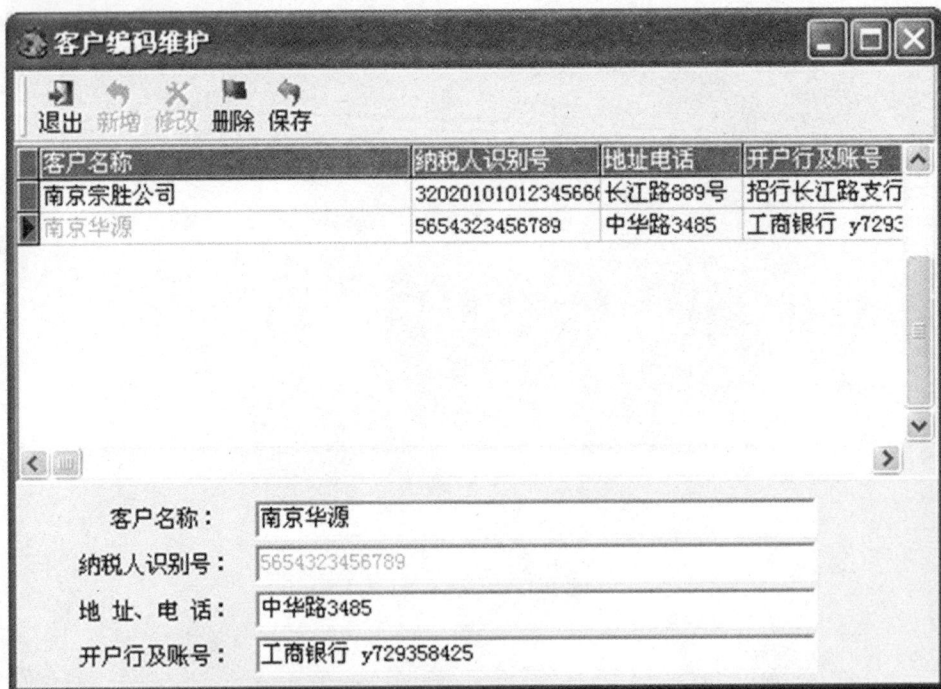

图 12 - 45

B. 删除客户编码

在客户编码维护界面中,选中某一条记录,单击【删除】按钮,系统提示如图 12 - 46,单击【确定】,即删除该客户编码。

图 12 - 46

（3）商品编码设置

单击"编码设置"菜单的"商品编码"或者直接单击"系统设置"流程图中的【商品编码】快捷按钮进入商品编码设置界面,如图 12 - 47 所示:

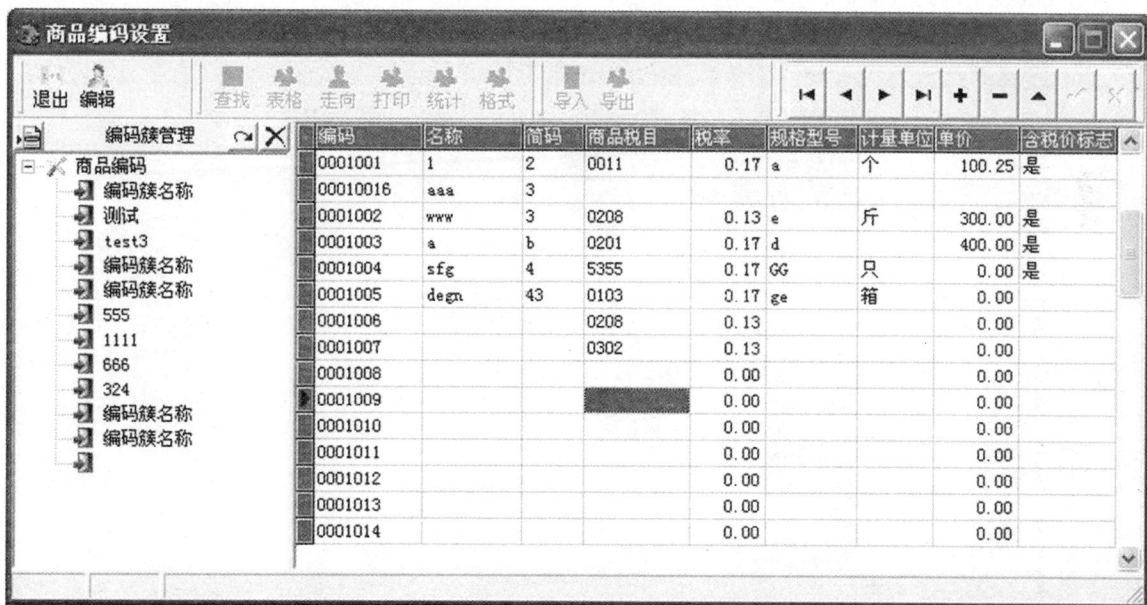

图 12 - 47

A. 商品编码大类维护

在商品编码设置界面中,单击编码管理区的编码簇维护按钮,如图 12 - 48 所示,选择"编码簇添加"和"编码簇删除",即可进行添加或删除编码大类。

大类编码维护好后,可进行小类编码的添加、删除、修改操作。

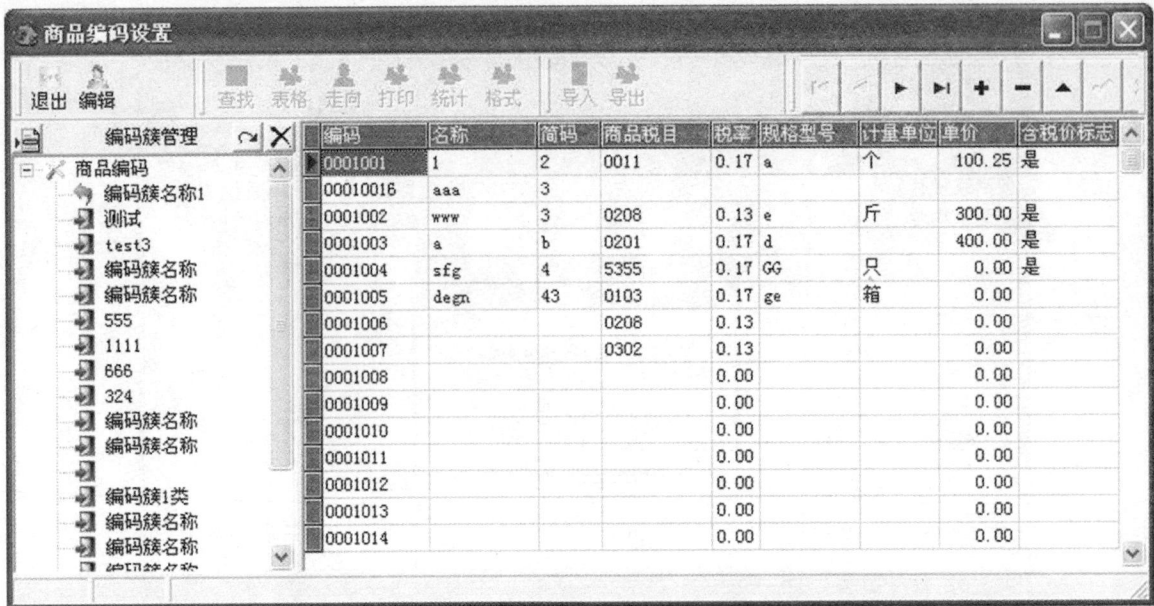

图 12‑48

注：点击"编码簇添加"，编码管理区出现一行空记录，录入即可；删除时，先选择管理区某记录，点击"编码簇删除"即可。

B. 商品编码明细维护—修改

在商品编码设置界面中，选择编码明细区选择某条明细记录后，点击左上角的"编辑"按钮，即可修改编码、名称、简码、税目税率等信息，修改完成，点击"修改"即可。

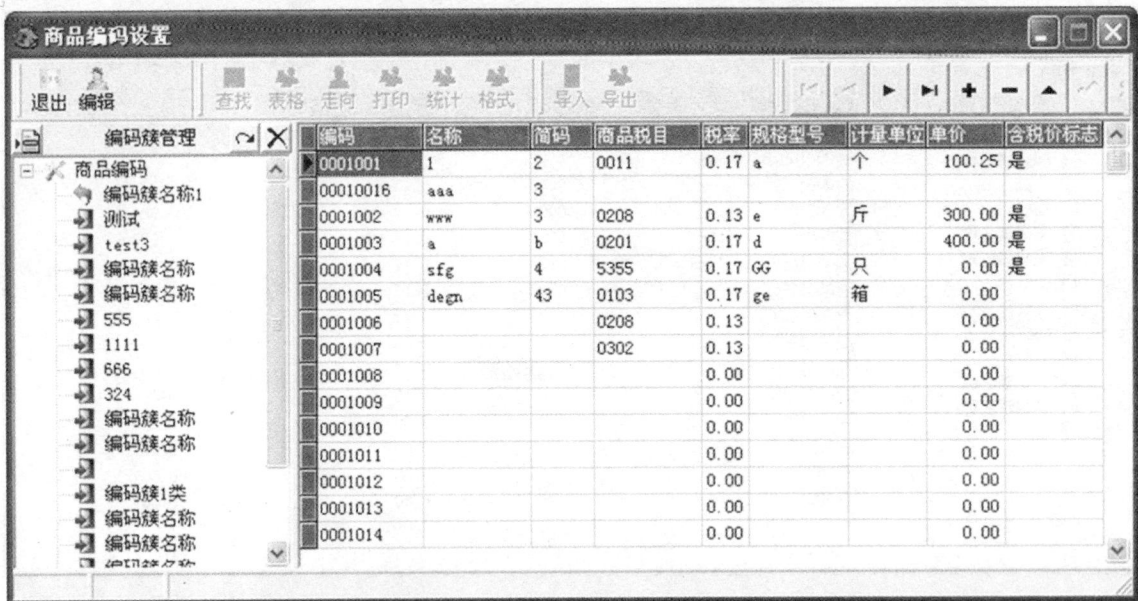

图 12‑49

（4）发票类别编码查看

单击"编码设置"菜单的"发票类别编码"或者直接单击"系统设置"流程图内的"类别编码"快捷按钮进入发票类别编码设置界面，该界面为预制信息，只能查看，如图 12‑50 所示：

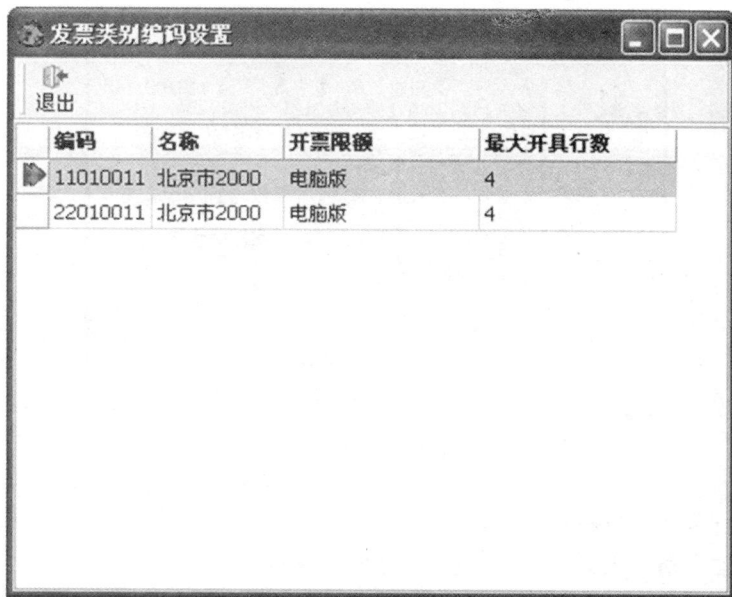

图 12 - 50

注：系统设置完成，即可进行发票管理了。

2. 发票管理

在主界面中，单击"文件"菜单的"发票管理"或者直接单击"发票管理"快捷按钮打开发票管理界面，如图 12 - 51 所示：

图 12 - 51

（1）发票领用单击"发票领用管理"菜单的"从 IC 卡读入新购发票"或者直接单击"发票管理"流程图内的"发票读入"快捷按钮，系统给出读入发票的提示信息，单击【确定】，即发票读入成功，如图 12 - 52 所示：

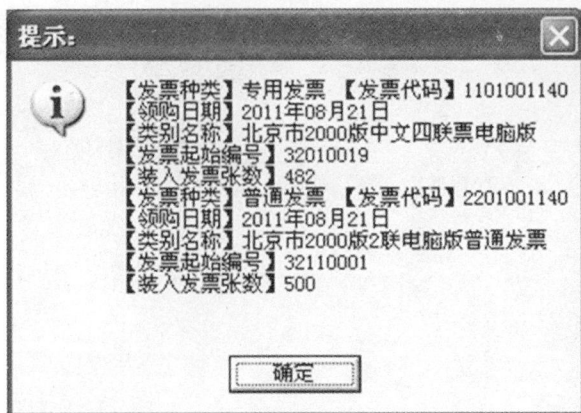

图 12-52

注：在填开发票之前，必须将新购的发票读入本开票系统。

（2）发票退回单击"发票领用管理"菜单的"已购发票退回 IC 卡"或者直接单击"发票管理"流程图内的"发票退回"快捷按钮，系统给出提示信息，单击【确定】关闭提示信息，如图 12-53 所示：

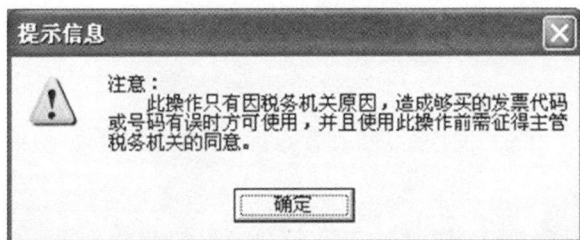

图 12-53

注：在实际操作中，必须经税务机关同意，才能退回发票。

（3）专用发票填开单击"发票开具管理"菜单的"专用发票填开"或者直接单击"发票管理"流程图内的"发票填开"快捷按钮，进入发票号码确认界面，如图 12-54 所示，单击【确认】按钮，进入专用发票填开界面。

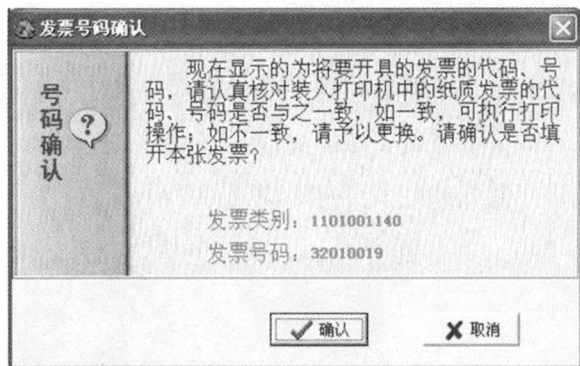

图 12-54

注：系统自动显示所要填开的发票号，发票号为已经领用的发票依次开具。

（4）专用发票填开：在专用发票填开界面中，输入或选择购货单位信息；填写商品信息（只能从商品编码库中选择），填入数量，系统自动计算金额、税额；单击"价格"按钮进行含税价和不含税价的切换；填完一栏商品点击工具条上的"√"以表示生效，如需添加其他商品点击工具条上"＋"以添加。系统自动生成开票日期、开票人及开票单位信息（如图 12-55 所示）。当前发票开具完成，点击【打印】即保存或打印该发票。步骤如下：

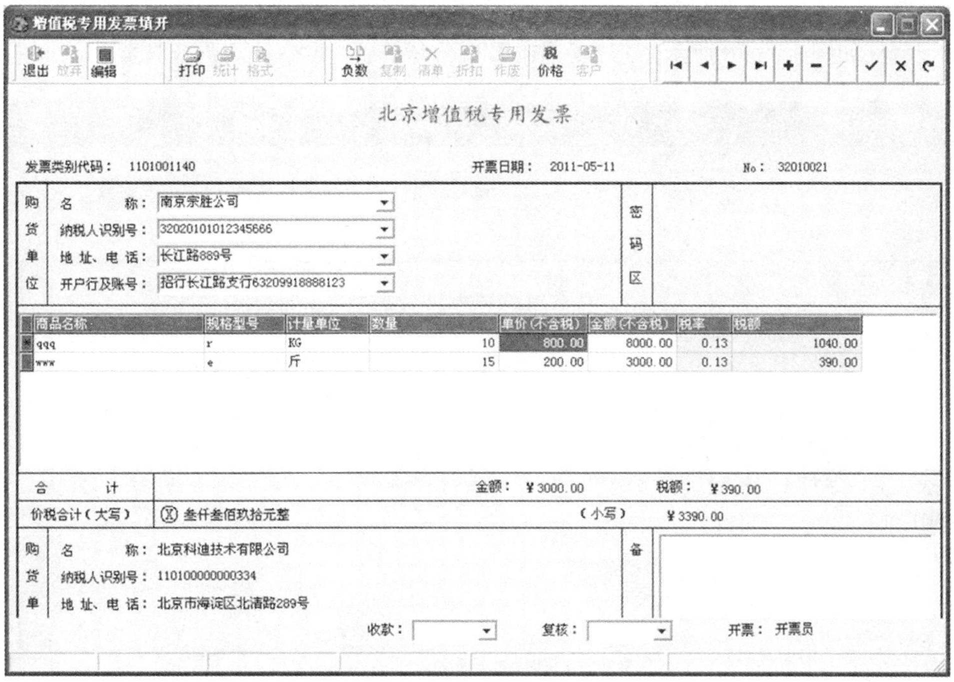

图 12‑55

注1：

① 选择或填写购货单位信息。

② 填写商品信息，商品信息从编码库中调出，填入数量，单价可以修改。

③ 点击"√"。

注2：① 选择了了第一栏商品后，便选择了本张发票的税率，一张发票只能开具同一种税率的商品。

② 当连续填开发票时，上一张发票的购方信息便自动传给下一张发票。

（5）专用发票填开打印盖章功能

当前发票开具完成，点击【打印】按钮，显示下图 12‑56 票据预览界面。

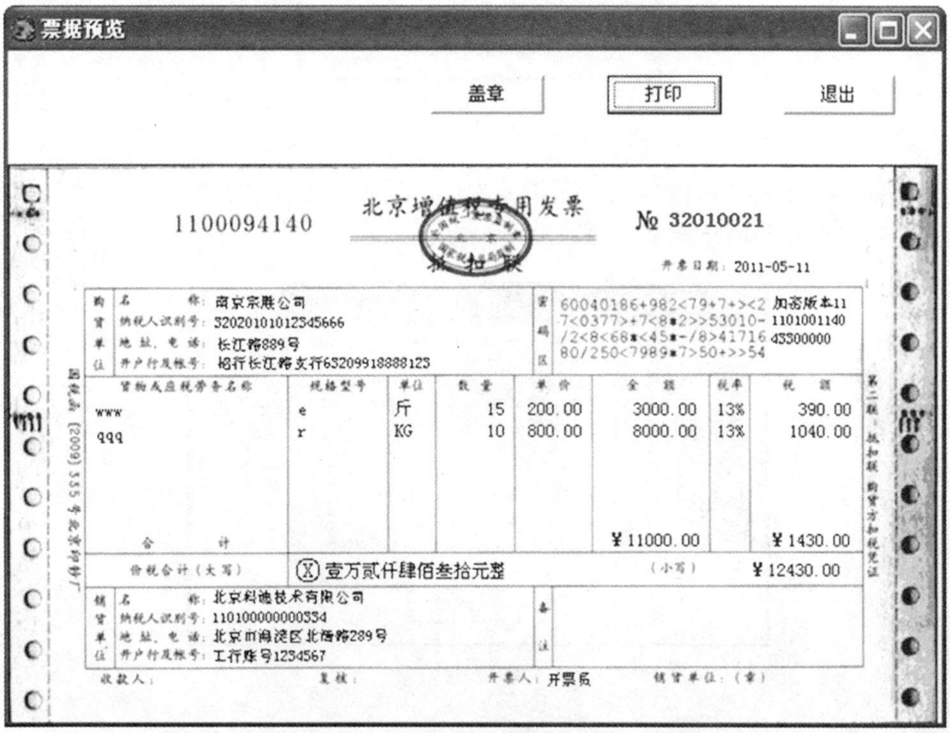

图 12‑56

接上,在票据预览界面,点击【盖章】,显示发票加盖发票专用章效果(如图 12-57 所示);点击【打印】,直接打印该章发票(如图 12-58 所示);点击【退出】,退出该界面,并提示发票开具成功。

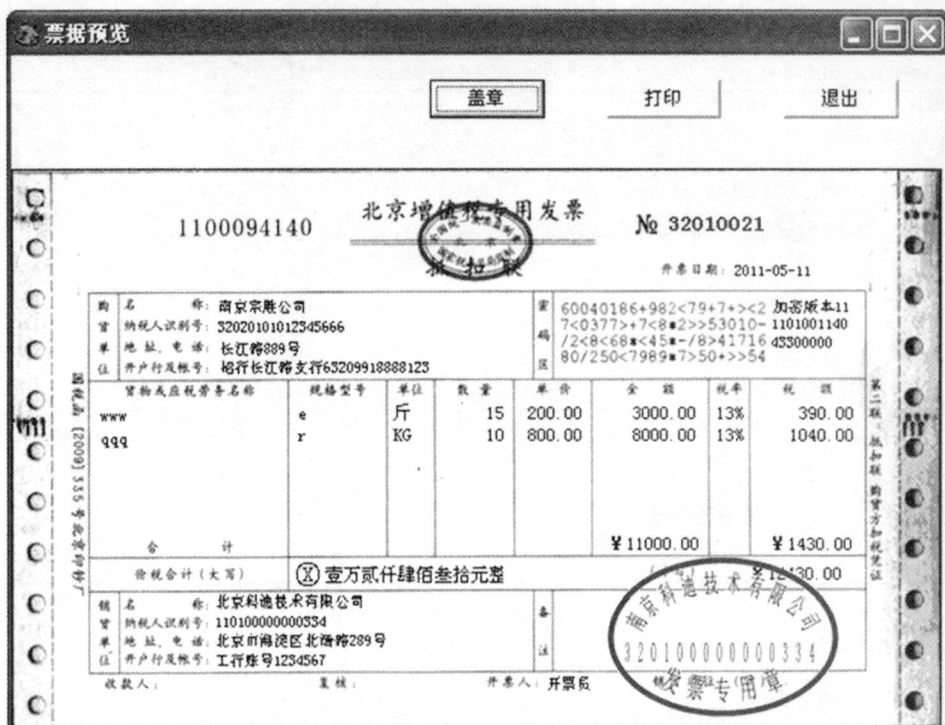

图 12-57

图 12-58

(6)普通发票填开:单击菜单栏"发票开具管理"菜单的"普通发票填开",进入发票号码确认界面,单击【确认】按钮,进入普通发票填开界面,如图 12-59 所示:

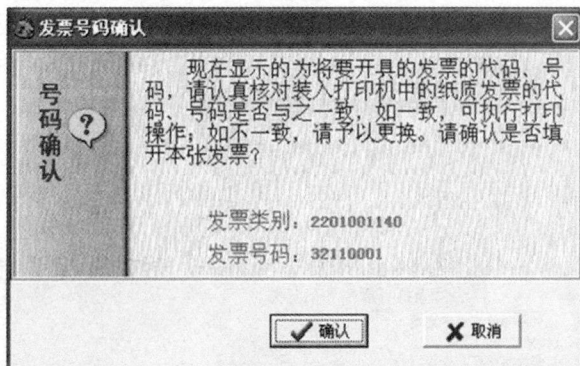

图 12-59

注:① 系统自动显示所要填开的发票号,发票号为已经领用的发票依次开具。

② 快捷菜单默认发票类别为专用发票,如需开具普通发票要通过菜单栏进行选择。

（7）普通发票填开在普通发票填开界面中,其操作流程和方法均与专用发票填开一致,如图12－60所示:

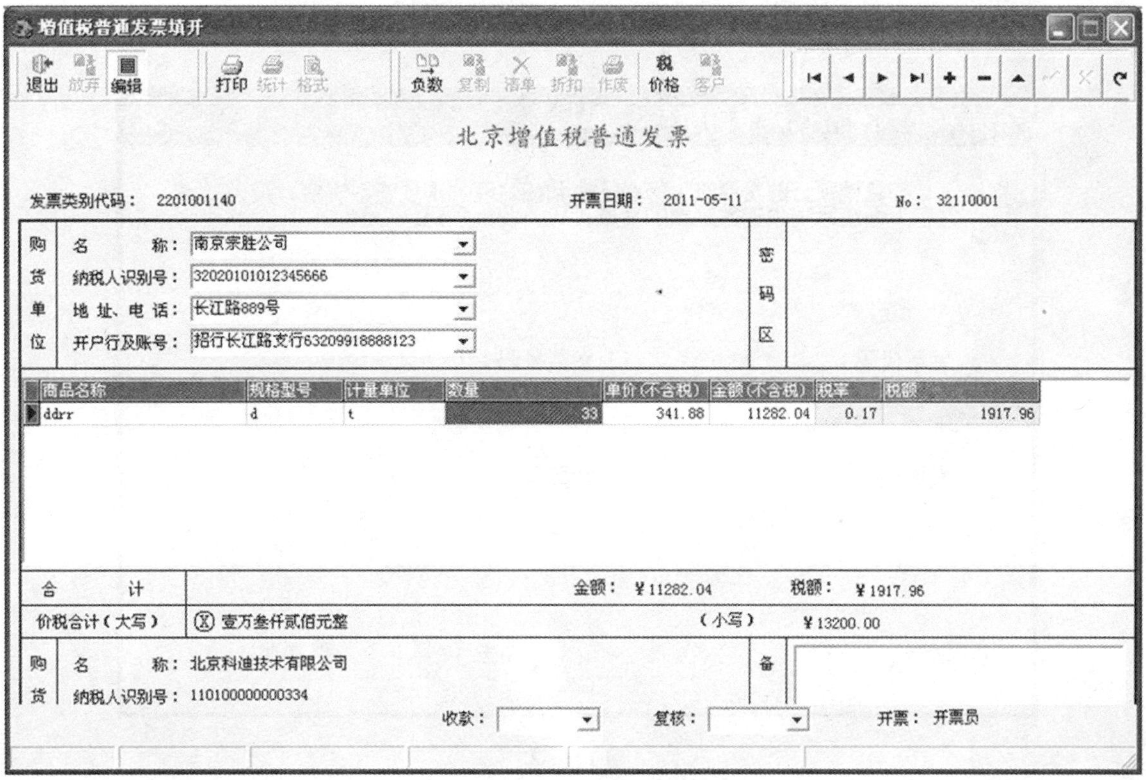

图 12－60

3. 红字发票填开具体步骤

（1）红字发票填开:单击"发票开具管理"菜单的"专用发票填开"或者直接单击"发票管理"流程图内的"发票填开"快捷按钮,进入发票号码确认界面,单击【确认】按钮,进入专用发票填开界面,如图12－61所示:

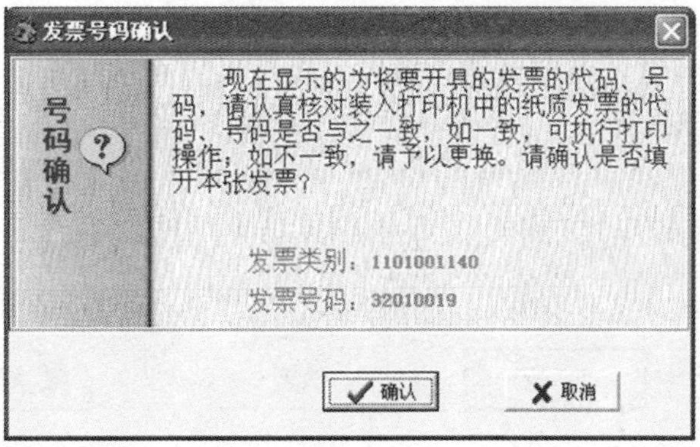

图 12－61

注:系统自动显示所要填开的发票号,发票号为已经领用的发票依次开具。

（2）红字发票填开:在专用发票填开界面,点击"负数"按钮,进入"销项正数发票代码号码填写、确认"界面(如图12－62所示),输入所要开具红字发票的代码和发票号码,点击【下一步】;系统提示该发票信息(如图12－63所示),点击【确定】,所开具的红字发票的信息即展现出来(如图12－64所示),点击【打印】即保存或打印该发票。

具体步骤如下：

① 输入要红冲发票代码号码,点击下一步

② 点击确定

点击可查看红字发票的相关政策。

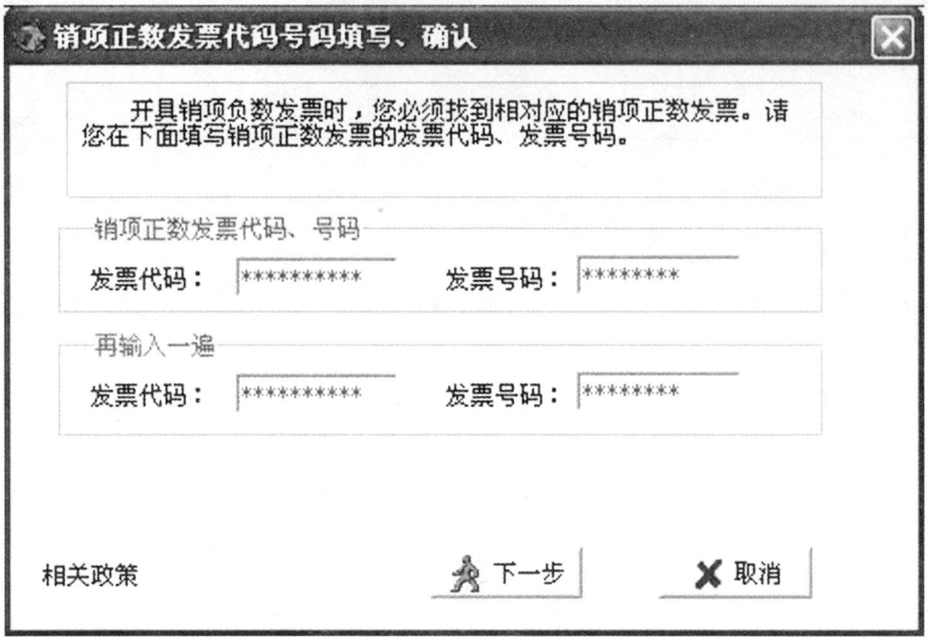

图 12 - 62

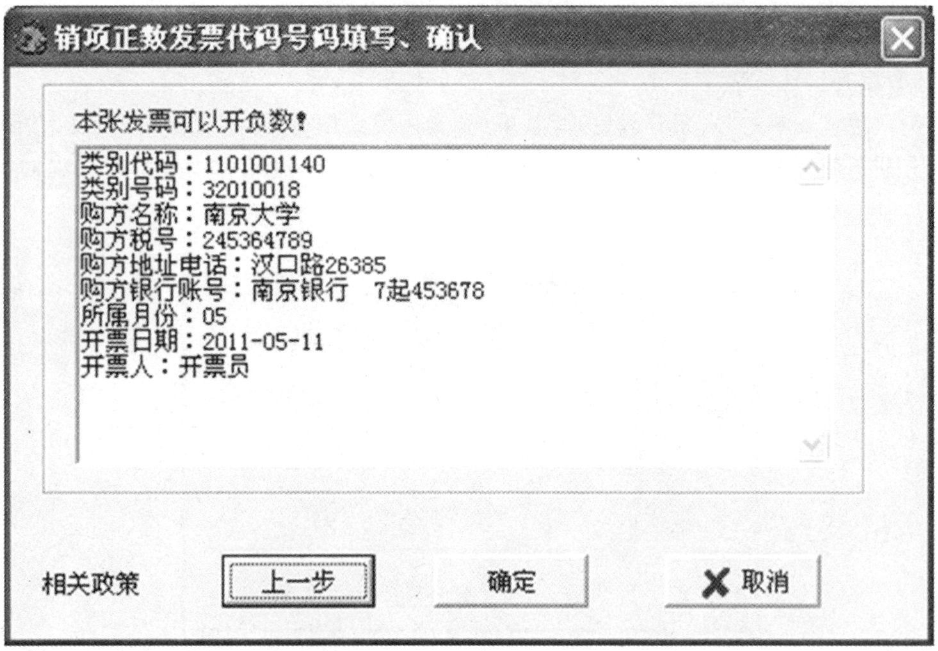

图 12 - 63

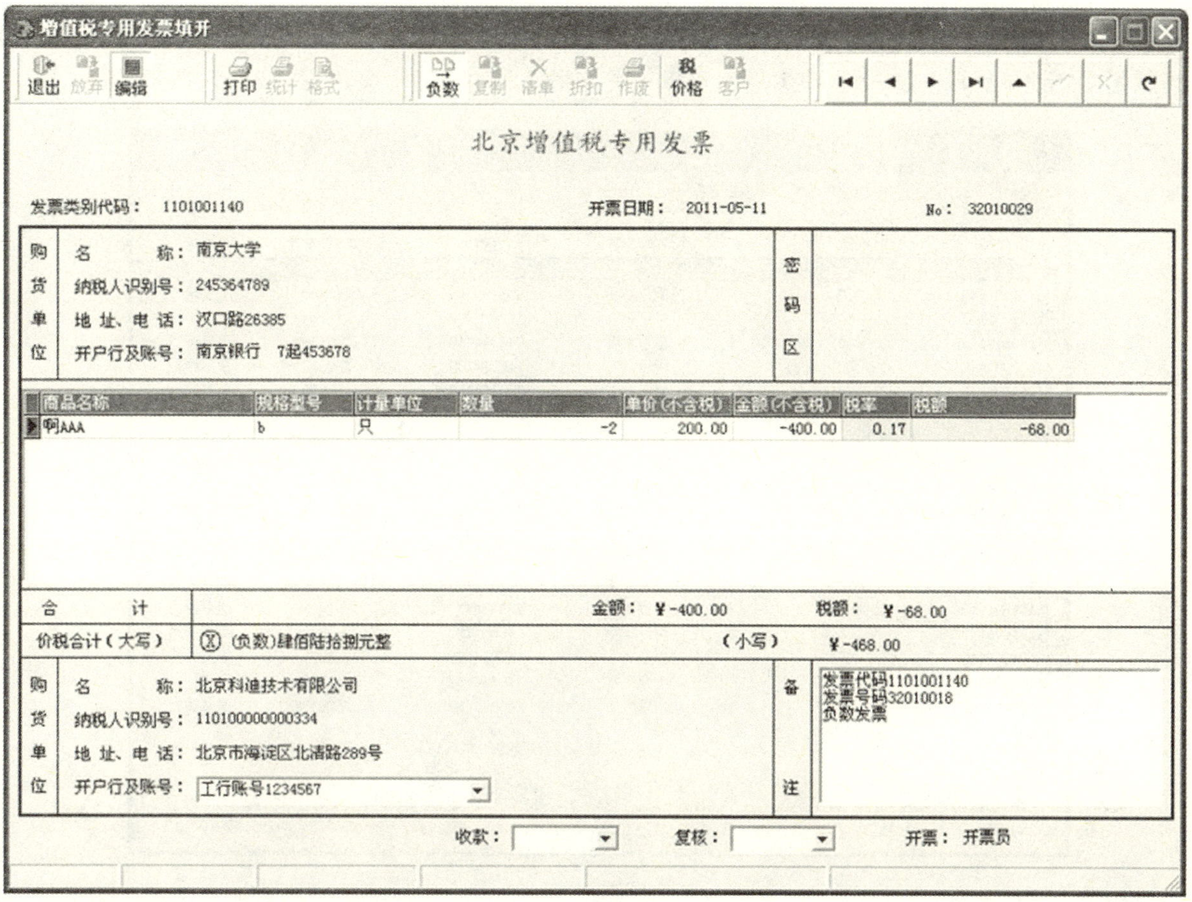

图 12 - 64

③ 选择或填写收款复合人及备注

④ 点击【保存】打印盖章

注：打印盖章功能参见专用发票操作。

4. 发票查询具体步骤

（1）已开票查询：单击"发票开具管理"菜单的"已开发票查询"按钮或者直接单击"发票管理"流程图内的"发票查询"快捷按钮，进入发票查询界面。点击【确认】按钮，如图 12 - 65 所示：

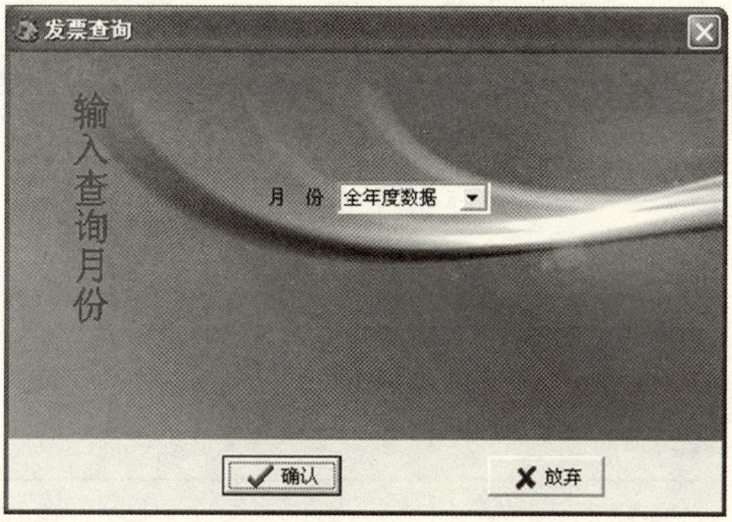

图 12 - 65

注：查询月份系统默认为全年数据。

（2）已开票查询：单击【确认】后，系统显示已开发票明细列表（如图12-66）。双击某张发票记录或者选择某张发票记录后单击【查看明细】按钮，可以查看该张发票的详细情况，如图12-67所示：

图 12-66

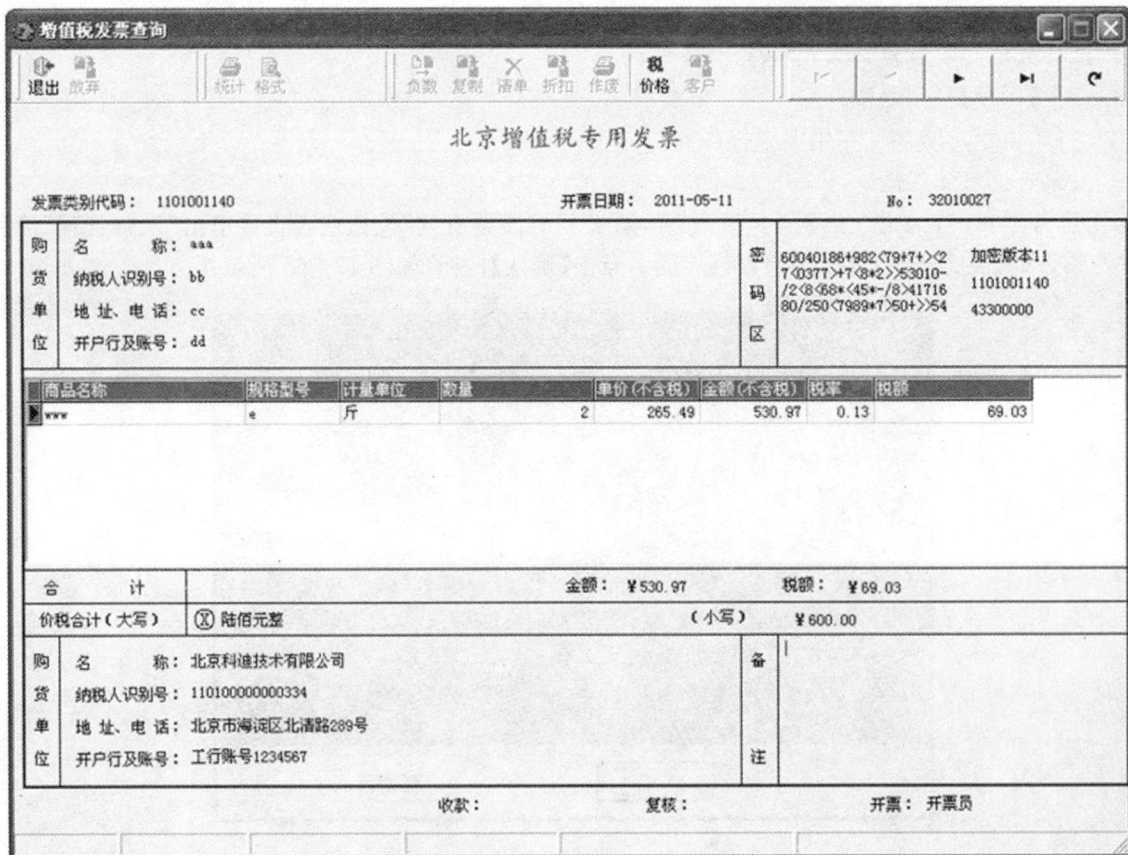

图 12-67

5. 发票作废具体步骤

已开票作废：单击"发票开具管理"菜单的"已开发票作废"或者直接单击"发票管理"流程图内的"发票作废"快捷按钮，系统显示已开发票明细列表（本月开具的未抄报税的发票）如图 12 - 68 所示；选择要作废的发票记录后，点击【作废】，系统弹出"确认对话框"，如图 12 - 69 所示，点击【是】，提示发票已作废，如图 12 - 70 所示：

图 12 - 68

注：查询过程的各个操作界面，发票数据不得修改。

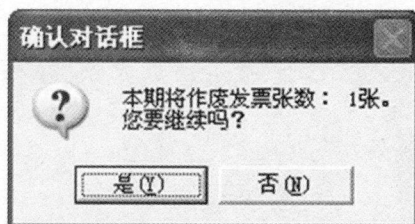

图 12 - 69

图 12 - 70

注：跨月发票不得作废，跨月发票有误只能冲红。

附件一：教师指导手册
附件二：财务案例数据